전도학총론

전도학 총론

조은태 지음

타문화권목회연구원

INTRODUCTION TO EVANGELISM

by

Euntae Jo, Th.D.

Cross-Cultural Ministry Institute

서 문

　한국에 복음이 전파된 지 약 백여년 밖에 안되는 실정에서 한국교회는 일천이백여만 명의 기독교인들이 있게 되었고 삼만여 개의 교회로 양적인 성장을 가져왔다. 1960년에 세계에서 가장 많은 성도의 수를 가지고 있는 여덟 교회들 중에 두 교회인 영락교회와 순복음중앙교회가 한국에 있었으며, 1982년에는 세계에서 가장 큰 열 개의 교회 중에 세 교회들이 한국에 있었다. 1991년에 세계에서 가장 큰 오십 교회 중에 스물네 교회가 한국에 있었으며, 1993년에는 열두 교회 중에 일곱 교회가 한국에 있는 실정이다. 한국교회가 성장하였다는 것은 복음전파가 잘 되어지고 있다고 볼 수 있으나 교회의 질적인 성장과 아직도 주님의 복음을 모르는 수많은 불신자들에 대한 관심과 기도와 복음전도가 요청되고 있다.
　하나님은 전지전능하시기 때문에 한 영혼을 천국으로 인도하는 일을 홀로 할 수 있지만, 그의 백성과 함께 일하시기를 더욱더 즐겨하시며 기뻐하신다. 예수 그리스도는 하나님의 이러한 뜻을 성경말씀을 통하여 거듭해서 강조하고 있다. 복음전도는 주님의 명령이며 모든 기독교인들은 주님의 명령에 순종해야 할 것이다.

주님의 최대의 지상명령인 마태복음 28:19~20에서 모든 족속들에게 주님의 제자를 만들기 위하여 가서 세례를 주며 가르치라는 명령에 기독교인들은 절대적으로 순종해야 할 것이다. 사도행전 1:8에도 땅끝까지 이르러 주님의 증인이 되라고 명령하고 있다.

신학을 연구하는데 여러가지 방법을 동원하여 연구하고 있으며 많은 신학교육을 하는 학교들이 있어 많은 목회자 후보생들을 배양하고 있다. 어떤 신학대학이나 신학대학원에서는 전도학 과목이 필수가 아니라 선택과목으로 되어 있는 경우도 있다. 신학교육을 받은 후에 많은 목회자들이 목회를 하기 위해 실전에 뛰어들어 불신자들과 관계와 복음전도를 시도하지만 낙심하며 좌절하게 되는 경우를 많이 보게 된다. 또한 목회자들이 신학교육에 있어서 교과과정에 대한 문제점들을 많이 지적하고 있는데 그 중에서 전도학에 대한 신학이 확립되어 있지 않고 전도하는 방법에 대한 확신이 없음을 보게 된다. 신학교육에 있어서 빠져서는 안되는 가장 중요한 것에 하나가 전도학이라고 필자는 거듭해서 강조하고 싶다. 전도학을 강조하는 신학대학과 신학대학원에서 공부하는 신학생들은 대부분이 목회하는 일에 자신감과 담대함을 가지고 임하게 될 것을 확신한다.

필자는 독자들이 이 책을 읽으면서 사람을 낚는 어부로서의 효과적인 전도를 하기를 원하는 분들에게 두가지의 제목을 가지고 기도를 할 것을 강력히 요청하려고 한다. 첫째는 죽어가는 영혼을 사랑하는 마음을 가질 수 있도록 기도해야 한다. 영혼을 사랑하는 마음이 성령의 역사로 강하여 질 때 전도의 문이 열리며 이웃의 문이 열리며 천국의 문이 열리게 된다. 둘째는 문제있는 불신자들을 만나기 위해 성령의 인도함을 받도록 기도해야 한다. 많은 사람들을 만나는 것도 중요하지만 더욱더 중요한 것은 복음이 필요한 사람을 만나야 한다. 복음이 필요한 사람은 자기의 문제의식을 가지고 있는 자들이며 사업의 실패, 자녀의 문제, 죽음에 대한 공포, 인간관계의 문제, 질병의 문제 등으로 외로움과 고통을 당하는 자들이다. 그러나 스스로 아무 문제가 없다고 하는 불신자들에게는 복음을 받아 들일 마음의 준비가 되어 있지 않기 때문에 복음을 거절할 것이다.

독자들은 영혼을 사랑하는 마음과 문제있는 불신자들을 만나기 위해 성령의 인도함을 받도록 계속적으로 기도하면서 이 책을 읽어야 하며, 그 결과로 죽어가는 영혼을 구원시키는 일과 불신자에 대한 목회사역에 자신감과 담대함이 생길 것을 예상할 수 있다. 마귀는 마지막 때인지 알기 때문에 최후의 발악을 하고 그들의 세계를 정복당하지 않기 위하여 노력하지만 사망권세를 이기신 주님과 함께 모든 전도자들은 승리할 것을 확신하며 하나님의 나라가 이 땅에 이룩되도록 사람을 낚는 어부로써 최선을 다하여 전도해야 할 것이다.

전도학은 철저하게 성서적이어야 하며 복음전도를 위한 가장 좋은 교과서는 성경 말씀이라는 것을 분명히 알아야 할 것이다. 그래서 이 책에서는 성서적인 기초 아래 복음전도에 대한 명확한 의미를 열가지 제목들을 통하여 분석하였으며 복음전도에 대한 언어학적인 분석도 필요한 요소라고 믿고 연구하였다. 인간 중심으로 연구한 복음전도가 아니라 하나님 중심으로 이루어진 주 예수 그리스도의 복음전도에 대한 신학과 효과적인 전도방법들을 분명하게 조사하는데 노력하였다.

복음전도를 불신자들에게 하되 어디까지 관심을 가지며 전도의 목표로 삼아 전도해야 하는가를 성서적인 근거로 알아야 할 것이다. 어떤 전도자들은 불신자가 교회의 예배에 참석하여 세례를 받게 되면 전도자가 해야 할 전도의 목표가 달성된 것으로 잘못 아는 경우도 많이 보게 되는데 이것은 비성서적인 것임을 알아야 할 것이다. 불신자가 죄를 깨닫고 회개하고 예수를 구주로 믿어야 하며 주님의 교회에서 세례를 받고 적극적으로 참석하여 주님의 참된 제자가 될 때까지 전도자는 관심을 가지고 기도해야 하는 것이 복음전도의 목표이다.

　복음전도의 메세지가 무엇인가를 여러가지 각도에서 분석하여 연구 검토하여 살펴보고자 한다. 회개의 복음에서는 한 죄인을 향하여 성부 하나님 성자 예수님 성령님의 깊은 관여와 그리스도인들의 역할을 살펴 보았다. 천국의 복음에서는 예수께서 산상수훈에서 제시한 여덟가지 복있는 사람들과 천국에 관한 예수님의 비유들을 통하여 복음의 메세지를 연구하였고, 구원의 복음을 통하여 십자가 상의 칠언과 복음의 메세지와의 관계와 왕같은 제사장으로서의 평신도의 역할을 분석하였다. 하나님께 나아갈 수 있는 유일한 길은 예수 그리스도 밖에 없음을 밝히며 복음의 메세지를 한마디로 예수 그리스도임을 언급하고 있다.

　복음전도에 대한 정의에 대해서 여러 시대를 걸쳐 수정하여 새롭게 정의를 만들어 왔었던 것들을 검토 연구하였다. 가장 성서적이고 실제적인 것을 찾으려고 하였으며 마태복음 28:19~20에 초점을 맞추어 관찰하였다. 복음전도를 하기 위해 외국에 나갔던 선교단체들과 각 교단들의 치열한 경쟁이 가져왔던 문제점들을 재고하였다. 복음전도와 교회연합운동과 관계를 살펴 봄으로서 다시한번 복음전도에 대한 사명을 회복하려는 복음주의적인 운동에 대해서 언급하였다.

　복음전도를 기독교인들이 해야하는 동기가 무엇인가를 구체적으로 본서는 설명하였다. 인간관계로부터 기원한 사랑이 아닌 하나님으로부터 기원한 아가페적인 사랑과 제자를 삼으라는 주님의 지상명령이 있기에 모든 그리스도인들은 복음을 전해야 할 분명한 이유가 있다. 또한 죽어가는 영혼들을 불쌍히 여기는 것과 하나님의 진노와 심판이 있기 때문에 복음을 불신자들에게 전해야 할 명확한 이유가 있음을 구체적으로 설명하고 있다.

　주님의 지상명령을 수행하기 위해 전도자로서 갖추어야 할 기본적인 신앙적인 자세를 살펴 보았다. 먼저 복음전도자는 구원의 확신을 성경말씀을 근거로 재확인하여 하늘의 시민권을 가지고 있음을 믿어야 한다. 불신자들에게 영생을 얻게 하기 위하여 개인간증을 작성하여 전도할 준비를 해야 할 것이다. 이러한 복음사업은 영적인 일이기 때문에 영적인 방법은 전도자의 기도생활이 필수적이며 이러한 생활을 통하여 성령의 역사를 좇아 죽어가는 영혼을 주님 앞으로 인도해야 한다. 전도자는 말씀에 충만해야 하며 말씀을 행함으로 변화되어 가는 생활을 통하여 하나님께는 영광이며 불신자들에게는 복음의 빛이 비쳐질 수 있도록 해야 한다.

 신약성경에 나오는 복음전도의 모델로서 예수님과 그의 제자인 안드레와 사도 바울을 연구 분석하였다. 주님께서 3년 동안의 목회 속에서의 복음전도를 분석하여 본받아야 할 것을 배우며 안드레의 전도방법과 그의 신앙생활을 통하여 전도자로서의 자세를 배우며 사도 바울의 전도와 선교방법을 연구하여 모든 기독교인들도 효과적인 전도를 할 수 있도록 제시하고 있다.

 역사 속에서의 위대한 전도자들이라는 제목에서는 초대기독교 역사와 중세와 종교개혁 당시 18세기에서 20세기에 걸쳐 영국과 미국에서 복음전도를 하던 몇명의 인물들을 전도학적인 입장에서 분석하여 살펴 보았다. 첨가적으로 한국에서 복음을 받아 들이고 복음전도의 사역에 몸과 마음을 바친 분들 중에 이기풍, 최권능, 김익두, 주기철, 이성봉, 한경직 목사님들을 살펴 봄으로써 그들의 복음사역을 통하여 독자들이 도전을 받아 영혼구원사업에 적극적으로 참여하게 하며 때를 얻든지 못 얻든지 전도할 것을 강력히 촉구하고 있다.

 복음전도의 종류와 방법을 총괄적으로 스물여덟 가지로 나누어 각기 다른 환경과 조건과 대상에 따라 분석하여 전도방법을 제시하였다. 일반적으로 접근할 수 있는 것을 제시하였고 독자들로

하여금 관심있는 분야의 전도들을 좀더 구체적으로 연구할 수 있도록 유도하였다. 복음전도를 위한 방법이라는 언어 자체가 너무나 인간적일 수 있으나 기도와 성령의 인도함을 따라 주님을 의지하며 복음전도에 최선을 다하게 될 때 죽어가는 많은 영혼들을 사망에서 생명으로 건져지는 역사가 나타나게 될 것을 확신한다.

  복음전도에 대한 이론보다 실천을 강조한 나머지 가장 기본적으로 알아야 할 성서적인 글거를 통한 신학적인 요소를 체계적으로 언급되어 있는 책이 한국에 별로 없다는 것이 애석한 일이라고 생각한다. 이러한 상황에 대응하기 위하여 필자는 "전도학 총론"을 저술하게 되었으며 이 책을 통하여 목회자들과 신학생들과 평신도 지도자들인 장로나 권사나 집사에게 복음전도에 대한 필요한 모든 것들을 제공하려고 노력하였다. 복음전도는 지식으로 아는 것으로 끝나서는 안되며 실천하는데 있음을 확실히 알아야 한다. 이 책을 통하여 죽어가는 많은 영혼들을 주님께로 인도하는 사람을 낚는 어부가 되시기를 바라며 주님의 피로 사신 교회도 부흥시키는 역사가 독자들을 통하여 있기를 간절히 바란다.

1995년 광복절에
인왕산을 바라보며
저자 조은태

목 차

서 문 · 5

제1장 복음전도의 의미 · 27

서 론 · 29

1. 코이네 그리이스어를 통한 전도의 의미 · · · · · · · · · · · 30
   1) "유앙게리조" · 30
   2) "디다스코" · 31
   3) "케룻소" · 32
   4) "말투스" · 32
   5) "마테테스" · 33

2. 성서적인 근거를 통한 전도의 의미 · · · · · · · · · · · · · · 34
   1) 복음선포 · 35
   2) 제자화 · 36
      (1) 예수님의 계명을 지킴 · 36
      (2) 많은 열매를 맺음 · 37
      (3) 사랑을 실천함 · 37
      (4) 무엇보다도 예수님을 사랑해야 함 · · · · · · · · · · · · 37

(5) 자기를 부인하고 자기 십자가를 지고 예수님을 쫓음 … 38
　3) 예수 그리스도를 위한 증인 …………………………… 38
　　(1) 예수 자신 ……………………………………………… 39
　　(2) 아버지 ………………………………………………… 39
　　(3) 세례요한 ……………………………………………… 39
　　(4) 예수님의 사역 ………………………………………… 39
　　(5) 성경말씀 ……………………………………………… 40
　　(6) 성령 …………………………………………………… 40
　　(7) 사도들 ………………………………………………… 40
　4) 사람을 낚는 어부 ……………………………………… 41
　5) 세상의 소금 …………………………………………… 43
　　(1) 맛 ……………………………………………………… 43
　　(2) 불변 …………………………………………………… 44
　　(3) 흰색 …………………………………………………… 44
　　(4) 방부제 ………………………………………………… 45
　　(5) 용해 …………………………………………………… 46
　6) 세상의 빛 ……………………………………………… 47
　7) 계속적으로 열매 맺음 ………………………………… 49
　8) 그리스도의 향기 ……………………………………… 50
　9) 화목의 목회 …………………………………………… 50
　10) 하나님의 아름다운 덕을 선전함 …………………… 52

　결　론 ……………………………………………………… 54

제2장 복음전도의 목표 ………………………………… 59

　서　론 ……………………………………………………… 61

1. 전도신학을 위한 성서적인 중요한 단어 ············62
   1) 케리그마 : 선포 ································62
   2) 소테리아 : 구원 ································65
   3) 바실레이아 : 왕국 ······························67
      (1) 종말론적인 왕국 ··························68
      (2) 현재 경험할 수 있는 하나님의 왕국 ·······69
      (3) 미래의 왕국 ······························71

2. 하나님의 사랑과 복음전도 ························72
   1) 하나님의 사랑을 말함 ························72
   2) 하나님의 사랑을 행함 ························74
   3) 하나님의 사랑 그자체임 ······················75

3. 복음전도의 목표 ································76
   1) "제자를 삼아라"는 견해 ······················77
   2) "가라"와 "제자를 삼아라"는 견해 ············78
   3) 전도와 교육에 대한 이원론적 해석 ···········79

결 론 ···80

제3장 복음전도의 메세지 ·························85

서 론 ···87

1. 회개의 복음 ··89
   1) 죄의 기원 ······································90
   2) 죄의 해결책 ····································91
   3) 죄를 깨달음 ····································92

4) 회개 ·· 93
5) 회개할 수 있는 기회 ····························· 93

2. 화목의 복음 ··· 94
1) 성부 하나님 ·· 95
2) 성자 예수님 ·· 95
3) 성령님 ··· 96
4) 그리스도인들 ······································ 97

3. 천국의 복음 ··· 98
1) 천국에서의 생활법칙 ···························· 99
  (1) 심령이 가난한 자 ··························· 99
  (2) 애통한 자 ······································ 99
  (3) 온유한 자 ···································· 100
  (4) 의에 주리고 목마른 자 ················· 100
  (5) 긍휼히 여기는 자 ························ 101
  (6) 마음이 청결한 자 ························ 102
  (7) 화평케 하는 자 ···························· 102
  (8) 의에 위하여 핍박을 받는 자 ········· 103
2) 천국에 관한 예수님의 비유들 ············· 104
  (1) 씨 뿌리는 자의 비유 ···················· 104
  (2) 가리지의 비유 ····························· 105
  (3) 겨자씨의 비유 ····························· 105
  (4) 누룩의 비유 ································ 106
  (5) 감추어진 보화의 비유 ·················· 106
  (6) 값진 진주의 비유 ························ 106
  (7) 그물의 비유 ································ 107
  (8) 새 것과 옛 것의 비유 ·················· 107

(9) 무자비한 종의 비유 ···················108
   (10) 포도원 품꾼의 비유 ··················108
   (11) 혼인 잔치의 비유 ···················108
   (12) 열 처녀의 비유 ·····················109

 4. 구원의 복음 ·····························110
  1) 십자가 상의 칠언 ························110
   (1) 절규의 말씀 ························110
   (2) 사죄의 말씀 ························111
   (3) 보증의 말씀 ························112
   (4) 위탁의 말씀 ························113
   (5) 위로의 말씀 ························113
   (6) 고통의 말씀 ························114
   (7) 승리의 말씀 ························115
  2) 만인제사직론 ··························116
   (1) 종교개혁 ··························116
   (2) "왕같은 제사장"에 관한 해석 ···········117
  3) 유일한 구원의 방법 ······················120

 결 론 ····································121

제4장 복음전도의 정의 ···························129

 서 론 ····································131

 1. 1918년 영국국교에서의 정의 ···············133
  1) 복음전도의 정의 ························133
  2) 정의에 대한 형성과정 ····················133

3) 정의에 대한 평가 ································· 134

2. 1974년 로쟌 계약에서의 정의 ················ 135
  1) 복음전도의 정의 ······························· 135
  2) 정의에 대한 형성과정 ························ 136
  3) 정의에 대한 평가 ····························· 138

3. 1977년 교회성장에서의 정의 ················· 139
  1) 복음전도의 정의 ······························· 139
  2) 정의에 대한 형성과정 ························ 140
  3) 정의에 대한 평가 ····························· 141

4. 1979년 죠오지 헌터의 정의 ··················· 143
  1) 복음전도의 정의 ······························· 143
  2) 정의에 대한 형성과정 ························ 144
  3) 정의에 대한 평가 ····························· 146

5. 델로스 마일스의 정의 ··························· 148
  1) 복음전도의 정의 ······························· 148
  2) 정의에 대한 형성과정 ························ 148
  3) 정의에 대한 평가 ····························· 149

결 론 ·· 151

제5장 복음전도의 동기 ···················· 157

서 론 ·· 159

1. 하나님의 사랑 ··160
  1) 인간관계로부터 기원한 사랑 ························160
    (1) 에로스의 사랑 ······································161
    (2) 필로스의 사랑 ······································163
    (3) 스토르게의 사랑 ···································165
  2) 하나님으로부터 기원한 사랑: 아가페의 사랑 ········166

2. 제자를 삼으라는 명령 ·····································169

3. 죽어가는 영혼들 ··172
  1) 잃었던 양의 비유 ······································173
    (1) 양의 가치 ··173
    (2) 양의 적 ··174
    (3) 양의 특징 ··174
    (4) 비유를 통한 교훈 ···································175
  2) 잃었던 드라크마의 비유 ·····························175
    (1) 드라크마의 가치 ···································176
    (2) 드라크마의 적 ·····································176
    (3) 드라크마의 특징 ···································177
    (4) 비유를 통한 교훈 ···································177
  3) 잃었던 아들 (탕자) 의 비유 ·························178
    (1) 집 밖의 탕자 ··178
      ① 탕자의 가치 ··178
      ② 탕자의 적 ··179
      ③ 탕자의 특징 ··179
      ④ 비유를 통한 교훈 ··································180
    (2) 집 안의 탕자 ··181

① 탕자의 가치 ·················181
② 탕자의 적 ··················181
③ 탕자의 특징 ················181
④ 비유를 통한 교훈 ············182

4. 하나님의 진노 ··················183
  1) 하나님의 진노의 본질 ··········183
    (1) 모세의 설명 ··············184
    (2) 예수님의 설명 ············185
  2) 진노를 피하는 유일한 길 ········186

결 론 ··························188

제6장 전도자의 자세 ················193

서 론 ··························195

1. 구원의 확신을 재확인 ············196
  1) 믿음 ······················196
  2) 담대함 ····················196
  3) 소망을 가진 이유 ············197
  4) 개인간증작성법 ··············197
    (1) 회화체로 ················198
    (2) 성경말씀을 인용하여 ········198
    (3) 간증작성순서 ··············199
    (4) 간증문 재점검 ············201

2. 전도자의 기도생활 ···············201

3. 성령을 의지함 ·······································206
  1) 권능 ··207
  2) 깨달음 ··208
  3) 거듭남 ··208
  4) 갖춤 ··209
  5) 영감 ··210
    (1) 성경을 읽을 때 ····························210
    (2) 복음전도를 할 때 ··························211
    (3) 설교를 할 때 ······························211
  6) 인도 ··212

4. 말씀의 충만 ·······································213
  1) 사단과 싸움에서 승리하기 위하여 ·············214
  2) 죄로부터 승리하기 위하여 ·····················215
  3) 예수님을 증거하기 위하여 ·····················215
  4) 말씀을 묵상하기 위하여 ·······················216
  5) 매일의 생활을 인도받기 위하여 ···············216
  6) 하나님의 명령이므로 ··························217

5. 변화되어가는 생활 ·······························218

결 론 ···220

제7장 복음전도의 모델 ·······························225

서 론 ···227

1. 예수님의 목회 속에서의 복음전도 ···············228

1) 기도 …………………………………………228
   2) 가르침과 설교 …………………………………229
   3) 교제 …………………………………………231
   4) 개인전도 ………………………………………233
      (1) 다른 사람과 사회적인 접촉을 하라 ……………233
      (2) 공동 관심사를 조성하라 ……………………234
      (3) 관심을 일으키라 ……………………………235
      (4) 너무 멀리 나가지 말라 ………………………235
      (5) 정죄하지 말라 ………………………………236
      (6) 주된 논점에 적중하라 ………………………237
      (7) 그리스도께 직접 대면시켜라 ………………238
   5) 봉사 …………………………………………239

2. 전도자로서의 안드레 ……………………………240
   1) 가족배경 ………………………………………241
   2) 회심과 소명 ……………………………………241
   3) 사역 …………………………………………242
      (1) 오병이어의 기적에서 ………………………242
      (2) 종려주일에 …………………………………243
      (3) 말세에 대한 질문에서 ………………………244
      (4) 오순절에 ……………………………………245
   4) 최초의 복음전도자 ……………………………245
   5) 전도 여행과 순교 ………………………………246

3. 전도자로서의 바울 ………………………………248
   1) 적극적 참여하는 태도 …………………………248
      (1) 복음을 위해 여러가지 모양으로 ……………248
      (2) 모든 사람에게 종이 됨으로 …………………257

(3) 복음을 위해 모든 것을 행함으로 ················259
　2) 자급자족 ··260
　3) 동역자와 함께 전도 ·······································261
　4) 육체의 가시를 극복함 ····································262
　5) 전도활동을 간증함 ··262

결 론 ···263

제8장 역사 속에서의 위대한 전도자들 ···········269

서 론 ···272

1. 초대 기독교의 역사에서의 전도 ·················273
　1) 로마황제 콘스탄틴 ··273
　2) 힙포의 감독 성 어거스틴 ·····························275

2. 중세에서의 전도 ··276
　1) 앗시시의 프란시스 ··276
　2) 존 타울러 ··279
　3) 제롬 사보나롤라 ··280

3. 종교개혁 당시의 전도 ··································282
　1) 마르틴 루터 ··283
　2) 울리춰 쯔빙글리 ··286
　3) 존 칼빈 ··287
　4) 존 낫스 ··290

4. 영국에서의 전도 (18세기~19세기) ···············291

1) 존 웨슬레 ··· 292
　　2) 죠오지 윗필드 ······································ 294
　　3) 챨스 스펄젼 ··· 295

　5. 미국에서의 전도 ······································ 296
　　1) 대각성운동 ··· 296
　　2) 1800년도의 부흥운동 ···························· 297
　　3) 평신도들의 부흥운동 ···························· 298
　　4) 독특한 전도자들 ·································· 298
　　　(1) 챨스 피니 ······································· 299
　　　(2) 드와이트 무디 ······························· 300
　　　(3) 사무엘 존스 ··································· 302
　　　(4) 빌리 썬데이 ··································· 303
　　　(5) 죠오지 트류이트 ··························· 304

　6. 한국에서의 전도 ······································ 305
　　1) 이기풍 ·· 305
　　2) 최권능 ·· 308
　　3) 김익두 ·· 310
　　4) 주기철 ·· 311
　　5) 이성봉 ·· 313
　　6) 한경직 ·· 315

　결 론 ·· 317

제9장 복음전도의 종류와 방법 ················ 329

　서 론 ·· 332

1. 가족전도 ·· 333

2. 친구전도 ·· 336

3. 축호전도 ·· 337

4. 교회전도 ·· 338
  1) 총동원전도주일 ·· 339
  2) 주일학교발표회 ·· 340

5. 음악전도 ·· 341
  1) 복음성가 ·· 341
  2) 전통적 성가와 찬송 ···································· 342

6. 집회전도 ·· 343
  1) 부흥회전도 ·· 343
  2) 사경회 전도 ·· 345
  3) 간증집회 ··· 347

7. 학교전도 ·· 347
  1) 국민학교 ··· 348
  2) 중고등학교 ··· 348
  3) 대학교 ··· 350
  4) 신학교육의 문제점 ···································· 351

8. 직장전도 ·· 352

9. 병원전도 ·· 353

10. 방송전도 ·· 356

11. 영창전도 ·· 357

12. 군인전도 ·· 359

13. 경찰전도 ·· 360

14. 산업전도 ·· 361

15. 경조전도 ·· 362

16. 어린이전도 ·· 364

17. 청소년전도 ·· 366

18. 캠퍼스전도 ·· 367

19. 농어촌전도 ·· 369

20. 도시전도 ·· 369

21. 아파트전도 ·· 370

22. 윤락여성전도 ··· 371

23. 양로원전도 ·· 373

24. 장애자전도 · 374

25. 외국근로자전도 · 375

26. 타종교신자전도 · 376

27. 이단종파신자전도 · 380
  1) 이단종파분별법 · 380
  2) 접촉시 주의 사항 · 382

28. 문서전도 · 384

29. 프로그램 전도 · 385
  1) 연쇄전도훈련 · 385
  2) 이슬비전도편지 · 388
  3) 사람낚는 어부전도학교 · 389
  4) 사랑방전도운동 · 389
  5) 다락방전도학교 · 389

결 론 · 390

제1장
복음전도의 의미

제1장
복음전도의 의미

서 론

1. 코이네 그리이스어 (Koine Greek)를 통한 전도의 의미
1) 유앙게리조 (εὐαγγελίζω)
2) "디다스코" (διδάσκω)
3) "케룻소" (κηρύσσω)
4) "말투스" (μάρτυς)
5) "마테테스" (μαθητής)

2. 성서적인 근거를 통한 전도의 의미
1) 복음 선포 (The Proclamation of the Gospel)
2) 제자화 (Making Disciples)
3) 예수 그리스도를 위한 증인 (Bearing Witness to Jesus Christ)
4) 사람을 낚는 어부 (Fishing for Men)
5) 세상의 소금 (Being the Salt of the Earth)
6) 세상의 빛 (Being the Light of the World)
7) 계속적으로 열매 맺음 (Bearing Fruit that Remains)
8) 그리스도의 향기 (Being the Aroma of Christ)
9) 화목의 목회 (The Ministry of Reconciliation)
10) 하나님의 아름다운 덕을 선전함
    (Advertising the Deeds of God)

결 론

제 1 장
복음전도의 의미

"하나님이 세상을 이처럼 사랑하사
독생자를 주셨으니
이는 저를 믿는 자마다 멸망치 않고
영생을 얻게 하려 하심이라."
(요한복음 3:16)

서 론

　복음전도에 대한 연구를 하기 위하여 가장 좋은 근거를 찾을 수 있는 것은 성경보다 더 좋은 것은 없을 것이다. 특별히 원래 신약성경을 기록했었던 언어인 코이네 그리이스어를 통하여 분석함으로서 복음전도의 의미를 살펴 볼 수 있다. 더 나아가서 신약성경에 나타난 말씀들 중에 복음전도와 직접적으로 관련이 있는 열 개의 말씀들을 조사함으로서 복음전도의 의미를 좀더 구체적으로 접근할 수 있는 계기가 될 수 있을 것이다.

1. 코이네 그리이스어(Koine Greek)를 통한 전도의 의미

"복음전도"라는 명사로 된 단어는 성경전체 어느 곳에도 찾아 볼 수가 없다. 영어로도 복음전도 (Evangelism) 라는 단어가 없었으나 17세기에 와서 비로소 생기게 되었다. 복음전도라는 말을 확실하게 이해하기 위해서 신약성경의 원본을 기록했었던 코이네 그리이스(Koine Greek) 언어를 살펴 볼 필요가 있다.

하나님께서 세상에 수많은 언어 가운데서 특별히 코이네 그리이스어로 신약성경을 기록했었다는 것은 하나님의 놀라운 섭리가 있다. 이 코이네 그리이스어는 다른 어떤 언어보다도 하나님의 말씀을 세밀하고 자세하게 설명할 수 있는 언어라고 생각한다. 이러한 뜻에서 복음전도와 깊은 관련을 가지고 있는 신약성경에 나타난 다섯 개의 코이네 그리이스 단어들을 연구하려고 한다.[1] 이러한 연구를 통해서 복음전도의 의미를 올바르게 파악할 수 있을 것이다.

1) 유앙게리조 (εὐαγγελίζω)

복음전도는 "유앙게리조"(εὐαγγελίζω)라는 코이네 그리이스 단어와 관계를 가지고 있다. "유앙게리조"의 뜻은 "나는 좋은 소식을 전한다" 또는 "나는 좋은 소식을 설교한다"라는 것이다. 신약성경을 기록한 그리이스어 유앙게리조의 명사형이 바로 유앙게리온(εὐαγγελίον)이며 "좋은 소식을 전함"이나 "좋은 소식을 설교함"으로 번역할 수 있으며 오늘날 사용되고 있는 간단한 단어로는 "복음전도" 또는 "전도"라는 것이다.[2] 예수께서 직접적으로 사용하신 말씀 중에 하나인 마가복음 1장 15절에 의하면 "...때가 찼고 하나님 나라가 가까왔으니 회개하고 복음을 믿으라..."고 기록되어 있다. 여기 나타난 복음이 바로 유앙게리조인 "나는 좋은 소식을 전한다" 단어에서 유래되었다.

마가복음 1장 1절에서도 기록되어 있다: "하나님의 아들 예수 그리스도 복음의 시작이라." 사도행전 21장 8절에 보면 " … 전도자 빌립의 집에…"이라고 기록되어 있는데 전도자(Evangelist)라는 단어가 복음전도와 관련되어 있다. 전도자는 하나님 나라의 좋은 소식을 전파하는 자라는 것이다. 참된 그리스도인들은 예수 그리스도 안에서 복음전도를 실천하는 자이며 하나님의 나라가 이 땅에 이룩되도록 힘쓰며 노력하는 자이다(마 6:33). 사도행전에서 말씀을 전파하는 은사를 받았다는 뜻을 가진 "전도자"로 지명된 자는 빌립집사 밖에 없다.

2) "디다스코" (διδασκω)

복음전도는 "디다스코" (διδασκω)라는 신약성경을 기록한 코이네 그리이스 단어와 관계를 가지고 있다. "디다스코"는 "나는 가르친다"라고 번역할 수 있다. 신약성경에 아주 많이 나오는 단어로서 마가 9장 35절에 " … 회당에서 가르치시며 … "에 기록되어 있다. 요한복음 3장 2절에도 기록된 "… 랍비여 우리가 당신은 하나님께로서 오신 선생인줄 아나이다 … ."라고 했는데 여기서 선생은 디다스코의 명사형이다.

"기본전도학(Basic Evangelism)" 이라는 책을 쓴 어트리(C. E. Autrey)에 의하면 성경에서 예수님이 전도를 묘사할 때에 다른 말보다도 가르침이라는 말을 더 많이 사용되었다.[3] 위대한 복음전도자는 주님의 모범을 따르며, 가르치며, 교리화하는 사람이다.

3) "케룻소" (κηρύσσω)

복음전도는 코이네 그리이스어인 "케룻소" (κηρύσσω)와 연관되어 있다. 이 단어를 번역한다면 "나는 선포한다," "나는 전파한다," 또는 "나는 가르친다"라고 할 수 있다. 여기서 전파한다는 것은 다름이 아닌 하나님의 말씀을 선포한다는 것을 말한다. 마가복음 3장 1절에 "… 유대 광야에서 전파하여 …"라고 기록되어 있는데 이것은 주님의 길을 예비하였던 세례요한의 위대한 설교 중에 나오는 것으로서 "전파하여"라는 단어가 바로 "케룻소"에 해당한다.

특별한 경우에는 이 단어가 "나는 가르친다"라는 말로도 번역될 수 있는데 그때는 왕의 법령을 알리기 위해 한마을에서 다른 마을로 다니는 왕의 전령자로서의 역할을 묘사하거나 강조할 때에 사용했던 것이다. 마태복음 4장 23절에 "…회당에서 가르치시며…"라고 기록되어 있는데 예수님께서 가르치시는 것들은 하나님의 아들로서나 하나님 나라의 선포하는 전령자로서의 역할을 강조하는 의미에서 "가르친다"는 의미를 가진 "케룻소"라는 단어를 사용했다고 볼 수 있다. [4]

4) "말투스" (μάρτυς)

신약성경을 기록한 코이네 그리이스어인 "말투스" (μάρτυς)라는 단어가 복음전도와 관계를 가지고 있다. 이 단어를 번역하면 "나는 증언한다" 또는 "나는 순교한다"라고 할 수 있다. 누가복음 24장 48절에 "… 모든 일의 증인이라"에 기록되어 있고, 복음전도에 대한 예수님의 명령 중에 중요한 말씀 중에 하나인 사도행전 1장 8절에도 "증인"이라는 단어가 사용되었다: "오직 성령이 너희에게 임하시면 너희가 권능을 받고 예루살렘과 온 유대와 사마리아와 땅 끝까지 이르러 내 증인이 되리라 하시니라." 이러한 단어가 사용될 당시에는 증인이란 증인으로서 그가 그의 피로서 그의 진실을 확증해야 하며 할 수 있는 자를 말한다.

오늘날, 어떤 사람이 억울하게 누명을 써서 자기 자신의 결백을 말로서 아무리 주장해도 사람들이 믿어 주지 않기 때문에 괴로워하다가 나중에 자신의 결백을 주장하는 글을 유서로 남기고 스스로 목숨을 끊는 비정한 경우를 보게 된다. 이러한 것은 바로 오래 전에 행했던 증인으로서의 극단적인 행동을 하는 것이나 그리스도인들이 자살을 하는 것은 하나님 앞에 절대로 해서는 않되는 죄라는 사실을 명심해야 한다.

어떤 사람이 억울하게 살인 혐의를 받아 재판을 받게 되어 있는 상황에서 변호사를 선임할 수 없었다. 그래서 판사는 다음과 같이 제안했다: "돈을 들이지 않아도 변호해 줄 수 있는 국선 변호사를 구해 줄 수 있소." 그때 피고는 이렇게 말했다: "나에게 필요한 것은 변호사가 아니라 증인입니다."[5] 복음전도자는 기독교인으로 그리스도를 변호해 주는 대변자가 아니라 증인이다. 이러한 중요한 단어인 "증인"이 성경에 200회나 사용되어 있다.

사도행전 7장 54절에서 60절에 기록된 최초의 순교자 스데반 집사님에 대한 기록이 있다. 그처럼 하나님의 복음을 전하다가 복음 때문에 타인으로부터 죽임을 당하는 경우는 하나님 앞에 아름다운 것이며, 무엇보다도 하나님의 축복을 받게 될 것임을 예수님께서 산상수훈 중에 친히 말씀을 하셨다(마 5:10-12).

5) "마테테스"($\mu\alpha\theta\eta\tau\acute{\eta}\varsigma$)

복음전도와 관련을 가지고 있는 신약성경을 기록한 코이네 그리스어인 "마테테스"($\mu\alpha\theta\eta\tau\acute{\eta}\varsigma$)가 있다. 이 단어를 번역하면 "제자"이며 마태복음 16장 24절에 기록되어 있다: "이에 예수께서 제자들에게 이르시되 아무든지 나를 따라오려거든 자기를 부인하고 자기 십자가를 지고 나를 좇을 것이니라." 이 말씀을 통하여 예수님의 제자가 되는 길은 첫째로 자기를 부인하는 것이고 둘째는 자기 십자가를 지는 것이며 마지막으로는 자기 자신을 부인하는 것이라는 것을 알 수 있다.

"제자들을 만드는 주님의 계획이라는 책"(The Master's Plan for Making Disciples)을 저술한 윈 안(Win Arn)과 찰스 안(Chales Arn)은 제자에 대해서 이렇게 말했다: "제자는 예수 그리스도를 주님과 구세주로 위임한자, 그의 가르침을 배우며 따르는자, 그의 몸인 교회와 의미심장한 관계를 가지고 있음을 인식하는자, 또한 복음전파를 위한 선교하는 일에 참가하는 자이다."[6]

이상의 다섯 개의 코이네 그리이스어(koine Greek)를 통해서 복음전도에 관련된 여러가지의 의미를 살펴보았다. 네 개의 동사인 "유앙게리조"(나는 좋은 소식을 전한다), "디다스코"(나는 가르친다), "케룻소"(나는 선포한다), 또한 "말투스"(나는 증언한다, 나는 순교한다)와 한 개의 명사인 "마테테스"(제자) 라는 것은 복음전도를 좀더 명확하게 이해할 수 있는 아주 중요한 코이네 그리이스어라는 것을 알아야 한다.

2. 성서적인 근거를 통한 전도의 의미

한국의 6.25 사변으로 인한 전투에 참가하여 은백색 훈장(Silver Star)을 받았고 미국의 남동부침례신학교(Southeastern Baptist Theological Seminary)에서 전도학을 가르치시는 델로스 마일스(Delos Miles)는 "복음전도입문"(Introduction To Evangelism) 이라는 책을 저술하였다. 그는 그의 저서를 통해 "복음전도를 이해할 수 있는 가장 좋은 책은 성경이다"라고 말했었고, 복음전도의 의미를 찾아 낼 수 있는 성서적인 열쇠를 열 가지로 명확하게 설명하고 있다.

1) 복음 선포(The Proclamation of the Gospel)

마가복음 1:14-15은 하나님의 복음을 선포하는 중요한 용어로서 예수님이 3년 동안의 공생애 기간 중에 하셨던 목회를 요약하는 말씀이기도 하다: "요한이 잡힌 후 예수께서 갈릴리에 오셔서 하나님의 복음을 전파하여 가라사대 때가 찼고 하나님 나라가 가까왔으니 회개하고 복음을 믿으라 하시더라." 이것은 복음선포의 완전한 원형이다. 세례요한이 투옥되자마자 예수께서는 본격적으로 복음전파를 하시기 시작했다. 하나님의 나라가 임박함을 선포하였고 사람들은 회개와 믿음을 통해 그의 나라에 들어가도록 추구하고 있다. 더 나아가서 하나님 왕국의 도래에 관한 복된 소식을 믿고 예수님의 재림을 믿어야 하며 기다리는 신앙이 요구되고 있다.

복음전도 (Evangelism)와 밀접한 관계를 나타내는 복음전도자 (Evangelist)라는 단어가 신약성경에 단지 세번 밖에 나오지 않는다. 디모데에게 권면한 "··· 전도인의 일을 하며···" (딤후 4:5)라는 기록과 "··· 복음을 전하는자···" (엡 4:11)로 여러가지 은사 중에 하나로서 표현되었다. 마지막으로 사도행전 21장 8절에 "··· 전도자 빌립의 집에 ··· "이라고 기록되어 있는데 최초의 일곱 집사들 중에 하나인 빌립이 전도자로서 표현되어 있다. "신약성경 복음전도"(New Testament Evangelism)라는 책을 쓴 헤셀 합스 (Herschel H. Hobbs)에 의하면 오늘날 사용되는 복음전도자라는 명칭은 지역 선교사들과 해당한다고 말했다. 또한 때때로 사복음서의 저자들을 부를 때에도 복음전도자로서 불리워지고 있었다.

2) 제자화 (Making Disciples)

제자화에 관한 성경말씀은 마태복음 28:19-20에 기록되어 있다: "그러므로 너희는 가서 모든 족속으로 제자를 삼아 아버지와 아들과 성령의 이름으로 세례를 주고 내가 너희에게 분부한 모든 것을 가르쳐 지키게 하라. 볼지어다. 내가 세상 끝 날까지 너희와 항상 함께 있으리라 하시니라." 이 말씀은 예수님의 지상명령으로서 모든 성도들이 반드시 따라야 하는 최고 위임된 명령이라는 것을 명심하고 지키도록 해야 한다. 복음전도를 위한 부르심은 제자들에 대한 그리스도의 마지막 메세지일 뿐만 아니라 복음을 받아들인 모든 사람들이 해야 할 일차적인 사명이다. 이 위임은 성공적인 사역이 교회 안에서 이루어지게 하는 요소가 되며 새로운 제자들은 세례와 가르침을 받아서 영적인 성장을 계속적으로 이루어야 하며 복음전파하는 일을 해야 한다.

예수께서는 주님의 일을 할 때에 그들과 함께 언제든지 계실 것을 약속하셨다. 예수님의 제자가 되는 조건을 성경에서는 어떻게 기록되어 있는가를 연구 검토하려고 한다. 이러한 말씀들은 복음을 받아들인 모든 사람들이 지켜야 할 요소이며 복음을 전하는 자가 반드시 지켜야 할 중요한 조건이라고 볼 수 있을 것이다.

(1) 예수님의 계명을 지킴

요한복음 14:15에 "너희가 나를 사랑하면 나의 계명을 지키리라."고 기록되어 있다. 예수께서 자기를 따르고 사랑하는 제자들에게 요구하신 것이 그의 계명을 지키는 것이다. 예수께서 말씀하시기를 " … 너희가 내 말에 거하면 참 내 제자가 되고 진리를 알지니 진리가 너희를 자유케 하리라"(요한복음 8:32)고 하셨다. 예수님께서 원하시는 계명 안에 거하게 될 때만이 참된 자유함을 누리게 된다.

(2) 많은 열매를 맺음

요한복음 15:8에 "너희가 과실을 많이 맺으면 내 아버지께서 영광을 받으실 것이요 너희가 내 제자가 되리라."고 했다. 과실을 맺는다는 것을 죽어가는 영혼들에게 복음을 전하여 그리스도께로 인도하는 것을 말한다. 생명의 근원되시는 예수님은 하나님 나라의 일을 하는 사람들과 함께 있기를 원하며 그들에게 나의 제자로 인정하시기를 기꺼이 원하신다.

(3) 사랑을 실천함

예수께서는 말씀하시기를 "… 서로 사랑하라 내가 너희를 사랑한 것같이 너희도 서로 사랑하라 너희가 서로 사랑하면 이로써 모든 사람이 너희가 내 제자인줄 알리라"(요한복음 13:34-35)고 하셨다. 예수님의 제자들의 사랑을 측정하는 저울이라고 할 수 있는 것은 이웃 사랑이다.

(4) 무엇보다도 예수님을 사랑해야 함

누가복음 14:26에 의하면 주님의 제자가 되려면 자기 부모와 처자와 형제와 자매와 및 자기 목숨까지 미워해야 만이 된다고 기록되어 있다. 또한 누구든지 자기의 모든 소유를 버리지 아니하면 예수님의 제자가 될 수가 없다고 누가복음 14:33에서 말하고 있다. 예수님의 제자들은 그들의 삶 속에서 우선 순위를 주님

께만 걸어야 한다.[14]

  (5) 자기를 부인하고 자기 십자가를 지고 예수님을 좇음

예수께서 자기 제자가 되기를 원하는 자에게 요구하는 것 중에 하나는 마태복음 16:24에서 말씀하시고 있다: "… 아무든지 나를 따라오려거든 자기를 부인하고 자기 십자가를 지고 나를 좇을 것이니라."

그러므로, 복음전도는 제자화하는 것과 밀접한 관계를 가지고 있으며 예수 그리스도의 복음을 전파하는 자들은 예수님의 참 제자가 되도록 그의 말씀을 지키며 많은 열매를 맺으며 사랑을 실천하여야 한다. 또한 세상의 어떤 것보다도 예수님을 사랑해야 하며 자기를 부인하고 자기 십자가를 지고 좇는 자가 되어야 한다.

  3) 예수 그리스도를 위한 증인 (Bearing Witness to Jesus Christ)

예수님의 또다른 지상명령에 속하는 것은 사도행전 1:8에 기록되어 있다: "오직 성령이 너희에게 임하시면 너희가 권능을 받고 예루살렘과 온 유대와 사마리아와 땅 끝까지 이르러 내 증인이 되리라 하시니라." 여기서 제자라는 단어 대신에 증인이라는 단어를 사용한 것은 예수님의 제자들에 대한 사역을 가르치는 것이라고 볼 수 있다.[15]

모든 믿는 자들은 주님을 위한 증인이 되어야 한다. 예수께서 하나님의 아들이며 구세주라는 근거가 될 수 있는 것이 무엇인가? 요한복음과 요한일서에서 증인이라는 단어를 많이 사용하고 있음을 볼 수 있다. 예수 그리스도에 대한 일곱 가지 근거가 될

Ⅰ. 복음전도의 의미 39

수 있는 것들이 요한복음 5장과 15장에 언급되어 있다.[16]

(1) 예수 자신

간접적으로 예수님 자신이 증거하는 내용이 요한복음 5:31에 기록되어 있으며 좀더 구체적이고 확실하게 설명하고 있는 곳은 요한복음 8:13-19이다. 예수께서 아버지께서 증거하시는 것같이 자기자신도 증거하고 있다. 이것은 참된 증거라고 볼 수 있다.

(2) 아버지

요한복음 5:37에 "또한 나를 보내신 아버지께서 친히 나를 위하여 증거하셨느니라."고 기록되었다. 마찬가지로 요한복음 8:13-19에 아버지께서 예수께서 하나님의 아들이며 구세주라는 사실을 증거하고 있다.

(3) 세례요한

주님의 길을 예비하였던 세례요한이 증거한 내용이 요한복음 5:33에 기록되어 있다: "너희가 요한에게 사람을 보내매 요한이 진리에 대하여 증거하였느니라." 요한복음 1:6-8에 세례요한이 예수님에 대해서 증거하고 있다. 특별히, 요한복음 1:36에 예수님은 세상죄를 지고 가는 "하나님의 어린양"으로 표현하였다.

(4) 예수님의 사역

요한복음 5:36에 "… 아버지께서 내게 주사 이루게 하는 역사 곧 나의 하는 그 역사가 아버지께서 나를 보내신 것을 나를 위하여 증거하는 것이요"라고 기록되어 있다. 예수님께서 아버지의 이름으로 행하는 일들이 그를 증거한다고 요한복음 10:25에서 말하고 있다. 요한복음 15:24에는 아무도 할 수 없는 일들을 예수께서 하셨다고 하면서 하나님의 아들인 것과 구세주라는 것을 증거하고 있다.

(5) 성경말씀

요한복음 5:39에 "너희가 성경에 영생을 얻는 줄 생각하고 성경을 상고하거니와 이 성경이 곧 내게 대하여 증거하는 것이로다."라고 쓰여져 있다. 계속적으로 요한복음 5:45-46에도 간접적으로 증거하고 있다.

(6) 성령

예수께서 말씀하시기를 "내가 아버지께로서 너희에게 보낼 보혜사 곧 아버지께로서 나오시는 진리의 성령이 오실 때에 그가 나를 증거하실 것이요"(요한복음 15:26)라고 하셨다. 요한복음 16:7-15에 보면 성령의 사역을 말해주고 있는데 그중에 예수께서 구세주라고도 증거하고 있다.

(7) 사도들

요한복음 15:27에 "너희도 처음부터 나와 함께 있었으므로 증거하느니라."고 기록하여 예수님의 제자들이 증거하고 있음을 보여 주고 있다. 요한복음을 기록한 자 스스로 예수가 하나님의 아들이며 구세주라고 요한복음 21:24에서 말하고 있다.

4) 사람을 낚는 어부 (Fishing for Men)

유대인들의 생활 속에 이런 말을 한다: "유대인은 자식들에게 고기를 물려주기보다는 고기잡는 법을 물려준다." 예수께서 말씀하시기를 "나를 따라오너라 내가 너로 사람을 낚는 어부가 되게 하리라"(마가복음 1:17)고 하셨습니다. 고기를 낚는 것과 사람을 낚는 것과 어떻게 비교할 수 있을까?

고기를 낚는 것은 어부가 그물을 던져서 고기를 잡아서 생계를 유지하는 것이기 때문에 세상 직업을 말한다고 볼 수 있다. 사람을 낚는 것은 영혼을 구원하기 위해 예수 그리스도를 전파하는 것이다. 일반 평신도들은 세상 직업을 가지고 있어 생계를 유지할 뿐만 아니라 사람을 낚는 어부로서 복음전도도 동시에 열심히 해야 한다. 그러나, 예수님의 제자들은 마가복음 1:18에 보면 "곧 그물을 버려 두고 좇으니라"고 기록되어 있듯이 세상 직업을 버리고 복음을 전하는 일에만 전심전력해야 하는 목회자임을 알 수 있다. 예수님의 제자들처럼 목회자는 복음과 목회하는 일만을 해야 한다. 사도행전 6장에서도 일곱 집사들을 선출하게 된 것도 주님의 종들이 공궤를 일삼는 일을 하지 않고 말씀을 전하는 것과 기도하는 일에 전무할 수 있도록 하기 위해서였다.

사도 바울은 사도행전과 그의 서신들을 보게 되면 그가 다른 직업들을 가지고 있는 것으로 보이는데 이것은 무엇일까? 라는 질문을 가질 수 있다. 그러나, 사도 바울은 복음을 전하기 위해 여러가지 모양으로 그들과 접촉하려고 하는 방법이라고 볼 수 있다. 사도 바울의 복음전도의 방법이 고린도전서 9:20-23에 잘 기록되어 있으며 "복음에 참예하고자" 노력하는 것을 볼 수 있다. 사도 바울의 전도 방법은 전도의 모델을 다룬 제 6 장에서 자세히 다룰 것이다.

신약성경에 나타난 최초의 복음전도자가 누구일까? 요한복음

1:35-42에 보면 안드레가 그의 형제 베드로에게 예수님을 메시야로 소개하고 만나게 하는 장면이 나온다. 안드레에 관한 내용은 성경에 많이 기록되어 있지 않다. 그러나, 안드레는 그의 생애 중에서 예수님의 수제자인 베드로를 전도했다는 일이다. 마태복음 1장에 기록된 대로 수많은 사람들이 낳다가 죽어가는데 일생에 단 한번 만이라도 위대한 베드로 같은 복음전도자 만이라도 전도할 수 있다면 하나님을 얼마나 기쁘시게 하는 것이겠습니까? 때로는 이단문제로 어려움을 겪었던 세계에서 가장 큰 교회인 여의도순복음교회의 담임목사님인 조용기 목사님은 과연 누가 전도했는가?

조 목사님은 예수 믿지 전에는 불교신자였다고 한다. 그의 설교 가운데서 어떤 이름도 모르는 처녀가 조 목사님이 폐병이 걸려 집에서 요양 중에 있을 때 복음전도하여 예수님을 믿게 되었다고 한다. 복음을 전했던 처녀가 신약성경을 가져다 주어 조 목사님이 읽으려고 성경책 첫 장을 읽기 시작했는데 마태복음 1장에 수많은 사람들이 낳고 죽는 얘기가 실려 있어 읽는 것을 포기했다고 한다. 그 처녀가 찾아와서 성경을 읽은 것에 대해서 조 목사님이 불평하니까 그처녀가 이렇게 대답했다고 한다: "생선을 불에다 구어 먹으려고 할 때 머리부터 꼬리까지 다 먹는 사람이 어디 있습니까? 먹을 것만 골라 드리기 바랍니다." 조 목사님은 그 처녀의 권유대로 성경말씀을 골라서 읽기 시작했는데 하나님의 많은 은혜를 받았다고 한다.

이름도 모르는 한 처녀가 불교 신자였던 조용기 목사님께 전도 했으니 하나님이 기뻐하시는 일을 그녀의 생애에 한 것이다. 그녀가 전도한 사람이 세계에 가장 큰 교회의 담임목사가 될지 누구가 알았겠는가? 사람을 낚는 어부로서 역할을 감당하려고 모든 그리스도인들은 최선을 다해야 한다. 끊임없는 전도와 때를 얻든지 못 얻었든지 그리스도의 지상명령을 이행하는 사람을 낚는 어부가 되어야 한다.

5) 세상의 소금(Being the Salt of the Earth)

마태복음 5:13에 "너희는 세상의 소금이니 소금이 만일 그 맛을 잃으면 무엇으로 짜게 하리요 후에는 아무 쓸데없이 다만 밖에 버리워 사람에게 밟힐 뿐이니라."고 했다. 세상의 소금과 복음전도와 어떤 관계를 가지고 있으며, 예수님께서 비유로 소금을 사용하셨는데 소금의 역할이 실생활에서 어떤 역할을 하며 신앙생활과의 관계를 연구할 필요가 있다.[17] 식사 준비와 요리를 주로 하는 주부들에게 있어서 소금의 역할의 중요성은 누구보다도 잘 알 수 있을 것이다.

(1) 맛

"소금이 맛을 잃으면 무엇으로 짜게 하리요"라고 하신 예수님의 말씀은 그리스도의 삶 속에서의 복음전도를 말하고 있다. 예수를 믿는 사람들은 어느 곳에 있든지 그들의 생각과 말과 행동이 변화가 시작되어 불신자들이 그리스도인이라는 사실을 알게 된다. 이것은 성도의 향기 때문이다. 성도들의 변화된 것들이 복음전도에 큰 역할을 할 수 있다. 너무나 나쁘게 잘 알려진 사람이 예수를 믿어 변화되는 것을 볼 때 그 사람 주변에 있던 친구나 이웃 또는 그 사람에게 피해를 받았던 사람들이 예수를 믿게 되는 경우가 많이 있다. 예를 들면, 전과자가 예수 믿고 생활이 변화되고 장로님이나 목사님이 되어 전도집회에서 간증을 하게 되는 경우를 보게 되는데 예수를 믿기 전의 생활보다 변화된 생활을 더욱더 강조해야 한다.

(2) 불변

소금의 특징 중에 두번째는 맛이 변치 않는 것이다. 소금이 소금으로 있을 때는 항상 맛이 나게 되어 있는데 이것은 성도들의 변치 않는 신앙생활을 나타내고 있다.

신앙생활을 시작하게 될 때에 신앙의 형태가 중요하며 신앙을 계속적으로 유지하기 위해서는 지, 정, 의의 신앙이 골고루 갖추어져야 한다. 신앙생활을 시작할 때에 기적이나 은사의 형태 속에서 능력전도(Power Evangelism)를 통해서 믿음이 생겼을 때는 정적인 신앙을 말하며 이런 성도들은 성경공부를 통한 말씀에 기초 위에 신앙을 쌓아 가도록 해야 하는 지적인 신앙이 요구되며 또한 의지적인 신앙생활을 생활 속에 실천하려는 노력이 요구될 때 신앙이 성장하며 변치 않는 신앙생활을 할 수 있다.

성경공부와 같은 말씀 통해 신앙생활을 시작하는 지적인 신앙을 가진 성도는 하나님의 은사나 기적을 체험할 수 있는 기회가 주어지면 좀더 확실하고 깊이 있는 신앙을 하게 되며 또한 의지적인 신앙을 하여 생활과 신앙이 일하도록 할 때 신앙이 성장하며 변치 않는 믿음을 유지할 수 있다. 신앙생활의 형태가 조금씩은 다를지라도 서로 인정하며 균형이 있는 지, 정, 의의 신앙을 가지도록 노력할 때 복음전도자로서 올바른 자세가 된다.

(3) 흰색

소금의 색깔은 대부분이 흰색이나 때로는 회색이나 검은 색을 띈 소금이 있다. 주부들은 귀하게 쓰는 소금은 가늘고 아주 하얀 소금을 사용하며 허드레한 일에 사용할 때는 굵고 회색이나 검은 색에 가까운 소금을 사용한다. 이러한 소금의 특징을 신앙과 비교해 볼 때에 소금의 색깔을 신앙의 양심으로 표현할 수 있다.

주님 앞에 처음으로 자기 죄를 고백하고 예수님을 영접했을 때는 아주 조그마한 죄를 짓게 되어도 신앙의 양심 때문에 괴로워하게 된다. 그러나, 신앙생활을 계속적으로 하면서 조금씩 죄를 지으면서 신앙의 양심이 점점 무디게 되어 계속적으로 죄를 지면서 죄책감을 덜 느끼게 되는 경우를 보게 된다(딤전 3:9). 성도들의 신앙 양심이 하얀 소금 같이 깨끗할 때는 귀한 믿음의 생활이며, 계속적으로 죄를 지면서 신앙생활을 하는 것은 회색이나 검은 색에 가까운 소금과 같이 깨끗하지 않는 신앙생활이기 때문에 하나님이 기뻐하지 않으신다. 복음전도에 귀하게 사용되는 전도자들은 신앙 양심이 깨끗한 성도이며 많은 열매를 얻게 되는 비결이 된다.

사도 바울이 고백하기를 "… 나도 하나님과 사람을 대하여 항상 양심에 거리낌이 없기를 힘쓰노라"(행 24:16)고 했다. 이러한 신앙을 가지고 있기 때문에 하나님은 그로 하여금 많은 영혼을 주님 앞으로 이끌 수 있는 위대한 복음전도자이며 세계의 선교사로서 사용하신 것으로 확신한다. 믿음과 착한 양심은 관계를 가지고 있으며 (딤전 1:19), 선한 양심에서 참된 사랑이 나오며 (딤전 1:5), 양심의 가책으로 죄를 깨닫게 되며 (요 8:9), 또한 깨끗한 양심을 가진 자에게 주님의 일할 수 있는 직분을 주신다 (딤전 3:9). 그러므로, 소금의 역할은 복음전도와 긴밀한 관계를 가지고 있으며 귀히 쓰는 소금처럼 결백한 신앙의 양심을 가지고 있는 사람이 위대한 복음전도자가 될 수 있는 자격 중에 하나임을 알아야 한다.

(4) 방부제

냉장고가 없을 당시에 상하기 쉬운 음식물을 소금에 절여 놓아 음식물을 보존하는데 사용되었고 특별히, 생선이나 고기는 더운

날씨에 소금에 절여 놓아야 할 것이다. 소금은 방부제의 역할과 신앙과의 관계를 살펴 볼 때, 성도가 있는 곳마다 부패의 책임이 있음을 알아야 한다. 한 가정에 한 명이 기독교인이라면 그는 그의 가정을 지키며 부패의 책임을 가지고 있음을 알아야 하며 복음전파하도록 기도하며 전도해야 한다. 직장에서 각각 기독교인들이 부패의 책임의식을 갖고 복음전도할 때 직장이 복음화되는 역사가 나타나게 된다. 복음화 뿐만 아니라 소속되어 있는 어느 곳에든지 기독교인들은 정의와 사랑을 실천하여 좀더 변화되게 해야 할 책임이 있음을 인식해야 한다.

오늘날, 선교나 전도라는 명목 하에 세워진 여러단체가 처음에 갖고 있던 신앙을 끝까지 유지하고 있는지 살펴 볼 필요가 있다. 외국선교사가 세워진 선교병원이 과연 선교병원으로서 역할을 얼마나 감당하고 있는가 보게 될 때 복음과 전혀 관계가 없는 일들이 너무 많이 선교병원에 있으며 직원들조차 많은 문제가 있음을 알고 있다. 선교하기 위해 세워진 학교들도 원래의 목적을 상실한 경우를 많이 보게 되며 재정적인 어려움이 있던 어느 기독교 정신에 의해 세워진 학교가 교목님을 모실 재정이 없어 성경과목을 필수과목이 아니라 선택과목으로 하자는 제안이 나왔다고 한다. 이러한 현상은 학생들을 교육하시는 선생님들의 신앙에 문제가 있음을 볼 수 있으며 부패되고 있음을 바로 알고 시정해야 할 사명이 모든 기독교인들에게 있음을 알아야 한다. 에스겔 33:1-19에 나타난 하나님의 파숫군의 역할이 바로 소금의 역할인 방부제로서 부패의 책임과 밀접한 관계를 가지며 이러한 것을 통해서 복음전도에 힘써야 할 것이다.

(5) 용해

소금의 특징 중에 소금의 역할을 할려면 소금이 물에 녹아야 한다는 것인데 이것이 복음전도와 신앙에 어떤 관계가 있는지 보려고 한다. 한 영혼을 주님 앞으로 인도하는 것이 얼마나 어려운 일이라는 것은 전도해 본 사람들은 누구나 고백하는 것이다. 전도할 때 자세는 겸손하며 끝까지 참고 인내하며 아가페적인 사랑이 없이는 불가능하다고 본다. 복음전도자가 하고 싶은 의견이나 성질을 다 부리면서는 절대로 영혼을 구원시킬 수 없다. 소금이 녹아야 하는 것같이 전도자가 죽어야 한 영혼이 주님 앞으로 돌아온다. 전도자의 희생과 자기자신을 주는 아가페적 사랑이 복음전도자가 갖추어야 중요한 자격 중에 하나이다.

가장 가까우며 서로 너무 잘 아는 사이끼리가 전도하기가 가장 힘들 수 밖에 없을 것이다. 먼저 믿은 사람들이 불신자이며 친구에게 때로는 실수해도 친한 사이기 때문에 이해할 것이라고 생각하고 자기희생이 없이 복음전도하려 하기 때문에 어렵게 되는 수가 많고, 또한 먼저 믿은 사람의 생활의 변화가 없으므로 전도가 어렵게 되는 수가 많이 있음을 보게 된다. 가정에서 자기 남편이나 아내에게 복음전도를 하려면 자기 자존심이나 이기심 등 모든 것을 버리고 끝까지 용서하며 사랑하며 겸손한 마음으로 권면하여 가정의 복음화도 이룩 될 수 있게 된다. 소금이 녹아야 그것의 역할을 하듯이, 자기를 죽이는 자기희생이 없고 사랑이 없이는 한 영혼도 구원시키는 일을 할 수 없게 된다. 위대한 복음전도자는 자기희생과 죽어가는 영혼을 사랑하는 강한 의지를 갖추고 있는 자여야 한다.

6) 세상의 빛(Being the Light of the World)

마태복음 5:14에 의하면 "너희는 세상의 빛이라 산 위에 있는 동네가 숨기우지 못할 것이요"라고 예수께서 말씀하셨다. 모든 그리스도인들은 세상의 빛으로서 복음전도자가 되어야 한다. 주님은 그들의 빛을 사람들에게 비춰게 하여 그들의 착한 행실을 보고 하늘에 계신 아버지께 영광을 돌리게 하라고 하신다 (마 5:16). 여기서는 말로 만으로 전도하는 것을 강조하기 보다는 행위를 통한 전도로서 그리스도인으로서의 정상적인 삶을 요구하는 생활전도라고 할 수 있다.

　예수께서 비유로 말씀하실 때 사람이 등불을 켜서 말 아래 두지 아니하고 등경 위에 둔다고 하시면서 왜냐하면 집안 모든 사람에게 비취기 위해서라고 하셨다(마 5:15) 여기서 "말 아래 두지 아니하고"에서 말이 무엇을 말하는가? 여기서 번역 상의 문제가 있음을 알 수 있다. "말"이란 단어는 쌀이나 콩 같은 것을 측량하는 사각형으로 된 그릇을 뜻한다. 믿는 사람들의 행위는 결국에 가서는 드러나게 되어 있어 그들의 행위는 반드시 밝혀지며 착한 행실을 해야 하며, 적어도 복음전도를 위한 수단으로서 사용해야 한다는 것을 알 수 있다.

　반대로 생각하면, 먼저 믿는 자들이 잘못된 행위들이 사람들에게 드러나게 될 때 이것은 각개인 문제가 아니라 기독교 전체에 나쁜 결과를 초래하게 된다는 사실을 명심해야 한다. 실제로, 불신자가 했다면 아무 문제가 되지 않는 것도 기독교인이 하게 되면 문제가 되는 일들이 너무나 많이 있음을 보게 된다. 고로, 기독교인들은 모든 일에 세상 사람들에게 모범이 되는 생활을 해야 하며 그러한 모든 행위가 복음전도와도 직결된다는 사실을 인식하며 살아야 한다.

　요한복음 9:5에 보면 " … 내가 세상 있는 동안에 세상의 빛이로라"고 예수께서 말씀하셨다. 세상의 빛이 되시는 그리스도를 전파하는 자들은 역시 세상의 빛으로서 삶을 요구된다. "지난밤에 보호하사"라는 찬송가 66장의 3절 가사를 보면 "주예수의 밝은 빛이 우리 맘에 비치사 밤중 같이 어둔 것을 낮과 같게 하소서"라는 좋은 곡조있는 기도가 있다.[19] 기독교인의 생활이 밤중 같은 것이 아니라 낮과 같은 생활을 하게 될 때 내 이웃과 친구들은 주님 앞으로 돌아오는 역사가 계속적으로 나타날 것이다.

7) 계속적으로 열매 맺음(Bearing Fruit that Remains)

예수께서 말씀하시기를 "너희가 과실을 많이 맺으면 내 아버지께서 영광을 받으실 것이요…"라고 요한복음 15:8에 기록되어 있다. 복음전도를 많이 한 것을 많은 과실을 맺은 것으로 표현했다고 볼 수 있다. 계속적인 그리스도의 복음을 전파하는 것은 주님의 일을 하는 것이기 때문에 주님의 약속대로 항상 함께 하실 것을 확신한다 (요 8:29). 또한 요한복음 15:16에 "…너희 과실이 항상 있게 하여 내이름으로 아버지께 무엇을 구하든지 다 받게 하려 함이니라."고 했다. 과실을 많이 맺은 그리스도인들은 주님의 이름으로 기도할 때에 응답이 있음을 확신시켜 주는 말씀이다.[20]

과실을 많이 맺는 것에 대한 또다른 해석으로는 갈라디아서 5:22-23에 나타난 성령의 열매라고도 볼 수 있다. 즉, 성령의 열매는 사랑과 희락과 화평과 오래 참음과 자비와 양선과 충성과 온유와 절제를 말하며 이러한 영적인 열매를 가지고 있는 복음전도자는 더 많은 죽어가는 영혼에게 복음을 전할 수 있는 능력을 소유하게 되어 주님의 일을 더 크게 할 수 있게 된다.

복음을 전하지 않는 것과 같은 과실을 맺지 않는 결과는 하나님의 심판이 있음을 예수께서 선언하셨으며, 과실을 맺는 것에 대해서는 더 많은 과실을 맺도록 더 좋은 조건인 깨끗케 해 주시겠다고 요한복음 15:2에 주님께서 약속해 주시고 있다: "무릇 내게 있어 과실을 맺지 아니하는 가지는 아버지께서 이를 제해 버리시고 무릇 과실을 맺는 가지는 더 과실을 맺게 하려하여 이를 깨끗케 하시느니라."

8) 그리스도의 향기 (Being the Aroma of Christ)

향수는 저절로 퍼져 나가며 모든 사람들에게 기분을 상쾌하게 하고 즐겁게 하는 것인데, 바로 그리스도의 복음을 전파하는 것을 이와같이 비유하신 것은 아주 의미 있는 일이다. 사도 바울께서 말씀하시기를 "항상 우리를 그리스도 안에서 이기게 하시고 우리로 말미암아 각처에서 그리스도를 아는 냄새를 나타내시는 하나님께 감사하노라. 우리는 … 그리스도의 향기니"(고후 2:14-15) 라고 했다. 생명의 길을 좇아 그리스도를 아는 지식의 향기를 전파하는 일은 복음전도자로서의 귀하고 복된 일이라고 생각된다.[21]

고린도후서 2:16에도 "생명을 좇아 생명에 이르는 냄새"라고 표현하여 그리스도인들이 하나님께 감사해야 할 축복된 모습을 보여주고 있다. 복음을 전하는 모습이야말로 생명에 이르는 냄새인 그리스도의 향기일 것이다. 이러한 냄새에 대한 또다른 해석으로 예수를 믿는 사람은 복음을 생명에 이르는 냄새로 인식할 수 있으나 예수 믿기를 거절하는 사람은 복음을 죽음과 같은 더럽고 하찮고 불쾌한 냄새로 생각될 것이다.

그러므로 사도 바울은 고린도전서 1:18에서 이렇게 선언하고 있다: "십자가의 도가 멸망하는 자들에게는 미련한 것이요 구원을 얻는 우리에게는 하나님의 능력이라." 그리스도의 복음을 전하는 성도들은 지혜의 권하는 말로 하려고 하지 말고 성령의 능력이 나타나도록 기도하는 마음으로 할 때에 죽은 영혼이 사망에서 생명으로 건져지는 역사가 나타날 것이다 (고전 2:4-5).

9) 화목의 목회 (The Ministry of Reconciliation)

사도 바울께서 고린도후서 5:18-20에 이렇게 말씀하셨다: "그리스도로 말미암아 우리를 화목하게 하시고 또 우리에게 화목하게 하는 직책을 주셨으니 … 화목하게 하는 말씀을 우리에게 부탁하셨느니라. 이러므로 우리가 그리스도를 대신하여 사신이 되어 … 너희는 하나님과 화목하라." 위의 말씀 중에 "화목"이라는 단어가 다섯 번이나 사용되어 복음전파에 화목의 중요성을 인식해야 한다.

하나님께서 그리스도의 보혈의 피로 말미암아 우리의 죄가 씻김을 받아 하나님과 화목할 수 있게 하셨으며, 이제는 하나님 앞에 이방인도 아니며 외국인도 아니며 적군도 아니다. 그리스도 안에 있는 모든 구원 받은 사람들에게 복음전도자로서 "화목하게 하는 직책"을 주셨다고 했다. 먼저 하나님과 화목한 자인 구원을 받은 자만이 복음전하는 자로서의 자격이 있다. 복음전도자의 다른 명칭은 "화목하게 하는 직책"이라는 화목의 목회라고 볼 수 있고, 그가 해야 할 사역은 화목하게 하는 말씀이어야 한다.

더 나아가서, 복음전도자는 "그리스도를 대신하여 사신"이라고 했으며 그것은 하나님 나라의 왕이 보낸 그리스도의 전권대사라는 특권과 의무가 있음을 의미하고 있다. 그렇기 때문에 복음전도자로서 성실하고 적극적이며 담대하게 일할 일꾼들은 왕이신 예수님과 항상 화목해야 할 뿐만 아니라, 그 분의 의도와 분명한 명령에 절대적인 순종이 요청되고 있음을 알아야 한다. 화목해야 하는 전권대사로서 복음전도자는 아주 중요한 책임을 가지고 있으며, 어떻게 이러한 의무를 주님의 원하시는 방법대로 올바로 수행할 것인가를 기도하며 끊임없이 노력해야 한다.[22]

예수 믿는 사람들이 하나님과 화목하게 해야 할 뿐만 아니라, 어느 곳에 있든지 신자든 불신자든 관계없이 모든 이웃과도 화목하게 하는 목회를 해야 하는 사명이 요청된다. 세속적인 사회에 끌려가는 기독교의 세계가 아니라, 화목의 목회를 통해 우리가 살고 있는 모든 지역을 이끌어 가는 선구자적인 역할을 감당해야 할 것이다. 이러한 화목의 목회는 불화한 가정과 불신 사회와 삭막한 나라에 예수 그리스도를 통한 새로운 하나님의 왕국을 건설하는 사역이라는 사실을 명심해야 한다.

10) 하나님의 아름다운 덕을 선전함 (Advertising the Deeds of God)

사도 베드로는 베드로전서 2:9에서 이렇게 말했다: "오직 너희는 택하신 족속이요 왕 같은 제사장이요 거룩한 나라요 그의 소유된 백성이니 이는 너희를 어두운 데서 불러내어 그의 기이한 빛에 들어가게 하신 자의 아름다운 덕을 선전하게 하려 하심이라." 예수 그리스도를 구주로 고백하는 모든 기독교인들을 "왕같은 제사장"으로 표현한 것은 매우 의미 있는 일이다.

구약시대에 있어서 사람들은 하나님 앞에 직접 나아갈 수 없었고 제사장만이 하나님과 죄인과의 관계를 연결할 수 있었다. 제사장은 레위지파에 속한 사람 만이 할 수 있는 일이고 제사장 중에서 투표하여 한 명의 제사장이 일년에 단 한번 성소에 들어갈 수 있는 것이었다. 그러나, 그리스도의 보혈의 피로 성소 안에 있던 지성소로 들어가는 휘장이 위에서 아래로 찢어지게 되어 제사장 뿐만 아니라 모든 성도는 담대히 하나님께 직접 나아갈 수 있는 권리를 가지고 있으며 모든 성도는 하나님 앞에 동등권을 가지게 되었다. 이러한 것은 종교개혁자인 마르틴 루터가 주장하는 "만인제사직론"을 말하고 있다. "만인제사직론"에 대해서는 제 3 장에서 다시 다루려고 한다.

그러므로, 복음전도자는 특별히 선택된 자만의 일이 아니라 예수 그리스도를 구주로 영접한 사람은 누구나 왕같은 제사장으로서 복음전도자라는 사실이다. 실제로, 어느 교회나 어느 선교단체에 소속된 모든 그리스도인들에게 누구에 의해서 처음으로 교회에 오게 되었으며 신앙생활을 하게 되었는가 질문을 하게 되면 거의 80 퍼센트에서 90 퍼센트에 이르기까지 평신도들에 의해 시작되었다는 것을 통계적으로 알 수 있게 된다. 이것은 교회의 평신도로서, 복음전도자의 사역의 가장 큰 비중을 깨닫게 하는 명확한 증거가 되며 교회성장에 있어서 평신도 역할의 중요성을 재인식할 수 있게 되는 것이다.

복음전도자로서 하나님의 아름다운 덕을 선전하는 일은 축복되고 감사가 넘치는 귀한 사역이다. 선전이란 어떠한 것이든 간에 좋고 유익되고 활용할 수 있는 것을 사람들에게 알리는 것을 말한다. 알리는 것의 수단으로 현대 사회에서 많이 사용하는 것은 텔레비전, 라디오, 신문, 잡지 등일 것이다. 그런데, 이러한 것을 통해 알리는 것을 대부분이 나쁜 것, 사악한 것, 잔인한 것, 짐승 같은 것들이다. 좋고, 선하고, 온유하고, 사랑할 만 것은 대부분이 없으며 인기가 별로 없는 것같다. 때로는 좋은 소식이라고 해서 어느 한 계층에 속한 사람에게는 매우 유익된 것인지 몰라도 다른 계층에 속한 사람들에게는 매우 불리한 것들이 많이 있다. 배운 사람이나 못 배운 사람이나, 재물이 있는 사람이나 없는 사람이나, 권력을 쥐고 있는 사람이나 없는 사람이나, 건강한 사람이나 병든 사람에게나, 나이 많은 사람에게나 어린 사람에게나, 세상에 사는 모든 사람들에게 유익이 되고 선하고 아름답고 사랑스러운 소식이 있으면 얼마나 좋겠는가?

죄악이 가득한 세상에 살면서 죄 속에서 죄를 죄로 인정할 줄도 모르면서 의식적으로나 무의식적으로나 죄를 짓고 사는 사람들에게 가장 복된 소식이 있다. 과거에 지은 죄나 현재에 짓는 죄나 미래에 짓게 될 지도 모르는 죄를 용서해 주시기 위해 우리를 창조하신 하나님께서 그의 독생자 아들을 세상에 보내서 십자가에 못박혀 피를 흘리며 돌아 가셨기 때문에 우리가 용서받을 수 있는 기회가 주어졌다는 이러한 소식이 바로 하나님의 아름답고 사랑스러운 덕을 선전한 것이다. 이러한 하나님의 사랑의 행위들을 사람들에게 알리는 사명이 얼마나 고귀하고 자랑스러운 직분이 아니겠는가?

그러므로, 복음의 의미를 성서적인 근거가 되는 열 가지 요소들은, 1) 복음의 선포, 2) 제자화, 3) 예수 그리스도를 위한 증인, 4) 사람을 낚는 어부, 5) 세상의 소금, 6) 세상의 빛, 7) 계속적으로 열매를 맺음, 8) 그리스도의 향기, 9) 화목의 목회, 그리고, 10) 하나님의 아름다운 덕을 선전함이다. 성경말씀을 통해서 나타난 복음의 의미가 가장 확실하고 정확한 것이다. 목회자들이나 평신도 지도자들이나 주일학교 선생님에 이르기까지 이러한 근거를 통해 주님의 나라가 이 땅에 이루어 지도록 기도하며 복음의 씨를 세상에 뿌리는 쓰임 받는 성도가 되어야 한다.

결 론

성경에 복음전도라는 명사가 없을 지라도 복음전도와 직접적으로 관련되어 있는 용어들과 말씀들을 살펴 봄으로서 복음전도에 대한 성경적인 의미를 분명하게 알 수 있게 되었을 것이다. 모든 그리스도인들은 복음전도에 관한 의미를 바로 알아 주님이 주신 지상명령이신 복음전파를 하기 위해 최선을 다해야 할 것이다.

연구해야 할 과제

1. 사도행전 1:8을 암송하시오.

2. 코이네 그리이스이 쓰여진 성경에 복음전도라는 명사가 몇번 나오며 Evangelism이라는 단어는 언제부터 생긴 단어입니까?

3. 코이네 그리이스어를 통하여 복음전도에 관하여 알 수 있는 다섯 단어들이 무엇이며 그 단어들의 뜻이 무엇인지 말해 보시오.

4. 증인이라는 말과 순교라는 말과는 코이네 그리이스어는 어떠한 관계를 가지고 있으며, 증인이라는 것은 무엇이라고 말할 수 있는가?

5. 마태복음 16:24을 암송하시고 예수님의 제자가 되려면 해야 할 세 가지 요소가 무엇인지 말하시오.

6. 요한복음과 요한일서에 나타난 예수님이 하나님의 아들이며 구세주라는 근거가 되는 일곱 가지 요소들을 말해 보시오.

7. 사람을 낚는 것과 고기를 낚는 것과의 차이점을 설명하시며 평신도들과 목회자들과의 관계와도 연결을 지어서 설명해 보시오.

8. 주님의 지상명령인 마태복음 28:19-20을 암송하시며 복음전도의 목표가 무엇인지를 설명하여 보시오.

9. 마태복음 5:13에 보면 소금의 역할에 대해 기록되어 있으나 좀더 소금의 특징과 성도들의 신앙생활과 관련을 지어 다섯 가지로 설명해 주시오.

10. 고린도후서 5:17-21에 화목이라는 단어 몇 번이나 사용되어 있는가 세어 보시며 복음전파하는 자의 직책을 다른 말로 어떻게 표현되어 있습니까?

11. 복음전도의 뜻을 위한 성서적인 근거될 수 있는 열 가지 요소가 무엇인지 말해 보시오.

12. 지, 정, 의에 대한 신앙에 대해서 아는 바를 말해 보시오.

13. 교회에 처음으로 나오게 되는 경우에 평신도들에 의해서 오는 경우가 통계적으로 몇 퍼센트이며 실제로 주일학교 반의 학생들이나 구역예배 때에 점검하여 보시오.

14. 조용기 목사님이 어떻게 예수님을 믿게 되었는지 말해 보시며 전도한 사람을 통해 무엇을 배울 수 있다고 생각하십니까?

15. 성경에 나오는 제자에 대해서 정의를 내려 보시오.

16. 복음을 전하는 자를 그리스도를 위한 사신이라고 하는데 "사신"이란 무엇을 말하는지 설명하여 보시오.

17. 전도나 선교라는 명목하에 세운 기관이나 단체에 문제점이 있다면 어떠한 것들이 있는지 말해 보시오.

18. 목회를 하는 목사가 또다른 세상 직업을 가지는 것이 성서적인 근거를 통하여 설명하여 보시고 기관목사와 신학대학 교수와 같은 가르치는 목사에 대해서는 어떻게 생각하는가?

■ 주(註)

1) C. E. Autrey, "*Basic Evangelism*" (Grand Rapids, Mich.: Zondervan Publishing House, 1959), pp. 10-15.
2) *Ibid.*
3) *Ibid.*
4) *Ibid.*
5) Win Arn, and Charles Arn, "*The Master's Plan For Making Disciples: How Every Christian Can Be An Effective Witness Through An Enabling Church*" (Pasadena, Ca.: Church Growth Press, 1982), pp. 19-21. (Paper)
6) Delos Miles, "*Introduction To Evangelism*"(Nashville, Tn.: Broadman Press, 1983), p. 19.
7) *Ibid.*
8) Herschel H. Hobbs, "*New Testament Evangelism*" (Nashville, Tn.: Convention Press, 1960), p. 37.
9) Miles, pp. 21-22.
10) "아가페 주제별 관주성경" (서울: 아가페 출판사, 1984), p. 271.
11) *Ibid.*
12) Kenneth S. Kantzer, "*Life Application Bible: New Testament*" (Wheaton, Ill.: Tyndale House Publishers, Inc., p. 1987), p. 275.
14) *Ibid.*, p. 200.
15) Miles, p. 22.
16) *Ibid.*
17) *Ibid.*, p. 26.
18) *Ibid.*, p. 29.
19) "*The Korena-English Hymnal*"(Los Angeles, Ca.: Christian News Press, 1988), p. 66.
20) Kantzer, p. 275.
21) Miles, p. 31.

22) Kantzer, p. 460.
23) 최효섭, "현대예화사전: 교훈과 지혜가 넘치는 감동의 예화 모음"(서울: 쿨란출판사, 1995), p. 811.

제 2 장
복음전도의 목표

제 2 장
복음전도의 목표

서 론

1. **전도신학을 위한 성서적인 중요한 단어**
   1) 케리그마: 선포
   2) 소테리아: 구원
   3) 바실레이아: 왕국

2. **하나님의 사랑과 복음전도**
   1) 하나님의 사랑을 말함 (Telling God's Love)
   2) 하나님의 사랑을 행함 (Doing God's Love))
   3) 하나님의 사랑 그 자체임 (Being God's Love)

3. **복음전도의 목표**
   1) "제자를 삼아라"는 견해
   2) "가라"와 "제자를 삼아라"는 견해
   3) 전도와 교육에 대한 이원론적 해석

결 론

제 2 장
복음전도의 목표

*"그러므로 너희는 가서 모든 족속으로
제자를 삼아 아버지와 아들과
성령의 이름으로 세례를 주고
내가 너희에게 분부한
모든 것을 가르쳐 지키게 하라
볼지어다 내가 세상 끝날까지
너희와 항상 함께 있으리라 하시니라.*"

(마태복음 28:19-20)

서 론

복음전도는 주님의 지상명령임으로 반드시 해야 하지만 어디까지 해야 하며 불신자가 교회에 나오면 되는지 아니면 예수님을 믿겠다고 결심하면 되는 것인지 또는 교회에서 세례를 받으면 되는 것인지 의문점을 제시할 수 있다. 성서적인 근거를 확실하게 밝혀 복음전도의 목표를 알고자 하는 것이다. 이러한 것을 살펴 보기 전에 복음전도를 신학적인 입장에서 해석하기 위한 중요한 용어들을 살펴하면서 하나님의 사랑과 복음전도와의 관계를 관찰하려고 한다.

1. 전도신학을 위한 성서적인 중요한 단어

미국의 북부 캘로리나주(North Carolina)의 웨이크 포리스트(Wake Forest)에 있는 남동부침례신학교(Southeastern Baptist Theological Seminary) 의 총장이신 레위스 드류먼드(Lewis A. Drummond)가 쓴 십자가의 말씀: 복음전도의 현대신학(The Word of the Cross: A Contemporary Theology of Evangelism)에 의하면 전도신학을 발전시키기 위해 세 가지의 필수적이며 기본적인 성서적 용어들을 제시하고 있다.[1] 이러한 용어들은 케리그마(말씀의 선포), 소테리아(구원), 바실레이아(하나님의 왕국)를 말하며 이것들을 연구 검토하여 전도신학의 기초를 확립시킬 뿐만 아니라, 복음전도의 목표가 하나님의 은혜와 관련시켜서 어떠한 역할을 하고 있는가를 조사하려고 한다. 이러한 연구는 결코 신학적인 연구에 끝나는 것이 아니라 실제적으로 그리스도인의 생활에 적용하는데 중점을 두어야 할 것이다.

1) 케리그마 (κηρίτμα) : 선포

케리그마(선포)는 하나님의 은혜의 메시지(message)를 말한다.[2] 사도 바울께서 고린도전서 1:21에 이렇게 말씀하셨다: "하나님의 지혜에 있어서는 이 세상이 자기 지혜로 하나님을 알지 못하는 고로 하나님께서 전도의 미련한 것으로 믿는 자들을 구원하시기를 기뻐하셨도다." 하나님의 지혜는 인간의 지혜를 초월하며 어떠한 철학이나 과학이나 학문도 예수 그리스도를 통한 구원이라는 복음을 생각할 수 없다. 오직 하나님의 은혜의 메시지를 통해서만이 구원을 얻을 수 있으며 이러한 것을 깨닫는 것은 전적인 하나님의 은혜이다.

"전도의 미련한 것으로"에서 "전도"라는 용어를 신약성경을 기록된 코이네 그리이스어로 보면 케리그마(선포)로 되어 있다.[3] 미국의 권위 있는 킹 제임스 버젼(King James Version)에는 "설교의 미련한 것으로(by the foolishness of preaching)라고 번역되어 있으며, 뉴 인터내셔날 버젼(New International Version)에는 "설교된 것의 미련한 것으로"(by the foolishness of what was preached)라고 번역되어 있다.[4] 그러나, 뉴 리벌스 버젼(New Reversed Version)에는 "우리의 선포의 미련한 것으로"[5](through the foolishness of our proclamation)라고 쓰여 원문에 가장 가깝게 번역되었다.

성경번역에 있어서 "전도"와 "선포"를 같은 의미로 쓰는 경우가 많이 있으나, 고린도전서 1:21에서는 "전도"라기 보다는 "선포"라는 것이 더 정확한 표현일 것이다.[6] "선포"에 대해서 레위스 드류먼드는 다른 용어로 이렇게 표현하고 있다: "예수 그리스도 안에서 사람들에게 구원시키는 믿음을 주기 위하여 하나님께서 휘두르시는 "성령의 검"이다.[7]

선포(케리그마)로서의 복음은 모든 사람에게 구원을 주는 성령의 검으로 오순절 때에 삶의 현장에서 증명되었다: "그 말을 받는 사람들이 세례를 받으매 이날에 제자의 수가 삼천이나 더하더라"(행 2:41). 세상의 지혜로는 미련해 보이는 "선포"에 의한 복음이 모든 믿는 사람들에게 구원을 주시는 하나님의 능력이기 때문에 사도 바울은 복음을 부끄러워하지 않는다고 로마서 1:16에서 고백했다. 복음의 "선포"는 성령의 나타남과 능력으로 하여 하나님의 능력이 나타나도록 사람의 지혜가 아님을 알아야 한다(롬 2:4-5).

복음의 선포는 하나님의 은혜의 메시지(message)를 말하는 것이다. 효과적으로 증거하는 사람들은 하나님의 말씀을 선포하는 것이며 그들이 말하는 하나님을 매일 그들의 생활 속에서 경험하고 살고 있다. 말씀을 선포하는 자는 하나님과 함께 살아가며 그의 메시지를 다른 사람들과 함께 나누는 자이어야 할 것이다.

초대교회가 불과 300년 동안에 유럽 전체를 휩쓴 기적의 비밀은 "케리그마"라는 한 마디가 설명해 준다. 케리그마는 케룩스(κηρυξ)에서 나온 동사인데 케룩스란 옛날 정부의 "뉴스 전령관"을 뜻한다.[8] 케룩스가 북을 치면 사람들이 다 모인다. 그는 꼭 알아야 하고 누구나 실천해야 하는 매우 중대한 뉴스만을 전하기 때문에 온 마을 사람들이 거리에 나와서 케룩스의 뉴스 선포를 들었다. 초대 기독교회가 기적적인 성장을 이룩하게 된 것은 그 당시 성도들 전원이 케룩스가 뉴스 선포를 들었다. 초대 기독교회가 기적적인 성장을 이룩하게 된 것은 그당시 성도들 전원이 케룩스가 되었기 때문이며, 신약성경에는 케리그마라는 단어가 61번이나 나온다.

첨가해서 말한다면, 하나님의 말씀을 선포하는 설교하시는 목회자님들께서 때로는 스스로 확실히 믿어지지 않는 요소들이 성경 말씀에 있을 때에 어떻게 할 것인가라는 질문을 할 수 있다. 모든 성경말씀은 진리이며 하나님의 영으로 기록되어 있기 때문에 순수한 인간적인 지식이나 지혜로 이해할 수 없는 것들이 성경에는 있다. 예를 들면, 하나님의 아들이 육신의 몸을 입고 이 세상에 왔다는 것과 처녀가 잉태하여 아들을 낳았다는 것과 십자가에 못박혀 돌아가신 후 삼일만에 부활했다는 것을 순수한 이성의 힘으로는 불가능하다고 볼 수 있다. 하나님의 전적인 은혜와 성령의 감동으로 믿지 못할 말씀들이 믿어지게 되는 것이다.

고로, 말씀을 선포하는 자들은 하나님의 말씀이기 때문에 선포해야 하며 더나아가서 비록 그들이 지키지 못하는 말씀까지도 선포해야 하는 것이 그들의 사명이다. 서로 사랑하라 원수까지 사랑하라는 예수님의 말씀을 알고 그리스도인들은 누구나 알고 있을 것이다. 원수까지 진정으로 사랑하는 복음전도자들이나 목회자들이 현재 몇 명이나 되겠는가?

하나님의 은혜로 할 수 있게 될 것을 믿으며 하나님의 말씀이기 때문에 선포해야 하는 것이다. 마귀는 하나님의 말씀을 완전히 지키지 못하는 복음전도자들의 약점을 이용해서 그들의 복음전파에 담대함을 약화시키며 복음전파를 방해하고 있음을 반드시 알아야 할 것이다. 구원은 믿음에 있는 것이지 행위에 있지 않음을 기억하며 하나님의 말씀이기 때문에 선포해야 한다.

2) 소테리아 (σωτηρία) : 구원

케리그마(선포)가 하나님의 은혜의 메시지를 한다면, 소테리아(구원)은 하나님의 은혜의 목표라고 볼 수 있다.[9] 사도 바울은 에베소서 2:8-9에서 이렇게 말했다: "너희가 그 은혜를 인하여 믿음으로 말미암아 구원을 얻었나니 이것이 너희에게서 난 것이 아니요 하나님의 선물이라 행위에서 난 것이 아니니 이는 누구든지 자랑치 못하게 함이니라." 구원은 인간의 행위나 방법이 아니고 순수하고 헤아릴 수 없는 하나님의 은혜로 이루어진 하나님의 선물이다. 하나님께서 사람들에게 은혜를 주게 되는 최종적인 목표가 구원하게 하는 것이다.

인간의 행위를 구원과 연관시켜 로마카톨릭에서는 성찬식에 참가하면 가벼운 죄가 떡과 포도주를 통해 사하여 질 수 있다고 주장하는 것은 분명히 잘못되고 비성서적인 교리임을 알 수 있다.[10] 개신교에서 말하는 것과 같은 영세를 받은 유아들이 죽었을 때에 영세를 받은 유아만이 구원을 받을 수 있다고 하는 카톨릭의 주장하는 것은 비성서적이고 잘못된 것이라는 것을 알 수 있다.[11] 성경 전체를 보게 될 때, 구원은 하나님의 은혜로 믿음으로 받게 되며, 축복은 하나님의 은혜로 행위를 통해 받게 된다는 것을 분명히 알아야 한다.

　신약성경에 의하면, 소테리아 (구원)은 세 가지의 방법으로 표현되어 있다.[12] 첫 번째로, 역사적으로 표현하면 예수 그리스도의 인성을 통하여 사람들이 그들의 개인적인 역사 속에서 하나님의 행위로서 구원받는 것을 말한다(딛 3:5). 이러한 구속은 일순간에 일어난 것을 강조하는 말한다. 둘째로는, 구원이 죄와 범죄와 심판으로부터 구출되는 계속적인 경험을 가지게 되는 현재적인 시제이다. 이러한 구원은 도덕적이며 윤리적이며 영적인 면을 말하며 빌립보서 2:12에서 말하는 것이다: "…항상 복종하여 두렵고 떨림으로 너희 구원을 이루라." 세번째로는, 구원을 종말론적인 면으로 설명할 수 있다. 구속은 도덕적인 삶이 완성되는 것과 주님이 재림할 때에 육체적인 부활이 성취될 것을 의미한다(계 12:10).

　구원을 통한 영원한 삶은 세상적으로 계산되는 시간으로 확장되는 것이나 영구적인 것으로 생각하는 것보다 훨씬 더 좋고 행복한 삶을 말하고 있다. 이러한 삶은 초월적인 하나님을 보는 것같이 시간과 공간을 초월한 지역으로 이동하여 생활하는 것이다.[13]

　찰스 스펄전(Charles Spurgeon) 목사는 구원에 관한 간증을 이렇게 말한다. :

"내 마음은 잡초가 우거진 땅 같았다. 그러나 어느 날 위대한 농부이신 하나님이 내 마음속에 오셔서 이 굳은 땅을 갈아 주셨다. 이 위대하신 농부는 내 마음밭을 갈 때 열 마리의 검은 말을 사용하셨다. 그리고 하나님이 사용한 보습은 몹시 날카로운 것이었다. 하나님의 이 모습은 하나님의 의이다. 내 심령이 쪼개질 때 나는 저주 속에 있고, 지옥에 갈 수밖에 없고, 가망이 없고, 길 잃은 고아이며, 영원한 멸망밖에 없다는 슬픔과 자책과 절망을 느꼈다. 그러나 하나님은 밭갈이 뒤에 씨뿌리기를 시작하셨다. 그 때 비로소 나는 하나님이 내 마음밭을 쪼개고 깊숙이 가신 것은 내가 복음이 필요하다는 것을 철저하게 느끼게 하려는 준비였음을 알게 되었다. 나는 기쁨으로 구원을 받아들이게 되었다. [14]

3) 바실레이아 (βασιλεία) : 왕국

케리그마 (선포) 가 하나님의 은혜의 메시지이며 소테리아(구원)이 하나님의 은혜의 목표라고 한다면, 바실레이아(왕국) 은 하나님의 은혜의 본질이라고 볼 수 있다.[15] 마태복음 4:23에 "예수께서 온 갈릴리에 두루 다니사 저희 회당에서 가르치시며 천국 복음을 전파하시며 백성 중에서 모든 병과 모든 약한 것을 고치시니"라고 기록되어 있다.

마가복음, 누가복음, 요한복음, 사도행전에는 "하나님의 왕국" 이라는 표현을 주로 사용하고 있으나, 마태복음 만이 유일하게 "하늘의 왕국(천국)" 이라고 기록되어 있으며 서른네 번이나 나타나 있다. "하나님의 왕국"이라기 보다 "하늘의 왕국(천국)"으로 쓰여진 것은 유대인들이 하나님의 너무나 두려워 함으로 습관적으로 하나님의 이름을 직접적으로 부르는 것을 피하는 경향이 있었다.[16] 마태복음은 유대인들을 위해 쓰여진 책이기 때문에 하나님의 왕국이 아니라 하늘의 왕국이라고 쓰여 있는 것이고 볼 수 있을 것이다.

예수님께서 하나님의 왕국에 대한 비유에 대해서 매우 많이 설명하였는데 이것은 주님께서 이세상에 오신 목적과도 깊은 관계를 가지고 있다고 볼 수 있다. 하나님의 백성들에게 힘과 소망을 주는 메세지 중에 하나라고 할 수 있을 것이다. 레위스 드류먼드는 하나님의 왕국을 좀더 명확하고 분명하게 이해하기 위해 세가지로 나누어서 설명하고 있다. 즉, 종말론적인 왕국과 현재 경험할 수 있는 하나님의 왕국과 미래의 왕국이다.[17]

(1) 종말론적인 왕국

왕국에 들어가도록 초대된 그리스도인들은 구원과 영원한 생명을 소유하고 있는 것을 의미하며, 또한 그들이 하나님이 통치하는 모든 영역으로 다가올 영광스러운 시대에 들어가는 것을 말한다. 하나님의 왕국은 다가올 시대(Age to Come)와 동일시되며 이것은 종말론적인 왕국 또는 천국을 말하고 있는 것이다. 앞으로 다가올 하나님의 왕국은 마귀와 하나님의 천사에 대한 마지막 심판(마 25:41)과 하나님의 백성의 완전한 성화가 되어 사는 것(마 13:36-43)을 말하며, 또한 어린양의 결혼잔치에서 신랑되신 그리스도와 완전히 연합(눅 13:28-29)하여 성도들이 살게 될 곳을 표현하고 있다.[18]

요한계시록 21장에서 22장에 걸쳐 계속적으로 설명하고 있는 "새 하늘과 새 땅"이나 "새 예루살렘"에 대한 용어는 종말론적인 왕국을 표현하고 있다. "나는 알파와 오메가요 처음과 나중이요 시작과 끝(계 22:13) 이신 예수께서 통치하실 것에 대한 기대 속에 기다리는 성도들에게 말씀하신 "내가 진실로 속히 오리라"(계 22:20)고 하셨다. 그럴 때에 재림을 기다리는 성도들의 기대되는 대답인 "아멘 주 예수여 오시옵소서"일 것이다.

종말론적인 왕국의 도래에 대한 정확한 때에 대한 몰이해로 사회적인 물의를 일으켰던 것은 바로 현재 경험할 수 있는 하나님의 왕국을 무시한 처사라고 할 수 있다. 이러한 잘못된 성경해석이 역사적으로 계속되었다고 해서 성경적인 근거를 둔 종말론적인 하나님의 왕국이 오지 않는 것이 아니다. 주님의 약속대로 반드시 오시지만 오는 시기에 대해서는 알려고 해서도 않되며 언제 오신다고 주장하는 자들을 좇아 가도 안되며, 오직 주어진 현재 하나님의 사역에 충실하며 복음전도자로서 사는 것을 주님은 더 원하실 것을 확신한다. 누가복음 17:23에 "사람들이 너희에게 말하되 보라 저기 있다 보라 여기 있다 하리라 그러나 너희는 가지도 말고 좇지도 말라."고 예수께서 말씀하셨다.

로마의 핍박 속에서 신앙을 지켰던 초대 기독교인들이 동굴에서 몰래 주님께 예배를 드렸으며, 같이 예배를 드렸던 친구나 가족이 언제 어디서 사자굴에 던짐을 당해 사자의 밥이 될지 아니면, 화형을 당할 지 모르는 상황이었다. 그래서, 그들이 만나면 서로 격려하는 인사가 바로 "마라나타"(주님이 속히 오신다) 이었다. 이러한 어려운 상황에서의 그들의 신앙이 가장 모범적이었고 그와같은 신앙생활이 현재 모든 성도들에게 요청되고 있다. 종말론적인 왕국을 고대하며 기다리며 사는 신앙인은 하루 하루가 생의 마지막이라고 생각하며 최선을 다하는 생활을 하게 될 것이다. 이러한 자세로서의 복음전도자라면 하나님이 기뻐하시는 사역자라고 할 수 있을 것이다.

(2) 현재 경험할 수 있는 하나님의 왕국

왕국에는 백성과 백성을 다스리는 왕이 있어야 한다. 하나님의 나라에 있어서 왕은 예수 그리스도이시며, 예수께서 통치하시는 모든 영역은 어느 곳이든지 천국이다.[19] 누가복음 17:20-21에 보면, 바리새인들이 하나님의 나라가 어느 때 임하나이까?라고 질문할 때 예수께서 말씀하시기를 하나님의 나라는 볼 수 있게 임하는 것이 아니요 여기 있는 것도 아니요 저기 있다고도 못하며 하나님의 나라가 너희 마음 속에 있다고 하셨다.

그리스도를 믿는다는 것은 죄를 회개하고 예수님을 구주로 믿는 것을 말하며 다른 말로 표현하면 예수님을 왕으로 모시고 그의 통치에 순종하겠다는 결심에서부터 시작된다.[20] 왕이신 예수께서 전적으로 순종하면 성도의 마음은 이미 하나님의 나라가 임한 것을 말한다. 왜냐하면, 예수께서 통치하시는 영역은 하나님의 왕국이라고 할 수 있기 때문이다. 그러므로, 예수께서는 너희 마음 속에 하나님의 나라가 임하였다고 하는 표현은 잘못된 표현이 아니다.

그러나, 대부분의 성도들이 왕되시는 예수께 순종치 않고 생활하게 되므로 마음 속에 하나님의 나라를 맛보지 못하게 된다. 예수님의 말씀에 순종하며 살게 되면 그의 마음은 주님의 주시는 기쁨과 위로와 평안과 사랑으로 인해 마음의 천국을 다시 회복할 수 있게 된다. 이것은 현재적인 개념에서의 하나님의 나라를 의미하는 것이다. 더 나아가서, 한 가정에 예수를 왕으로 인정하며 그 분의 말씀에 순종하며 살게 되면 가정의 천국을 이루는 것이며 앞으로 갈 미래의 천국을 현재 맛보며 살게 되는 것이다. 이러한 원리는 각 개인의 마음과 가정 뿐만 아니라, 직장이나 사회나 나라나 지구촌 전체에도 적용될 수 있는 것이다. 이것이 현재 경험할 수 있는 예수님이 말하는 하나님의 왕국이며 현재적 개념의 천국을 의미한다.

예를 들면, 한국의 대학생선교회(Campus Crusade for Christ)의 총재이신 김준곤 목사님께서 어떤 전도집회에서 사용되었던 슬로건이 "그리스도의 계절이 오게 하자"는 것이었다. 이러한 슬로건은 종말론적인 개념을 가진 하나님의 왕국을 표현하는 말이라기 보다는 현재 경험할 수 있는 하나님의 왕국을 잘 묘사한 말이라고 볼 수 있다. "그리스도의 계절"이란 그리스도을 영접하고 살고 있는 미래적인 것보다는 현재적인 개념을 강조한 표현이라고 볼 수 있다. 이러한 전도집회등을 통해 현재 경험할 수 있는 왕국과 종말론적인 왕국을 믿고 하나님의 나라가 이땅에 이룩되도록 해야 한다.

(3) 미래의 왕국

많은 신학자들이 서로 다른 의견을 주장하는 전천년설, 후천년설, 무천년설이 있으나, 이런 것에 대한 공통점들을 고려해서 미래에 대한 복음전파를 해야 할 모든 성도들이 가져야 하는 세가지 태도들을 제시할 필요가 있다.[21] 첫째로는, 기본적으로 하나님의 왕국은 벌써 왔으며 영원한 영역의 문이 열렸고 예수 그리스도께서 오셨다. 주님의 십자가와 그의 영광스러운 부활이 그리스도인들이 살고 있는 어느 곳에든지 하나님의 왕국을 설립하는 바로 핵심이 되는 요소를 형성하고 있다. 둘째로는, 하나님의 나라가 모든 사람들에게 침노당하게 하는 부름을 받은 소명과 진리와, 하늘의 시민권(빌 3:20)을 가지게 된 것을 선포해야 할 교회의 사명이 있음을 인식해야 한다. 세째로는, 예수께서 지상에 그의 완전한 통치를 확립하기 위해 약속하신대로 분명히 다시 오실 것이며, 십자가의 완전한 승리와 부활을 증명할 수 있는 빈 무덤이 완성을 가져올 것이다.

단테(Dante)명작 「신곡(神曲)」에 이런 장면이 나온다. 단테가 안내자를 따라 한 장소에 도착한다. 혈색이 나쁜 사람들이 초조하게 서성거리고 있었다. 그들은 천당에서 거절당한 사람들이었다. 그들은 동시에 지옥에서도 거절당했다. 천당에 갈 만큼 선인도 아니고 지옥에 쳐넣을 만큼 악인도 아닌 어정쩡한 부류였다. 안내인이 말한다. "저 인간들은 하나님도 좋아하시고 않고 사단도 좋아하지 않는, 영원히 버려진 인간들입니다. 만나볼 것도 없으니 지나갑시다." 그들은 세상에서 착한 시민으로 가장했던 사람이요, 괜찮은 기독교인으로 가장했던 인간들이었다.[22]

2. 하나님의 사랑과 복음전도

하나님의 은혜와 전도신학에서 중요한 용어와 관련되어서 살펴 보았다. 요약해서 말하면, 케리그마(선포)는 하나님의 은혜의 메세지이며, 소테리아(구원) 은 하나님의 은혜의 목표이며, 바실레이아(왕국) 은 하나님의 은혜의 본질이다. 이제는 하나님의 사랑과 관련된 델로스 마일스(Delos Miles) 가 제시했던 열가지 복음전도을 위한 성서적인 근거를 살펴 보고자 한다: (1) 선포, (2) 제자화, (3) 예수 그리스도를 위한 증인, (4) 사람을 낚는 어부, (5) 세상의 소금, (6) 세상의 빛, (7) 계속적으로 열매 맺음, (8) 그리스도의 향기, (9) 화목의 목회, (10) 하나님의 아름다운 덕을 선전함.[23] 이러한 열가지 요소들은 이미 제 1장에서 다루었기 때문에 자세하게 설명하려는 것은 아니다. 전체적으로, 하나님의 사랑을 복음전도와 관련시켜서 세가지로 설명하려고 한다. 즉, 복음전도자는 하나님의 사랑을 말하고, 실천해야 하며, 하나님의 사랑 그자체로서 표현할 수 있어야 한다.[24]

1) 하나님의 사랑을 말함 (Telling God's Love)

복음전도자로서 입술을 통해 하나님의 사랑을 실천해야 할 것들이 있다. 사도 바울께서 말씀하시기를 "…전파하는 자가 없이 어찌 들으리 요"(롬 10:14) 라고 했다. 그는 역시 "믿음은 들음에서 나며 들음은 그리스도의 말씀으로 말미암았느니라"(롬 10:17) 고 함으로서 입술로 복음전파의 중요성을 잘 설명하고 있다.[25] 물론, 구원받은 자들도 마음으로 믿는 것으로 끝나지 않고 입으로 예수님을 구주로 시인하여 구원에 이른다고 사도 바울께서 말씀하셨다(롬 10:10).

마일스가 제시한 열가지 복음전도를 위한 성서적인 근거 중에 다음과 같은 것들이 이 입술을 통해 하나님의 사랑을 표현해야 할 것이다.

〈1〉 선포
〈2〉 예수 그리스도를 위한 증인
〈3〉 하나님의 아름다운 덕을 선전함

　복음을 전하는 자들의 정결된 입술이 좀더 효과적인 결과를 가져 오게 될 것이다. 이사야 6장은 하나님께서 이사야를 부르셔서 주님의 종으로 사용되기 전에 먼저 정결된 입술이 요구되어 제단에 핀 숯 불의 화저가 그의 입에 닿아서 죄악이 사해지는(사 6:6-7) 내용이 나온다. 하나님의 사랑의 복음을 선포하며 그리스도를 위한 올바른 증인이되며, 또한 하나님의 아름다운 덕을 효과적으로 선전하기 위해서 정결된 입술이 요청된다.
　그리스도인들이 만일 입술로 남을 저주하고 욕하고 형제를 이간하며 거짓과 악한 계획을 말하면서 그 입술로 하나님의 사랑의 복음을 전파하려고 한다면 좀더 좋은 결과를 가져 오기가 힘들 것이다. 잠언 6:16-19에 보면 하나님이 미워하는 죄로서 교만한 눈, 거짓된 혀, 무죄한 자의 피를 흘리는 마음, 악한 계교를 말함, 빨리 악으로 달려가는 발에 대해서 언급되었는데 이런 것과 연관되어 복음을 전하는자로서 입술을 점검할 필요가 있다. 야고보서 3:9-11에도 보면, "샘이 한구멍으로 어찌 단물과 쓴 물을 내겠느뇨"라고 이율배반적인 혀의 놀림에 대해서 명확하게 지적하고 있음을 볼 수 있다.[26]
　입술을 통한 복음을 전파하는 일이란 참으로 어려운 일이므로, 복음전도자의 친한 친구나 아주 가까운 이웃이나 가족에게 사용하는 것도 좋지만 전혀 잘 모른 사람들에게 노방전도, 병원전도, 영창전도, 축호전도 등을 사용하게 될 때에 더욱더 효과적일 수 있다. 왜냐하면, 모든 기독교인들의 생활 속에 모순된 것을 서로 잘 알게 될 때에 오히려 역효과를 가져오게 되는 수도 많기 때문이다. 그러나, 가까운 사람등에게 전도하기를 원할 경우는 부흥회, 사경회, 전도집회, 간증집회 등을 통해서 전문적인 복음전도자의 입술을 통해서 전도할 수 있다.

2) 하나님의 사랑을 행함 (Doing God's Love)

입술을 통해 전도하는 것보다 행위를 통해 하나님의 사랑을 전해야 하므로 어렵고 시간적인 여유가 필요한 복음전도라고 할 수 있다. 마일스가 제시한 열가지 복음전도의 근거들 중에 다음과 같은 것들은 하나님의 사랑을 입술을 통해서라기 보다 생활전체인 행함을 통한 복음전도의 형태를 나타낸다.[27]

〈1〉 사람을 낚는 어부
〈2〉 계속적으로 열매 맺음
〈3〉 화목의 목회

화목의 목회란 사랑과 희생을 통해 다른 사람과의 관계가 좋아야 하며 장기적인 시간이 요청되며 하나님의 사랑을 행함으로 복음을 전한다는 것이 어려움이 있지만 그리스도의 대사로서, 화목하게 하는 직분을 담당해야 만 한다. 계속적으로 열매를 맺는 것도 마찬가지로 예수님의 평가방법으로 "그의 열매로 그들을 알리라"(마 7:20)라고 하셨기 때문에 열매를 맺기를 주장하며 많은 열매가 복음을 전하는 도구가 된다는 사실을 명심해야 한다.

예수께서는 더욱더 강력하게 말씀하시기를 "나더러 주여 주여 하는 자마다 천국에 다 들어갈 것이 아니요 하늘에 계신 내 아버지의 뜻대로 행하는 자라야 들어가리라"(마 7:21)고 하셨다. 평신도로서 사람을 낚는 어부는 교회성장에 아주 큰 역할을 감당하고 있다. 교회의 평신도를 대상으로 하나님의 사랑을 실천하는 전도훈련을 시키게 될 때 교회전체에 큰 영향을 준다는 사실을 명심해야 한다.

자녀에게 복음전파하여 교회에 출석하게 하는 경우는 부모의 권위를 자녀들을 어릴 때부터 신앙생활을 하게 하는 습관이 교회에서 예배와 성경공부와 특별 프로그램을 통해 주님을 영접할 수 있는 기회가 많이 주어지게 될 것이다. 그러나, 자기와 함께 사는 남편이나 아내를 복음전도하기가 무척이나 힘들다고 하는 원인은 서로 같이 살며 서로를 너무나 잘 알고 있기 때문에 행함에 변화가 없이는 입술으로는 정말 어려울 것이다.

3) 하나님의 사랑 그자체임 (Being God's Love)

나머지 네가지의 복음전도의 성서적인 근거들 중에 세가지인 다음과 같은 것들은 하나님의 사랑 그자체를 표현하는 것들이다.[28]

〈1〉 세상의 소금
〈2〉 세상의 빛
〈3〉 그리스도의 향기

성경말씀들을 자세히 살펴 보면, 결코 "세상의 소금이 되라"고 쓰여 있지 않고 "세상의 소금이다"라고 쓰여 있음을 주의있게 봐야 할 것이다. 마찬가지로, 모든 그리스도인들은 복음전도자로서 이미 "세상의 빛이며," 또한 이미 "그리스도의 향기이다."는 사실을 명백히 기억해야 할 것이다.

죄를 깨닫고 예수님께 죄를 회개하고 주님을 마음에 영접하는 순간에 재창조함을 받아 새로운 피조물이 이루어져서 세상의 소금이며, 세상의 빛이며, 그리스도의 향기가 되었다. 그렇기 때문에 세상의 소금이 되려고 노력하는 것이 아니라, 이미 세상의 소금이 된 것이기 때문에 역할을 할 수 있도록 성령의 역사에 이끌림을 받아야 할 것이다. 모든 성도들이 하나님의 사랑 그자체인 소금으로서, 빛으로서, 향기로서, 생활할 때에 그리스도 예수의 복음이 성령의 역사 가운데 저절로 전파하게 될 것이다.

3. 복음전도의 목표

예수를 믿고 신앙생활을 시작한지 10년 만에 몇 명을 전도했느냐고 질문을 한다면, 질문을 받은 사람은 복음을 받아 드려서 교회에 출석하는 것까지 계산해서 몇 명을 전도했다고 말하는 경우가 있다. 어떤 성도는 교회는 나오지 않지만 예수를 믿으라고 말로 전도한 사람의 숫자도 전도한 수에 들어가는지 궁금해 하는 경우가 많이 있다. 한 영혼을 전도해서 어디까지 관심을 가지고 기도와 신앙을 위해 협조해야 하는가를 궁금해 하는 경우도 많이 있다. 평신도로서 어떤 복음전도자는 한 사람을 교회에 나오게 하고 목사님께 세례를 받기까지만 책임이 있고, 세례받은 후에 그 사람의 신앙문제는 교회의 목회자에게 책임이 있다고 보는 사람들도 있으나 이러한 것을 어떻게 볼 것인가?

마일스는 복음전도를 위한 열가지 성서적인 근거들 중에 세가지 요소는 하나님의 사랑을 말하는 것이고, 다른 세가지 요소는 하나님의 사랑을 행하는 것이고, 또다른 세가지 요소는 하나님의 사랑 그자체를 제시하는 것으로 설명하고 있다. 그는 열가지의 성서적인 근거 중에 남은 하나가 바로 "제자화"로서 이것은 복음전도의 목표로서 강조하고 있다.[29]

예수께서는 어떻게 말씀하신가를 마태복음 28:19-20를 통해 복음전도의 최종적인 목표가 무엇인가를 알아 보려고 한다: "그러므로 너희는 가서 모든 족속으로 제자를 삼아 아버지와 아들과 성령의 이름으로 세례를 주고 내가 너희에게 분부한 모든 것을 가르쳐 지키게 하라 볼지어다 내가 세상 끝날까지 너희와 항상 함께 있으리라 하시니라." 성경본문의 첫 번째 문장을 신약성경을 원래 기록되었던 코이네 그리스어로 분석할 때 세가지 형태의 해석을 생각할 수 있다. 이러한 과정을 통해서 올바른 해석을 할 수 있게 되며 복음전도의 목표를 알 수 있게 될 것이다.[30]

1) "제자를 삼아라"는 견해

복음전도의 목표를 알 수 있기 위하며 분석할 수 있는 방법으로서 "제자를 삼아라"라는 견해를 볼 수 있다. 첫번째로는, 예수님의 지상명령 중에 네개의 동사형이 나오고 있는데, "가서"(going)는 계속적인 진행을 나타내는 분사형 동사이며, "제자를 삼아"(make disciples)는 명령형 동사이며, "세례를 주고"(baptizing)는 계속적인 진행을 나타내는 분사형 동사이며, 마지막으로 "가르쳐"(teaching)는 계속적인 진행을 나타내는 분사형 동사이다. 원문에 가깝게 다시 번역하면 다음과 같다: "그러므로, 너희는 계속해서 가면서, 아버지와 아들과 성령의 이름으로 계속해서 세례를 주면서, 내가 너희에게 명한 모든 것을 지키도록 계속적으로 가르치면서, 모든 민족을 제자를 삼아라."

본문을 통해서 알 수 있듯이 "제자를 삼는 것"이 복음전도의 목표라는 것을 명확히 알 수 있다. 동사형으로만 다시 이해하기 쉽게 해석하면, "계속해서 가면서(조동사) 계속해서 세례를 주면서(조동사) 계속해서 가르치면서(조동사) 제자를 삼아라(본동사)"는 것이다. 도표를 보면 다음과 같다.[31]

제자를 삼아라

복음전도의 목표인 제자를 삼는 것을 하기 위해 가면서 세례를 주며 가르쳐야 한다고 볼 수 있다. 이런 해석이 가장 원문에 가깝고 정확한 번역이라고 본다.

2) "가라"와 "제자를 삼아라"는 견해

복음전도의 목표를 알 수 있기 위하며 분석할 수 있는 방법으로서 "가라"와 "제자를 삼아라"는 견해를 볼 수 있다. 둘째로는, 코이네 그리이스의 문법에서, 명령형 동사(제자를 삼아라)가 나오기 전에 분사(가서)가 나올 경우는 명령형 동사로 해석할 수 있다는 것이다. 그래서, 명령형 동사로 해석해야 하는 것은 하나가 아닌 둘이며 바로 "가라"와 "제자를 삼아라"이며, 분사형 동사로 해석해야 하는 것은 "세례를 주면서" "가르치면서"이라고 볼 수 있다는 것이다. 동사형으로만 다시 이해하기 쉽게 해석하면, "가라(본동사), 계속적으로 세례를 주면서(조동사), 계속적으로 가르치면서(조동사), 제자를 삼아라(본동사)"이다. 도표로 표시하면 다음과 같다.[32]

가라

제자를 삼아라

이와같이 해석을 하게 되는 경우도 복음전도의 목표는 "제자를 삼는 것"이 있음을 알 수 있다.

3) 전도와 교육에 대한 이원론적 해석

복음전도와 교회교육에 대한 예수님의 두가지 명령으로 보는 이원론적인 해석이다. 세째로, 또다른 해석으로는 교회가 목회의 실제 경험에서 생각할 수 있는 것으로 "가서" "제자를 삼아라" "세례를 주라"를 복음전도을 위한 명령이며, "가르치라"라는 것은 영적인 성장을 위한 교육을 위한 명령으로 본 것이다. 이런 해석이 있었기 때문에 교회에 전도와 교육을 분리시키려는 이원론적으로 보는 잘못된 실수를 한 경우가 있었다. 다음과 같은 도표로 표시할 수 있을 것이다.[33]

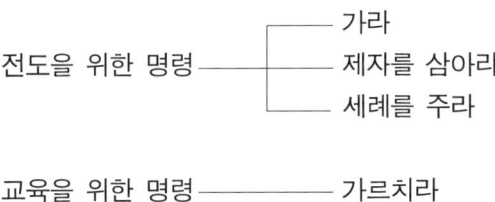

교회성장학의 아버지인 도날드 맥가브란이 쓴 "하나님의 다리" (The Bridge of God) 의 초기 작품에서는 이와같이 이원론적으로 해석해서 실수를 했었다.[34] 맥가브란은 1955년에 나온 "하나님의 다리"(The Bridge of God)에는 이전 해석의 실수를 인정하고 수정하여 교회성장에 있어서 전도와 교육을 하나로 보는 일원적이며 계속적인 전도를 하기위해 교육을 하여 예수그리스도의 제자가 되도록 해야 한다고 보고 있다. 다시 말하면, 그는 이것에 관한 것을 유기적인 관계로 재해석하여 첫번째로 언급했던 도표와 같게 제시하고 있었다.

결 론

그리스도의 지상명령인 복음전도에 대해서 살펴 본 것과 같이 제자화가 최종적인 목표가 되어야 한다는 것을 알았다. 복음전도에 대해서 신학적인 해석을 하기 위해 하나님의 은혜와 관계를 살펴 보면서 세가지 요소인 선포, 구원, 하나님의 왕국을 연구하였다. 또한, 하나님의 사랑과 복음전도를 구체적으로 조사하면서 하나님의 사랑을 말하고, 행하고, 그자체인 것들을 이해할 수 있는 기회였다고 본다. 한 영혼이 주님 앞에 돌아 왔다고 안심할 것이 아니라 교회에 가입하여 적극적인 활동을 하면서 예수님의 참된 제자가 될 때까지 관심을 가지고 기도하는 것이 전도자로서의 자세가 될 것이다.

연구해야 할 과제

1. 주님의 지상명령에 해당하는 말씀이 무엇인지 말하며 암송해 보시오.

2. 복음전도를 신학적으로 설명하기 위한 세가지 용어가 무엇인지 말해 보시오.

3. 하나님의 말씀을 선포하는 목회자로서의 명심해야 할 요소들 중에 담대하지 못 할 수 있게 되는 경우에 대해서 말해 보시오.

4. 하나님의 모든 말씀을 단지 인간의 이성적인 관점에 이해할 수 없는 이유에 대해서 말해 보시오.

5. 에베소서 2:8-9를 암송하시며 구원과 믿음과 행함과 관계에 대해서 설명하시고, 복음전도에 어떻게 활용할 수 있을지 설명해 보시오.

6. 하나님의 왕국은 어디서 부터 시작하며 왕이 누구이며 세가지 영역에 대해서 설명하여 보시오.

7. 하나님의 사랑과 복음전도에 대해서 언급되었던 열가지 요소들이 무엇이며 이것들을 네가지로 나누어 설명해 보시오.

8. 입술로 범죄하는 것이 대해서 야고보서 몇 장에서 설명하고 있는지 찾아보시며 복음전도을 해야 하는 성도들에게 얼마나 귀중한 말씀인지 설명해 보시오.

9. 화목의 목회에 대해서 고린도후서 몇 장에서 설명하는지 말하시며 행함을 통한 복음전도와의 관계를 설명하시오.

10. 마태복음 28:19-20에 나타난 주요한 동사들을 통하여 세가지 방법으로 해석해 보시며 복음전도의 목표를 설명하시오.

11. 복음전도의 목표에 대해서 이원론적인 해석에 대해서 초기 교회성장학의 아버지인 맥가브란의 실수에 대해서 말해 보시오.

12. 하나님의 나라 또는 천국이라는 말과 관련시켜 사복음서에서 어떻게 표현되어 있는가 비교해 보시오.

13. 복음전도의 목표라고 할 수 있는 예수님의 참된 제자가 된다

는 것은 어디까지를 말하는지 아는 대로 말해 보시오.

14. 예수를 믿는 성도들이 그들의 삶 속에서 계속적으로 마음의 천국을 이루지 못하는 근본적인 원인이 어디에 있습니까?

15. 지금까지 전도한 사람들의 이름을 적어 보시며 얼마 만큼이나 관심을 가지고 기도를 했었는가를 말해 보시오.

■ 주(註)

1) Lewis A. Drummond, "The Word of the Cross: A Contemporary Theology of Evangelism"(Nashville, Tenn.: Broadman Press, 1992), pp. 203-86.
2) *Ibid.*, P. 203.
3) *Ibid.*
4) New International Version, Bible.
5) New Reversed Version, Bible.
6) Drummond. p. 204.
7) *Ibid.* p. 203.
8) 최효섭, "현대예화사전"(서술)쿰란출판사, pp 813~14.
9) *Ibid.* p. 222.
10) Millard J. Erickson, "The Doctrine of Church" (Grand Rapids, Mich.: Baker Book House, 1985), pp. 1115-16.
11) *Ibid.*
12) Drummond, p. 222.
13) *Ibid.*, p. 223.
14) 최효섭, p. 281.
15) *Ibid.*, p. 254.
16) *Ibid.*, p. 257-58.
17) *Ibid.*, p. 256-62.
18) *Ibid.*, p. 259
19) *Ibid.*, p. 259.
20) *Ibid.*,
21) *Ibid.*, p. 262.
22) 최효섭. pp. 835~35.
23) Delos Mile, "Introduction To Evangelism"(Nashville, Tenn.: BroadmanPress, 1983), pp. 19-33.

24) *Ibid.*, pp. 117-20.
25) *Ibid.*, p. 117.
26) Ref. Pulpit Commentary.
27) Miles, pp. 118-19.
28) *Ibid.*, pp.119-20.
29) *Ibid.*, pp. 123-35.
30) 장중렬, "교회성정과 선교학: 행동과학과 선교"(서울: 성광문화사, 1990), pp. 76-84.
31) *Ibid.*, p. 78.
32) *Ibid.*
33) *Ibid.*
34) D. A. McGavran, "*Bridge of God*" p. 14; Alan Gates, "*Perfection Growth*" in God, "Man and Church Growth," ed. by F. Tippett.

제3장
복음전도의 메시지

제 3 장
복음전도의 메시지

서 론

1. 회개의 복음
 1) 죄의 기원
 2) 죄의 해결책
 3) 죄를 깨달음
 4) 회개
 5) 회개할 수 있는 기회

2. 화목의 복음
 1) 성부 하나님
 2) 성자 예수님
 3) 성령님
 4) 그리스도인들

3. 천국의 복음
 1) 천국에서의 생활법칙
 2) 천국에 관한 예수님의 비유들

4. 구원의 복음
 1) 십자가 상의 칠언
 2) 만인제사직론
 3) 유일한 구원의 방법

결 론

제 3 장
복음전도의 메세지

"오직 이것을 기록함은 너희로 예수께서 하나님의 아들 그리스도이심을 믿게 하려 함이니 또 너희로 믿고 그 이름을 힘입어 생명을 얻게 하려 함이니라."

(요한복음 20:31)

서 론

그리스도인들이 복음을 전한다고 하는데 과연 어떠한 말씀을 믿지 않는 자들에게 전해야 하는가를 연구하려고 한다. 죄 많은 세상에 살고 있지만 예수 그리스도의 십자가의 보혈의 피로 죄 씻음을 받아 구원을 받고 영생함을 받아 하늘의 시민권을 갖게 하려는 것이다. 이러한 것들을 네가지 제목으로 나누어 회개의 복음, 화목의 복음, 천국의 복음, 구원의 복음으로 연구하여 조사하려고 한다.

사도 바울께서 고린도 교회에 복음의 메세지를 사람의 지혜가 아니라 성령의 나타남과 능력으로(고전 2:4-5) 난 하나님의 증거(고전 2:1)를 강조했다. 바울이 전한 복음의 메세지에 관해서 페커는 이렇게 말했다:

> 바울은 자신이 평가하기를 철학자도 아니었고, 도덕가도 아니었고, 세상의 지혜로운 사람도 아니었고, 단지 그리스도의 전령자일 뿐이었다. 지극히 높으신 주님께서 그에게 전해야할 메세지를 주셨다. 그러므로 그의 일 모두가 그 메세지를 덧붙이거나 변질시키거나 삭제하는 일 없이 엄격하고도 열심있는 성실함 가운데 전한다는 것이다. [1]

로렌드 레벨(Roland Q. Leavell) 이 쓴 "복음전도: 그리스도의 명령적인 임무(Evangelism: Christ's Imperative Commission)"에 의하면 사도 바울이 전파했었던 복음적인 설교들의 네가지 교리적인 메세지들을 제시하였다.[2] 이러한 것은 사도행전과 여러 서신들을 통하여 연구하여 제시한 것이었다.

첫째는 중요한 머릿돌로서의 그리스도의 신성을 말하고 있다. 누가복음은 그리스도의 인성을 강조하고 있으나, 요한복음은 그리스도의 신성을 강조하고 있음을 볼 수 있다. 사도 바울도 그리스도의 신성을 중점적으로 설명하면서 머릿돌로서의 위치를 강조하고 있다.

둘째로 성경말씀 속에서의 하나님으로부터 나온 진리를 제시하고 있다.[3] 사도 바울은 하나님의 말씀을 중점으로 하여 설명하기 위하여 구약성경말씀과 예수님께서 직접 말씀하신 것들을 토대로 하여 복음적인 설교를 하고 있음을 그의 서신을 통하여 찾아 볼 수 있다.

　세째로는 유대인과 모든 이방인들을 위한 복음의 보편성을 설명하고 있다. 마태복음은 유대인들만을 위하여 기록되었다고 하며 누가복음은 이방인을 위하여 기록하였다고 많은 신학자들이 보고 있다. 그러나, 사도 바울의 복음적인 메세지는 유대인 뿐만 아니라 모든 이방인들에게 필요한 설교였다고 볼 수 있으며 복음의 보편성을 그의 서신들을 통하여 찾아 볼 수 있다.

　마지막으로 사도 바울의 복음적인 메세지는 복음선포를 위한 신성한 조직으로서 교회의 역할을 보여 주고 있다.[4] 교회가 감당해야 할 분야가 많이 있지만 복음선포를 위한 신성한 조직으로서 강조하고 있는 것은 영혼구원에 대한 중요성을 설명할 수 있는 좋은 근거가 될 수 있다.

　레벨은 사도 바울이 제시한 예수 그리스도에 대한 복음적인 네 가지 교리에 대하여 계속해서 설명하였다.[5] 이러한 복음적인 교리는 다음과 같다: (1) 그리스도의 신성, (2) 십자가를 통한 죄로부터의 속죄, (3) 죽음으로부터 그리스도의 부활의 확실성, (4) 능력과 영광 속에서 세상에 다시 오실 것에 대한 소망. 복음을 한마디로 말하면 예수 그리스도이시며, 그에 대한 이러한 교리들을 통하여 그리스도의 복음을 죽을 때까지 전파했었다.

1. 회개의 복음

　성경은 회개의 복음을 자주 말하고 있다. 마가복음 1:15에 보면, 예수께서 갈릴리에 하나님의 나라를 전파할 때 "회개하고 복음을 믿으라"하셨다. 세례요한도 "죄사함을 받게 하는 회개의 세례를" 전파한 것이 마가복음 1:4에 언급되어 있다. 복음을 전하기 전에 제일 먼저 해야 할 일은 죄를 깨닫게 하여 회개하게 하는 일이다.[6] 그러면 인간의 죄가 어디서부터 시작되었으며 복음의 기원이 어디서 부터인가를 살펴 볼 필요가 있다.

1) 죄의 기원

마가복음 1:1에 보면 "하나님의 아들 예수 그리스도의 복음의 시작이라"라고 하여 복음의 기원에 대해서 말하고 있다. 계속해서 살펴 보면 예수님에 대해서 세례요한이 올 것(막 1:4-10)을 언급했으며, 그 이전에는 이사야가 광야에서 외치는자인 세례요한에 관한 기록이 이사야 4:3 에 언급되어 있다.[7] 이사야가 복음을 전파하기 이전에는 없었을까?

창세기 3장에 보면 아담과 하와가 처음으로 하나님께 범죄한 내용이 나온다. 선악과를 먹지 말라고 하나님의 엄한 명령에 순종하지 않고 뱀의 유혹에 넘어가서 하와가 선악과를 따먹고 자기 남편인 아담에게 주었고, 동산나무 사이에 숨어 있었다. 여호와 하나님이 오셔서 말씀하시기를 "아담아 네가 어디 있느냐"고 하시면서 죄를 지은 것에 대해서 질문할 때 아담이 대답하기를 하나님이 주셔서 함께 사는 아내인 하와가 선악과를 주어 먹었다고 했다. 다음과 같이 아담과 하와가 지은 죄들을 좀더 구체적으로 조사할 수 있을 것이다:

* 하와가 지은 죄목들:
  〈1〉 선악과를 먹은 죄
  〈2〉 하나님의 명령보다 뱀의 말을 믿은 죄
  〈3〉 자기 남편에게 죄를 전가한 죄
  〈4〉 뱀이 먹으라고 했다고 죄의 책임을 전가한 죄.

* 아담이 지은 죄목들:
  〈1〉 선악과를 먹은 죄
  〈2〉 하나님의 말씀보다 자기 아내의 말을 들은 죄
  〈3〉 자기 아내가 먹으라고 했다고 죄의 책임을 전가한 죄
  〈4〉 죄를 짓도록 한 아내는 하나님이 짝지웠던 자라고 하여 하나님께 간접적으로 죄의 책임을 전가한 죄

그러나, 하나님이 원치 않는 선악과를 먹은 죄인 불순종한 것이 가장 큰 죄가 될 것이다. 이것이 죄의 기원이며 원죄라고 한다. 사람들은 세상에 살면 짓게 되는 죄도 아주 많이 있지만 원죄도 있음을 알아야 한다.

2) 죄의 해결책

하나님은 아담과 하와의 죄 때문에 저주를 받았고 에덴동산에서 쫓겨났으나, 부끄러움을 어떻게 해결해 주셨는가를 살펴 보게 될 때, 죄를 해결하게 되는 비결을 알게 될 것이다. 그들은 죄를 지은 결과로 눈이 밝아져서 몸이 벗은 줄을 알아 그들의 방법대로 무화과나무의 잎으로 치마를 엮었었다. 나뭇잎은 영양분을 공급하는 뿌리 있는 나무줄기에서 떨어져 나가면 말라 비틀어져 부서질 수 밖에 없다. 인간이 만든 모든 것들은 영원한 것이 없다.

창세기 3:21에 "여호와 하나님이 아담과 그 아내를 위하여 가죽옷을 지어 입히시니라."고 기록되어 있다. 하나님께서 지으신 가죽옷은 나뭇잎 보다 질기고 튼튼하다. 가죽옷을 만들기 위해서는 동물을 잡아 가죽을 벗기여야 하며 벗길 때에 동물의 피를 흘려야 할 것이다. 동물의 피의 희생을 통해 아담과 하와의 부끄러움을 감출 수 있게 되었다. 동물의 피는 과연 무엇을 의미할까? 예수께서 인류의 죄를 사하기 위해 십자가에서 흘리신 피를 상징

하는 것이다. 이사야의 기록이전 창세기 3:21을 통해 이미 죄에 대한 해결책인 그리스도의 피를 상징하는 것을 예비하신 하나님의 섭리를 알 수 있다.[8] 원죄를 해결해 주신 하나님은 동시에 과거에 지은 죄뿐만 아니라, 현재와 미래에 짓는 죄도 그리스도의 보혈의 피를 통해 사함을 받을 수 있게 하셨다.

3) 죄를 깨달음

죄가 있고 죄에 대한 해결책이 있다고 해서 죄를 지은 자가 죄를 깨닫고 주님께 회개하고 고백하지 않으면 안된다. 예를 들면, 어떤 성도가 자기 아버지께서 폐암, 신장염, 관절염으로 병원에서 몇 달을 살지 못할 것이라는 진료결과를 알았기 때문에 돌아가시기 전에 복음전도을 하기 위해 찾아 갔었다. 우리는 모두 하나님 앞에 죄인이라고 아버지께 말씀드렸더니, 아버지께서 말씀하시기를 "내가 무슨 죄가 있느냐? 재수가 더럽게 없어 수많은 사람들 중에 하필이면 내 몸에 폐암, 신장염, 관절염이 있다고 하셨다"고 한다. 아버지의 죄를 너무나도 잘 아는 성도가 고백하기를 "아버지는 군에 재무를 담당하는 대위로 근무하다가 군대의 수많은 돈을 빼돌려 정치자금으로 쓰다가 잡혀 일등병 제대를 했으며 자기 어머니와 이혼도 안한 상태에서 여러 여자들과 같이 살면서 많은 자녀를 낳아, 많은 가족들에게 고통과 슬픔과 괴로움을 주었는데도 죄가 없다"고 했다는 것이다. 결국 갑자기 돌아가셔서 복음을 전할 기회가 없었다고 한다. 죄를 깨닫지 않고는 구원의 길로 들어 설 수 없게 되는 것이다. 죄를 깨닫고 회개하는 자만이 복음을 받을 수 있게 된다.

4) 회개

죄를 깨달았더라도 죄를 고백하고 주님 앞으로 돌아 올 때만이 영원한 생명을 얻을 수 있게 된다. 그래서 회개와 후회가 무엇이 다른가를 성경을 통해 상고해야 할 것이다.[9] 예수님의 제자였던 가룟유다는 주님을 배반하여 은 삼십냥에 주님을 팔았으며 나중에 후회하고 목을 매달아 죽었다(막 27:5). 그러나 예수께서 십자가에 돌아 가신 직후에, 시몬 베드로는 주님을 부인했을 때 회개의 눈물을 흘렸으며 주님께 회개하고 주님께 나아갔다(마 26:75). 진실로, 회개하는 자를 주님은 결코 버리시지 않는다.

사도 베드로가 이방인에게도 구원을 받을 수 있어 복음을 전해야 한다는 것을 예루살렘에 있는 성도들에게 말했다. 이달리야의 군대 백부장의 회심을 보고했으며, "그들은 하나님께서 이방인에게도 생명 얻는 회개를 주셨도다"(행 11:18) 라고 했다. 진실된 회개는 구원을 받는데 첫번째 요소이어야 하며 없어서는 안될 필수적인 것이다. 사도 베드로가 회개의 복음을 증거할 때 사람들이 마음에 찔려 "우리가 어찌할꼬" 라고 고백했다(행 2:37). 예수께서 십자가에 못 박혀 돌아가시실 때 같이 십자가 상에 있던 한 사형수가 말하기를 "우리는 우리의 행한 일에 상당한 보응을 받는 것이니 당연하거니와 이 사람의 행한 것은 옳지 않은 것이 없느니라"고 고백하면서 주님께 돌아와 "예수여 당신의 나라가 임할 때 나를 생각하소서"라고 구원을 요청했을 때 "오늘 네가 나와 함께 낙원에 있으리라"는 영원한 생명을 소유하게 되었다 (눅 40-43).

5) 회개할 수 있는 기회

죄를 깨달을 수 있는 기회나 회개할 수 있는 기회가 주어진 사람들에게 찾아가 회개의 복음을 전할 때, 하나님의 은혜 가운데 죄를 깨닫고 회개하면 영원한 생명을 얻게 되는 역사가 나타나게 된다. 죄를 깨달을 수 있는 기회는 언제 오는가? 질병으로 고생할 때, 사업에 실패할 때, 아무리 노력해도 좋은 결과를 얻지 못해 좌절할 때, 인간의 능력이 한계가 있음을 깨닫고 낙심할 때, 자녀가 범죄할 때, 이와같은 절망가운데 있을 때 회개의 복음을 선포하면 한 영혼이 사망에서 생명으로 건져지는 역사가 나타나게 된다. 이러한 상황에 처해 있으면 죄를 깨달을 수 있으며 회개의 복음을 받을 수 있는 사람을 만나는 것은 하나님의 전적인 역사가 있어야 하므로 성령의 역사에 민감해야 하며 그러기 위해서 간절한 기도가 있어야 한다.[10]

특정한 사람을 전도하기 위해 기도할 때는 다른 성도를 통하여도 복음을 들을 수 있는 기회를 가지도록 기도해야 할 것이다. 그들의 삶의 환경을 변화시켜 그들이 만나는 사건 하나 하나마다 그리스도를 영접할 수 있는 기회가 될 수 있도록 기도해야 할 것이다. 성령의 역사가 아니고는 한 영혼이 주님 앞으로 돌아 오는 것이 불가능하므로 계속적인 기도와 관심을 가져야 할 것이다.[11]

사도행전 16:6-10에 의하면 사도 바울은 아시아에 복음전도를 하기를 원했으나 성령이 이것을 막으셨다. 비두니아라는 곳으로 가고자 했으나 예수의 영이 허락치 않았고, 마게도냐로 가게 된 것은 마게도냐 사람들이 회개의 복음을 받을 수 있는 상황이었기 때문이었다. 성령의 역사로 마게도냐 사람들에게 "복음을 전하라고 우리를 부르신 줄로 인정"했다고 언급되어 있다.

2. 화목의 복음

성부, 성자, 성령의 하나님께서 어떻게 죄인이었던 성도들과 화목하도록 역사하셨는가를 살펴 보고자 한다. 또한, 복음을 전하는 자들은 어떠한 역할을 해야 하며 그들의 삶은 어떻게 해야 할 것인가를 제시하고자 한다.

  1) 성부 하나님

  하나님께서 사람을 창조하시고 좋은 관계 속에서 있으시기를 원했다. 아담은 죄를 짓고 동산 나무 사이에 숨어 있게 되었다는 것은 하나님과의 좋은 관계가 아담의 죄로 말미암아 깨지게 되었다. 죄를 지은 아담이 잘못을 했기 때문에 하나님을 먼저 찾아가서 관계의 회복을 하도록 하는 것이 옳은 것이었다.[12] 그러나, 숨어 있는 아담을 찾아 오셔서 "아담아 네가 어디 있느냐"고 하시면서 하나님이 먼저 관계회복을 시도하셨다. 이러한 시도는 하나님의 지극한 사랑에 근거한 것이다.
  요한일서 4:10에 의하면 "…우리가 하나님을 사랑한 것이 아니요, 오직 하나님이 우리를 사랑하사 우리죄를 위하여 화목제로 그 아들을 보내셨음이라"고 기록되어 있다. 하나님이 그의 백성과의 화목하게 하기 위해 독생자이신 예수님이 이세상에 오시도록 하셨다는 것은 자기자신을 주신 사랑의 발로이었다.

  2) 성자 예수님

  하나님께서 독생자 예수 그리스도를 이세상에 보내신 궁극적인 목적이 십자가에 달려 피를 흘려 돌아가셔서 인류의 죄를 담당하시기 위한 것이었다.[13] 겟세마네 동산에서 예수님의 결단은 힘들고 어렵고 외로운 것이었다. 수제자인 베드로, 요한, 야고보와 중요한 결정을 하는 가운데 있어서 같이 있으므로 도움이 되지 못했고, 그들은 기도 중에 계신 예수님 옆에서 잠을 자고 있었다. 예수께서 고민 가운데 잠자는 베드로를 깨우시고 말씀하시기를 "마음에는 원이로되 육신이 약하도다" 하셨다. 세번이나 "내 아버지여 만일 할 만 하시거든 이 잔을 내게서 지나가게 하옵소서 그러나 나의 원대로 마옵시고 아버지의 원대로 하옵소서"라고 기도하셨다. 이러한 의지적인 결정을 위해 된 것은 인류의 죄사함을 통하여 성부 하나님과 화목하게 하시기 위함이었다.

모든 성도들이 예수님의 죽으심으로 하나님으로 더불어 화목하게 되었다고 로마서 5:10에 언급되었고, 하나님과 멀리 있었으나 그리스도의 피로 가까워졌으며 십자가로 하나님과 화목하게 되었다고 에베소서 2:12-16에 기록되어 있다.[14] 진실로, 예수님의 십자가는 죄인과 거룩하신 하나님을 연결시켜 주는 다리의 역할을 하고 있다. 이러한 역할을 하시기 위해 절대적인 예수님의 순종이 있었기 때문이었다.

3) 성령님

오순절에 성령의 역사를 통해 방언을 했다는 것은 복음전도에 있어서 매우 중요한 일 중에 하나이다. 왜냐하면, 고린도전서에 나타난 방언은 일반적인 사람들이 알아 들을 수 없는 것이었으나, 사도행전에 나타난 방언은 오순절을 지키기 위해 각 지방에서 온 사람들이 사용하고 있는 바로 그 언어로, 그들이 들을 수 있게 방언을 했다는 것이다: "우리가 다 우리의 각 방언으로 하나님의 큰일을 말함을 듣는도다"(행 2:11). 성령의 역사로 방언하는 사람을 통해서 그들의 언어로 하나님의 음성을 듣게 하므로 하나님과 화목하게 하는 복음의 역사가 나타나게 되었다고 본다.[15]

성령의 역사는 예수를 믿기로 결심하는 가운데 역사하셔서 입으로 고백하게 하여 하나님과 화목하게 하셨다: "성령으로 아니하고는 누구든지 예수를 주시라 할 수 없다"(고전 12:3). 신앙생활 가운데도 성도들이 기도할 때도 무엇을 어떻게 구할지 모를 때에 하나님의 뜻을 좇아 기도할 수 있도록 하여 하나님과 화목하게 한다: "이와같이 성령도 우리 연약함을 도우시나니 우리가 마땅히 빌바를 알지 못하나 오직 성령이 말할 수 없는 탄식으로 우리를 위하여 친히 간구하시느니라"(롬 8:26).[16]

4) 그리스도인들

복음전도자는 그리스도인으로서 "화목하게 하는 직책"(고후 5:18)을 주님께서 주셨다. 하나님과 죄인의 관계를 회복하시기 위해 예수 그리스도가 오셨다고 선포하며 저를 믿는 자에게 영생을 주신다고 전하는 것이다. 그리스도인이 해야 할 구체적인 역할이 무엇인가?

성부 하나님께서 관계회복을 위해 먼저 찾아 오셔서 본을 보여 주셨다. 복음을 전하는 자들은 믿는 사람이든 안 믿는 사람이든 간에 다시 화목한 관계를 갖도록 불화했던 사람들을 먼저 찾아가서 관계회복을 해야 한다. 인간관계 속에서 누가 먼저 잘못했는가는 중요한 것이 아니라, 그리스도인들이 먼저 관계회복을 시도하는 것이 더욱더 중요한 일이다. 참으로 어려운 일이나, 하나님과의 화목해야 할 뿐만 아니라, 모든 사람들과 화목하게 하는 것이 화목의 복음을 전하는 자로서의 성서적이고 올바른 자세이다. 사도 바울도 이렇게 권고하고 있다: "할 수 있거든 너희로서는 모든 사람으로 더불어 평화하라"(롬 12:18).

초대교회에서는 이러한 것을 실천하고 있음을 볼 수 있다: "… 날마다 마음을 같이하여 성전에 모이기를 힘쓰고 집에서 떡을 떼며 기쁨과 순전한 마음으로 음식을 먹고 하나님을 찬미하며 또 온 백성에게 칭송을 받으니 주께서 구원 받는 사람을 날마다 더

하게 하시니라"(행 2:46-47). 화목의 복음을 받고 화목의 관계를 유지하는 것이 모든 사람들에게 인정받는 일이며 이것도 복음을 전파하는 귀한 일이 된다. 예수를 믿는 가정에 불화하다면 어떤 이웃이 화목의 복음을 믿으려 하겠는가? 교회가 시끄럽게 될 때, 교회 안에 화목하게 하는 일을 하는 것이 하나님의 뜻이며, 화목의 복음을 전할 수 있는 장소가 되도록 해야 할 것이다.

그러므로, 성부 하나님은 영원한 구원의 계획 속에서 그의 아들을 보내셨고, 성자 예수님은 죽기까지 순종하여 화목케하셨으며, 성령님은 죄인들이 중생의 은혜를 베푸는데 관여하셨다. 이 화목의 사역은 수직적이여야 하며 또한 수평적이어야 한다. 먼저 삼위일체의 하나님과 화목해야 하며, 사람들과 화목이 포함되어야 한다. 화목의 복음에 참여하는 자들은 더욱더 화목의 모본을 모든 사람에게 보여야 한다.

3. 천국의 복음

예수께서 천국에 관해서 말씀하신 것이 사복음서에 너무나도 많이 기록되어 있다. 천국은 하나님의 왕국, 하나님의 나라, 그리스도의 왕국, 하늘의 왕국 등 여러가지로 성경에서는 부르고 있다.[17] 제3장 복음전도의 목표에서 전도신학을 위한 성서적인 용어 중에 "바실레이아"(하나님의 왕국)에 대해서 언급할 때 세 가지로 나누어 설명했었다. 즉, 종말론적인 왕국, 현재 경험할 수 있는 왕국, 미래의 왕국이었다.

이번 "천국의 복음"이라는 제목으로는 천국에서의 생활법칙과 천국에 관한 예수님의 비유들을 언급하여 예수께서 말씀하시는 복음전도의 메세지가 무엇인지를 좀더 구체적으로 살펴 보고자 한다.

1) 천국에서의 생활법칙

세상에 사는 많은 사람들은 고통과 어려움과 외로움 때문에 새로운 세상에 대한 동경과 기대가 있다. 마태복음 5장에서 부터 7장까지 나타난 예수님의 산상수훈은 그들과 같은 사람들이 읽으면 그와 같은 말씀에 속하는 세상에서 살기를 원하게 될 것이다. 산상수훈은 천국백성으로의 생활법칙을 말하고 있다. 특별히, 여덟가지의 복에 관한 기록은 천국 시민으로써의 특징을 말한다(마 5:3-12).[18]

(1) 심령이 가난한 자 (마 5:3)

"해 아래서 행하는 모든 일이…다 헛되어 바람을 잡으려는 것" (전 1:14)이라는 진리를 깨닫고 자기의 연약성과 죄 때문에 전능하시고 거룩하신 하나님께 겸손히 나아가서 의지하려고 하는자가 심령이 가난한 자이다.[19] 하나님이 원하시는 것이라면 무엇이든지 하겠다고 결심하며 죽기까지 복종하려는 자이다. 사도바울은 사도로서 어느 누구보다도 강한 신앙심을 가지고 있다고도 볼 수 있는 복음전도자이지만 그는 죄인 중에 괴수라고 고백하는 것은 심령이 가난한 자이며 겸손한 자라고 볼 수 있다. 마음이 겸손한 자는 그리스도의 보혈의 피로 하나님의 나라를 소유하게 되며 하늘의 시민권(빌 3:20)을 가지게 된다는 것이 복음의 메세지이다.

(2) 애통하는 자(마 5:4)

애통하는 것은 타인의 고통을 위해 동정하는 애통도 있고 자신의 죄로 인한 참회의 애통이 있다. 세상에서 살면서 애통함을 가지셨던 예수께서 그들의 애통함을 너무나도 잘 알고 있기 때문에, 애통하는 자를 예수께서 친히 위로해 주시는 것이다. 세상에서는 기쁨보다는 슬픈 일이 더 많이 있고 많은 위로를 받기 원하지만, 자기 몸을 주시기까지 사랑하시는 주님의 위대한 위로를 받을 수 있다는 것이 축복된 복음의 메세지이다.[20] 시편 기자는 이렇게 기록했다: "눈물로 씨를 뿌리는 자는 기쁨으로 거두리로다." 영혼을 사랑하는 마음으로 애통하며 복음을 전하는 자는 기쁨으로 단을 거두게 될 것이라는 하나님의 위로가 있다.

(3) 온유한 자 (마 5:5)

온유한 자는 성내지 않고 자제하며 예의범절이 있고 부드럽게 행동하는 자로, 복수보다는 용서하려고 하는 사람이다. 인간관계 속에 분노해야 할 일들이 많이 있지만, 하나님과의 관계를 고려할때는 하나님을 분노하게 하는 때가 더욱더 많이 있음을 보게 된다(시 90:9). 먼저 받은 하나님의 용서를 생각하며, 인내하며 용서하며 살아가는 것이 천국백성으로서의 세상에서의 삶일 것이다.[21] 이럴 때 땅을 기업으로 받게되는 축복이 있다고 하셨는데 이것은 현세적인 약속이지만, 더 나아가서 하늘나라에서의 축복도 포함된다. 땅에서의 축복을 통해 앞으로 하늘에서의 누리게 될 축복을 맛볼 수 있게 될 것이다.

(4) 의에 주리고 목마른 자(마 5:6)

하나님이 원하시는 정의와 공의가 이 땅에 이룩되게 하기위해 애쓰며 노력하고 수고하는 자를 말한다. 이러한 자는 자기자신이 먼저 하나님 앞에 의롭게 될 때 하나님께서 그의 행동을 더욱더 인정하실 것이다. 많은 사람들은 이러한 실수를 범하기 쉽다: ① 자기는 의롭지 못하면서 다른 사람이 의롭지 못한 것을 지적하며 용서와 사랑을 하려고 하지 않는다. ② 다른 사람이 자기의 의롭지 못한 것을 지적할 때 왜 나를 감싸주지 않고 사랑하지 못하느냐고 반박하며 자기의 의롭지 못함을 변명하려고 한다.

의롭게 살려고 애쓰는 자의 축복은 배부름의 축복이다. 왜냐하면, 그리스도를 소유한 자는 모든 것을 가진 사람이기 때문이다. "근심하는 자 같으나 항상 기뻐하고 가난한 자 같으나 많은 사람을 부요하게 하고 아무 것도 없는 자 같으나 모든 것을 가진 자로다"(고후 6:10)로서 축복을 갖게 되며 이것이 복음의 메세지이다.

(5) 긍휼히 여기는 자(마5:7)

비천 가운데 있는 사람을 동정하고 돕고 구제하려는 자애롭고 경건한 마음을 가진 사람이 긍휼히 여기는 사람이다. 소망이 없는 사람이나 불쌍한 사람이나 우리에게 피해를 주는 사람에게 까지 친절을 베풀 수 있는 자가 하늘의 시민권을 가진 자이다.

간음하다가 현장에서 잡혀 온 여인을 긍휼히 여겨 구원시키신 예수님 (요 8:1-11)은 좋은 본을 보여 주셨다. 강도 만난 사람을 긍휼히 여긴 선한 사마리아 사람 (눅 10:25-37)을 볼 수 있는데 구체적인 구제였다:[22] "그를 보고 (① 눈으로 구제) 불쌍히 여겨 (② 마음으로 구제) 가까이 가서 (③ 발로 구제) 기름과 포도주를 (④ 약으로 구제) 그 상처에 붓고 싸매고 (⑤ 손으로 구제) 자기 짐승에 태워 (⑥ 운송수단으로 구제) 주막으로 데리고 가서 돌보아 주고 이튿날에 (⑦ 시간을 투자하여 구제) 데나리온 둘을 내어 주인에게 주며 (⑧ 돈으로 구제) 가로되 (⑨ 말로 구제) 이 사람을 돌보아 주라 (⑩ 고용된 사람으로 구제) 다른 부비가 더 들면 내가 돌아 올 때에 갚으리라 (⑪ 빚을 갚아 줄 것을 약속함으로 구제)하였으니"(눅 10:33-34).

이러한 자들에 대한 보상은 상대방에게 진정한 감사함을 받게 되며, 이웃들에게 칭찬을 받게 되어 하나님께 영광을 돌리게 되며, 하나님께 축복을 받게 된다. 이러한 행위를 한 사람이 어려움을 당할 때 상대방이나, 이웃이나, 무엇보다도 하나님이 잠 만 자고 계시겠는가? 긍휼히 여김을 받는 축복이 반드시 있게 된다.

(6) 마음이 청결한 자(마 5:8)

하나님의 율법은 행실을 위주로 심판하시지만, 예수께서는 마음으로 지은 간음죄와 살인죄까지 심판하신다고 하셨다. 청결한 마음은 깨끗하며 언제나 신실하다. 자백과 통회와 회개를 통해 성령은 죄의 근원을 생각 나게 하시며 예수의 보혈의 피가 정화시켜 주시는 것이다.[23] 하나님과 사람에 대하여 양심에 거리낌이 없는 심정으로 사는 사도 바울(행 24:16) 은 마음이 청결한 자이었다. 이런 자에 대상 보상은 하나님을 보는 것이며 영혼의 행복의 완성에 도달하는 것이다. 그 분을 보는 것은 성도가 현재 상태에서 볼 수 있는 것처럼 "땅 위에 있는 천국"이며, 미래 상태에서 그 분을 보는 것은 "하늘에 있는 천국"이다.

(7) 화평케 하는 자(마 5:9)

삼위일체의 하나님은 화평의 하나님이시며 "화목의 복음"에서 언급한 것 처럼 화목하게 하는 직책을 주셨다. 누구나 화평한 곳에서 살기를 원하지만 화목케 하는 일은 안하려고 한다. 인간관계 속에서 화평을 유지하기 위해서 남을 생각하는 정신이 요구되며, 더 어려운 것은 분쟁이 있는 곳에 진정한 화평을 심는 것이며 이것은 전지전능한 하나님의 절대적인 간섭이 없이는 불가능한 일이다.[24] 모든 성도들은 불꽃 같은 눈으로 관찰하시는 하나님 앞에 스스로 자기자신에게 이렇게 질문해야 한다: "내가 소속되어 있는 곳에서 나는 화평케하는 자인가? 아니면 문제만을 만드는 자인가? 내가 진실로 화평케하는 자가 될 때 하나님의 아들이라 불리우는 축복이 임하게 된다. 예수님과 같은 하나님의 아들이라는 칭호를 받는 것은 하나님의 기뻐하시는 일이며 천국백성으로 해야 할 일이다.

(8) 의를 위하여 핍박을 받는 자(마 5:10-12)

신앙생활은 하나님을 기쁘시게 하는 일이기 때문에 사단으로부터 많은 공격을 받게 된다. 사단은 자기의 때가 얼마 못된 줄 알기 때문에 최후의 발악을 하고 있다. 사도 바울께서 이렇게 권고하셨다: "무릇 그리스도 예수 안에서 경건하게 살고자 하는 자는 핍박을 받으리라"(딤후 3:12). "자기가 시험을 받아 고난을 당하셨은즉 시험 받는 자들을 능히 도우시느라"(히 2:18). 죽을 때까지 신앙의 신조를 지키는 자에게는 죽은 후에 생명의 면류관이 주어진다고 약속하셨다(계 2:10). 최초의 순교자 스데반 집사의 피(행 7:54-60)는 복음의 씨앗이 되어 초대 기독교인들에게 더욱더 강력한 신앙을 유지하게 하는 계기가 되었다. 그리스도 때문에 허다한 고난을 받으면서도 신앙을 지킨 성도들을 위해 유보된 곳이 바로 미래의 천국이다.[25] 그곳에 가려는 사람은 예수와 같은 고난에 동참할 각오가 있어야 하며, 그가 마신 잔을 마셔야 하며, 그가 받은 세례를 받아야 한다. 다시 말하면, 그리스도의 말씀에 철저하게 순종하고 복종하는 자들이어야 한다.

그러므로, 천국백성으로서 생활을 하려는 자들에게 주어진 여덟 가지의 복을 이 세상에서도 누릴 수 있고 더 나아가서 하나님께서 예비하신 곳에서 들어갈 수 있는 천국의 복음이 모든 죽어가는 영혼들에게 요청된다. 이책을 쓰는 필자는 "…사람이 떡으로만 살것이 아니라 하나님의 입으로 나오는 모든 말씀으로 살것이라"(마 4:4)는 말씀과 산상수훈에서 여덟 가지의 축복에 대한 갈망에서 부터 신앙생활에 관심이 시작되었다. 그리스도 안에서의 삶은 천국에서의 생활을 현재 맛보며 사는 것이며 "하나님의 나라는 먹는 것과 마시는 것이 아니요, 오직 성령 안에서 의와 평강과 희락이라"(롬 14:17)고 고백하는 삶이다. 이것이 바로 천국의 복음을 통한 복음의 메세지이다.

2) 천국에 관한 예수님의 비유들

예수께서 "천국은 마치…같으니"(마 13:24, 31, 33, 44, 45, 47) 라는 이러한 비유의 말씀들을 많이 하셨는데 이러한 비유를 통해 하나님 나라에 대한 복음의 메세지를 찾으려고 한다. 마태복음에 나타난 천국의 비유를 통해 검토하려고 하며, 특별히 13장에는 천국에 관한 비유들이 여덟 가지나 소개 되고 있다.[26]

(1) 씨 뿌리는 자의 비유(마 13:3-23)

씨 뿌리는 자는 천국의 복음을 전하는 자이며, 씨는 하나님의 말씀이며, 땅은 말씀을 듣는 사람의 마음이다. 말씀을 받아 드리는 네 종류의 사람들이 있는데, 첫째는 말씀을 깨닫지 못하는 마음이며, 둘째는 말씀을 기쁨으로 받았으나 환난과 핍박에서 견디지 못한 마음과, 세째는 말씀을 받았으나 세상의 염려와 재리의 유혹으로 열매없는 마음이며, 네째는 말씀을 깨닫고 많은 열매를 맺는 마음이다.

이 비유의 메세지는 말씀을 듣는 자에게 책임이 있음을 보여주며, 복음을 받아들여 그들의 삶 속에 적용하여 행동의 변화를 통해 열매를 맺기를 강력히 촉구하시는 예수님의 비유이다.[27] 예수님께서는 복음을 받아들인 자를 지배하고 통치하며 다스리는 순간에 천국을 맛보며 살게 되며, 예비된 천국에도 가게 될 것이라는 복음의 메세지이다.

(2) 가라지의 비유(마 13:24-30, 36-43)

미래의 천국이 완성될 때까지 천국과 사탄의 나라는 공존할 것이다. 예수께서 이 세상에 오신 것으로 천국은 이미 임하였으나, 천국백성들과 함께 사는 지옥에 갈 자들이 있지만, 예수께서 세상을 심판하러 다시 오실 때 천국에 들어가는 자는 천국백성 뿐이라는 것이다. 하나님은 오래 참으시나 영원히 참으시지는 않고 반드시 심판을 할 것을 경고하신다. 하늘의 시민권을 가진 성도들은 주변의 환경이나 악인들에 대한 하나님의 심판이 더딘 것에 대한 관심보다는 하늘에 소망을 두고 복음전도자로서의 사명을 다해야 한다.[28]

(3) 겨자씨의 비유(마 13:31-32)

이 비유는 천국이 처음에는 가장 작은 겨자씨와 같으나, 하나님의 역사로 크게 확대하여 많은 사람들이 천국백성이 되고 복음이 놀랍게 퍼져 나가게 되며, 예비된 천국에 가기 전에도 천국백성들은 천국에 누리는 기쁨과 쉼을 얻게 될 것이라는 것이다.

(4) 누룩의 비유(마 13:33)

겨자씨의 비유와 같이, 천국은 시작은 미미하지만 복음의 빠른 속도로 퍼져 나가고 많은 사람들이 복음을 받아 들이게 되고 언젠가는 온 땅에 충만할 것이며, 그들은 미래의 천국에서 삶이 현재에도 누리게 된다.[29]

(5) 감추인 보화의 비유(마 13:44-45)

이 비유는 농부가 우연히 일하다가 밭 속에 감추어진 보화에 대한 가치가 세상의 어떤 것보다 큰 것이라는 것을 깨닫게 되며 그것을 소유하기 위해 자기의 소유를 다 팔아 바꿀 수 있다는 결심이 있는데 이것이 바로 하나님 나라이다.[30] 세상에서 얻을 수 없는 천국에 대한 가치를 깨달을 때 모든 것을 버리고 따를 수 있는 결심을 요구한다. 천국은 무한한 가치가 있기 때문에 자기의 모든 것을 희생하더라도 얻어야 할 각오가 필요하다.

(6) 값진 진주의 비유(마 13:45-46)

이 비유는 가장 귀한 것을 소유하기 위해 계속해서 찾다가 발견한 후에 자기 소유를 다 팔아 그것을 소유한 것이며 가장 귀한 것은 하나님 나라라고 볼 수 있다. 예를 들면, 어떤 종교가 참된 종교인가를 찾다가 예수 그리스도의 복음만이 참되고 가장 고귀함을 깨닫고 이 복음의 말씀을 받아 드리고 하나님 나라를 소유하는 것을 말한다.

(7) 그물의 비유(마 13:47-30)

이 비유는 알곡과 가라지의 비유와 같이, 미래의 천국이 완성될 때까지 천국과 사탄의 세계는 공존하게 되며, 세상 끝날 때에 최종의 심판을 통해 참된 하나님의 백성 만이 하나님 나라에 들어 가게 된다는 것이다. 다만 차이점이 있다면, 가라지는 원수가 일부러 알곡에 섞어 놓은 것이지만, 그물의 비유에서는 그물로 모든 고기를 잡은 후에 못된 고기는 버리는 것이다. 이것은 교회를 포함해서 기독교 단체에도 하나님의 백성과 같이 현재 있으나 아직도 참된 하나님의 백성이 아닌 자도 있음을 알 수 있다. 못된 고기는 스스로 좋은 고기가 될 수는 없으나, 예수님과 인격적인 만남을 통해 거듭남을 통해 하나님의 시민권을 소유할 수 있음을 깨달아야 한다. 교회 내에 구원 받지 못한 자에 대한 먼저 믿은 자로서 책임의식을 가져야 하며, 그들을 복음화해야 할 것이다.[31]

(8) 새 것과 옛 것의 비유(마 13:51-52)

구약성경은 메시야인 예수님께로 가는 길을 사람들에게 제공해 주었고, 예수님은 구약성경에 대한 권위를 인정했으며 자주 인용하여 말씀도 하셨었다. 신약성경은 그리스도 자신을 계시하고 있고, 그는 복음을 받아 들이는 사람에게 영적인 관계를 가지시기를 원하고 있다. 구약과 신약 성경은 하나님에 관하여 가르치고 있고 세상에서 사는 방법에 대한 안내자 역할을 하고 있다. 예수께서는 천국이 벌써 왔으며 미래에 심판이 있을 것을 가르치셨으나, 그당시 종교지도자들은 심판이 벌써 왔으며 천국이 미래에 있을 것을 잘못보고 있다. 종교지도자들은 육체적이고 일시적인 천국을 보고 있었으나 그리스도께서 가져왔었던 천국의 영적인 의미를 깨닫지 못하고 있었다. 다시말하면, 천국은 이미 왔으며, 예수님을 메시아로 믿는 자는 천국에 들어 가게 될 것을 가르치는 내용이 복음의 메세지이다.

(9) 무자비한 종의 비유(마 18:21-35)

이 비유는 예수님께서 믿는 사람들의 큰 죄 때문에 십자가에 피를 흘려 돌아 가셔서 구원시켜 주시고 용서해 주셨는데, 성도들은 인간관계 속에서 사소한 죄들을 서로 용서하지 못하는 것에 대한 책망이며, 천국백성들은 어떠한 상황에서도 서로 용서와 사랑이 있어야 한다. 비유의 핵심의 말씀은 "너희가 각 중심으로 형제를 용서하지 아니하면 내 천부께서도 너희에게 이와 같이 하시리라"(마 18:35)는 것이다. 천국복음의 메세지는 무슨 죄든지 서로 용서하며 사랑하는 사람들이 사는 곳이 천국이다[33]

(10) 포도원 품꾼의 비유 (마 20:1-16)

세상적인 계산 방법으로가 아니라 하나님의 계산 방법이다. 하나님의 은혜는 일한 보수로 얻을 수 있는 것이 아니라 인간의 필요에 따라 값없이 주어진 것이다. 천국에 들어 가는 것도 인간이 일한 댓가로가 아니라 전적인 하나님의 은혜라는 사실을 강조하는 복음의 메세지이다.

(11) 혼인 잔치의 비유 (마 22:1-14)

하나님은 인내를 가지고 사람들에게 하나님 나라에 들어 올 것을 권고하고 있으나, 그들이 거부함으로 인해 오히려 버린 바 되고 소외 되었던 사람들을 부르셔서 천국백성이 되게 하셨다. 사람들은 무관심, 악한 우월감, 그리고 적대감으로 하나님의 초청을 거부할 자유를 가지고 있다. 하나님의 초대에 들어 와도 죄를 회개하고 예수 그리스도를 구주로 영접치 않을 경우는 추방과 심판을 피하지 못한다. 예복을 입지 않고 쫓겨난 자는 예수님을 믿지 않고 교회 안에서 진짜 성도들이 아닌 가짜 성도이기 때문에 바로 예수님의 재림 때에 교회에 있었으나 예수의 보혈의 피가 그들의 마음 속에 없기 때문에 지옥에 가게 될 것이다.

(12) 열 처녀의 비유 (마 25:1-13)

기름을 준비한 다섯 처녀는 천국에 들어 갔고 다섯 처녀는 못 들어갔다면 기름이 무엇을 의미하고 있는가? 이 기름은 결코 신앙적인 행위가 아니라 참된 믿음이다. 사도 바울께서 이렇게 강조하셨다: "너희가 믿음에 있는가 너희 자신을 시험하고 너희 자신을 확증하라. 예수 그리스도께서 너희 안에 계신 줄을 너희가 스스로 알지 못하느냐 그렇지 않으면 너희가 버리운 자니라" (고후 13:5).

참된 믿음은 예수께서 재림하실 때 확실히 드러날 것이나 죄를 회개하고 구원의 확신을 말씀을 통해 분명하게 하며 신앙생활을 해야 할 것이다. 착각은 때로는 영원한 지옥불에 들어가게 하는 결과를 초래 할 수도 있을 것이다. 주어진 기회에 하늘의 시민권을 가진 땅 위의 성도로서 확실한 복음의 메세지를 간직해야 한다.

예수께서 비유로 말씀하신 것 중에 하나님의 나라에 관한 것으로 주제를 삼은 것이 가장 많은 것 중에 하나이다. 복음을 듣고 깨닫고 열매를 맺어야 하며, 미래의 천국이 오기 전에 사탄의 나라도 공존하며, 끝까지 신앙을 지키며 살아 할 것을 지적하고 있다. 하나님의 나라는 아주 천천이 전파되기 시작하나 세상 끝날 때에는 온 땅에 충만하게 된다. 이러한 과정에서 참된 천국백성과 같이 있으나 미래의 천국에 들어 가지 못할 자들도 아주 많이 있음을 지적하고 죄를 고백하고 회개하는 일이 없이는 천국에 들어 갈 수 없게 된다. 그러나, 천국백성이 되는 것은 사람들의 좋은 행위에 근거하는 것이 아니라 전적인 하나님의 은혜로 만이 가능하다는 것을 강조하고 있다.

4. 구원의 복음

복음이란 한 단어로 표현 한다면 "예수"라고 하는 것이 가장 적절한 표현이 될 것이다. 예수 때문에 우리의 죄가 사해졌고, 예수 때문에 하나님과 화목하게 되었고, 예수 때문에 천국의 백성이 되었다. 여기서는 예수께서 죄를 사하시게 했던 십자가 상에서 복음의 메세지를 살펴 보고자 한다.[34]

1) 십자가 상의 칠언

어느 누구나 죽기 전에는 정직하며 바르게 살지 못한 것에 대한 후회가 있게 되며 자기의 삶 전체를 결산하는 일을 하게 된다. 예수께서 십자가에 돌아 가시기 전에 하신 말씀들은 복음전도와 관계를 가지고 있다. 죽기까지 그의 사명을 다하고 있으며, 그를 따르는 복음전도자들에게 신앙적인 도전을 주고 있는 것을 살펴 보고자 한다. 이러한 연구를 통해 복음전도에 있어서 십자가 상에서의 위대한 사건의 중요성를 바로 인식해야 할 것이다.

(1) 절규의 말씀(마 27:46, 막 15:34)

예수께서 말씀하시길, "엘리 엘리 라마 사박다니…나의 하나님, 나의 하나님, 어찌하여 나를 버리셨나이까?…"라고 하셨고, 마태복음과 마가복음에만 유일하게 기록되었다. 이 언어는 아람어로 주님의 사용하시던 일상용어였다. 시편 22편에 주님의 절규에 관한 예언대로 세상죄를 지고 가는 어린양으로서 육체적인 고통 뿐만 아니라 영혼의 절규이었다. 머리에는 가시관의 고통과 손과 발에는 못으로 인한 고통과 허리에는 창에 의한 고통으로 계속적으로 피를 흘리시며 세시간 동안에 주님의 몸무게로 십자가에 달려 있으시니 고통은 더 가중되었다.

이것은 "피흘림이 없이는 죄사함이 없는"(히 9:22, 레 17:11) 하나님의 정의를 실현하고 모든 성도들의 죄를 사하시기 위해 돌아가실 때 하신 절규의 말씀이었다. 이러한 절규는 자기 몸을 주기까지 사랑하시는 주님의 사랑에 근거를 두고 있다. 모든 믿는 자들의 죄가 사해졌다는 것은 가장 큰 복음의 메세지 중에 하나이다.

(2) 사죄의 말씀(눅 23:34)

예수께서 말씀하시기를, "아버지여 저희를 사하여 주옵소서 자기의 하는 것을 알지 못함이니이다"라고 하셨고, 고통 가운데서도 자기를 십자가에 못박는 자들에 대한 용서를 하나님께 기도하는 사죄의 말씀이시다. 십자가에 돌아 가시는 것만으로도 충분히 죄를 사하지만, 하나님께 간절한 이런 기도는 너무나도 감동적이다. 또한, 말로만의 용서가 아니라 피를 흘려 용서받게 해 주셨다.

이와 같은 용서는 복음전도자들의 생활 속에서 있어야 하며 최초의 순교자 스데반도 죽으면서 까지 무릎을 꿇고 간절히 이렇게 기도하시면서 돌아 가셨다: "주여 이 죄를 저들에게 돌리지 마옵소서"(행 7:60). 천국백성은 죽기까지 용서할 수 복음전도자들이 될 것이다. 먼저 믿는 자들이 하나님께 영광을 돌리지 않는 생활을 할 때에도 사죄의 기도를 하시면서 용서하시고 주님의 참된 백성이 되기를 원하시는 주님이시다. 모든 믿는 자들의 과거, 현재, 미래의 모든 죄까지도 용서하신다는 복음의 메세지이다. 하나님은 은혜로우시며 우리를 용서해 주시고 그 아들로 인해 새로운 삶을 주시는 분이다.

(3) 보증의 말씀 (눅 23:43)

예수님과 함께 십자가에 죽기를 기다리던 한 죄수는 분명히 자신은 죽을 죄가 있다고 시인하고 예수님은 죽을 죄가 없다고 믿고 있다. 그는 역시 예수님을 아주 가까이 보는 순간, 주님이 말씀하시는 천국에 들어 가게 될 것이라는 확신이 있었고 자기를 생각해 달라고 부탁했을 때 예수께서 말씀하시기를 "오늘 네가 나와 함께 낙원에 있으리라"고 하셨다.

예수님을 따르던 제자들의 대부분은 천국에 대한 확신이 없었지만 오히려, 자기의 죄를 분명히 인정하고 천국을 믿는 신앙이 있었으며 주님께 간절히 구원의 요청을 하는 초신자이었다. 그러나 그는 하나님의 은총 속에 천국백성이 되었다. 그는 어떠한 좋은 행실을 할 기회도 없었지만 구원을 받았다. 고로, 사도 바울의 이 말씀은 참된 진리이다: "너희가 그 은혜를 인하여 믿음으로 말미암아 구원을 얻었나니 이것이 너희에게서 난 것이 아니요 하나님의 선물이라 행위에서 난 것이 아니니 이는 누구든지 자랑치 못하게 함이니라"(엡 2:8-9). 죽을 때까지 주님을 찾는 자마다 약속의 말씀은 "오늘 네가 나와 함께 낙원에 있으리라"는 것이며 이것이 복음의 메세지이다.

(4) 위탁의 말씀 (눅 23:46)

예수께서 말씀하시기를 "아버지여 내 영혼을 아버지 손에 부탁하나이다"고 하셨다. 이것은 가장 진실하고 신뢰할 만한 기도였으며, 그당시 경건한 유대인들이 잠자리에 들기 전에 하였던 일반적인 기도였다. 최초의 순교자인 스데반도 이러한 기도를 한 후에 돌아가셨다(행 7:59). 예수께서 그의 영혼을 놓으신 것은 자신의 의지적인 행위였다.

하나님의 뜻대로 고난받는 복음전도자는 생명까지라도 아버지께 위탁해야 한다. 영혼의 최후를 책임지실 분은 오직 하나님 밖에 없는 이유는 그가 창조주이시기 때문이다. 생사화복을 주관하시는 하나님이 계시며, 어떠한 일을 당해도 의지할 때마다 책임져 주신다는 것은 복음의 메세지이다.

(5) 위로의 말씀(요 19:26-27)

예수께서 어머니에게 "여자여 보소서 아들이니이다"고 하셨고, 사랑하는 제자인 요한에게 "네 어머니라"고 말씀하셨다. 돌아 가시기 전에 그의 가족에 대한 관심이 있으셨고 어머니를 그의 가장 사랑하는 제자 중에 하나인 요한에게 부탁하셨다. 복음전도자로서 모든 성도들은 그들의 가족은 하나님으로 온 선물이며 축복이다. 죽음을 앞둔 급박한 상황에서도 돌보시는 예수님의 책임과 사랑을 배워야 한다. 이세상에 유일한 여자의 후손은 예수님 뿐이 없었으며, 그는 어머니의 돌보심과 키워 주시는 사랑에 감격하며 끝까지 돌보아 주지 못한 것에 대한 책임을 요한에게 맡기시며 운명하셨다.

아마, 예수님의 아버지인 요셉은 돌아가셨다고 본다면, 왜 예수께서는 이와같은 어머니를 돌보는 일을 그의 친동생들에게 부탁하지 않았을까? 어떠한 위협을 무릅쓰고 십자가까지 쫓아와서 함께 있는 사랑하는 제자인 요한이 친동생보다 귀하고 가까운 자로 믿었었다. 요한은 예수님의 어머니를 자기 집에 모셨는데, 예수님의 친동생들은 어디서 무엇을 하고 있을까? 다른 제자들처럼 무서워서 도망가지는 않는지 모를 일이다. 찬송가 136장인 "거기 너 있었는가 그 때에 주가 그 십자가에 달릴 때 오 때로는 그 일로 나는 떨려 떨려 떨려 거기 너 있었는가 그 때에"는 매우 의미심장한 것이다. 예수께서는 현재 신앙생활을 하며 복음을 전하는 자들에게 어떠한 고난과 시련이 와도 끝까지 예수님과 함께 한 자를 믿으시며, 또한 귀하고 복된 사역을 맡기실 것이다.

(6) 고통의 말씀 (요 19:28)

죽어가고 있었던 고난자 예수님은 육체적 고통과 정신적 고뇌로 인하여 당연히 목이 마르게 되었다. 예수께서 원수들과 다른 두 처형자들 앞에서 예수님의 목마름의 호소는 가장 수치스러운 일 중에 하나였는데 왜냐하면 혼인잔치에서 물을 포도주로 만드신 분이었기 때문이며, 주님께서 얼마나 인내하며 죽기까지 순종하셨는가를 볼 수 있다. 이와같은 것은 시편 69:21에 예언된 대로 신 포도주를 머금은 해융을 우슬초에 매어 주님의 입에 대고 마시게 하므로 예언을 성취하게 되었다.
　차라리 죽음을 택하는 편이 낫을지도 모르는 수치스러운 상황에서 목마르다는 부르짖음은 모든 믿는 자들에게 영원히 마르지 않는 생수를 주시기 위함이었다. 영원히 목마르지 않는 생수를 주시기 해서 갈증의 말씀을 하시며 돌아가셨다는 것은 복음의 메세지이다. "내가 주는 물을 먹는 자는 영원히 목마르지 아니하리니 나의 주는 물은 그 속에서 영생하도록 솟아나는 샘물이 되리라"(요 4:14) 고 주님께서 약속하셨다.

(7) 승리의 말씀(요 19:30)

예수께서 "다 이루었다"고 말씀을 하신 후에 머리를 숙이시고 영혼이 돌아가셨다. 죄는 사람들을 하나님으로부터 분리시키는 일을 했었다. 승리의 말씀을 통해 네가지를 완성하셨다:[35]

⟨1⟩ 주님은 이세상에 오셨고 고통과 슬픔과 버림을 받으셨고 죽음의 십자가를 지시고 죽으시는 하나님의 명령에 절대적으로 순종하는 일을 다하셨다.
⟨2⟩ 주님은 자신을 대속물로 죽으심으로 모든 믿는 자들에게 사랑을 확증시켜 주었으며 구원을 주시기 위한 위대한 사역을 다 이루셨다.
⟨3⟩ 한결같이 시험을 받으신 자였지만 죄는 없으시고 (히 4:15) 마귀의 시험에서 이기셨으며 죽으심으로 삼일 후에 사망권세를 이기시고 부활하실 것에 대한 확신 속에서 하나님의 뜻을 다 이루셨다.
⟨4⟩ "다 이루었다"는 승리의 개가는 그를 따르는 모든 성도들이며 복음을 전하는 자들에게 힘과 용기를 주는 복음의 메세지이시다.

그러므로, 예수께서 이렇게 말씀하셨던 것을 믿고 따르는 복음 전도자들에게 확신을 주신다: "…세상에서는 너희가 환난을 당하나 담대하라 내가 세상을 이기었노라"(요 16:33).
주님께서 십자가에서의 죽으심은 죄에 대한 반드시 심판을 해야 하는 하나님의 정의를 이루었으며, 동시에 죄인을 사랑하시여 독생자를 보내어 죽이기까지 하셨던 하나님의 사랑을 표현한 위대한 사역을 성취하는 것이었다. 이 사역을 이루시기 바로 직전에, 십자가 상에서 예수 그리스도의 일곱가지의 말씀들은 복음의 메세지와 관계가 매우 깊으며 모든 성도들에게 복음전도를 하게 하는 원동력이며 신앙생활에 확신을 주는 귀하고 복된 증거이다.

2) 만인제사직론

예수 그리스도의 십자가에서 죽으심은 세상에 있는 모든 사람들에게 구원의 길을 제공해 주었다. 구약시대에 제사장들이 죄를 사하기 위해 행했던 여러가지의 제사들이 이제는 필요없게 되고, 예수 그리스도의 십자가 사건을 통해 새로운 하나님과 관계가 형성되는데 이것이 바로 만인제사직론이다.[36] 만인제사직론이 무엇인가를 살펴보면서 이것을 통한 복음의 메세지를 찾아 보려고 한다.

(1) 종교개혁

마르틴 루터가 종교개혁을 할 때 로마서 1:17 말씀인 "…오직 의인은 믿음로 말미암아 살리라."라는 것에 근거해서 구원을 받는 것은 선한 행위로 아니라 하나님의 은혜에 의한 믿음으로라는 것이었다. 베드로전서 2:9에 "오직 너희는 택하신 족속이요, 왕 같은 제사장들이요, 거룩한 나라요, 그의 소유된 백성이니…"라고 기록되어 있는데 모든 신앙인은 제사장이라는 것으로 하나님 앞에 직접 나아갈 수 있다는 것이다. 로마 카토릭교회에 있어서 성경을 성직자 이외에 읽지도 못하게 하던 때에 성직자들의 권위적인 계급의식에 대한 아주 큰 도전이었다.[37] 이러한 만인제사직론은 마르틴 루터가 종교개혁시 구원은 믿음으로라는 구호와 함께 사용했었지만, 원래는 성경을 모든 믿는 사람들은 읽을 수 있다고 주장했던 침례교도들에 의해서 만인제사직론에 관해서 기초가 확립되었다.

(2) "왕같은 제사장"에 관한 해석

루터가 주장했던 만인제사직론은 "왕같은 제사장"에 관한 해석을 통해 정확히 이해할 수 있으며, 하나님의 나라와 하나님의 의를 이 땅에 이룩하는 일에 목회자 뿐만 아니라, 모든 평신도에게도 적극적인 사명을 바로 인식해야 하며 이것은 예수 그리스도를 구주라고 고백하는 모든 사람에게 주어진 위대한 지상명령이라는 사실을 알아야 할 것이다. 이러한 해석을 세가지로 나누어 생각할 수 있는데 첫째는 하나님 앞에서의 모든 신자들의 동등한 권리을 말하며, 둘째는 하나님 아버지께 직접 나아갈 수 있는 각자의 권리를 말하며, 세째는 주님께 받은 은사에 따라 주님의 사역을 해야할 각자의 책임에 관한 것이다.[38]

〈1〉모든 성도의 동등권

로마서 12:1에 보면 "그러므로 형제들아 내가 하나님의 모든 자비하심으로 너희를 권하노니 너희 몸을 하나님이 기뻐하시는 거룩한 산 제사로 드리라. 이는 너희의 드릴 영적 예배니라"고 했다. 여기 "예배"(Worship) 라는 단어는 코이네 헬라어로 "라트리안"이며 이 용어는 제사장이 종교의식을 행하는 것을 의미한다.[39] 예수님의 보혈의 피로 인하여 모든 성도들은 왕같은 제사장이 되게 하였고, 이제는 더이상 희생제사가 필요없게 되었다. 그러나, 모든 성도들 자신이 희생제물이 되어 우리의 몸을 제단에 드려야 할 사명이 있다. 그래서, 사도 바울이 "너희 몸을 하나님이 기뻐하시는 거룩한 산 제사로 드리라"고 권면하고 있다. 목회자나 평신도나 모든 성도들은 십자가의 피로 동등권을 가지고 있으나, 그들의 몸이 희생제물이 되어 산제사로 하나님께 드려야 한다. 복음의 메세지는 십자가 때문에 모든 성도들은 하나님 앞에서의 동등권이며, 그들은 전도자로서 복음을 위해 자기 몸이 희생제물이 되어야 한다.

⟨2⟩ 직접 나아갈 수 있는 권리

성전에는 성소 (Temple) 와 지성소 (Shrine) 가 있고 두사이에는 휘장이 있었다. 대제사장이 홀로 일 년에 이차 씩 들어가서 희생제물의 피로 자기와 백성들의 죄를 위해 드렸었다. 예수께서 십자가에서 돌아 가실 때 들어갈 수 없는 지성소에 있는 휘장이 위로부터 아래로 찢어져 둘이 되었다고 마태복음 27:51, 마가복음 15:38, 누가복음 23:45에 분명하게 기록되어 있다. 이것은 이제는 더이상, 일 년에 한 번씩 대제사장 만이 아니라, 언제든지 하나님 앞에 담대하게 모든 성도들이 나아갈 수 있는 권리가 있다는 증거이다. 바로 이것이 복음의 메세지이다.

성도와 교회와 하나님의 백성을 성전으로 표현된 곳이 영어로 된 성경과 한글로 된 성경에 있다. 예로, 고린도전서 4:16에 "너희가 하나님의 성전인 것과 하나님의 성령이 너희 안에 거하시는 것을 알지 못하느뇨"라고 했는데 여기에 나오는 성전이라는 단어는 영어성경에도 성전(Temple)으로 나와 있다. 그러나, 신약성경을 처음에 기록했던 코이네 그리이스어로 된 성경에 보면, 성전 (히에론) 이 아니라 지성소(나오스) 로 기록되어 있는 것이 다르다.[40] 지성소는 정확히 해석하면, 하나님이 임재하는 곳이었다. 이곳은 예수의 십자가 보혈로 모든 성도가 나아갈 수 있는 곳이다. 모든 성도는 십자가 보혈로 하나님이 임재하는 곳이라는 사도 바울의 말씀은 참된 진리이며 정확한 표현이다. 모든 성도 안에 "하나님의 영이 거하신다"(사도 바울의 표현) 또는 "하나님이 임재하신다"(코이네 그리이스 성경으로 본 해석) 는 것이 복음의 메세지이며 하나님의 축복이다.[41]

〈3〉받은 은사대로 충성해야 할 각자의 책임

만인제사직론이 하나님 앞에서 모든 신자들이 동등권을 가지고 있다는 것이 목사나 전도사나 장로나 집사가 예배를 드릴 때 주님의 사역을 할 때에 그들 자신이 희생제물이 되어 산제사를 드릴 동등한 권리를 가진다는 것이다. 또한, 기도하고 예배를 드리는 것이 목회자나 제사장을 통해 하는 것이 아니라 직접하게 되었다는 것이다.[42] 그러나, 주님의 사역을 감당할 때는 주님께서 주신 은사 대로, 충성해야 한다는 것과 각자 책임감을 가지고 임해야 한다는 것이다. 안수를 받은 목사님만이 축복기도를 할 수 있는 것이지 아무나 할 수 있는 것은 아니다. 교회의 두가지 성례인 세례식(침례식)과 성찬식을 집례하는 것도 안수받은 목사님만이 할 수 있는 것이다. 사도행전 6장에 나타난 평신도 지도자인 일곱 집사를 선출하게 된 것은 사도들이 공궤를 일삼는 것이 옳지 않고 말씀 전하는 것과 기도하는 일을 전무하기 위해 한 것이다. 집사들은 공궤를 일삼는 봉사의 일을 해야 한다는 것이다.

사도 바울은 에베소서 4:11-12에서 하나님께서 주신 은사대로 충성을 다해야 하며 그러한 일을 통해 그리스도의 몸을 세우려고 해야 한다. 목사와 감독과 장로와 집사등의 자격과 주님의 사역을 해야할 일들에 대해서 성경말씀에 잘 기록되어 있다(딛 1:5-9, 벧전 5:1-5, 딤전 5:17-18, 행 6:1-6, 딤전 3:8-12). 하나님은 질서의 하나님이시며 주님의 사역을 질서있게 은사대로 하며 각각 맡겨진 사역의 일에 책임있게 하시기를 원하신다. 그러나, 목회자나 평신도는 불신자들에게 모두 복음을 전하는 사명이 있음을 알아야 한다.[43]

만인제사직론은 질서있게 교회에 각자 맡은 사역을 감당해야 하며, 하나님 앞에 자기의 몸을 산제사로 일할 수 있는 모든 성도들의 동등권과 하나님 앞에 어떠한 성직자들의 중재없이 직접 나아가서 교제와 예배를 드릴 수 있는 권리이다. 이러한 크나큰 자유함과 사랑은 예수 그리스도의 십자가의 보혈의 공로로 이루졌으며 이것이 바로 복음의 메세지이다.

3) 구원의 유일한 방법

다른 종교와는 유별나게 기독교의 하나님만이 참되고 유일한 하나님으로 인정하고 있다. 출애굽기 20:33에 십계명 중에 첫번째 계명이 기록되어 있는데 이것은 다음과 같다: "나외에는 다른 신들을 네게 있게 말지니라." 기독교의 하나님은 다른 신을 용납하지 않는 질투의 하나님이시다.[44] 모든 사람들은 죄인이므로 하나님의 독생자 예수 그리스도를 통해서 만이 하나님께 나아갈 수 있는 유일한 길이라고 주장하고 있다. 예수께서 이렇게 말씀하셨다: "…내가 곧 길이요 진리요 생명이니 나로 말미암지 않고는 아버지께로 올 자가 없느니라"(요한복음 14:6).

모든 인간을 창조하신 창조주 하나님께 그들을 구원시키기 위해서 그의 하나밖에 없는 외아들 즉 독생자 예수님을 이세상에 보내서 그를 믿는 자들에게 영원한 생명을 소유하게 하시며 천국의 백성이 되게 하셨다. 신구약 성경말씀들을 합쳐서 가장 축소해서 쓰여진 성경말씀을 요한복음 3:16이라고 많은 신학자들은 언급하고 있다: "하나님이 세상을 이처럼 사랑하사 독생자를 주셨으니 이는 저를 믿는 자마다 멸망치 않고 영생을 얻게 하려 하심이니라." 이것은 하나님이 먼저 인간을 찾아 오는 것을 주장하고 있는 것이다.

모든 다른 종교들은 기독교와 다르게 인간이 먼저 하나님을 찾는 종교라는 것이며, 인간의 노력에 의하여 구원을 얻을 수 있음을 강조하고 있다. 기독교는 하나님의 은혜로 인한 믿음으로 하나님의 백성이 되는 구원의 대열에 설 수 있게 되는 것이다. 구원은 믿음으로 선한 행위는 축복으로 이끄는 것을 주장하는 것이 기독교가 주장하는 신앙생활의 슬로건이라고 말 수 있을 것이다. 웨스트민스터 소요리 문답 중에 86문에는 예수 그리스도를 믿는 것은 곧 구원을 얻는 하나님의 은혜인데 이로 말미암아 복음 중에 그리스도인들에게 주신대로 구원을 얻게 하기 위해 예수님 만을 영접하고 믿기만 하면 된다라고 언급되어 있다.[45]

결 론

복음전도의 메세지를 네가지 제목으로 나누어 회개의 복음, 화목의 복음, 천국의 복음, 구원의 복음으로 연구하고 조사하였다. 회개의 복음에서 죄에 대한 기원과 죄로부터 구원받을 수 있는 해결책을 설명하였고 모든 인간이 구원을 받으려면 죄를 깨닫고 회개해야 할 것을 강조하고 있다. 화목의 복음에서는 한 영혼이 영생을 받게 하기 위해 성부 하나님과 성자 예수님과 성령님의 역할을 살펴 보았으며 더나아가서 그리스도인들은 화목하게 하는 직책을 감당해야 하는 것이 복음전도자로서의 역할을 언급했었다. 천국의 복음에서는 산상수훈에 나타난 여덟가지 복있는 사람과 천국에 관한 예수님의 비유들을 통하여 복음의 메세지를 알 수 있었다. 마지막으로, 구원의 복음에서 예수께서 십자가 상에서 말씀하신 일곱 말씀들을 통하여 복음의 메세지를 살펴 보았고 만인제사직론에서 알 수 있는 복음을 전해야 하는 모든 성도들의 권리에 언급하였다. 예수 그리스도만이 구원을 받을 수 있는 유일한 길이라는 것을 마지막으로 강조하고 있다.

연구해야 할 과제

1. 사도바울이 성경말씀을 통하여 제시한 복음적인 설교의 메세지인 네가지 교리를 말해 보시오.

2. 사도바울이 예수 그리스도에 대한 네가지 교리를 말해 보시오.

3. 아담과 하와가 지은 죄들에 대해서 설명해 보시고 기독교인의 생활 가운데 그와 같은 죄들을 짓게 되는 경우는 없는가를 논의해 보시오.

4. 창세기 3:21에 나타난 복음의 메세지가 무엇인가를 설명해 보시오.

5. 예수님을 팔아 버린 가롯유다의 죄와 예수님을 부인한 베드로의 죄를 비교해 보시고 죄에 대한 태도들 설명하여 구원과의 관계를 설명하시오.

6. 죽어가는 영혼들에 대해 복음을 전하는 자로서 어떻게 기도해야 할 것인가에 대해서 말해 보시오.

7. 한영혼이 영생함을 받기 위해 역사하셨던 성부, 성자, 성령님의 역할과 복음전도자들의 역할에 대해서 간단히 말해 보시오.

8. 산상수훈은 무엇에 대해서 말하고 있는지 말해 보시고 복음전도와의 관계를 설명하시오.

9. 예수께 천국에 관한 비유들 중에 씨 뿌리는 자의 비유에 대해서 설명해 보시고 이러한 비유를 하게 된 근본적인 이유는 무엇입니까?

10. 감추인 보화의 비유와 값진 진주의 비유를 비교하여 설명하여 보시오.

11. 포도원 품꾼의 비유에 대해서 구원받는 자에 대한 시간적인 개념과 관련시켜 말해 보시오.

12. 혼인잔치의 비유에 대해서 복음을 전파할 때에 경험할 수 있는 것들을 비교하여 설명하시오.

13. 열 처녀의 비유에서 기름은 무엇을 의미하는지 말해 보시오.

14. 십자가 상에서의 예수님의 일곱 가지 말씀이 무엇이며 그것들과 복음과의 관계가 무엇인지 말해 보시오.

15. 예수께서 "어찌하여 나를 버리시나이까?"라는 고백에 대해서 신학적으로 어떠한 것들을 생각할 수 있는가?

16. "다 이루었다"라는 고백에 대해서 신학적으로 어떠한 것들을 생각할 수 있는가?

17. 예수님은 십자가 상에서 돌아 가시면서 모친을 누구에게 맡기셨는가?

18. 베드로전서 2:9에 나타난 "왕같은 제사장"에 대한 해석을 역

사적으로 제일 먼저 관심을 가지고 있었던 성도들에 대해서 말해 보시오.

19. "왕 같은 제사장"에 대한 세가지 해석에 대해서 말해 보시오.

20. 기독교는 왜 유일한 구원의 길을 설명하는지를 말해 보시고 다른 종교와 비교해서 신(하나님)과 인간과 관계에서 다른 점이 무엇인가?

21. 구원의 유일한 방법으로 예수를 믿는 것 밖에 없다고 표현되어 있는 성경말씀들을 중에서 두개만 암송해 보시오.

22. 요한복음 20:31를 암송하시오.

23. 산상수훈에서 예수께서 말씀하신 여덟 종류의 복있는 사람들이 어떠한 사람들이며 그들에게 주어지는 축복에 대해서 말해 보시오.

주(註)

1) Quoted by David Watson, I Believe in Evangelism (Seoul, Korea: Christian Literature Crusade, 1980), p. 84..
2) Roland Q Leavell, " *Evangelism: Christ's Imperative Commission*" (Nashville, enn.: Broadman Press, 1979), p. 59.
3) *Ibid.*
4) *Ibid.*
5) *Ibid.*
6) R. B. Kuiper, "*God Centred Evangelism*" Trans Soo-Jun Park "전도신학" (서울: 소망사, 1984), pp.153-54.
7) *Ibid.*
8) Henry T. Blackaby and Claude V. King, "*Experiencing God: Knowing and Doing The Will of God*" (Nashville, Tenn.: The Sunday School Borad og the Southern Baptist Convention, 1990), p.88.
9) Leavell, p. 28.
10) T. W. Hunt and Catherine Walker, "*Disciple's Prayer Life: Walking in Fellowship with God*" (Nashville, Tenn.: Baptist Sunday School Board, 1988), p. 304.
11) *Ibid.*
12) Lewis A. Drummond, " *The Word of the Cross: A Conemporary Theology of Evangelism*" (Nashville, Tenn.: Nashville, Tenn.: Broadman Press, 1992), pp. 98-112.
13) *Ibid.*, pp. 115-65.
14) *Ibid.*
15) *Ibid.*, pp. 170-97.
16) *Ibid.*
17) Kuiper, pp. 166-68
18) D. A. Carson, "*The Sermon on the Mount: An Evangelical of Matthew 5-7 Exposition*" (Grand Rapids, Mich.: Baker Book

House, 1978), pp. 11-32. (Paper). Ref. Mid-America Theological Journal, "Studies in the Sermon on the Mount" Spring 1992, vol. 16, No. 1, pp. 105-6.

19) *Ibid.*
20) *Ibid.*
21) *Ibid.*
22) Ref. Pulpit Commentary.
23) Carson, pp. 18-20.
24) *Ibid.*
25) *Ibid.*
26) Ref. Pulpit Commentary and The New International Commentary.
27) *Ibid.*
28) Kenneth S. Kantzer, "*Life Application Bible: New Testament*" (Wheaton, Ill.: Tyndale House Publishers, Inc., 1987), pp. 41-44.
29) *Ibid.*
30) *Ibid.*
31) *Ibid.*
32) *Ibid.*
33) *Ibid.*, pp. 54-55
34) Kuiper, pp. 156-58.
35) Kantzer, p. 286
36) Roy T. Edgemon, "*The Doctrines of Baptists Believe*" (Nashville, Tenn.: Convention Press, 1988), pp. 88-92.
37) Hendrik Kraemer, "*A Theology of the Laity*" (London, England: Lutterworth Press, 1958), Trans. 유동식, "평신도 신학과 교회 갱신" (서울: 평신도신학연구소, 1994), pp. 70-77.
38) Edgemon, p. 89.
39) *Ibid.*, p. 91.

40) *Ibid.*
41) *Ibid.*, p. 92.
42) *Ibid.*
43) Walter B. Shurden, "*The Doctrine of the Priesthood of Believers*" (Nashville, Tenn.: Convention Press, 1987), pp. 60-76.
44) Kuiper, pp. 170-71.
45) *Ibid.*, p. 172.

제 4 장
복음전도의 정의

제 4 장
복음전도의 정의

서 론

1. 1918년 영국국교에서 정의
   (Anglican Definition)

2. 1974년 로잔 계약에서의 정의
   (Lausanne Covenant Definition)

3. 1977년 교회성장에서의 정의
   (Church Growth Definition)

4. 1979년 죠오지 헌터의 정의
   (George Hunter's 1979 Definition)

5. 델로스 마일스의 정의
   (Delos Miles' Definition)

결 론

제 4 장
복음전도의 정의

"*내 말과 내 전도함이 지혜의 권하는 말로
하지 아니하고 다만 성령의
나타남과 능력으로 하여
너희 믿음이 사람의 지혜에
있지 아니하고 다만
하나님의 능력에 있게 하였노라*"

(고린도전서 2:4~5)

서 론

복음전도에 관해 연구에 관하여 세계에 많은 신학자들이 그들의 신학적인 노선에 토대를 두고 복음전도의 정의들을 매우 많이 발표해 왔었다.[1] 그러나, 성서적이고 보수적인 입장에서 대표적이라고 할 수 있는 다섯 종류의 정의들을 살펴 보면서 연구 검토하려고 한다. 이러한 과정을 통해 복음전도의 흐름이 어떻게 발전하여 왔는가를 알 수 있는 중요한 역할을 하게 될 것이다.

주 예수 그리스도의 복음을 전 세계에 전파하기 위해 각 교단에서는 경쟁과 함께 노력하고 있으나 복음을 받아 들이는 불신자들에게는 너무나 혼란스러움을 겪게 되는 수가 많다. 각 교단이나 선교단체의 명예와 실적을 너무 지나치게 중요시한 결과로 더 중요한 죽어가는 영혼을 구원시키는 복음을 받아 들이는데 많은 문제를 낳게 되었다. 어떤 선교지로부터 온 다음과 같은 편지는 복음 만을 전해야 하며 복음전도의 정의의 중요성을 깨닫게 한다:

　　당신들은 우리에게 선교사들을 보내 주었고, 우리에게 예수 그리스도를 알게 해 주었습니다. 이에 대해서 우리는 감사하게 생각합니다. 그러나 또한 당신들은 우리에게 당신들의 불일치와 분리를 가져 왔습니다. 어떤 이는 감리교주의를, 다른 이들은 회중주의를, 혹은 감독주의를 전파하고 있습니다. <u>우리는 당신들이 우리에게 복음 만을 전파하도록 요청합니다.</u> 죽은 자들 가운데서 부활하신 예수 그리스도만을 전파하되, 성령의 역사하심을 통해 교회가 그리스도의 요구 및 우리 민족의 특징에 맞추어서 그렇게 하기를 바랍니다. 이 교회는 일에서도 그리스도의 교회요, 중국에서도 그리스도의 교회이며, 인도에서도 그리스도의 교회인 것입니다. 따라서 이 교회는 당신들이 우리에게 복음을 전파하면서 그 위에 여러 가지 색으로 덧칠하고 있는 모든 주의들로부터 우리를 자유케 할 것입니다. [2]

1. 1918년 영국국교에서의 정의
   (Anglican Definition)

1) 복음전도의 정의

가장 오래되고 권위있는 복음전도의 정의는 1918년에 영국국교에서 만들어졌다. 이러한 복음전도의 정의는 다음과 같다:

> 복음전도를 하는 것은 성령의 능력 안에서 그리스도 예수를 전파하는 것이며, 그결과로 사람들이 그를 통하여 하나님을 신뢰하게 될 것이며, 그를 그들의 구세주로 받아들일 것이며, 또한 그의 교회에서 성도교제를 통하여 그를 그들의 왕으로 섬기게 될 것이다.[3]

2) 정의에 대한 형성과정

"교회의 복음적 사역"(the Evangelistic Work of the Church)에 관한 연구조사를 위한 영국국교에서 대감독 위원회(Archbishops' Committee of Inquiry)를 통해 기초를 삼아 1918년에 복음전도의 정의를 만들었다. 1938년에 "국제 선교 위원회"(International Missionary Council)에 영국국교에서 만들어진 복음전도의 정의를 기초로 해서 단어를 몇 개만 수정해서 채택하였다. 그들은 좀더 에큐메니칼 하게 하기 위해 노력하였다. "교회"(church)라는 단어를 "교회 만을 중히 여기는"(churchy) 단어로 교체했으며, "왕"(King) 이라는 단어를 "주님"(Lord)으로 바꾸었다.[4] "국제 선교 위원회"(International

Missionary Council, I.M.C.)는 세계교회협의회(World Concil of Churches, W.C.C.)와 연합하여 1961년에 뉴델리에서 에큐메니칼 운동 (교회연합운동)이 더욱더 포함되게 하였다.

　1943년에 캔터베리(Canterbury) 대감독과 욕(York) 대감독이 영국국교에서의 복음전도의 정의를 발표하며 사용하였고 해석을 하였다. 1951년에 캐논 브라이언 그린이 "복음전도의 연습"(The Practice of Evangelism)이라는 책을 저술하였는데, 그 곳에다 이러한 복음전도의 정의를 발표하고 설명하였다. 그당시 대감독이신 윌리암 템플(William Temple)도 이러한 일에 협력하였다.[5]

3) 정의에 대한 평가

　영국국교에서의 정의에서 예수 그리스도를 왕으로 표현한 것은 하나님의 왕국과 관계시켰음을 알 수 있다. 영국은 왕정정치에 깊은 관계를 가지고 있어 이러한 용어는 그들의 생활에 의미있는 것이다. 복음전도는 "그리스도를 전파하는 것"으로 묘사한 것은 사도 바울이 디모데에게 권면한 "복음전도자의 사역을 행하라"고 권면한 것과 연결된다. "성령의 능력 안에서"라고 한 것은 복음전도에 있어서 가장 중요한 성령의 역할을 표현한 것이다. 복음전도는 영적인 능력을 가지고 있는 영적인 사람들을 요구하는 영적인 사역이다.[6]

　죠오지 스웨져(George E. Sweazey)는 "효과적 복음전도"(Effective Evangelism)라는 책을 저술했는데 복음전도에 대해서 이렇게 지적했다: "교회는 항상 복음전도 하는 것으로부터 멀리 떨어져 나가는 경향이 있고, 복음전도하는 일에까지는 결코 가지 않고 있다."[7] 이러한 실정에서, 영국국교에서의 복음전도의 정의에서 "교회에서 성도교제를 통하여" 복음전도를 해야 한다는 것은 매우 바람직한 사역이라고 본다.

교회에서 만들어지는 모든 프로그램들과 과제들이 교회 안에 들어와 있는 불신자들을 복음화하는 일에 초점을 맞추어야 할 것이다. 그러나, 예수 그리스도의 지상명령인 마태복음 28:19-20에 나타난 제자를 만드는 사역에 대한 언급이 없다는 것을 주시해야 할 것이다.

2. 1974년 로잔 계약에서의 정의 (Lausanne Covenant Definition)

1) 복음전도의 정의

세계복음화 대회가 스위스의 로잔에서 개최되었는데 이 대회에서 복음전도의 정의을 채택했었다. "영국성공회에서의 복음전도의 정의"보다 거의 다섯 배나 긴 문장으로 쓰여 있으나 간략하게 요약하면 다음과 같다:

> 복음을 전하는 것은 예수 그리스도가 우리의 죄들을 위하여 돌아가셨고 성경에 기록된 대로 죽은자 가운데서 부활하셨다는 좋은 소식을 전파하는 것이다.…복음전도는 그자체가 역사적이며 성서적인 그리스도가 구세주이며 주님이라는 것을 선포하는 것이며, 설득시킬 수 있는 사람들을 개인적으로 그에게로 인도하며 하나님과 화목하게 하는 것을 포함한다.…복음전도의 결과는 그리스도에게 복종하는 것과 그의 교회에 가입하는 것과 세계속에서 책임있는 봉사를 하는 것이 포함되어야 한다.[8]

2) 정의에 대한 형성과정

교회와 교단의 계속적인 분열로 선교 뿐만 아니라 복음전도에 매우 크게 지장을 주고 있었다. 국내선교부나 국외선교부에서 선교와 전도에 대한 지나친 경쟁으로 전해야 할 그리스도의 복음을 전하지 못하고 불신자들에게 오히려 기독교에 대한 나쁜 인상만을 심어 주는 결과를 초래했었다. 그래서, 세계에 있는 모든교회들이 그리스도 안에서 하나가 되고 연합하여 주님의 사역을 하자는 의도에서 에큐메니칼 운동이 시작되었다.

그러나, 에큐메니칼운동(교회연합운동)으로 세계교회협의회(World Council of Churches, W.C.C.)에서는 시간이 가면 갈수록, 사회적이고 국제적인 문제에 대해서 중점적으로 논의하고 복음전도에 대한 적극적인 관심이 없는 경향으로 흐르게 되었다. 이것에 대한 반발로, 보수주의 입장에서 선교와 전도를 우선으로 하는 세계복음화 선교대회가 1966년에는 베를린에서, 1968년에는 싱가폴에서, 1969년에는 미니애나폴리스에서, 1969년에 보고타에서, 1971년에 암스텔담에서 있었다.

고로, 이러한 세계선교대회에서 복음전도를 통하여 죽어가는 영혼들을 구원하는 것을 최우선 목적으로 하는 것이었다. 그중에 가장 크고 권위를 인정받는 세계복음화 대회가 1974년 7월 16일부터 25일까지 스위스의 로쟌에서 있었다. 이 세계선교대회는 성서적이며 복음적인 대표로서 보수적인 입장에서 매우 중요한 대회 중에 하나이다.

이대회에서 세계적인 복음전도 부흥사인 빌리 그래함 목사께서 각 대륙을 대표하는 여섯 명의 복음주의적 교회들인 협동 의장들의 도움으로 대회의 명예 회장으로 선임되었다. 빌리그래함은 세계 복음화가 대회의 목표라고 하면서 다음과 같이 강조했다:

Ⅳ. 복음전도의 정의 137

많은 사람들이 자기 자신들의 공통체에서 복음전도에 성실하게 관심을 가지고 있지만, 복음전도는 하나님이 그의 말씀으로 교회에 두신 "세상의 필요"와 "세계적인 책임"에 대한 하나님의 커다란 청사진이다.
…하나님의 심장의 고동은 세상을 위한 것이다. 그러므로 각 나라의 교회들은 의도적으로 복음전도자들과 선교사들을 파송하여 다른 언어를 숙달하고, 다른 문화를 배우며, 어쩌면 평생을 그들 중에서 살도록 해야 할 하며, 그렇게 함으로써 이들 다수를 복음화해야 한다. [9]

세계 복음화(World Evangelization)를 위한 위원회는 다음 세대를 위해 복음전도를 위한 중요한 문서들을 작성하였다. 그중에 하나인 로잔 계약(Lausanne Covenant)을 만들었는데 복음전도에 관한 모든 중요한 상황을 지시하고 제안하였다. 특별히, 이 로잔 계약에는 복음전도 정의를 포함하고 있다. 존 스토트(John R. W. Stott)는 로잔 계약을 만들기 위해 모든 초안을 만들었고 복음에 관한 내용을 좀더 자세하고 충분하게 설명하였다.

역사적인 예수인 구주를 주님으로 믿는 신앙의 개인적인 성격은 선포와 설득의 복음전도로 결론을 보고 있다. 개인적인 신앙과 성화의 행위 사이의 구별을 만들어서 그리스도의 재림만이 구원을 완성할 수 있다고 보았다.[10] 이러한 성서적인 참고로는 사도 바울이 빌립보서 2:12에서 제시하고 있다: "…항상 복종하여 두렵고 떨림으로 너희 구원을 이루라."

로잔 대회를 통하여 복음전도에 대한 신학에 새롭게 확립할 수 있는 계기가 되었다. 아더 존스톤(Arthr Johnston)은 로잔 대회의 신학이 다음과 같은 네가지 영역에 영향력을 끼쳤다고 설명하고 있다:

첫째로, 선교의 신학에서 복음전도는 그 우선권과 우위성 뿐만 아니라 19세기로부터 1966년 베를린 대회까지 계속해서 주장해 온 독특한 지위도 존속하게 했어야 했다. 둘째로, 로쟌 대회는 역사적 복음주의신학, 특히 구원론을 보다 잘 나타내 주었던 "복음전도와 세계"에 관한 대회 논문에 의하여 힘을 얻을 수 있었던 것이다. 세째로, 로쟌 대회는 성서가 초기의 세대들에게 의미했던 바를 표명한 영감에 관한 선언의 진술에 의하여 힘을 얻을 수 있었을 것이다. 성서의 확언들의 무오함은 그것의 진실성에 관하여 말한 것이지, 이 진실한 확언들의 주석적 기초들을 형성하는 말들의 영감에 대하여 말하는 것이 아니라는 것을 이미 언급되었다. 네째로, 사도 후기와 16세기의 기원을 가지는 전통과 성경과의 관계에 대한 현대의 큰 문제에 대하여는 별로 언급된 것이 없었다. 우다(Uda)의 "성서적 권위와 복음전도"에 대한 아주 훌륭한 연구는 전통의 권위로부터 신자의 독립성을 함축적으로 나타냈으며…협의회적 문제는 정경이 초대교회에 의하여 어떻게 받아들여졌는가 하는 것에 있는 것이다.[11]

3) 정의에 대한 평가

전체적으로 볼 때, 그리스도를 통치하시는 주님으로서 표현하고 하나님의 왕국에 관한 것을 이번 복음전도의 정의에 구체적으로 삽입시켰다. 선교학에서 "교회성장"을 주장하는 신학자들이 사용하는 존재(presence), 선포(proclamation), 설득(persuasion)이라는 용어 중에 "설득"이라는 단어를 사용하였으며, 예수 그리스도의 교회에 가입하여 활동해야 하며, 세상에 나아가서도 책임있는 봉사를 해야 하는 것을 복음전도의 정의 안에 포함시켜 놓았다.[15] 또한 제자화(discipleship) 라는 단어를 사용하여 마태복음 28:19-20에 나타난 그리스도의 지상명령 중에 복음전도의 목표인 제자를 만드는 것(making disciples) 을 지적하고 있다. 이것은 좀더 적극적인 복음전도를 해야 하며, 제자화해야 할 것을 제시하고 있다고 볼 수 있다.

"성경에 기록된대로"라고 한 것과 "성서적인 그리스도"라고 한 것은 복음전도를 위한 성서적인 절대적 권위를 인정하는 것이라고 볼 수 있다. 실제로, 로쟌 대회에서는 성경에 대한 축자영감설을 주장하였던 것과 깊은 관계가 있다고 볼 수 있다. 이 대회는 복음전도와 세계선교를 통제하는 신학적인 원칙들을 오직 성경적인 권위에만 두고 있었다는 점이다.

"세계에 책임있는 봉사"라고 표현한 것은 세계복음화에 중점적인 관심을 보이고 있다. 실제로, 로쟌 대회에서 20억의 복음화되지 못한 자들에 관심을 각 참가자가 소속되어 있는 언어, 풍습, 문화, 등 모든 여건이 같은 지역의 복음화(E-1) 와 이와같은 모든 여건이 비슷한 지역에 대한 복음화(E-2) 와 더 나아가서, 모든 여건이 전혀 다른 지역에 대한 복음화(E-3) 에 선교와 전도를 위한 전략을 개발하려는 노력이 있었다.[13]

3. 1977년 교회성장에서의 정의 (Church Growth Definition)

1) 복음전도의 정의

도날드 맥가번(Donald A. McGavran)과 윈필드 안(Winfield C. Arn) 이 저술한 "교회성장을 위한 열가지 과정"(Ten Steps for

Church Growth)이라는 책 속에서 교회성장에서의 복음전도의 정의를 다음과 같이 말하고 있다:

> 복음전도를 하는 것은 예수 그리스도를 하나님과 구세주로서 선포하는 것이며, 사람들을 그의 제자와 그의 교회에서 책임적인 회원이 되게 하도록 설득하는 것이다.[14]

2) 정의에 대한 형성과정

도날드 맥가번은 현대 교회성장운동의 아버지라고 불리워지고 있으며, 미국 캘리포니주의 파나데나에 있는 풀러신학교 (Fuller Theological Seminary)에서 세계선교학교(the School of World Mission) 의 학장이시었다. 그는 그의 저서인 "하나님의 다리"(Bridges of God) 라는 책을 1955년에 통하여 교회성장운동에 새로운 도약을 하는 계기를 만들었으며, 교회성장을 하기 위해서는 불신자들에게 복음전도를 하지 않고는 불가능한 일이기 때문에 복음전도에 관한 그의 견해가 언급되어 있고 그의 견해는 복음전도학에 매우 큰 영향을 끼쳤다.

맥가번은 많은 제자들을 배출했는데 현재 풀러 신학교에서 교회성장학 교수로 시무하시는 피터 와그너(Peter Wagner)가 있으며 맥가번의 뒤를 이어 많은 저서와 활동을 하고 있다. 윈필드 안(Winfiled Arn) 도 캘리포니아주의 파나데나에 미국교회성장학교(Institute for American Church Growth) 를 만들어 많은 공헌을 하고 있다. 또한 맥가번의 제자인 존 번언(John N. Vaughan)은 남서침례대학(Southwest Baptist University) 에서 교회성장학 교수로 시무하시며 많은 책을 저술했으며 국제대형교회연구소(International Megachurch

IV. 복음전도의 정의 141

Research) 를 만들어 활동하고 있다. 이러한 모든 일은 불신자들에게 복음전도를 올바르게 하여 그들을 교육시켜 교회를 성장시키는 것으로 복음전도와 교회성장은 매우 밀접한 관계를 가지고 있다.

역사적으로 한국은 불교와 유교적인 배경을 가지고 있었으나 그리스도의 복음이 전파된지 약 100여년 밖에 안되는 상황에서 약 30 페센트가 예수를 구주로 고백하는 성도들이 있다는 것은 놀라운 일이다. 1960년에 세계에서 가장 많은 성도수를 가지고 있는 여덟 교회 중에 두 교회가 한국에 있었고, 1982년에는 열 교회 중에 세 교회가 한국에 있었다. 1991년에 세계에서 가장 큰 교회 오십개 주에 스물네개가 한국에 있었으며 1993년에 와서 열 두 교회 중에 일곱교회가 한국에 있다는 것은 주목할 만한 성장이었다. 세계에서 각 교단에서 가장 큰 교회가 한국에 있다는 것은 하나님의 은혜이며 교회성장학 뿐만 아니라 복음전도학에서 중요한 연구 대상이 되고 있다. 풀러신학교는 이러한 것을 전제로 한국에 있는 목사님들에게 교회성장학을 공부할 수 있는 기회를 많이 제공하고 있다는 좋은 현상이라고 볼 수 있다.

3) 정의에 대한 평가

교회성장에서의 복음전도의 정의에서 예수 그리스도를 하나님과 구제주로 표현한 것은 그리스도에 관한 연구에 매우 높은 가치를 두고 있다. "선포"(proclamation)와 "설득"(persuasion)이라는 용어를 사용한 것은 교회성장학에서 복음전도를 영어로 말할 때 "뜨리 피 이벤젤이즘"(3-P Evangelism)이라는 것에서 나왔다고 볼 수 있다. 이것은 존재(presence), 선포(proclamation), 설득(persuasion)에서 영어로 첫글자를 따서 만든 이름을 말하며 그중에서 두가지를 언급하고 있다. "뜨리 피

이벤젤이즘"(3-P Evangelism)은 복음전도를 할 때 복음전도자와 받아 들이는 사람과 관계를 점진적인 접근을 하는 세가지 형태를 말하며 다음과 같이 간단히 설명을 할 수 있다:

⟨1⟩ 존재 전도(Presence Evangelism)

복음전도자가 지구 상에 거하는 불신자인 모든 사람들에게 접근하여 예수의 이름으로 그들에게 좋은 일을 행하는 것이다. 예를 들면, 전도자가 예수의 이름으로 가난한 사람들에게 먹을 것을 주며 교육을 무료로 시켜 주며 병든 자들에게는 무료로 치료를 시켜 주는 것을 말한다. 존재 전도의 결과로는 도움을 받은 사람들이 있게 된다.

⟨2⟩ 선포 전도(Proclamation Evangelism)

복음전도자가 예수의 이름으로 좋은 일을 하는 존재 전도를 하면서 말로 예수 그리스도의 복음을 전파하는 것을 말한다. 예를 들면, 존재전도에서 예를 들었던 것 처럼 좋은 일을 행한 후에 그들에게 개인별로든지, 단체로든지 예수 그리스도의 복음을 말로 전하여 이해할 수 있도록 하는 것이다. 존재 전도의 결과로는 복음을 듣고 이해한 사람들이 있게 된다.

⟨3⟩ 설득 전도(Persuasion Evangelism)

복음전도자가 예수의 이름으로 좋은 일을 하는 존재 전도를 하면서, 말로서 복음을 전파하여 이해를 시키는 선포 전도를 한 후에 계속적으로 그리스도를 믿도록 그들의 생활을 변화시키고 설득하여 예수님의 제자로서의 삶을 살게 하는 것이다. 다시말하면, 좋은 행위와 말로 인해 복음을 받아 들이는 것으로 끝나지 않고 그들의 삶을 설득하여 제자를 만드는 것을 말한다. 설득 전도의 결과로는 제자로 만들어진 사람들이 있게 된다.

교회성장에서의 복음전도의 정의 중에 "제자"라는 용어를 사용하여 예수믿기로 결정(decision) 하는 것으로 끝나지 않고, 마태복음 28:19-20에 나타난 예수 그리스도의 지상명령인 제자를 만드는 일에 연관시킨 것을 매우 중요한 일이며 제자화시키는 것은 교회성장에서도 중요한 과제이다. 또한, 이 정의에서 "그의 교회에서 책임있는 회원"라고 한 것은 교회 안에서 소속되어 활동하는 새로운 제자로서의 삶을 강조하고 있다. 이것은 교회성장 뿐만 아니라, 복음전도학에서도 매우 중요한 과제 중의 하나이다.

4. 1979년 죠오지 헌터의 정의 (George Hunter's 1979 Definition)

1) 복음전도의 정의

교회성장학의 아버지인 도날드 맥가번의 제자인 죠오지 헌터가 복음전도에 관한 정의를 제시했는데 다음과 같이 셋으로 나누어서 설명하고 있다:

> 복음전도는 교회의 회원이든지 아니든지 포함해서 훈련되지 않은 사람들에게 그리스도인의 신앙과 생활과 또한 선교에 행할 수 있는 선택권을 가질 수 있도록 돕기 위해 우리가 행하는 것(what WE do) 이다.

복음전도는 사람들을 자유하게 하기 위해 교회의 메세지와 성도의 교제와 또한, 봉사를 통하여 예수 그리스도가 행하는 것 (what JESUS CHRIST does) 이다.

복음전도는 사랑과 선교를 통하여 신앙을 받아 들인 사람들이 (1) 그리스도에게로, (2) 그리스도인의 메세지와 윤리에게로, (3) 그리스도인의 회중에게로, 또한 (4) 세계로 향하여 나아가는 때(when the RECEIVER turns)에, (또는 다른 순서로) 일어난다.[15]

2) 정의의 형성과정

1979년에 죠오지 헌터가 쓴 "전염되는 회중"(The Congtagious Congregation) 이라는 책 속에서 복음전도에 관한 정의들을 제시했었다. 그는 미국 텍사스 주의 달라스에 있는 남부감리교대학의 퍼킨스신학교(the Perkins School of Theology of Southern Methodist University) 에서 전도학을 가르치셨으며, 미국 연합감리교단에서 복음전도의 사역에 실행위원으로 일을 했었다. 맥가브란의 제자로서 이 저서를 통해 복음전도의 목표인 "제자를 만드는 것"(마 28:19-20)에 더욱더 강조점을 두려고 노력을 했었다. 예수를 믿기로 결심하는 것보다 제자로 만드는 일이 교회성장에서 중요한 과제이라는 것을 또한 강조했다.

죠오지 헌터는 복음전도와 밀접한 관계를 가지고 있는 그리스도인을 위한 목회를 위해 접근해야 하는 다섯가지를 다음과 같이 제시하고 있다:

〈1〉 우리가 당신을 돕자.(Let us help you.)

〈2〉 하나님이 당신을 돕도록 하자.(Let God help you.)
〈3〉 하나님의 말씀을 들어라.(Hear the Word.)
〈4〉 결심을 해라. (Make a decision.)
〈5〉 그리스도의 제자가 되어라.
(Become Christian disciples.)[16]

첫번째 접근으로 "우리가 당신을 돕자"는 것은 카토릭 교회에 소속된 성 테레사 수녀(Mother Teresa)가 어려움을 당하는 많은 사람에게 행하는 복음전도라고 볼 수 있다. 하나님의 사랑을 체험하고 많은 고아 어린이들을 돌보는 것을 통해 복음전도를 하는 것이다.

두번째 접근으로 "하나님이 당신을 돕자"라는 것은 오랄 로버트(Oral Roberts)나 로버트 슐러(Robert Schuller)가 행하는 복음전도의 방법에 속한다고 볼 수 있다.[17] 현대의학으로 고칠 수 없는 질병들을 예수의 이름으로 기도만 함으로 질병의 치료를 통해 하나님의 은혜를 체험하게 되어 예수를 믿게 되는 "능력전도"(Power Evangelism)라는 것이 두번째 접근에 속한다고 할 수 있다.

세번째 접근인 "하나님의 말씀을 들어라"라는 것은 한국에 있는 극동 방송이나 아세아 방송과 기독교 방송을 통해서 복음전도와 목회를 하는 것을 말한다. 북한과 같이 종교적인 자유가 없는 곳에서의 방송선교를 매우 효과적인 복음전도를 하고 있다. 소련이나 중공에도 아직도 복음을 접하지 못한 곳에 예수 그리스도의 복음의 전파를 통해 예수를 믿게 되는 경우가 매우 많이 있음을 알 수 있다.

네번째로 접근하는 방법으로 "결심을 해라"라고 하는 것은 대부분의 대학생선교회(Campus Crusade for Christ, C.C.C.)나 빌리 그래함(Billy Graham) 전도대회와 같은 집회를 통해 복음전도를 하는 것이다.[18] 예를 들면, 대학생선교회에 만든 "사영리"라는 전도지를 통해 예수 그리스도를 불신자들에게 소개하고 즉시 결심을 하면 천국에 갈 수 있다고 해서 결심을 시켜 복음을 받아 들인 사람들이 살고 있는 각 지역에서 신앙생활을 하도록 도와 주는 것이다.

다섯번째 접근으로 "그리스도의 제자가 되어라"고 주장하는 것은 교회성장운동에서 행하는 것을 말하며 교회 안에서 제자로서의 생활을 하는 것이다. 조오지 헌터에 의하면, 예수 그리스도를 따르는 자들은 전체의 생활과 교회 안에서 협력하여 일하는 복음전도를 할 때만이 고전적이며, 사도적이며, 예수님의 지상명령에 속하는 복음전도라고 본다.[19] 다섯번째 접근 복음전도의 목표로 하여 여러가지 방법으로 복음을 전하는 것이 가장 효과적이며 좋은 전도이라고 볼 수 있다.

3) 정의에 대한 평가

죠오지 헌터가 복음전도의 정의에서 "우리가,"(what WE do) "예수 그리스도가,"(what JESES CHRIST does) "신앙을 받아들인 사람이"(what the RECEIVER does)라는 용어를 사용하는 것은 조직적인 접근을 하는 행위를 강조하고 있음을 볼 수 있다. "교회의 회원이든지 아니든지"라고 표현 한 것은 교회 내에도 신자들과 교제는 나누지만 불신자에 대한 복음전도를 해야 할 것을 제시하고 있다. 모든 설교나 성경공부 후에 예수 믿기로 결정하는 결단의 시간, 또는 초청의 시간을 순서에 있게 하므로 교회 안에 있는 불신자에게 구원의 확신을 갖게 하는 기회를 제공하는 것도 중요하다. 때로는 이러한 방법을 취하는 것을 기피하는 설교자들 중에 두려워 하는 것은 결단하는 사람이 하나도 없을까봐 염려하는 것도 있다.

예수를 믿기로 결심하는 것으로 복음전도를 다 했다고 보기 보다는 좀더 적극적으로 교회의 회원이 되어 봉사하며 예수님의 제자로서 생활을 할 때까지 관심과 기도를 하는 것이 더욱더 하나님이 기뻐하시는 것이며, 예수님의 지상명령이라고 볼 수 있다.

죠오지 헌터는 1992년 9월에 미국의 시카고에서 "2000년을 향하여"(Toward The Year 2000) 라는 공개토론회에 참석하였다. 그는 그곳에서 이렇게 말했다: "지구의 서반구에서 미국이 선교해야 가장 큰 선교지역은 바로 미국이다."[20] 그리고 그는 네 가지 새로운 전략을 제시했다:

〈1〉 대부분의 목회는 교회의 담 밖에서 일어나야 한다.
〈2〉 전도하기 위해 접촉하는 전략은 불신자들에게 목표를 두어야 한다.
〈3〉 목회의 의무는 월급을 받고 있는 전문적인 직원이 아니라 평신도에게 맡겨야 한다.
〈4〉 교회회중의 신앙심은 교회 회원의 만족도가 아니라 변화된 공동체들과 개선된 삶에 의하여 측정되어야 한다.

실제로, 많은 목회자님들은 주님의 교회에서 시무하면서 질적인 성장 뿐만 아니라 양적인 교회성장을 하기를 원치 않는 분들은 아무도 없을 것이다. 그러나, 교회성장은 다른 교회를 다니는 성도들이 자기의 교회로 옮기는 일에 관심을 가지기 보다 죽어가는 영혼에 적극적인 관심을 가지고 복음전도하게 될 때만이 교회내에 참된 그리스도의 제자가 늘어나게 될 것이다. 죠오지 헌터가 제시한 새로운 전략의 두번째에 이것을 지적하고 있다. 결과로, 교회에서 평신도로서 일하는 참된 제자들을 통해 교회가 더욱더 성장하게 될 것이다. 헌터가 첫번째로 지적한 것은 교회 밖에서의 활동을 말하며 이러한 것은 복음전도를 목적으로 하는 것이다. 이러한 모든 것은 복음전도의 정의의 내용과도 일맥상통하다고 볼 수 있다.

5. 델로스 마일스의 정의
(Delos Miles' Definition)

1) 복음전도의 정의

델로스 마일스는 "복음전도의 입문"(Introduction To Evangelism)라는 책을 저술했으며, 그 책에서 복음전도의 정의를 다음과 같이 제시하고 있다:

> 복음전도는 성령의 권능으로 각 사람들과 사회의 조직들을 예수 그리스도의 주권아래 변화시키는 목적으로 하나님 왕국의 복음을 존재하도록 하며(being), 행하게 하며(doing), 말하게 하는(telling) 것이다.[21]

2) 정의의 형성과정

1983년에 델로스 마일스는 그의 저서를 통해 복음전도의 정의를 만든 과정을 몇 가지로 설명하고 있다. 마일스는 이러한 보충설명을 통해 복음전도의 정의를 구체적이고 전체적인 윤곽을 잘 설명하고 있다. 첫째는 정의의 중심은 하나님의 왕국에 관한 좋은 소식임이 틀림이 없다는 것이다. 복음전도자는 그들 자신들을 전하는 것이 아니라 예수 그리스도 주님을 전하는 것이다. 그리스도는 우주만물 전체의 주님이시며, 예수님이 복음전도자가 전도하는 메세지이다. 하나님의 통치가 예수 그리스도를 통하여 왔으며 오고 있으며, 올 것이라는 것이다.[22]

둘째로는 복음전도의 정의는 모든 시대에 걸쳐 전세계에 모든 교회들에 의해 그리스도의 모든 것에 관한 모든 복음을 모든 사람들에게 적용하게 하는 것이다. 어떠한 차별이나 치우지는 것이 없이 공정하고 공평하게 전체 세계에 사는 사람들에게 올바르게 전해야할 것이 바로 복음전도이다.

세째로 이러한 정의는 신학적인 감각이 있어야 하는 것이 당연하다.[23] 창조주로서 성부 하나님, 구속주로서의 성자 예수님, 협력자로서의 성령님인 삼위의 하나님이 관여하는 복음전도의 정의이어야 한다. 하나님의 왕국에 관해서 신학적으로 설명할 수 있어야 한다.

정의에서 "존재하며(being), 행하며(doing), 말하는 것(telling)"라고 표현하고 있으며 정의에 대한 보충설명으로 존재하는 것은 "세상의 소금으로서," "세상의 빛으로서," 또한 "그리스도의 향기"를 말하고 있다. "행하는 것"은 "사람을 낚는 어부," "계속적으로 열매를 맺음," "화목의 목회"를 말하며, "말하는 것"은 "복음의 선포," "예수 그리스도를 위한 증언," "하나님의 아름다운 덕을 선전함"라는 것을 첨가하여 설명하고 있다.[24] 이러한 구체적인 설명은 제1장 "복음의 의미"에서 구체적으로 설명한 바가 있다.

3) 정의에 대한 평가

델로스 마일스가 제시한 복음전도에 관한 정의가 가장 세밀하고 구체적이고 조직적인 표현이었다고 볼 수 있다. 복음전도에 관하여 성도교제와 봉사와 메세지로 나누어 세가지 차원으로 잘

성명하였다고 볼 수 있다. 복음전도하는 것은 하나님의 나라를 이룩하기 위한 위대한 과업이라는 것을 보충으로 잘 설명하고 있다. 다른 종류의 복음전도에 관한 정의보다도 마일스의 정의는 보충설명이 매우 구체적으로 성령의 능력을 의지해야 할 것을 강조하고 있다. "하나님의 나라는 말에 있지 아니하고 오직 능력에 있음"(고전 4:20)을 강조했던 사도 바울의 말씀과 일치하는 하나님의 능력을 표현하고 있다.

"예수 그리스도의 주권 아래"라고 하는 것은 복음의 기초가 십자가의 보혈을 전제하지 않고는 존재할 수 없기 때문이며, 복음의 중추가 되는 것은 예수 그리스도라는 것을 확실하게 제시하고 있다고 볼 수 있다. 정의에 대한 보충 설명에 의하면, 개인 전도의 목표가 제자를 삼는 것(마 28:19-20)이 라는 것을 명확하게 강조하고 한다. 이것은 교회성장에서 말하는 것과 일치하고 있으며 계속적인 관심과 기도를 요청하는 것이다. 또한 전체적인 의미에서의 복음전도의 목표를 하나님의 나라에 초점을 맞추고 있다. 이것은 예수님의 가르쳐 주신 주기도문(마태복음 6:9-13)에서 잘 나타나고 있다: "나라에 임하옵시며 뜻이 하늘에서 이루어진 것같이 땅에서도 이루어지이다"(마 6:10).

복음전도의 강조점은 각 개인들과 사회의 구조에 대해 변화하는 것이다. 복음전도는 각 개인의 변화를 요구하며 특별히, 회개와 믿음이 있어야 구원을 가져오게 하는 하나님의 역사를 전제로 하고 있다. 회개는 죄로부터 계속적으로 돌아서는 것을 말하며 믿음은 우리의 삶을 하나님께로 향하게 하여 사는 것을 말한다.[25] 그리스도인의 삶은 죄로부터 돌아서서 하나님께로 나아가는 생활을 의미하는 것이다. 예수 그리스도의 복음은 하나님의 은혜로 세상에 속하여 사는 삶을 새롭게 변화되게 하는 것이다. 그래서 성경에서는 새로운 창조(New Creation), 새 사람(New Person), 거듭남(Regeneration) 등으로 표현되어 있다.[26] 이와 같은 설명은 매우 명쾌하게 복음을 통한 계속적인 생활을 포함한 각 개인의 변화를 지적하는 것이었다.

결 론

복음전도에 대한 정의가 성서적이고 보수적인 입장에서 대표적이라고 할 수 있는 다섯 종류의 정의들을 구체적으로 살펴 보면서 연구 검토하였다. 이러한 과정을 통해 복음전도의 흐름이 어떻게 발전하여 왔는가를 알 수 있었고 예수 그리스도의 의도하신 방향으로 초점을 맞추어 가고 있음을 볼 수 있었다. 주님의 지상명령을 통하여 제자화에 대한 중요성과 모든 그리스도인들의 활동이 교회 안에서만이 아니라 죄악이 많은 세상에서도 있어야 함을 알 수 있게 되었다. 사회에 대한 그리스도의 책임이 반드시 복음전도의 정의에 포함되어야 할 것이다.

연구해야 할 과제

1. 1918년 영국 국교에서의 복음전도에 대한 정의에 대한 형성 과정과 문제점이 무엇인가를 말해 보시오.

2. 사도바울이 고백한 고린도전서 2:4-5을 암송하시며 이 말씀 속에 복음전도에 대한 깨달아야 할 것이 무엇인가?

3. 1974년에 스위스의 로잔에 있었던 세계선교대회에서 대한 역사적인 중요성에 대해서 말해 보시오.

4. 로잔에서의 복음전도에 대한 정의에 대한 평가해 보시오.

5. 교회성장의 아버지가 누구이며 그분에 대해서 아는바를 말해 보시오.

6. 1977년에 교회성장학에서의 복음전도에 대한 형성과정을 설명해 보시오.

7. 3-P Evangelism이 무엇인지 말해 보시고 이러한 원리가 실제로 복음전도에 있어서 좋은 예들을 말해 보시오.

8. 1979년 죠오지 헌터가 제시한 복음전도의 정의에서 누구의 의해서 복음전도를 해야 한다고 말하고 있으며 또한 복음전도를 위한 목회에 대한 다섯가지 방법에 대해서 말해 보시오.

9. 1992년에 제시한 새로운 복음전도의 전략이 무엇인지 설명해 보시고 이러한 원리를 어떻게 교회의 전도 프로그램에 적용할 것이가를 말해 보시오.

10. 델로스 마일스가 제시한 복음전도의 정의에 대해 평가해 보시고 특별히 강조하고 있는 점이 무엇인가 말해 보시오.

11. 복음전도의 정의가 시대가 변함에 따라 점점 어떻게 정의를 내린다고 볼 수 있는지 전체적으로 비교하여 분석하여 보시오.

12. 에큐메니칼 운동(교회연한운동)의 좋은 점과 시정해야 할 점

이 무엇이 있는지 말해 보시오.

13. 그리스도의 복음전도를 외국에서 하게 될 때 각 교단과 선교단체에서 조심해야 할 사항이 무엇인가 말해 보시고 지나친 선교와 전도의 경쟁이 미치는 결과에 대해서 말해 보시오.

14. 복음주의자들이 주장하는 선교단체에 대해서 아는 바를 말해 보시고 지금까지 어느 곳에서 대회를 계속적으로 해 왔는가를 말해 보시오.

15. 복음주의자에 모여지는 단체들에 대한 문제점이 있다면 무엇인지 말해 보시오.

16. 복음전도와 에큐메니칼 운동을 밀접하게 연결할 수 있는 좋은 의견이 있으면 말해 보시오.

주(註)

1) Delos Miles, "*Introduction To Evangelism*" (Nashville, Tn.: Broadman Press, 1983), p. 35.
2) Maurice Villain, "Unity: A History and Some Reflections," (Baltimore: Helicon, 1961), p29.
3) Commission on Evangelism, Report of a Commission on Evangliesm Appointed by the Archbishop of Canterbury and York Pursuant to a REsolution of the Church Gernal Assembly Passed at the Summer Session, 1943, "*Towards the Conersion of England*" (Westminster, Pa.: The Press and Publications Board of the Church Aseebly, 1944), p. 1.
4) John R. Mott, "What Is Evangelism," in "*Evangelism*," Vol. 3 of the Tambaram Series (London, England: Oxford University Press, 1939), p. 407.
5) Bryan Green, "*The Practice of Evangelism*" (New York, N.Y.: Charles Scribner's Sons, 1951), pp. 1, 7.
6) Miles, p. 36.
7) George E. Sweazey, "*Effective Evangelism*"(New York, N.Y.: Harper & Brothers, 1953), p. 26.
8) J. D. Douglas, ed., "*Let the Earth Hear His Voice*" (Minneapolis, Mn.: World Wide Publications, 1975), p. 4. This is the offical reference volume of papers and responses of the International Congress on World Evangelization held in Lausanne, Switzerland, July, 1974.
9) *Ibid.*, p. 33.
10) 전재옥, 전호진, 송요조, 그리고 임홍빈, 편집자들, "*에큐메닉스 (선교와 교회일치)*"(서울: 성광문화사, 1992), p. 319.
11) 전재옥, pp
12) Miles, p. 40.
13) 전재옥, p. 284.
14) Donald A. McGavran and Winfiled C. Arn, "*Ten Steps for

Church Growth" (New York, N.Y.: Harper & Row, Publishers, 1977), p. 51.
15) George G. Hunter, III, " The Contagious Congregation" (Nashville, Tn.: Abingdon Press, 1979), pp. 26, 28, 30-31.
16) Ibid., pp. 21-25.
17) Miles, p. 41.
18) Ibid., p. 42.
19) Hunter, pp. 21-25.
20) " Because American Culture Is Becoming More Secular, Churches Must Adopt New Strategies," National & International Religion Report, Octor 5, 1992, p. 8.
21) Miles, p. 47.
22) Ibid.
23) Ibid., p. 48.
24) Ibid., p. 49.
25) Ibid., p. 53.
26) Ibid., p. 52.

제 5 장
복음전도의 동기

제 5 장
복음전도의 동기

서 론

1. 하나님의 사랑(The Love of God)
   1) 인간관계로부터 기원한 사랑의 형태
   2) 하나님으로부터 기원한 사랑: 아가페(Agapa)의 사랑

2. 제자를 삼으라는 명령(The Imperative To Disciples)

3. 죽어가는 영혼들(The Lostness of Persons)
   1) 잃었던 양의 비유
   2) 잃었던 드라크마
   3) 잃었던 아들(탕자)

4. 하나님의 진노(The Wrath of God)
   1) 하나님의 진노의 본질
   2) 진노를 피하는 유일한 길

결 론

제 5 장
복음전도의 동기

"내가 모든 사람에게 자유하였으나
스스로 모든 사람에게 종이 된 것은
더 많은 사람을 얻고자 함이라…
약한 자들에게는 내가 약한 자와
같이 된 것은 약한 자들을 얻고자 함이요
여러 사람에게 내가 여러 모양이 된 것은
아무쪼록 몇몇 사람들을 구원코자 함이니
내가 복음을 위하여 모든 것을 행함은
복음에 참예하고자 함이라."
(고린도전서 9:19~23)

서 론

 모든 성도들이 복음전도를 해야하는 동기가 무엇인지 살펴 보고자 한다. 그리스도인들이 왜 전도해야 하는가? 복음의 목표라고 할 수 죽어가는 영혼들에게 그리스도의 복음을 전파하여 교회에서 세계에서 예수님의 참제자를 만들어야 하는 신학적인 이유가 어디에 있는가?[1]

1. 하나님의 사랑(The Love of God)

사도 요한은 요한일서 4:7-21에서 "하나님은 사랑이시다" 라고 언급되어 있다. 특별히, 요한일서 4:19에는 우리가 서로 사랑해야 하는 이유는 그가 먼저 사랑했기 때문이라는 것이다. 하나님의 사랑에 대한 구체적인 표현으로 우리들의 죄를 사하기 위하여 화목제로 그의 독생자 아들을 이 세상에 보내어 십자가에 죽게 하셨다고 강조하고 있다(요일 4:10).

사도 바울은 로마서 전체를 통해 하나님의 의를 이루기 위해 예수 그리스도가 이세상에 오셨고 그를 통하여 의롭게 되며 구원을 받을 수 있게 된다고 권고하고 있다. 특히, 이와 같은 위대한 사건이 있게 된 것은 하나님의 사랑 때문이라는 것을 지적해 주는 말씀이 로마서 5:8에 지적하고 있다: "우리가 아직 죄인 되었을 때에 그리스도께서 우리를 위하여 죽으심으로 하나님께서 우리에게 대한 자기의 사랑을 확증하셨느니라."

복음전도의 동기가 첫번째로 하나님의 사랑 때문이라고 한다면, 그의 사랑은 어떠한 것인가를 연구해야 하며 복음과 사랑과의 관계도 검토해 볼 필요가 있을 것이다.[3] 구체적으로, 하나님의 사랑과 인간관계에서의 사랑들을 비교하여 연구함으로 하나님의 사랑이 얼마나 귀중한 것인가를 살펴 보고자 한다. 하나님의 사랑 때문에 모든 성도들은 전도자로서의 복음전도를 필히 해야할 동기가 부여되어 있음을 명확하게 알 수 있게 될 것이다.

1) 인간관계로부터 기원한 사랑의 형태

성경에 언급되어 있는 사랑은 주로 하나님으로부터 기원한 사랑에 관하여 쓰여 있으나, 인간관계 속에서의 사랑 중에 성경에 매우 드물게 나타나지만 검토하고자 한다. 이러한 과정을 통해 인간의 숨김없이 참된 모습들을 발견할게 될 것이며, 진정한 하나님의 사랑이 얼마나 고귀하고 소중한 것이라는 진리를 발견할 수 있는 좋은 계기가 될 것이다.

(1) 에로스 (Eros) 의 사랑

인간관계를 통한 사랑 가운데서 성경에 나오는 첫번째 사랑은 그리이스어로 "에로스"(Eros) 의 사랑에 해당하는 것을 말한다. 그리이스들인에게 있어서 에로스의 사랑은 미와 힘과에 대한 자기 실현의 추구를 뜻한다.[3] 예를 들면, 그리스인들의 아름다움의 절정은 미의 여신 아프로디테 신전에서 찾아 볼 수 있으나 음행, 부패, 향락, 부도덕의 도시였었다. 에로스적 사랑은 육체적이며 감각적이며 순간적인 사랑이다. 고로, 이러한 사랑은 자기 중심적이며 자기 만족을 위한 사랑이다.

에로스의 사랑은 신약성경에 한번도 나오지 않으나 구약성경에는 단지 두 번 밖에 나오지 않는 것이다. 이것은 잠언 7:7-27과 에스겔 23:17에 에로스적인 사랑에 관한 기록이 나온다. 첫째로, 잠언 7:7-27에 나오는 사랑이 에로스적인 사랑이다. 이 말씀은 음녀와 기생에 대해서 조심하여야 할 것을 경고하는 내용이다. 잠언 7:18에 "오라 우리가 아침까지 흡족하게 서로 사랑하며 사랑함으로 희락하자"라고 했는데 여기에 나오는 "사랑"이라는 단어가 에로스의 사랑을 말하고 있다. 이러한 유혹에 넘어간 소년에 대한 표현은 다음과 같이 표현했다: "소년이 곧 그를 따랐으니 소가 푸주로 가는 것 같고 미련한 자가 벌을 받으려고 쇠사슬에 매이러 가는 것과 일반이라"(잠 7:22). 에로스적인 사랑은 육체적인 사랑이며, 자기 쾌락만을 추구하는 자기 중심적인 사랑이다.

 둘째로, 에스겔 23:17에 나오는 사랑을 살펴 보고자 한다: "바벨론 사람이 나아와 연애하는 침상 (the bed of love) 에 올라 음란으로 그를 더럽히매 그가 더럽힘을 입은 후에 그들을 싫어하는 마음이 생겼느니라." 이스라엘이 하나님과 맺은 언약대로 살기를 거절했기 때문에 북쪽의 이스라엘은 애굽에게 침략을 받았으며, 남쪽의 유다는 바벨론의 침략으로 에스겔과 그의 아내를 포함해서 만 명이 포로로 바벨론으로 끌려 갔었다. 제사장들과 장인들이 고국에서 존경받는 인물이었으나 바벨론의 포로에서는 노예 신세로서 경멸과 멸시를 받았고 특히, 여호와에 대한 충성심으로 인하여 더욱더 모욕과 조롱을 받았었다. 왜냐하면, 그당시에 바벨론의 백성들은 자신의 신이 최고라고 보았었기 때문이었다. 이러한 상황에서 기록된 것에 "연애하는"라는 용어가 그리이스어로 보면 에로스적인 사랑을 말하고 있다. 성경에서는 우상을 섬기는 것이나 하나님보다 다른 세력을 의지하는 것을 간음이나 음행으로 많이 표현하고 있다.

 에로스적인 사랑은 순간적이고 감각적이며 육체적인 사랑이기 때문에 자기 중심적인 것이다. 그러나, 부부관계 속에서 에로스의 사랑은 하나님이 허락하신 사랑이라는 것을 알아야 할 것이다. 사도 바울은 고린도전서 7장에서 부부간의 혼인에 관한 것을 잘 가르치고 있다. 혼자서 사는 것이 좋지만 육체적 절제를 할 수 없을 때는 반드시 결혼해야 할 것을 제시하고 있다: "내가 혼인하지 아니한 자들과 및 과부들에게 이르노니 나와 같이 그냥 지내는 것이 좋으니라 만일 절제 할 수 없거든 혼인하라 정욕이 불같이 타는 것보다 혼인하는 것이 나으니라"(고전 7:8-9).

 좀더 구체적으로 에로스의 사랑을 하나님이 허락하신 것에 대해 기록되어 있는 것은 고린도전서 7:1-5에 잘 나타나 있다. 육체적인 정욕을 위해 자기 아내와 남편을 두라고 했으며, 육체적인 정욕을 만족시켜 주기 위한 에로스의 사랑에 대한 의무를 부부간에 서로 할 것을 권고하고 있다(고전 7:3). 부부 중에 어느 한 쪽에서 육체적인 사랑을 요구할 때는 언제든지 관계를 가져야 한다고 가르치고 있다(고전 7:4). 왜냐하면, 이러한 욕구를 충족시키지 못할 때에 사단의 역사로 다른 사람들과의 성적인 범죄를 저지를 수 있기 때문이다(롬 7:3). 고로, 부부끼리는 다른 방을 쓰지 말고 한 방에서 잠을 반드시 자야 하며, 하나님께 기도할 틈을 얻기 위하여 잠시 동안 떨어지는 것은 허락하나 빠른 시일 내에 합칠 것을 권고하고 있다(고전 7:5-6).

그러므로, 에로스의 사랑은 부부 간에서만이 허락되어 있으며, 한 쪽에 요구할 때는 언제든지 해야하는 매우 이기적인 것이나, 이것을 허락하신 이유는 하나님과 사람들 앞에 간음이나 음행의 범죄를 짓지 않도록 하기 위한 것이다. 그러나, 이러한 에로스의 사랑은 이기적이며 자기 중심적인 사랑이며 자기 만족을 위한 것이다. 이러한 사랑은 성경에서 말하는 복음전도와는 전혀 관계없는 것을 분명히 알 수 있게 될 것이다.

(2) 필로스(Philos)의 사랑

에로스의 사랑은 코이네 그리이스어로 기록된 신약성경에는 한 번도 않 나오지만 필레오의 사랑은 25번이나 신약성경에 나오고 있다. 필로스의 사랑은 대부분이 단지 "사랑"이라고 번역되고 사용하고 있으나, 의미를 좀더 이해하기 위해 정확한 표현이라고 한다면 "형제우애"라고 번역할 수 있을 것이다. 이러한 사랑은 동질의 기호를 형성하는 인간관계에서 발생하는 즐거움이 있어야 한다. 서로서로가 취미나 기호나 지역적인 관계로 형성되는 사랑의 관계를 말한다고 볼 수 있다.[4]

예를 들면, 예수님의 제자 중에 독립운동가라고 볼 수 있는 열심당원 시몬을 통해 볼 수 있다. 로마의 압제아래 자유를 얻기 위해 독립운동을 하고 있는 열심당원들의 모임은 필레오적인 사랑에서 형성된 것이라고 볼 수 있다. 한국적인 잘못된 관습 중에 하나인 전라도 출신들은 전라도 출신끼리 모이려고 하는 것이나, 경상도 출신들이 그들끼리만 서로 협조하며 살려고 하는 것은 필레오적인 사랑에 근거한 것이다. 직장에서 진급을 하려는 사람들 중에 학교 동창생들에게 더 좋은 기회를 주려고 하는 것도 마찬가지이다.

크럽활동을 하는 것은 같은 취미나 기호를 가진 사람들만이 모여서 서로의 즐거움을 나누는 것이기 때문에 필로스의 사랑이라고 볼 수 있다. 세계화의 물결이 한국에 몰려 오게 될 때에 한국만이 잘 살고 다른 나라에 대한 무관심도 필로스적인 사랑이다. 선교사님들이 극복해야 할 과제인 인종차별이나 백인우월주의도 필로스적인 사랑에 근거를 두고 있다.

요한복음 21:15-17 에서는 필로스의 사랑이라는 단어가 네번이나 나오는데 이것은 "하나님으로부터 기원한 사랑: 아가페 (Agape) 의 사랑"을 설명할 때에 좀더 자세하게 설명할 것이다.[5) 마태복음 10:37에 "아비나 어미를 나 보다 더 사랑하는 자는 내게 합당치 아니하고 아들이나 딸을 나보다 더 사랑하는 자도 내게 합당치 아니하고"에서 "사랑하는"이라는 단어는 필레오의 사랑을 말하고 있다. 또한, 요한복음 5:20에도 "아버지께서 아들을 사랑하사 자기의 행하는 것을 다 아들에게 보이지 않고는 …"에서의 "사랑하사" 라는 단어는 필로스오의 사랑을 말하고 있다. 마태복음 6:7에도 역시 "시장에서 문안 받는 것과 사람들에게 랍비라 칭함을 받는 것을 좋아하느니라" 고 기록되어 있는데, "좋아하느니라" 라는 단어는 필로스의 사랑을 뜻하고 있다.

요한계시록에 나오는 일곱 교회 중에 하나님께 칭찬만을 받았던 빌라델비아 교회가 있는데 "빌라델비아"(Philadelphia) 라

교회의 이름에서도 찾아 볼 수 있다 (계 3:7-13). "빌라델비아" (Philadelphia) 는 친구의 사랑을 뜻하는 "빌라"(phila) 라는 단어와 "형제라" 는 뜻을 가지고 있는 "델비아"(delphia) 라는 단어의 합성어로서, 두 단어를 합쳐서 번역하면 "형제를 사랑하는 것"이라는 뜻을 가지고 있다.[6] 그외에도 사도행전 8:18에 나오는 단어로서 "철학"을 영어로 "필라소피"(Philosophy) 라고 하는데, 이 단어도 "사랑" 을 뜻하는 "필로"(philo) 라는 단어와 "지혜" 라는 뜻을 가지고 있는 "소피아"(sophy) 가 합쳐서 만들어진 것으로서, 철학(Philosophy) 이라는 단어를 어학적으로 분석하면 "지혜를 사랑하는 것"이라는 뜻을 가지고 있다.[7]

그러므로, 필로스적인 사랑은 서로의 공통점을 가지고 있는 것이 있기 때문에 서로 인간관계를 가지고 서로 협조하여 즐거움을 나누는 것이라고 볼 수 있다. 서로 사랑할 만한 조건을 분명히 가지고 있음을 알 수 있는 인간관계에서의 생겨나는 것이 필레오의 사랑이다. 이와 같은 사랑은 상호의 공통점이 있어야 만이 관심을 갖고 사랑하는 것이며, 성경에서 말하는 복음과 연관시켜 살펴 볼 때에 서로 밀접한 관계가 없다는 것을 알 수 있게 된다.

(3) 스토르게(Storge)의 사랑

부모가 자식을 사랑하는 것이 스토르게의 사랑이다. 이사야 49:15에 스토르게의 사랑이 이렇게 표현되어 있다: "여인이 어찌 그 젖먹는 자식을 잊겠으며 자기 태에서 난 아들을 긍휼히 여기지 않겠느냐 그들이 혹시 잊을지라도 나는 너를 잊지 아니할 것이라." 부모의 사랑보다도 하나님의 사랑은 더욱더 깊은 관심이 있음을 보여주는 말씀이다.[8]

자기가 낳은 자식이기 때문에 더욱더 관심이 있고 사랑하는 것이다. 이러한 사랑은 이기심의 영역을 벗어 나지 못하기 때문에 때로는 가정의 문제가 되는 수가 많다. 예를들면, 아내가 자식들을 낳은 후에 자식을 키우다가 죽었을 때, 다른 계모가 들어 와서 또 다른 자식을 낳아 키우면서 죽었던 지난 번 아내가 낳은 자식보다 자기가 낳은 자식을 더욱더 사랑하여 자녀를 차별해서 키우는 경우가 매우 많이 보게 된다. 왜냐하면, 자기가 낳은 자식에 대한 스토르게의 사랑 때문에 강한 이기심과 질투심으로 인한 것이다.

스토르게의 사랑을 표현한 성경은 로마서 1:31, 12:10 과 디모데후서 3:3을 참고할 수 있다. 내 것에 대한 지나친 사랑으로 인해 타인에 대한 무관심을 갖게 되는 경우가 많이 있을 수가 있게 된다. 이러한 모든 것은 자연적인 사랑인 스토르게적인 사랑이라고 볼 수 있다.

2) 하나님으로부터 기원한 사랑: 아가페(Agape)의 사랑

아가페의 사랑은 고전 그리이스어에는 4번 사용되었으나, 코이네 그리이스로 된 신약성경은 116번이나 사용되어 있다. 미국의 중서부침례신교(Midwestern Baptist Theological Seminary)의 신약학을 가르치시는 코블(Dr. Coble) 교수님께서 아가페의 사랑은 "자기자신을 주는 사랑(Self-giving Love)"이라고 표현했었다. 인간관계로부터 기원한 사랑인 에로스의 사랑은 자기만족, 자기중심적이라는 점이나, 아가페의 사랑은 자기자신을 주는 사랑이며 남을 먼저 생각하는 사랑이라고 볼 수 있다. 필로스의 사랑은 자기와 공통점이 있는 사람들끼리 만나서 즐거움을 공유하는 것이나 공통점이 없다면 할 수 없는 특별한 그룹만을 위한 사랑이다. 스토르게의 사랑은 부모로서 자기가 낳은 자식이라는 점에서 사랑하는 것이다.[9]

다른 견해로서 인간관계로부터 기원한 사랑들은 반드시 사랑할

만한 이유가 있기 때문에 사랑하는 것이나, 하나님으로부터 기원한 사랑인 아가페의 사랑은 어떠한 사랑을 받을 만한 이유가 전혀 없음에도 불구하고 사랑하는 것이라고 표현하고 있다. 다시말하면, 아가페의 사랑은 "…하기 때문에의 사랑"이 아니라 "…함에도 불구하고의 사랑"이라고 할 수 있다. 에로스의 사랑은 성적인 욕구때문이며, 필레오의 사랑은 서로의 공통점이 있기 때문이며, 스토르게의 사랑은 자기 자식이기 때문이다. 그러나, 아가페의 사랑은 하나님으로부터 기원한 사랑으로서 사랑을 받을 만한 조건이 없음에도 불구하고 사랑하는 것이다. 고로, 하나님의 사랑인 아가페의 사랑은 무조건적인 사랑이며, 인간으로부터 기원한 에로스, 필로스, 스토르게의 사랑은 조건적인 사랑이라는 것을 알 수 있다.

성경에서는 아가페의 사랑에 대해서 어떻게 표현되고 있는지 살펴 볼 필요가 있다. 사도 바울은 고린도전서 13장 전체에서 아가페의 사랑을 잘 표현하고 있다. 특별히, 4절에서 7절까지는 아가페의 사랑의 특징을 잘 나타내고 있다:

> 사랑은 오래 참고 사랑은 온유하며 투기하는 자가 되지 아니하며 사랑은 자랑하지 아니하며 교만하지 아니하며 무례히 행치 아니하며 자기의 유익을 구치 아니하며 성내지 아니하며 악한 것을 생각지 아니하며 불의를 기뻐하지 아니하며 진리와 함께 기뻐하고 모든 것을 참으며 모든 것을 믿으며 모든 것을 바라며 모든 것을 견디느니라.

하나님의 사랑인 아가페의 사랑은 자기자신 뿐만 아니라 아낌없이 모든 것을 주는 사랑이었다. 그는 하나밖에 없는 외아들인 독생자를 십자가에 피흘려 죽게 하심으로 까지 그의 백성을 사랑하셨다. 그래서 사도 바울은 이렇게 언급하고 있다: "우리가 아직 죄인 되었을 때에 그리스도께서 우리를 위하여 죽으심으로 하나님께서 우리에게 대한 자기의 사랑을 확증하셨느니라"(롬 5:8).

요한복음 21:15-17에서 예수께서 십자가에 돌아가신 후에 베드로는 다시 디베랴 바다에서 고기를 낚는 어부로서 생활을 하고 있었다. 부활하신 예수께서 베드로에게 찾아 오셔서 하신 세가지의 질문과 베드로의 세가지의 대답을 코이네 그리이스어를 통하여 관찰하려고 한다.[10] 이것을 통하여 필로스의 사랑과 아가페의 사랑을 비교해 보려고 한다:

① 예수님의 질문: 요한의 아들 시몬아 네가 이 사람들보다 나를 더 사랑(아가페) 하느냐?
베드로의 대답: 주여 그러하외다 내가 주를 사랑(필로스) 하는 줄 주께서 아시나이다.
예수님의 응답: 내 어린양을 먹이라.
② 예수님의 질문: 요한의 아들 시몬아 네가 나를 사랑(아가페) 하느냐?
베드로의 대답: 주여 그러하외다 내가 주를 사랑(필로스) 하는 줄 주께서 아시나이다.
예수님의 응답: 내 양을 치라.
③ 예수님의 질문: 요한의 아들 시몬아 네가 나를 사랑(필로스) 하느냐?
베드로의 대답: 근심하여 가로되 주여 모든 것을 아시오매 내가 주를 사랑(필로스) 하는 줄을 주께서 아시나이다.
예수님의 응답: 내 양을 먹이라.[11]

예수께서 첫번째로 아가페의 사랑을 하느냐고 질문할 때, 고기를 잡고 있던 베드로는 감히 아가페의 사랑을 한다고 하지 못하고 필로스의 사랑을 한다고 대답하고 있다. 두번째의 질문과 대답도 마찬가지였다. 그러나, 예수께서 세번째로 필로스의 사랑을 하느냐고 질문하셨으며, 베드로는 근심하여 가로되 필로스의 사랑을 한다고 대답하고 있다. 예수님의 사랑은 자기자신을 주는 사랑이며 무조건적인 아가페의 사랑을 하고 있지만 베드로는 조건적인 사랑인 필레오의 사랑 밖에 못하는 상황을 볼 수 있다. 모든 복음전도자들은 예수께서 아가페의 사랑으로 질문한다면 과연 아가페의 사랑을 한다고 대답할 수 있는가 솔직히 생각해 봐야 할 것이다.

그러므로, 복음전도를 해야 할 동기는 하나님의 사랑인 아가페적인 사랑으로 인하여 복음을 전해야 할 것이다. "사람이 친구를 위하여 목숨을 버리면 이에서 더 큰 사랑 (아가페) 이 없나니" (요 15:13) 라고 하신 예수님의 권유와 같이 복음을 전하는 자도 조건적인 사랑을 가지기보다 아가페적인 사랑을 가지고 죽어가는 영혼들에게 복음을 전해야 할 것이다.

2. 제자를 삼으라는 명령
(The Imperative To Disciples)

복음을 전해야 하는 두번째 동기는 제자를 삼으라는 예수 그리스도의 명령 때문이다. 마태복음 28:19-20에 나타난 제자를 삼으라는 것에 대한 언급은 계속적으로 많이 했었다. 제자를 삼으라는 명령과 관계가 깊은 예수님의 또 다른 명령은 사도행전 1:8에 기록되어 있다: "오직 성령이 너희에게 임하시면 너희가 권능을 받고 예루살렘과 온 유대와 사마리아와 땅 끝까지 이르러 내 증인이 되리라 하시니라."

　사도행전에는 오순절에 나타난 성령의 역사와 초대 교회의 형성과정과 평신도 지도자인 집사의 선출과 이방인들에게 복음이 전하게 된 사실과 복음전파를 위한 선교사 파송과 사도 바울의 전도여행 등이 기록되어 있다. 그렇다면, 사도행전을 기록한 목적이 과연 무엇인가? 그것은 바로 예수 그리스도의 복음이 어떻게 예루살렘에서 로마까지 전파되었는가를 보여 주려는 것이었다.

　이와같은 사도행전을 기록한 목적과 사도행전 1:8에 기록된 예수님의 명령과 일치하고 있음을 알 수 있다. 왜냐하면, 사도행전의 내용을 보게 되면 1장 1절에서 8장 3절까지는 예루살렘에서의 증거이고, 8장 4절에서 12장 25절까지는 유대와 사마리아에서의 증거이며, 또한 13장에서 28장인 마지막까지는 땅끝까지에 이르는 증거이기 때문이다. 이러한 사역 속에는 제자를 만들어서 그들을 통하여 계속적인 복음의 역사가 나타나고 있음을 알 수 있게 될 것이다. 사도행전에 관한 연구는 복음전도의 역사와 제자를 만들라는 예수님의 지상명령에 순종에 대한 발자취를 따라 가는 것이다.

　죠오지 헌터(George Hunter) 는 제자를 만들어 복음이 계속적으로 펴져서, 전파되는 과정을 설명하는데 문화적인 관계를 네 가지로 제안하였다. 첫번째로, 교회 안에 있는 불신자들에게 복음전도를 해야 하는 것(E-0) 을 지시했다. 아무리 교회를 다니고 성도들과 교회를 나누고 적극적인 활동을 한다고 할지라도 자기 죄를 회개하고 예수님을 구주로 영접하지 않으면 그들 역시 죽어가는 영혼이라는 사실을 알아야 할 것이다.

　둘째로는, 교회 밖에 성도들의 가족들과 친척들에게 복음을 전파하는 것(E-1) 을 언급했다. 지옥과 천국이 있음을 확실히 믿는 신앙이라면 부모나 자녀나 친척들에게 왜 복음을 전하지 않겠는가? 자기의 신앙을 확실히 하게 될 때에 가족들의 복음화는 하나님의 역사라는 사실을 사도행전 16:31에 언급되어 있다: "…주 예수를 믿으라 그리하면 너와 네 집이 구원을 얻으리라."

 세째로, 복음전도자들은 그들 주변에 있는 같은 문화 속에 사는 사람들에게 전도하는 것(E-2) 이다. 같은 문화에 살고 있기 때문에 서로를 잘 이해하고 있는 관계로 복음전하기가 좋은 조건이다. 같은 동네이나 직장 안에서 복음전도를 통해 복음전파를 하여 제자화를 시켜야 하며, 그들이 거하는 사회에 대한 영적인 책임의식을 갖고 부패를 방지하는 역할을 감당해야 한다.

 네째로는, 다른 나라와 문화 속에 있는 사람들에게 복음을 전하는 것 (E-3) 이다. 사도행전 1:8에서의 "…땅끝까지 이르러 내 증인이 되리라"는 것은 다른 나라와 다른 문화를 가지고 있는 곳까지 복음을 전파해야 할 것을 명시하고 있는 것이다. 마태복음 28:19에서의 "…모든 족속으로 제자를 삼아…"에서 "모든 족속"은 세계로 나아가 복음을 전파하는 하나님의 부르심을 말하며, 실제로 외국선교사로서의 사역에 대한 강력한 요구를 말한다. 복음전도자들은 지역, 문화, 지리, 인종, 민족에 걸친 모든 장벽들을 넘어서 복음을 전하고 제자를 만들어야 한다.[13]

 때때로 어떤 그리스도인들은 그들 주변에 있는 사람들 중에도 불신자들이 많은데 왜 다른 나라까지 꼭 가야 하느냐고 질문하는 경우가 있는데 이것은 보는 바와 같이 비성서적인 견해이다. 다른 나라와 문화까지 복음전파를 하는 것이 성서적이며 예수님의 명령이다. 하나님의 부르시는 사명대로 일해야 하며 도울 수 있는한 도와야 할 그리스도인들의 책임이다. 다른 문화나 나라까지 갈 수 없으나 기도와 물질을 통해도 그들의 사명을 감당할 수도 있다.

 고로, 죠오지 헌터가 제안한 네가지의 원리는 사도행전 1:8 말씀과 마태복음 28:19-20 말씀과 깊은 관계를 가지고 있다. 사도행전의 중심사상은 계속적으로 땅끝까지 복음을 전파하는 것이다. 제자들을 만들라는 예수님의 명령 때문에 모든 성도들이 복음을 전해야 하는 분명한 이유가 있다.

죠오지 피터스(George W. Peters)는 "교회성장의 신학"(A Theology of Church Growth)이라는 책을 저술했으며, 그 책 속에서 마태복음 28:19-20과 사도행전 1:8에 나타난 다섯가지의 기본 진리를 제시하고 있다:

1) 성령은 마태복음 16:18에서 참고할 수 있는 교회를 세우는 프로그램에 하나님의 목적을 성취하며, 격려하며, 감독하며, 기원되는 신적인 요인이다.
2) 예수 그리스도의 사도들은 신적인 목적을 시작하고 지시하는 것을 통하여 예수 그리스도의 교회를 대표하며 성령의 기초적인 요인이다.
3) 증거는 신적인 목적을 성취하기 위한 중요한 수단이다.
4) 예수 그리스도 그자체가 그리스도인의 메세지의 내용이다.
5) 사람들이 살고 있는 전세계는 하나님의 은혜로운 역사와 복음증거를 위한 영역이 된다.[14]

3. 죽어가는 영혼들(The Lostness of Persons)

인간을 향한 하나님의 궁극적인 목적은 심판에 있지 않고 죽어가는 영혼을 구원하는데 있다(엡 3:10-11). 그렇게 때문에 예수 그리스도가 이 세상에 오신 목적과 일치하게 된다고 볼 수 있다. 예수께서 말씀하시기를 "인자가 온 것은 섬김을 받으려 함이 아니라 도리어 섬기려 하고 자기 목숨을 많은 사람의 대속물로 주려 함이니라"(막 10:45)고 하셨다. 모든 그리스도인들은 복음전도자로서 복음을 전해야 하는 세번째 동기가 죽어가는 영혼을 구원하는데 있다.

마일스에 의하면, 교회가 성장하는 비율에 비해 죽어가는 영혼의 증가의 비율이 열 배가 계속적으로 증가한다고 했다. 그가 제시한 누가복음 15장에 나오는 세가지의 비유들에 대한 견해를 참고로 죽어가는 영혼들에 대해서 살펴 보고자 한다.[15]

1) 잃었던 양의 비유

성경에서는 주님과 성도와의 관계를 목자와 양으로 표현한 곳이 아주 많이 있다. 시편 23편 1절에 "여호와는 나의 목자시니 내게 부족함이 없으리로다"라고 다윗이 언급한 것은 양의 입장에서의 신앙고백이다. 양이 목자가 이끄는 무리를 떠나서 갈 바를 알지 못하는 양이 있다면 목자는 아흔아홉 마리의 양보다 한 마리의 잃은 양을 찾기 위해 나셨다고 기록되어 있다. 양의 가치와 양에게 적이라고 할 수 있는 것들과 양의 특징들을 살펴 보면서 죽어가는 영혼을 향하는 하나님의 심정을 찾아 보려고 한다.

(1) 양의 가치

성경에서 양이 하나님께 드리는 희생제물 중에 하나로 표현되었다. 유월절에 양의 피를 문방과 문설주에 발라 놓았을 때 재앙의 천사가 무사히 지나갔다는 내용이 출애굽기에 기록되어 있다. 이스라엘 백성들이 축제 때마다 양고기를 잡아 먹었다는 것이 성경에 기록되어 있다. 양의 가축은 추위를 견디기 위해 의복으로 사용되었다. 이러한 가치를 가지고 있는 양이기 때문에 목자에게 있어서 찾아서 나서야만 했던 것이다.

(2) 양의 적

양에게 해로움을 주거나 잃은 양이 되게 했던 여러가지 요소들이 있다. 늑대와 같은 동물들이 양을 잡아 먹기 위해 오게 되며 때로는 잡혀 먹히게 된다. 도둑들이 양을 훔쳐서 다른 곳에 사용하게 되는 경우도 있게 될 것이다. 어두움 때문에 갈 길을 알지 못하고 잃은 양으로서 외롭게 될 수도 있다. 가시덩굴에 바위틈에 깊은 골짜기에 깊은 웅덩이에 빠져 나오지 못하고 애쓰고 있는 것을 상상할 수 있다.

(3) 양의 특징

예수님께서 왜 그를 따르는 모든 사람을 양으로서 비유했을까? 이스라엘은 목축하여 사는 사람들이 많기 때문에 목자와 양에 대한 비유를 하게 될 때 이해하기가 쉬웠을 것이며, 양은 온순하며 다른 동물의 공격에 자구책이 없는 동물이기 때문이다. 모든 성도들도 다른 동물의 공격과 같은 사단의 역사에 아무리 자기 힘으로 이길려고 노력해도 소용이 없게 되는 이유는 어떠한 사람보다도 그들이 충분히 이길 수 있는 능력이 있기 때문이다. 양이 다른 동물을 이기려면 목자의 도움 만이 필요하다. 목자되시는 예수님이외는 사단을 이길 어떤 방법도 없다.

양은 눈이 근시안이다. 근시안은 멀리 있는 것을 볼 수 없고 아주 가까운 것만을 볼 수 있다. 양의 무리를 지어 가게되는 경우 앞에 있는 양은 목자의 지팡이를 보고 가지만 뒤에 오는 양은 앞에가는 양의 엉덩이만 바라보며 좇아 오는 것이다. 그런데, 그것을 놓쳐 버리면, 멀리 있는 것을 볼 수 없기 때문에 길을 잊어

버릴 수 밖에 없게 된다. 이사야에 이렇게 기록되어 있다: "우리는 다 양같아서 각기 제 길로 갔거늘…"(사 53:6)

(4) 비유를 통한 교훈

 양의 가치가 희생제물로 사용될 수 있으며, 축제 때에 고기를 먹는 것과 추위를 견디기 위해 양가죽은 매우 유용하게 사용되는 것이다. 더 나아가서, 자기가 기르던 양은 목자에게 있어서 아주 매우 귀한 것이며 어떠한 다른 양으로서도 대치될 수 없는 양이다. 그래서 찾기 위해 이름을 불러가며 찾아 다니는 목자의 심정은 죽어가는 영혼이 구원받게 하기 위해 그의 백성을 보내셨다.
 예를 들면, 자식을 키우는 부모가 자식 중에 하나를 잃어 버렸다고 고아원에 있는 다른 아이 하나를 데리고 와서 키운다고 잃어 버린 자식에 대한 그리움을 해결할 수 없다. 다시말하면, 잃어 버린 양은 창조주의 품을 떠난 다른 사람으로는 대치 될 수 없는 매우 구체적인 나를 말하는 것이다. 구체적인 나와 같은 소중한 죽어가는 영혼을 구하기 위해 모든 성도들은 주님의 지상명령에 절대적으로 순종하여 복음전도를 해야하는 도전을 받아야 한다.
 목자가 잃어 버렸다기 보다 목자와 함께 있었던 그곳을 잃은 양의 의도에 의하여 홀로있게 된 상태를 말한다. 하나님의 축복이 있음에도 불구하고 스스로 결정하고 떠나 있는 잃은 양과 같은 죽어가는 영혼을 말하고 있다.

2) 잃었던 드라크마

 드라크마는 인간에게 있어서 가장 없어서는 안되는 것 중에 하나인 돈이다. 돈으로 사용되었던 동전과 연관시켜 예수님은 많은 비유들을 사용하였다. 잃은 돈을 찾아 헤매는 한 여인을 주님의 심정으로 표현하였다.

(1) 드라크마의 가치

드라크마는 그당시 동전으로 된 돈으로서 노동자가 아침부터 저녁까지 열심히 일해서 벌 수 있는 하루의 품삯에 해당하는 것이다. 그당시에는 일할 수 있는 곳이 없어서 직장을 찾는 매우 많은 실업자들이 있었다. 그럴때의 경우에 얻은 노동할 수 있는 일에서 하루 종일 일해야만이 얻을 수 있는 가치있는 돈이다. 그당시 여자들이 저축의 수단 중에 하나로서 드라크마를 하나씩 모았다. 또한, 그당시에 결혼한 여자들이 열 개의 드라크마를 끈에 묶어서 이마에 장식하여 결혼한 여자로서 표시할 때 사용했던 가치있는 돈이었다. 여자에게 있어서 결혼하는 것만큼 생애에 가장 큰 변화 중에 하나일 것이다. 이러한 일에 사용해야 할 열 개의 드라크마 중에 하나를 잃어 버렸다는 것이다.

(2) 드라크마의 적

드라크마가 한 여인의 몸에서 잃어 버림을 당하게 되는 요소가 될 만한 것이 무엇이 있을까? 이 여자는 열 개의 드라크마에 소유한 것에 대한 무관심이 한 개의 드라크마를 잃게 되었다. 조금만 더 관심있게 관리를 하였다면 잃어 버리지 않았을 것이다. 인간에게는 누구나 실수가 있을 수 있다. 이 여인도 최선을 다해서 열 개의 드라크마를 소중히 간직하기를 원했으나 한 번의 실수로 이렇게 가치가 있는 것을 잃어 버림을 당하게 했다. 이러한 비유를 하던 당시에 집에는 창문이 없었다. 그래서 컴컴한 집 안에서 아무리 소중한 드라크마의 열 개 중에 하나를 잃어 버리는 것은 어떻게 보면 쉽다고 할 수 있다.

(3) 드라크마의 특징

열 개의 드라크마가 있어야, 결혼한 여자가 이마에 장식하여 표를 하게 되는 것이다. 열 개 중에 하나를 잃어 버렸는데 드라크마가 아닌 다른 동전을 가지고는 결혼을 표시하는 장식으로 사용할 수 없다. 대부분의 여자들은 목걸이, 귀걸이, 반지와 같은 장식을 매우 좋아하며 소중히 여긴다. 그 중에서 아마 가장 귀중히 여기는 것은 결혼식에서 받은 반지나 목걸이일 것이다. 그것을 잊어 버렸을 때 여자의 심정을 생각해 볼 수 있을 것이다.

(4) 비유를 통한 교훈

예수께서 잃어버린 자가 남자가 아니라 여자를 사용한 이유가 무엇일까? 그당시에 여자와 어린이들은 하찮은 존재이며 사람들의 수를 셀 때도 그들은 수에 들어가지 못했었다. 물고기 두마리와 보리떡 다섯 개로 오천명을 먹이셨다는 내용에서 오천명에는 여자나 어린이를 빼고 남자들의 수만을 얘기하고 있다. 대부분의 여자는 남자들보다 섬세하고 차분한 마음을 가지고 있다. 여인의 섬세한 마음으로 잃어버린 나와 같은 죽어가는 영혼에게 생명을 주기 위해 찾아 오시며 절대로 놓치지 않는 하나님으로 표현했다.

잃은 양의 비유는 양의 의지대로 스스로 목자와 같이 있던 양들과의 떨어져 홀로 있었으나 잃은 드라크마의 경우는 다르다. 한 개의 드라크마는 주인과 함께 있던 드라크마에서부터 스스로 자기의 의지가 아니라 수동적으로 떠나게 된 후에 자기를 발견한 경우를 말한다. 자기 스스로는 하나님과 함께 있기를 원했지만 환경이나 사단의 역사로 하나님과 멀어져서 생활하다가 잃어버린 자신을 발견하게 되는 죄인을 상징한다고 볼 수 있다.

3) 잃었던 아들 (탕자)

(1) 집 밖의 탕자

한 가정에 두아들이 있었는데 둘째 아들이 자기에게 물려 줄 재산을 미리 달라고 하여 할 수 없이 주었더니, 그것을 가지고 멀리 가서 살다가 물려 받았던 재산을 모두 탕진하고 아버지께 돌아 오는 비유를 예수께서 말씀하셨다. 이것을 집 밖의 탕자로서 표현할 수 있을 것이다.

① 탕자의 가치
아버지께 상속받은 재산이 있지만 아버지 재산의 전체에 제 3의 상속자이다. 제 1의 상속자는 어머니이고 제 2의 상속자는 첫째 아들이다. 어머니와 형이 죽게 되면 둘째 아들이 모든 재산을 물려 받을 수 있는 가치가 있는 아들이었다. 탕자는 젊은 자이며, 젊기 때문에 힘도 있고 무슨 일이든 할 수 있는 재산적인 가치가 있는 자이다. 어린이나 여자나 노인들은 힘드는 일을 할 수가 없으나 젊은 남자이기 때문에 여러가지 면에서 가치를 가지고 있는 자이다.

무엇보다도 중요한 것은 잃은 아들은 동물인 양도 아니요, 쇠붙이 밖에 안되는 동전도 아닌 인격적인 성품을 가지고 있는 사람이다. 다시말하면, 성서적인 표현으로 하나님의 형상으로 창조된 자이다. 아무리 모든 사람에게 죽어 마땅한 사람이며 살인자며 배반자라 할지라도, 사람이라면 누구나 하나님의 형상으로 창조된 자이기 때문에 소중한 가치가 있는 자이다.

② 탕자의 적

한 아버지의 아들이 탕자가 되도록 했던 동기가 될 수 있는 것들을 적이라고 볼 수 있을 것이다. 탕자는 아버지나 어머니나 형의 입장을 생각하기 보다는 오직 자기 밖에 모르며 자기중심점인 생각에 행동을 했던 아들이었다. 탕자는 아버지가 원하는 것과는 전혀 다른 길을 가기를 원하는 반항적인 마음으로 행동을 하였다. 아버지의 집에서 그의 보호 아래 있을 수 있었으나 아버지의 아들이 되는 특권과 아버지의 아들이라 불리우는 권리를 버리고 아버지를 떠났었다.

③ 탕자의 특징

탕자가 자기에게 물려 줄 재산을 주었더니 아버지를 떠나 먼 나라로 가서 재산을 다 허비하였고 설상가상으로 살고 있는 나라가 흉년이 들어 궁핍하게 되었다. 하나님의 선택받은 백성으로서 이방인 밑에 들어가 살면서 사람이 먹지 않고 돼지나 먹는 쥐엄 열매로 배를 채우며 살려고 했으나 주는 자도 없는 상황에 거하게 되었다. 탕자는 스스로 자기의 잘못을 깨닫고 그가 고백하기를 "내가 하늘과 아버지께 죄를 지었다"고 하였다. 그는 아버지 품으로 가야겠다고 결심하고 아들로서 아니라 품군으로 있기를 원해서 아버지에게로 가서 죄를 고백하고 아버지의 용서함과 더불어 아들로서 인정받는 가라지를 끼우고 발에 신을 신겨 주었다.

탕자는 자기잘못을 깨닫는 것으로 끝나지 않았고 또한, 아버지에게만 죄를 지은 것이 아니라 하늘 즉 창조주 하나님께도 죄를 지었다고 아버지께 고백했었다. 어떤 사람들은 자기 스스로 죄를 깨닫는 것으로 족하며 죄를 당사자에게 고백할 필요가 없다고 하는 사람들도 있으나 이것은 성서적인 원리가 아니다. 죄의 잘못을 가서 입술로 고백하고 죄의 용서함을 받는 것이 매우 중요한 관계회복의 길이며, 이와 같은 원리는 하나님과의 관계와도 같은 원리이다. 사도 바울도 구체적으로 로마서 10:10에서 언급하고 있다: "사람이 마음으로 믿어 의에 이르고 입으로 시인하여 구원에 이르느니라."

회개하고 돌아 오는 자를 주님은 결코 버리시지 않는다. 이것이 하나님의 영원한 뜻이며 하나님의 궁극적인 목적이다. 아들로서가 아니라 품군으로서의 자기자신을 볼 수 있는 것은 자기 중심적인 삶에서가 아니라, 이웃과 하나님 중심의 삶에서 나오는 마음의 자세이다.

④ 비유를 통한 교훈

잃은 양의 비유는 목자가 잃은 양을 찾아 헤매다가 구하는 것이며, 잃은 드라크마의 비유는 여자가 잃은 드라크마를 찾았다. 다시말하면, 잃은 양과 잃은 드라크마는 스스로 결단한 것이 아니라 목자와 한 여자의 강력한 노력을 강조했었다. 그러나, 세번째의 비유인 탕자의 비유는 하나님의 잃은 자들을 찾아 오시지만 죄인들은 무엇을 할 것인가를 분명히 제시해 주고 있다. 이러한 비유는 절대적인 죄인의 결단을 요구하고 있다. "스스로 돌이켜"(눅 15:17) 라는 기록과 "하늘과 아버지께 죄를 얻었사오니"(눅 15:19) 라는 언급은 죄인이 구원받기 전에 해야 할 중요하고 필수적인 요소라는 것이다.

마음의 결단과 입술로의 결단으로 끝나서는 안되며, 행동적인 결단을 더욱더 요청하고 있음을 알 수 있다. 예수님의 비유는 분명히 "이에 일어나서 아버지께로 돌아가니라"고 기록되어 있다(눅 15:20). 회개없는 구원은 있을 수 없게 된다.

(2) 집 안의 탕자

　세번째 비유는 집 밖에 나가 탕자의 생활을 했었다면, 첫째 아들은 집 안의 탕자라고 말 할 수 있을 것이다(눅 15:25-32).

① 탕자의 가치
　제 2의 상속자이며 젊은 자이며 무엇보다도, 집 밖의 탕자처럼 하나님의 형상으로 창조된 자이다. 여기 집 안의 탕자라는 의미는 하나님 안에서는 있지만 아직도 완전히 성화되지 않은 상태에서의 탕자라고 볼 수 있다.

② 탕자의 적
　아버지의 재산을 탕지하고 들어온 둘째 아들에 대한 아버지의 기뻐하시는 것이 결코 첫째 아들의 기쁨이 될 수 없었다는 것이다. 살진 송아지를 잡아서 집 밖의 탕자가 들어와 잔치를 버릴 때에 집 안의 탕자는 그것을 보고 노했다고 했다. 그이유는 여러 해 아버지를 위해 일해지만 염소새끼 라도 잡지 않았는데 아버지의 살림을 창기와 함께 먹어버린 이 아들이라고 했으나 아버지는 네 동생이며 잃었다가 얻었으니 즐거워하고 기뻐하는 것이 마땅하다고 했다.

③ 탕자의 특징
　아버지의 고통을 모르고 자기 동생에 대한 무관심이 집 안의 탕자가 되게 하였다. 가장 큰 계명인 사랑하라는 것을 다른 사람도 아닌 친형제에게까지도 할 수 없었던 탕자였다. 아버지께서 주신 일에 대한 것을 기쁨으로 감당하기 보다는 의무감에서 억지로 한 것과 같은 것을 간접적으로 알 수 있게 된다. 이웃도 아니고 자기와 가장 가까운 형제의 죄를 과대선전하여 다른 사람들로

하여금 더욱더 적대감을 가지게 하는 허물을 덮어 주는 것이 아니라 이간하는 죄를 범하고 있다. 아버지가 한 영혼이 죽었다가 다시 살았다는 의미를 깨닫기 보다는 물질적인 가치와 질투심 만을 생각하는 무서운 죄를 범하고 있는 집 안의 탕자이다.

④ 비유를 통한 교훈
먼저 믿는 사람들에게까지 도전적인 비유의 말씀이시다. 물질의 크고 작음이 중요한 것이 아니라 한 영혼이 사망에서 생명으로 건져 진 것에 대한 아버지의 기쁨이 더욱더 중요한 것을 보여 주며, 같이 즐거워 할 수 있는 사랑의 배려가 요청되고 있다. 인간적으로 보기에는 전혀 구원받을 수 없는 자라도 그의 행위는 사랑할 수 없어도 그도 하나님의 형상으로 창조된자로 소중히 여겨 사랑하여 같은 형제로서 받아 들여야 한다는 매우 중요한 하나님의 아가페적인 사랑을 보여 주고 있다.

교회 안에서 먼저 믿은 자들로서 평신도지도자들은 처음 믿는 성도들에게 신앙적인 모범을 보이기 보다 때로는 신앙적인 성장에 방해가 되는 행동을 하는 경우도 많이 있다. 목회자가 초신자들에게 적극적인 관심에 지나친 질투심이나 물질 문제를 영혼 문제보다 더욱더 귀중하게 취급하게 된다면 교회 안에서의 탕자라고도 볼 수 있다. 구원의 확신을 있을지는 몰라도 마지막 날까지 구원을 이루는 일(성화되는 과정) 에는 복음에 방해자요, 훼방자라는 사실을 알 필요가 있다. 하나님의 긍극적인 가치가 생명을 구하는데 있음을 인식해야 한다.

그러므로, 세가지의 비유를 통해 예수님은 분명한 뜻인 죽어가는 영혼에 대한 적극적인 관심을 알아야 할 것이다. 하나님의 영원한 목적은 분명한 구원이기 때문에 아직도 그리스도를 구주로 고백하지 않은 자들 뿐만 아니라 고백한 자들까지 변화되어 구원의 완성을 촉구하고 계시고 있다. 잃었던 양의 비유와 잃었던 드라크마의 비유는 죽어가는 영혼을 구원하게 하기 위한 하나님의 강한 요청이다. 잃었던 아들의 비유인 집 밖의 탕자의 비유는 죄인의 결단을 요구하는 죄의 깨달음과 하나님께 나아와 죄의 용서함을 받는 것이며 집 안의 탕자는 먼저 믿은 사람들의 질투심과 아가페적인 사랑의 실천으로 초신자에 대한 배려와 물질적인 것보다 영혼구원에 더 큰 가치를 두고 하나님의 기뻐하시는 뜻에 동참해야 하는 복음의 참여자가 되는 것이다. 고로, 복음전도를 해야할 동기는 죽어가는 영혼들에게 영생함을 주기 위한 중요한 이유가 있기 때문이다.

4. 하나님의 진노(The Wrath of God)

복음전도를 해야하는 첫번째의 동기는 하나님의 사랑 때문이며, 두번째는 제자를 삼으라는 명령 때문이며, 세째번은 죽어가는 영혼들 때문이었다. 그러면, 복음전도를 해야 할 네번째의 동기는 무엇인가를 살펴 보고자 한다. 이것은 바로 하나님의 진노 때문이다. 하나님은 오래 참으시지만 영원히 참으시지는 않으신다.

1) 하나님의 진노의 본질

사도 바울은 고린도후서 5:10-11에 이렇게 언급했다: "…우리가 반드시 그리스도의 심판대 앞에 드러나 각각 선악간에 그 몸으로 행한 것을 따라 받으려 함이라. 우리가 주의 두려움을 알므로 사람을 권하노니…" "주의 두려움"이 하나님의 진노를 말하며 죄에 대한 분노와 노여움을 말한다.

(1) 모세의 설명

모세가 쓴 유일한 시편 90편에서 하나님의 분노에 관해 말하고 있다. 7절에 "우리는 주의 노에 소멸되며 주의 분내심에 놀라나이다"고 했으며, 5절에는 "주께서 저희를 홍수처럼 쓸어 가시나이다. 저희는 잠간 자는 것 같으며 아침에 돋는 풀 같으니이다"라고 했다. 하나님의 분노는 모든 사람들의 죄 때문이라는 사실을 모세는 강조하고 있다: "주께서 우리의 죄악을 주 앞에 놓으시며 우리의 은밀한 죄를 주의 얼굴빛 가운데 두셨사오니 우리의 모든 날이 주의 분노 중에 지나가며…"(시 90:8-9). 또한 모세는 계속해서 이렇게 권고하고 있다: "누가 주의 노의 능력을 알며 누가 주를 두려워하여야 할대로 주의 진노를 알리이까"(시 90:11).

모세는 인간의 나이가 보통 칠십세까지 살며 많이 살아야 팔십세 정도라고 하면서 나이가 많이 먹은 것은 결코 자랑할 것이 없다고 했다. 그의 말에 의하면 "그 연수의 자랑은 수고와 슬픔뿐이요 신속히 가니 우리가 날아가나이다"(시 90:10) 고 했다. 빠른 시간과 세월이 더 가기 전에 죄의 깨달음과 회개함으로 주님 앞으로 돌아 오기를 강력히 촉구하고 있다. 늙어서 죽기 전에 나이가 더 많아지기 전에 지혜의 마음을 가지고 하나님께 돌아오라고 하고 있다: "우리에게 우리의 날 계수 함을 가르치사 지혜의 마음을 얻게 하소서"(시 90:12).

그러나, 모든 사람들이 모세가 말하고 있는 나이까지 사는 사람이 얼마나 되며, 그 전에 죽는 사람들이 너무도 많이 있음을 보게 된다. 히브리서 기자는 한번 죽는 것은 사람에게 정한 것이요 그 후에는 하나님의 심판이 있다(히 9:27) 고 하셨다. 누구든지 말씀을 듣는 순간, 깨닫는 순간, 즉시 주님 앞으로 돌아 와야 할 것이다.

(2) 예수님의 설명

예수께서 혼인잔치의 비유(마 22:1-14)에서 말씀하신 것같이 세상 일에 바쁜 사람들에게는 자기의 죄를 깨달으려고 하지 안앉고 나머지는 주님이 초청의 명을 받아 주님의 잔치에 들어 오도록 하던 종을 잡아 죽였다. 아무리 초청된 사람도 예복을 입지 않은 사람 즉, 회개와 믿음이 없는 사람은 하나님의 진노를 피할 수 없게 됨을 잘 보여 주고 있다. 비슷한 비유로 누가복음 14:15-24에는 아무리 하나님의 나라가 가까이 왔음을 선포하여도 무관심하게 세상 일에만 몰두하면 하나님의 진노를 피할 수 없음을 보여 주고 있다.

또한 열처녀의 비유(마 25:1-13)에서 언제 도착할 지 모르는 신랑을 맞이할 준비를 하지 않았던 다섯 처녀들은 혼인 잔치에 들어갈 수 없어 하나님의 진노를 피할 수 없게 됨을 보여 주었고, 항상 준비하는 것과 같은 회개와 믿음을 가질 것을 강조하고 있다. 그리스도께서 "그 날과 그 시를 알지 못하느니라"(마 25:13) 모세의 경우보다도 더욱더 강력하게 항상 미리 준비할 것을 권고하시고 있다.

마태복음 24장 전체를 통해서 세상 끝날이 곧 오게 될 것과 예비하고 준비할 것을 예수께서 말씀하셨다. 세상에 대한 하나님의 심판은 도둑이 낮에 올지 밤에 올지 모르는 것처럼 갑자기 오게 될 것을 경고(마 24:43) 하시며 말씀을 듣는 순간, 죄가 깨달아지는 순간에 주님 앞에 회개와 믿음을 가져 준비하기를 예수께서 원하신다. 생각치 않은 때에 세상의 끝날과 하나님의 진노가 있게 될 것이다.

어리석은 부자의 비유(눅 12:13-21)에서의 예수님의 의도는 세상에서 아무리 열심히 물질을 쌓아서 미래를 준비해도 오늘 밤에 죽는다면 그동안 열심히 최선을 다해서 준비한 물질이 누구의 것이 되겠느냐고 하셨다. 물질적이나 육체적인 것은 언제 없어질지 모르나 더욱더 두려워해야 할 것은 영혼에 대한 하나님의 진노라는 사실을 가르쳐 주셨다. 물질보다는 하나님의 진노를 피하기 위해 죄의 깨달음과 회개와 믿음을 통해 영생을 얻기를 예수께서 간구하고 있다.

2) 진노를 피하는 유일한 길

복음전도를 해야 하는 분명한 이유는 하나님의 진노가 있기 때문이며, 진노를 피할 수 있는 유일한 길을 선포해야 한다. 예수님께서 하나님의 진노는 예수를 주님과 구세주로 믿지 않는 사람들 때문에 있는 것이다. 죄에 대한 심판이 있어야 하기 때문에 그의 하나 밖에 없는 독생자 예수 그리스도의 보혈을 통해 하나님의 의로움이 나타나게 되었다. 왜냐하면 피흘림이 없이는 죄사함이 없다는 하나님의 세우신 법 때문이었다. 그리스도의 십자가의 죽으심은 인간들의 죄를 위한 것이며 세상 죄를 지고가는 어린양(요 1:29) 으로 성경은 표현하고 있다. 십자가는 하나님의 의로움을 나타내는 징표라고도 할 수 있으며 하나님의 사랑 때문이기도하다(롬 5:8). 그리스도의 십자가는 하나님의 의로움을 나타낼 뿐만 아니라 하나님의 사랑을 나타내며 하나님의 진노를 피할 수 있는 유일한 길이다.

예수께서 말씀하시기를 "죄를 범하는 자마다 죄의 종이라"(요 8:36) 고 말씀하시며 종은 영원한 집인 하나님의 나라에 갈 수 없다고 하셨다. 죄의 종에서 자유하기 위해서는 진리를 깨달아 알아야 한다고 예수께서 말씀하셨다: "…진리를 알지니 진리가 너희를 자유케 하리라"(요 8:31). 과연 여기서 말하는 진리가 무엇이가? 진리에 대해서 요한복음 14:1-14에서 잘 기록되어 있다. 특별히, 예수께서 말씀하시기를 "내가 곧 길이요 진리요 생명이니 나로 말미암지 않고는 아버지께로 올 자가 없느니라"(요

14:6)고 하셨다. 아버지께로 간다는 것은 하나님의 나라에 가는 것이며 하늘의 시민권을 가지게 된다는 것이다. 오직 예수 이외에는 하나님의 나라에 들어 갈 수 없음을 성경은 분명히 기록되어 있다.

변론을 좋아하는 사람들이 헛된 것들을 말하여 타종교에도 구원이 있을 가능성이 있지 않겠는가 라고 한다. 이유는 다른 종교와 대화할 수 있는 기회를 가지려는 방편이라고 볼 수 있으나, 이러한 잘못된 논리는 비성경적이며 "양의 옷을 입고…속에는 노략질하는 이리"(마 7:15) 와 같은 사단의 역사임을 분명히 알아 경계해야 한다. 오직 예수님을 통해서 만이 죄사함을 받고 하나님의 진노를 피하며 영생을 얻어 천국에 들어 갈 수 있는 길이라는 것을 성경은 분명히 말씀하고 있다: "다른 이로서는 구원을 얻을 수 없나니 천하 인간에 구원을 얻을 만한 다른 이름을 우리에게 주신 일이 없음이니라 하였더라"(행 4:12). 큐퍼(R. B. Kuiper)는 "하나님은 복음전도를 중심에 두었다"(God Centered Evangelism) 라는 책을 저술하였고 이렇게 말했다:

> 유일하신 참 하나님은 기록된 말씀 곧 성경과 그의 인격적인 말씀 곧 그의 아들 안에서 자신을 초자연적으로 정확무오하게 계시하셨다. 기록된 경전들, 곧 조로마스터교의 경(Zend-Avesta), 브라만교의 베다경(Vedas), 불교의 경전(Tripitaka), 모하메트교의 코란(Koran)은 성경과 비교할 수 없다. 석가, 공자, 모하메트 등 인류 종교의 모든 인간 창시자들은 타락할 수 있는 죄된 인간들인 동시에 하나님이라 일컬어 질 수 없다.[16]

타종교의 어느 책에서도 영생을 주는 분명하고 확실한 것은 없고 오직 성경만이 제시하고 있다. 하나님의 진노를 피할 수 있고 하나님의 나라에 들어 갈 수 유일한 방법은 오직 예수 뿐이다.

결 론

지금까지 살펴 본 것과 같이 복음을 전파해야 하는 동기가 있는데 첫째는 자기자신을 주는(Self-giving Love) 하나님의 아가페(Agape) 적인 사랑 때문이며, 둘째는 제자를 삼으라는 예수님의 지상명령에 순종해야 하기 때문이며, 세째는 죽어가는 영혼을 구원하게 하기 위해서이다. 마지막으로는 복음전도의 동기는 죄로 인한 하나님의 진노하심에서 피하기 위해서며, 하나님께 나아가는 영생을 얻는 유일한 길인 오직 예수님 밖에 없음을 모든 기독교인들은 선포해야 할 사명이 있는 것을 명심하고 실천해야 한다.

연구해야 할 과제

1. 로마서 5:8을 암송하시오.

2. 에로스의 사랑이라는 용어가 성경에 두번 언급되어 있는데 어느 곳에 있으며, 에로스 사랑의 특징을 말해 보시오.

3. 그리스도인의 부부생활에서의 에로스 사랑은 하나님이 허락한 것인지 말해 보시고 고린도전서 7:1-5에 대해서 설명해 보시오.

4. 성경에 나타난 필레오적인 사랑에 근거해서 모여진 집단에 대해서 말해 보시고 필레오적인 사랑의 특징을 말해 보시오.

5. 필레오적인 사랑과 요한계시록에 나타 난 일곱교회 중에 가장 가까운 교회의 이름은 무엇입니까?

6. 스토르게 사랑에 대해서 아는바를 말해 보시오.

7. 인간관계로부터 기원한 사랑과 하나님으로부터 기원한 사랑인 아가페 사랑과의 관계를 비교하여 설명해 주시오.

8. 요한복음 21:15-18에 나오는 모든 "사랑"이라는 단어를 코이네 그리이스어로 찾아서 설명하시며 복음사역을 위한 주님의 요구하시는 사랑은 어떠한 것인지 설명하시오.

9. 누가복음 15장에 나오는 잃었던 양, 잃었던 드라크마, 잃었던 아들 (탕자)에 대한 각각의 가치과 적이라고 할 수 있는 것이 무엇인가?

10. 누가복음 15장에 나오는 세가지의 비유들에서 서로 다른 점이 있는데 말해 보시고 복음전도와 관련시켜서 설명해 보시오.

11. 탕자의 비유에서 집안의 탕자를 생각해 볼 때의 문제점과 오늘날 교회 안에서의 성도들의 문제점과 비교해서 말해 보시오.

12. 누가복음 15장에 나오는 세 가지의 비유들에서 서로 다른 점

이 있는데 말해 보시고 복음전도와 관련시켜서 설명해 보시오.

13. 탕자의 비유에서 집안의 탕자를 생각해 볼 때의 문제점과 오늘날 교회 안에서의 성도들의 문제점과 비교해서 말해 보시오.

14. 시편 90 : 9-11은 누가 쓴 것이며 하나님의 진노와 분노에 대한 것과 복음과의 관계를 설명하시오.

15. 하나님의 진노에 대한 예수님은 무엇이라고 말씀하셨는지 그의 견해를 말해 보시고 성경말씀 어디에 기록되어 있는지 말해 보시오.

16. 그리스도의 십자가에 나타난 정의(의로움)와 아가페적인 사랑에 대해서 말해 보시오.

17. 죽어가는 영혼들에게 복음전도를 해야 되는 네 가지 이유가 무엇인지 간단히 말해 보시오.

■ 주(註)

1) Delos Miles, "*Introduction To Evangelism*" (Nashville, Tn.: Broadman Press, 1983), p. 113.
2) *Ibid.*
3) *Ibid.*, pp. 114-15.
4) *Ibid.*
5) *Ibid.*, p. 115.
6) Harold K. Moulton, ed. "*The Analytical Greek Lexicod Revised*" (Grand Rapids, Mich.: Regency Reference Library, 1977), pp. 426-8.
7) *Ibid.*
8) Ref. Pulpit Commentary
9) Miles, pp. 115-17.
10) Alfred Marshall, "*The Interlinear Greek-English New Testament*" (London, Great Britain: Samuel Bagster and Sons LTD, 1984), p. 460.
11) *Ibid.*
12) Alfred Marchall, "*The Interlinear Greek-English New Testament*" (London, England: Samuel Bagster and Sons LTD, 1984), 460.
13) "*Disciple's Study Bible*" (Nashville, Tn.: Holm Bible Publshers, 1988), pp. 1361-2.
14) George W. Peters, "*A Theology of Church Growth*" (Grand Rapids, Mich.: Zondervan Publishing House, 1981), pp. 16-19.
15) Miles, pp. 137-47.
16) R. B. Kuiper, "*God Cneter Evangelism*" (Seoul, Korea: Hope Publishing Co., 1980, Korean Edition Translated by Soo-Jun Park), p. 171.

제 6 장
전도자의 자세

제 6 장
전도자의 자세

서 론

1. 구원의 확신을 재확인
 1) 믿음
 2) 담대함
 3) 소망을 가진 이유
 4) 개인간증 작성법

2. 전도자의 기도생활

3. 성령의 의지함
 1) 권능(Empowers)
 2) 깨달음(Convinces)
 3) 거듭남(Regeneration)
 4) 갖춤(Equipment)
 5) 영감(Inspiration)
 6) 인도(Guide)

4. 말씀의 충만
 1) 사단과의 싸움에서 승리하기 위하여
 2) 죄로부터 승리하기 위하여
 3) 예수님을 증거하기 위하여
 4) 말씀을 묵상하기 위하여
 5) 매일의 생활을 인도받기 위하여
 6) 하나님의 명령이므로

5. 변화되어가는 생활

결 론

제 6 장
전도자의 자세

"또한 우리를 위하여 기도하되
하나님의 전도할 문을
우리에게 열어 주사
그리스도의 비밀을 말하게
하시기를 구하라 내가
이것을 인하여 매임을 당하였노라"

(골로새서 4:3)

서 론

예수 그리스도의 지상명령을 실천해야 하는 것이 모든 그리스도인들이 해야 할 사명이다. 이러한 사명을 잘 감당하기 위해 복음전도자로서 어떤 생활태도와 자세가 필요한가를 검토해 보려고 한다. 이러한 생활을 하게 될 때 죽어가는 영혼들에게 복음을 전하는데 영적인 무장을 하게 되며 가장 효과적으로 사람을 낚는 어부가 될 수 있는 길 중에 하나가 될 것이다.

1. 구원의 확신을 재확인

1) 믿 음

　복음을 전파해야 할 사람들은 예수 그리스도를 구주로 확실히 믿는 성도이어야 할 것이다. 하나님 앞에 자신의 죄에 대한 철저한 깨달음과 회개를 통하여 예수 그리스도가 자기 죄를 위해 십자가에서 피를 흘려 돌아 가셨다는 사실을 믿어야 한다. 이러한 기본적인 믿음의 확신이 없이는 복음전도자로서 자격을 갖출 수 없게 된다. 복음전도자는 학식이나 물질이나 건강함을 전하는 것이 아니라 하나님의 아들 예수께서 이 세상에 오셔서 영원한 생명을 주기 위해 오셨다는 것을 선포하는 것이다. 자기의 삶이 자신을 위한 삶이 아니라 자기를 구원하신 예수님이 원하는 삶을 살고 있음을 말하는 것이다. 아직은 생활 속에 부족하고 불완전한 것들이 많이 있지만 하나님의 은혜 속에서 변화될 것을 확신하는 믿음이다. 성도들이 구원받은 것은 그들의 행위가 아니라 믿음의 결과이기 때문에 자랑할 수가 없고 단지 하나님의 선물이라는 것을 알아야 한다(엡 2:8).

2) 담대함

　많은 성도들이 복음전도하는 일을 두려워 하는 것 중에 하나는 자기의 생활이 온전하지 못하다는 자기 모습에 너무 집착되어 있기 때문이다. 복음전도자가 전하는 것은 그들의 생활이 아니라 오직 예수 만을 전하는 것이다. 사단은 이 세상이 그들의 왕국으로 생각하여 그리스도의 복음이 전파되는 일을 두려워 하며 방해

하기를 원한다. 그것들 중에 가장 효과적인 것은 전파하는 자들로 하여금 그들의 모순된 생활을 스스로 깨닫게 하여 좌절시키게 하는 것이다. 복음전도하는 자는 완전할 수 없으나 그들의 대장 되신 예수께서 그들의 과거의 죄, 현재의 죄, 미래에 지을 죄까지 담당하여 십자가 못박혀 돌아 가셨다는 사실을 믿어야 한다. 사도 바울은 고린도전서 1:18에 이렇게 권고하고 있다: "십자가의 도가 멸망하는 자들에게는 미련한 것이요 구원을 얻는 우리에게는 하나님의 능력이라."

3) 소망을 가진 이유

베드로전서 3:15에 "너희 그리스도를 주로 삼아 거룩하게 하고 너희 속에 있는 소망에 관한 이유를 묻는 자에게는 대답할 것을 항상 예비하되 온유와 두려움으로 하고"라고 기록되어 있다. 모든 성도들은 그들이 가지고 있는 하늘의 시민권을 가지고 있으며 있게 된 분명한 이유를 불신자들에게 말할 수 있도록 항상 준비해야 할 것을 권고하고 있다. 신앙생활을 하면서 하나님께 은혜를 받고 감사해야 할 일들이 매우 있겠지만, 처음 예수를 믿게 되었고 구원의 확신을 갖게 되었던 것과 예수 믿으면서의 축복된 생활에 대해서 불신자들에게 언제든지 말할 수 있게 준비해야 할 것이다. 다시 말하면, 복음전도를 위한 신앙간증을 준비해서 불신자들에게 항상 어떠한 상황에서 든지 할 수 있도록 해야 한다.

4) 개인간증 작성법

개인간증을 작성하는 것은 다른 사람에게 복음전도를 하는 점에서도 중요하지만 개인구원에 대한 재확인을 할 수 있는 매우 좋은 방법 중에 하나이다.

(1) 회화체로

　불신자들에게 구원의 경험을 나눌 수 있는 것이므로 분명하고도 간결하게 기록하여 준비해야 할 필요가 있고 문어체가 아니라 누구나 알아 들을 수 있게 쉽게 회화체로 써야 한다.[2] 불신자에게 개인간증을 할 때 어떤 사람을 바쁜 사람에게는 매우 간단하게 효과적으로 할 수 있게 연습을 할 필요가 있고 시간적으로 여유가 있는 불신자에게는 여유있게 분명한 설명과 함께 할 수 있도록 연습하도록 해야 한다. 각 개인의 경험이기 때문에 일인칭을 사용하는 것이 효과적이므로 "나는" 또는 "저는"라는 말을 반드시 사용해야 한다.

(2) 성경말씀을 인용하여

　개인간증을 하는데 너무 개인적이고 다른 사람들이 이해할 수 없는 것들을 말하게 될 때 개인전도에 좋은 결과를 가져 오기가 힘들게 되는 경우가 많이 있게 된다. 하나님의 말씀을 인용하여 사용하면 효과적이며 분명한 근거를 줄 수 있게 되며 특별히 구원의 확신을 주는 요소로서 가장 확실한 방법 중에 하나일 것이나 너무나 많이 사용하면 개인간증에 역효과를 가져올 수도 있다. 하나님의 말씀이기 때문에 불신자들을 죄를 깨닫게 하며 회개하게 하며 구원에 이루게 하는 능력을 나타낼 수 있는 강력한 무기라고 할 수 있을 것이다. 많이 사용되는 성경구절은 로마서 3:23, 6:23, 5:8, 10:10, 에베소서 2:8-9, 요한복음 3:16, 14:6, 20:31 등을 들을 수 있을 것이다.[3]

(3) 간증작성순서

　죽어가는 영혼을 구원시키는 것은 마귀와 영적인 싸움이기 때문에 영적인 방법으로 시작해야 한다. 무엇보다도 간증문을 작성하기 전에 하나님께 기도하며 성령의 인도하심을 따라 갈 수 있도록 해야 할 것이다. 천하보다도 귀한 한 영혼을 주님 앞으로 인도하는 거룩한 사업임을 재인식해야 하며 주님의 지상명령(마 28:19-20)에 순종하는 행위인 것이다.

① 예수 믿기 전
　예수 그리스도를 만나기 전의 말, 생각, 생활에 대해서 말하는데 특별히 흥미로운 경험담이나 생명에 위기가 닥쳐 왔을 때가 있었다면 더욱 효과적일 것이다. 죽음에 대한 두려움, 성공과 행복의 추구, 알콜중독, 인간관계로 인한 문제, 성격문제, 자살하고 싶은 충동, 외로움, 사업의 실패, 부모나 자식의 문제, 갑작스럽게 닥친 가까운 사람의 죽음 등 어려움을 겪고 있었던 상황을 흥미있고 실감나게 누구나 알아들을 수 있게 기록하여 점검한다.[4]
　많은 개인간증을 하는 자가 실수하기 쉬운 것은 예수믿기 전의 삶을 전체 간증에 너무 많은 부분을 차지하게 될 때 자기자랑이나 자기과시에 끝나게 되는 경우가 있고 사회적인 문제를 야기시킬 수 있는 문제들이 있으면 피해야 할 것이다. 이러한 간증을 통하여 마귀역사로 실족하거나 그러한 세상의 길로 가고 싶은 충동을 느끼게 되는 수도 있기 때문이다. 듣는 사람 수준에 맞게 조종해야 하며 전체 간증에 약 60퍼센트 정도가 적당할 것이다.

② 예수 믿게 된 계기
　여러가지 어려운 상황에서 어떻게 예수 그리스도의 복음을 소

개 받았는가 하는 계기를 명확하게 기록해야 할 것이다. 예수를
믿는 사람에게 개별적인 전도를 통하여 인지 사고로 병원에 입원
하였거나 사업실패로 재정적인 어려움이 있을 때 그리스도의 도
움을 통한 사랑을 깨달았거나 하는 것을 말할 수 있다. 우연히
친구를 쫓아 교회에서 하는 부흥회나 사경회에 참석하여 말씀을
듣는 중에 그리스도를 꼭 믿어야 할 필요성을 깨닫게 되는 수도
있을 것이다.

③ 그리스도인이 되는 과정

그리스도인이 되기 위해서는 개인적인 죄를 깨닫는 것부터 해
야 하며 죄를 회개하고 예수께서 나를 위하여 돌아가셔 죄의 댓
가를 지불하게 되었다는 사실을 믿게 되는 과정을 기록해야 할
것이다.[5] 특별히, 성경말씀을 인용하여 효과있게 사용해야 하며
처음 예수를 믿기로 작정할 때에 가졌었던 마음과 생활의 변화로
인한 기쁨과 평안과 위로를 잘 표현할 수 있어야 할 것이다.

④ 그리스도인으로서 변화된 삶

할 일이 많은 세상에서 살고 있지만 예수 믿기 전의 생활과 예
수 믿은 후의 생활을 명확하게 구분해서 설명하여야 할 것이다.
그렇다고 너무 완전한 생활을 하고 있음을 표현할 때는 위선적인
표현이 되어 역효과를 가져올 수 있으며 현재도 주님 앞에 변화
되고 개선해야 할 문제점이 매우 있지만 예수를 믿은 후 점점 생
활 속에서 하나님의 은혜가운데 변화되어 가고 있음을 표현하는
것이 더욱더 효과적일 것이다. 그러나 하나님의 자녀가 되는 것
은 선한 행위를 통해서가 아니라 믿음에 있음을 명확하게 설명해
야 할 것이다. 에베소서 2:8-9를 제시하여 성경적인 근거를 주면
영적인 권위가 있게 된다. 다시 말하면, 구원은 믿음으로 받게
되며 선한 행위를 통하여는 축복이 반드시 오게 됨을 보여 주어

야 한다.

(4) 간증문 재점검

　전체적인 내용이 불신자들이 들어서 이해할 수 있는 내용이며 문장이 회화체로 기록되어 있어야 하며 무엇보다도 현재의 문제보다는 그리스도와 구원에 초점이 있는지 확인해야 한다.[6] 예수를 믿기 전의 생활을 너무 강조해서는 안되며 성경말씀의 적용이 적절하게 사용되었는지 상황에 따라 때로는 짧게 때로는 길게 조정할 수 있게 하며 성령의 인도하심을 믿고 의지하는 마음으로 해야 한다.

2. 전도자의 기도생활

　세계적인 장로교 선교사인 로버트 스피어(Robert Speer)는 기도의 중요성에 대해서 이런 말을 했었다: "세계의 복음화는 무엇보다도 기도의 부흥에 달려 있다."[1] 한국에 교회성장이 급속도로 이루어졌기 때문에 세계의 모든 선교학과 교회성장학 교수들의 관심과 연구 대상이었다. 그들 중에 피터 와그너(Peter Wagner)가 한국교회의 성장에 대해서 조사하기 위하여 한국의 교회들을 방문한 후에 이러한 고백을 했었다: 한국 교회의 부흥의 가장 큰 원인은 기도에 있다.[2] 한국에 있는 모든 교회들은 새벽기도를 매일 아침마다 하고 있으며 금요철야기도회나 산기도 등을 통하여 계속적으로 기도하는 성도들이며, 이러한 기도를 통하여 죽어가는 영혼들을 복음화하는 원동력을 갖게 되었다고 피터 와그너는 보고 있다.
　어떤 신학자들은 한국에 산기도나 금요철야기도나 새벽기도회를 기독교인들이 즐겨하는 것은 샤마니즘적인 신앙에서 근거를 가지고 있다고 본다. 이것은 잘못된 학설이며 예수님께서 분명하게 이와 같은 기도의 본을 보여 주셨던 것들을 사복음서에서 매우 많이 찾아 볼 수 있다(막 1:35; 눅 6:12-13). 이러한 자세한 내용은 "전도의 모델"에서 예수님의 목회 속에서의 전도에서 다루려고 한다.

사도행전 4:31에 "빌기를 다하매…무리가 다 성령이 충만하여 담대히 하나님의 말씀을 전하니라"고 기록되어 있다. 전도하기 전에 갖추어야 가장 귀중한 무기 중에 하나가 기도이다. 야고보서 5:16에 "…의인의 간구는 역사하는 힘이 많으니라"고 권고하고 있다.

성경에 나타난 하나님의 은혜 가운데 육체적인 질병을 고친 사건들이 아주 많이 나오는데 이것에 대해서 오늘날에 불가능하다고 보는 매우 좁은 견해를 가진 사람들이 있음을 보게 된다. 또한 그것에 대한 극단적인 해석으로 신앙생활을 하려고 하는 사람들도 보게 된다. 하나님의 역사로 과거나 현재나 미래를 주관하시는 예수님께서 계속적으로 육체적인 질병을 고치는 것을 믿어야 한다. 그러나, 이러한 과정을 통해 세상의학으로 고칠 수 없는 것을 예수님의 이름으로 기도하고 낫게 될 때 육체적인 질병뿐만 아니라 병에서 고침을 받은 인생의 문제와 영혼의 문제까지 예수께서 책임져 주시는 것을 믿게 되어 신앙생활을 하게 되는 것이다. 다시말하면, 육체적 영적인 질병을 동시에 치료하시는 예수님을 믿어야 하는 것이다.

복음전도자는 정규적으로 기도를 해야 할 것이다. 죄를 고백하며 정결한 마음으로 잃어버려진 사람들을 위해 중보로 기도를 해야 하며 불신자들과의 접촉 속에서 합당하게 말하고 행할 수 있도록 기도해야 한다. 복음전도를 하기 위해 주변에 있는 모든 사람들의 영혼의 책임자라고 하는 사명의식을 가져야 하며 기도하며 영적인 무장을 해야 할 것이다.

대부분의 기독교인들은 자기 문제만을 위해 기도를 할 때가 매우 많이 있으나 다른 사람들을 위한 중보기도가 신앙의 성숙도를 측정할 수 있을 것이다. 깊은 신앙과 죽어가는 영혼에 대한 간절한 사랑은 중보기도를 하게 성령께서 역사하신다. 나라와 민족뿐만 아니라 세계에 흩어져 다른 환경 속에서 복음 만을 위해 일하는 모든 선교사들을 위한 중보기도는 복음전도자가 생활 가운데서 해야 할 중요한 과제라고 생각한다. 에버리 일리스(Avery T. Willis Jr.)는 "매일의 삶: 주님과 함께 교제하며 동행하는 삶"라는 성경공부교재를 썼는데 디모데전서 2:1-8의 내용을 가지고 중보기도에 대한 교훈에 대해서 여섯가지로 설명하고 있다:

〈1〉 중보기도를 우선 순위에서 첫번째에 두라 (1절).
"첫째로 권하노니"라는 말은 다른 어떤 봉사보다도 중보기도가 중요하기 때문에 우선적이어야 한다는 뜻이다.

〈2〉 기도의 모든 형태를 사용하여 중보기도를 하라 (1절)
1. 간구—필요한 것을 주시도록 하나님께 간청하는 것이다.
2. 기도—하나님의 성품에 근거하여 하나님께 어떤 것을 구하는 것이다.
3. 도고(중보기도)—다른 사람들의 필요를 위해 무엇인가를 청원하는 것이다.
4. 감사—하나님께서 응답해 주실 것을 기대하며 혹은 주신 축복에 대해 고마움을 갖는 것이다.

〈3〉 모든 삶을 위해 중보기도를 하라 (1, 2, 4절)
1. 모든 사람을 위하여 (1절)

2. 임금들과 높은 지위에 있는 사람들을 위하여 (2절)
3. 구원받지 못한 사람들을 위하여 (4절)

〈4〉모든 목적을 포함하여 중보기도를 하라 (2, 4절)
1. 모든 사람이 구원받도록 (4절)
2. 우리의 평안한 삶을 위하여 (2절)
3. 우리의 경건한 삶을 위하여 (2절)
4. 우리의 정직한 삶을 위하여 (2절)

〈5〉모든 장소에서 중보기도를 하라 (8절)

〈6〉모든 것이 순결한 가운데 중보기도를 하라 (8절)
1. 거룩한 손
2. 분노와 다툼이 없는 화목한 관계
3. 의심이 없는 소망 중에[4]

중보기도를 통해 나 중심적인 신앙생활에서 떠나서 이웃과 죽어가는 영혼을 위한 기도를 하게 될 때 더욱더 신앙이 성숙하게 될 것이다. 특별히 잃어버린 자들을 위하여 기도해야 하는 것이 복음전도자로서의 기도생활이 되어야 할 것이다. 헌트(T.W.Hunt) 와 캐터린 월커(Catherine Walker) 는 "기도의 삶: 하나님과 교제하며 동행하는 삶 훈련교재"(Disciple's Prayer Life: Walking In Fellowship With God)를 만들었으며 잃어버린 자들을 위한 단계들에 대해서 설명하고 있다. 잃어버린 자들을 위한 다섯 단계는 다음과 같다:

〈1〉잃어버린 자들을 위해 진정한 관심과 사랑의 마음을 가지라.

〈2〉 당신의 주위 (이웃, 친척, 직장, 학교 등등) 에서 특정한 사람을 찾으라.

〈3〉 그 특정한 사람들을 위해 알맞는 기도, 상세한 기도를 한다.
   1. 주여, 저를 포함한 능력있는 증인들을 보내사 저들을 만나게 하소서.
   2. 구세주여, 저들의 삶의 환경을 주관하시사 그들이 만나는 작은 사건들 하나, 조그마한 삶의 단편 하나라도 그들이 그리스도께서 오는 계기가 되도록 하옵소서.
   3. 주여, 크신 능력으로 당신의 거룩하신 성령을 보내사 저들이 죄를 깨닫고 자신들이 잃어버린 자라는 사실을 알게 하소서.
   4. 아버지여, 당신의 거룩하신 성령을 통하여 저들로 죄에서 구원하실 분이 예수시라는 사실을 깨닫게 하소서.

〈4〉 지속적으로 기도한다.

〈5〉 하나님께서 매 단계마다 친히 개입하시사 저들을 구원으로 옮기게 하심을 감사드리라.[5]

복음을 전하는 자들을 위한 기도가 전도자의 기도생활에 빠져서는 안 될 것이다. 모든 성도들이 다니는 교회의 젊은이들과 성인들이 복음전도와 선교사업을 위하여 부르심을 받았다는 사명을 깨닫고 성령의 음성에 민감할 수 있도록 기도해야 할 것이다.[6]

복음전도자로서 그들의 자녀들까지도 사람을 낚는 어부가 되어야 한다는 사명을 깨닫도록 기도해야 한다. 각 학교에서 교육을 받는 모든 크리스챤 학생들에게도 추수할 일군이라는 것을 알게 하여 하나님께서 그들의 삶에 두신 특별한 뜻을 분명히 의식할 수 있도록 기도해야 할 것이다. 특별히, 신학교에서 주님의 종이 되기 위하여 공부하는 신학생들이 잘 훈련받아 효과적인 사람을 낚는 어부가 되도록 기도해야 한다. 복음에 필요한 곳으로 전도자들이 갈 수 있도록 인도해 주실 것을 위해 복음전도자는 기도해야 한다.

다시 말하면, 사람을 낚는 어부로서 효과적인 전도를 하기 위해 두가지 제목을 가지고 기도해야 한다. 첫째는 영혼을 사랑하는 마음을 가질 수 있도록 기도해야 한다. 영혼을 사랑하는 마음이 성령의 역사로 강하여 질 때 닫혔던 전도의 문이 열리며 이웃의 문이 열리며 천국의 문이 열리게 된다. 둘째로는 문제있는 불신자를 만나기 위해 성령의 인도함으 받도록 기도해야 한다. 많은 사람들은 만나는 것도 중요하지만 더욱더 중요한 것은 복음이 필요한 사람을 만나야 한다. 복음이 필요한 사람은 자기의 문제의식을 가지고 있는 자들이며 사업의 실패, 자녀의 문제, 죽음에 대한 공포, 인간관계의 문제, 질병의 문제 등으로 외로움과 고통을 당하는 자들이다. 그러나 스스로 아무 문제가 없다고 하는 불신자들에게는 복음을 받아 들일 마음의 준비가 되어 있지 않기 때문에 복음을 거절할 것이다.

3. 성령의 의지함

복음전도에게 있어서 성령의 역할은 매우 중요하다. 성령이 없는 전도는 영혼없는 육체와 같기 때문에 아무 효과도 없게 될 것이다. 사도행전은 복음의 역사가 기록되어 있다. 그래서 어떤 학자들은 사도행전이라기보다 성령행전이라고도 말하고 있다.[8] 성령의 이름이 오십회 이상이나 나타나고 성령은 선물과 은사를 약속하시고 주시는 분으로 나타나 있기 때문이다: 성령의 세례(행 1:5, 11:16), 성령의 충만함(행2:4, 4:8,31, 6:3, 5, 7:55, 9:17, 11:24, 13:9, 52), 성령을 부어주심(행 2:17, 18, 33, 10:45), 성령을 받음(행 2:38, 8:15, 17, 19, 19:2), 성령으로 방언 을 말함(행 1:2, 16, 2:4, 17-18, 4:25, 31, 11:28, 21:4, 11), 성령의 위로(행 9:31).[9]

성령의 역할에 대해서 여섯가지로 나누어 살펴 보면서 복음전도자들이 생활 속에서 성령을 의지하는 것이 얼마나 중요한 것인가를 살펴 보고자 한다.[10] 성령을 의지하는 것은 복음전도자가 해야 할 매우 중요한 생활 중에 하나이다.

1) 권능(Empowers)

사도행전 1:8에 보면 성령은 예수 그리스도를 증거하기 위하여 예수 그리스도를 고백하는 모든 성도들에게 권능를 주신다고 약속하셨다. 권능은 그리이스어로 "두나미스"라고 하는데 다이나마이트 (폭발물) 에서 파생한 단어이다.[11] 다이나마이트가 폭발하듯이 성령이 권능으로 나타나서 복음전도 사역에 역사하고 있다. 사도행전 4:31에 "…무리가 다 성령이 충만하여 담대히 하나님의 말씀을 전하니라"고 기록되어 있다.

예수께서 말씀하시기를 "내가 하나님의 성령을 힘입어 귀신을 쫓아내는 것이면 하나님의 나라가 이미 너희에게 임하였느니라" (마 12:28) 고 하셨는데 성령의 권능은 사단의 세계를 잠재우는 능력이며 하나님의 세계를 세우는 수단이 되고 있다. 하나님의 나라가 임하여 성령의 역사로 사도행전 2:1-4에 나타난 세가지

증거가 나오고 있다: 급하고 강한 바람같은 소리, 불의 혀같이 갈라지는 것, 다른 방언으로 말함. 이러한 역사는 성령의 권능으로 임하는 것이다.

2) 깨달음 (Convinces)

예수께서 요한복음 16:8-11에 성령이 세상의 죄와 의와 심판에 대해서 깨닫게 한다고 하셨다. 하나님의 나라가 임하기 전에 해야 할 역사로 이와 같은 깨달음이 반드시 있어야 할 것이다. 사도행전 2:37에 베드로가 말씀을 증거할 때 성령의 역사로 죄에 대한 깨달음과 회개의 역사가 나타나고 있다: "저희가 이 말을 듣고 마음에 찔려 베드로와 다른 사도들에게 물어 형제들아 우리가 어찌할꼬 하거늘." 죄를 깨닫는다는 것과 회개는 성령의 역사가 없이는 불가능하다. 예수께서 "나를 보내신 아버지께서 이끌지 아니하면 아무라도 내게 올 수 없으니 그(성령)를 내가 마지막 날에 다시 살리라"(요 6:44). 마지막 날에 복음이 전파되도록 하는 것은 성령의 깨달음을 통하여 나타나게 된다.

3) 거듭남 (Regeneration)

거듭남이라는 것은 성령이 죄인을 새롭게 창조하는 일을 말하며 밤에 예수님에게로 찾아 온 니고데모에게 요구하는 것이었다. "사람이 거듭나지 아니하면 하나님 나라를 볼 수 없느니라"(요 3:3) 고 예수께서 말씀하셨고 계속해서 "육으로 난 것은 육이요 성령으로 난 것은 영이니 내가 네게 거듭나야 하겠다 하는 말을 기이히 여기지 말라"(요 3:6) 고 하셨다.

사도 바울도 예수를 믿게 되는 것은 새로운 피조물이 되는 것(고후 5:17)으로 설명하고 있는데 이것도 성령의 역사인 거듭남을 말하고 있다. 에스겔 37:1-14에 나타난 마른 뼈들의 골짜기에서 뼈에 힘줄과 살을 입히고 가죽을 덮어서 생기를 불어 넣어 이스라엘 큰 군대를 만드는 것은 성령의 새롭게 창조하는 역사를 표현해 주는 좋은 본보기라고 볼 수 있다. 창세기에 나타난 흙으로 사람을 만드시고 생기를 코에 불어 넣으셔서 사람이 생령이 되었던 것(창 2:7) 도 성령의 창조의 역사를 말하고 있다.

4) 갖춤 (Equipment)

주님께서 은사와 직분을 주신 것은 권력을 행사하라고 주신 것이 아니라 그 사역을 통해 성도로서 온전케하며 봉사의 일을 하게 하며 그리스도의 몸을 세우는 것이다. 이러한 내용이 에베소서 4:11-12에 기록되어 있으며 성령님께서 하시는 사역으로 갖춤에 속하는 것이다. 마찬가지로, 고린도전서 12:4-30에 나오는 은사도 성령님께서 역사하여 주셔서 갖추어 주신다는 것을 알아야 할 것이다. 로마서 12:6-8에 나타난 사역도 성령의 역할 중에 갖춤을 통해 일하도록 하는 것이다.

성령의 인도함에 의하여 주어진 직분을 하나님의 사역을 돕도록 성령에게 자격들을 갖추어 주시지만, 인간적인 생각 속에 주어진 직분을 맡은 자는 교회 안에 있든지 다른 교회에 가든지 계속적으로 교회에 불화를 주며 복음전도를 가로막는 신앙의 문제아로 남아 있는 경우가 있음을 볼 수 있다.

물질이 많다는 이유나, 정치적인 권력이 있다거나, 학식이 높다거나, 말재주가 있다는 이러한 것들만으로 결코 주님의 사역에 도움을 주지 못하고 있으며 인위적인 방법은 비성서적이기 때문에 어려움을 낳게 될 것이다. 예를 들면, 사도행전 6:1-6에 나타난 최초의 일곱 집사에 대한 선출을 할 때 "…성령과 지혜가 충만 하여 칭찬 듣는 사람…"(행 6:3) 이라는 자격을 말하고 있다.

평신도지도자들을 성서적인 근거와 관계없이 선출하였을 때 그들이 참석하는 교회에서 뿐만 아니라 사회생활 속에서 매우 나쁜 영향을 끼치는 경우를 많이 보게 된다.

5) 영감 (Inspiration)

하나님이 자기자신을 표현하는 일반적인 방법은 세가지가 있는데 계시 (Revelation) 와 영감 (Inspiration) 과 조명 (Illumination)이라고 부른다.[12] 첫째는 계시라고 부르는데 직접 나타나셔서 모세나 아브라함을 부르시는 것처럼 역사하는 경우를 말한다. 둘째는 하나님께서 수많은 그의 백성들에게 나타나서 말씀하시고 계신데 특별히 구별되고 성별된 사람들에게 기록하도록 한 것을 말하며 기록된 계시라고 볼 수 있는 것이 영감이다. 이러한 영감을 하나님의 말씀이 기록된 성경이라고 부른다.[13] 세째로 조명은 기록된 계시인 성경말씀을 읽으면서 말씀을 통해 읽는 자에게 꼭 필요한 말씀을 주셨다고 믿는, 또는 읽고 있는 사람에게 하나님이 말씀하시고 싶은 것을 주셨다고 믿는 것을 말한다. 어떤 사람들은 계시, 영감, 조명을 다 합쳐서 계시라고 말하는 경우가 있으나 구별하는 것이 좀더 정확한 표현일 것이다.

성령의 역할 중에 다섯번째로 영감(Inspiration) 이라고 부르는 것은 방법들을 통해 복음전도자들이 그들의 사역을 감당할 때 도와 주는 것으로 델로스 마일스는 표현하고 있다.[14] 그의 견해로서 이러한 방법들은 세가지로 나누어서 살펴 볼 수 있는데 다음과 같다:

(1) 성경말씀을 읽을 때

하나님의 말씀을 읽을 때마다 성령이 역사하셔서 말씀을 통해 역사하신다. 기록된 계시인 성경말씀은 일점일획도 잘못된 것이 없는 완전한 계시이다. 가장 확실하고 정확한 계시인 성경말씀을 통해 복음전도와 신앙생활을 하게 될 때 사단의 역사가 무너지고 하나님의 나라가 임하는 것을 발견하게 될 것이다. 디모데후서 3:16-17에 이렇게 되어 있다: "모든 성경은 하나님의 감동으로 된 것으로 교훈과 책망과 바르게 함과 의로 교육하기에 유익하니 이는 하나님의 사람으로 온전케 하며 모든 선한 일을 행하기에 온전케 하려 함이니라."

(2) 복음전도를 할 때

복음전도자가 그의 사역을 하게 될 때 성령께서 관여하셔서 전달하는 말씀들을 조종하여 주신다고 기록되었다. 예수께서 말씀하시길 "…그 때에 무슨 말할 것을 주시리니 말하는 이는 너희가 아니라 너희 속에서 말씀하시는 자 곧 너희 아버지의 성령이시니라"(마 10:20) 고 하셨다. 전도할 때는 성령을 의지하며 전적으로 기도하는 마음으로 해야 할 것이다. 인간적인 생각보다는 절대적으로 하나님께 맡기는 마음으로 해야 할 것이다. 사도 바울도 이렇게 고백하고 있다: "내 말과 내 전도함이 지혜의 권하는 말로 하지 아니하고 다만 성령의 나타남과 능력으로 하여 너희 믿음이 사람의 지혜에 있지 아니하고 다만 하나님의 능력에 있게 하려 하였노라"(고전 2:4-5). 하나님의 능력이 나타나도록 말 재주나 인간적인 지혜로 하려고 해서는 안되며 성령을 의지해야 하는 것이다.

(3) 설교를 할 때

모든 설교자는 예배에 참석한 사람들이 전체가 기독교인이라고 봐서는 절대로 안된다. 설교 속에는 계속적인 죽어가는 영혼에 대한 복음전도에 대한 내용이 반드시 있어야 한다. 실제로, 인간 관계로 교회에서 교제하는 사람들이 많이 있으며 그들에 대한 영혼의 책임을 누구에게 물을 수 있겠는가? 설교자들은 절대적인 책임의식을 갖고 설교 후에 결단의 시간 또는 초청의 시간을 두어 그들로 하여금 스스로 예수를 믿겠다고 하는 기회를 제공해야 할 것이다. 설교자는 결단의 시간이나 초청의 시간에 한 사람도 결정을 안하게 되더라도 설교를 못했다고 스스로 판단해서는 안된다. 이러한 판단은 인간의 지혜와 말재주에 근거하여 예수를 믿게하려는 비성서적인 방법일 것이다. 고린도전서 2:4-5에 기록된 것처럼, 성령의 나타남과 하나님의 능력이 설교 속에 있도록 성령을 절대적으로 의지해야 할 것이다.

6) 인도 (Guide)

안디옥 교회가 바나바와 사울을 안수하여 보내게 될 때도 인간적인 생각이 아니라 성령의 절대적인 인도함이 있었다는 사실을 사도행전 13:2-3에서 찾아 볼 수 있다. 사도 바울이 아시아 복음을 전도하기 위하여 노력을 하였지만 성령께서 전도하지 못하게 하시고 마게도냐로 보내어 복음전도를 하도록 성령의 인도함이 있었다: "성령이 아시아에서 말씀을 전하지 못하게 하시거늘…밤에 환상이 바울에게 보이니 마게도냐 사람 하나가 서서 그에게 청하여 가로되 마게도냐로 건너와서 우리를 도우라 하거늘 …이는 하나님이 저 사람들에게 복음을 전하라고 우리를 부르신 줄로 인정함이러라"(행 16:6-10).

사도행전에 나타난 일곱집사 중에 하나인 빌립이 계속적으로 성령의 인도하심을 따라 에디오피아 내시에게 복음을 전파하게 되었으며 세례까지 베푸는 역사가 사도행전 8:26-39 까지 기록되어 있다. 인간적인 노력도 중요하지만 성령의 인도함으로 받아서 복음전도하려는 시도가 더 효과적인 전도방법임을 인식해야 할 것이다.

4. 말씀의 충만

매일 성경말씀을 통하여 하나님의 온전한 뜻을 찾으려고 하고 하나님을 기쁘시게 하는 생활을 해야 한다. 조지 뮬러 목사(1805~1898)는 영국에서 3천 명 이상의 고아를 돌본 사람으로 '사랑의 아버지'란 칭호를 받은 분이다. "어떻게 그런 엄청난 일을 할 수가 있었습니까?" 하는 질문에 그는 이렇게 대답했다.

"나는 평생에 성서를 백 회 통독했습니다. 그러나 한 번도 싫증이 난 일이 없습니다. 읽을 때마다 새로웠고 읽을 때마다 힘을 얻고 희망을 얻었습니다. 이것은 나의 54년간의 경험으로 말하는 것입니다. 나는 예수를 믿고 처음 3년 간 성경을 안 읽었습니다. 그 때 나는 신자로서 예수를 믿고 처음 3년 간 성경을 안 읽었습니다. 그 때 나는 신자로서의 기쁨도 사명도 느끼지 못한 죽은 크리스챤이었습니다. 나는 그 2~3년간을 '잃어버린 시간' 이라고 생각합니다. 영적 생활의 활력은 날마다 성경을 읽느냐 안 읽느냐 하는 문제와 정비례합니다. 성경 읽기를 일과로 할 수 있다면 그 이상의 은혜는 없을 것입니다."[15]

특별히, 복음전도에 사용될 수 있는 말씀들이나 기독교를 변증할 만한 성경말씀들을 암송하게 될 때 여러가지로 신앙생활에 도움을 주고 있다. 영적인 지도자를 위한 제자양육교재인 "최선의

삶"에서 성경말씀을 암송해야 할 이유를 여섯가지로 설명하고 있다.[16]

1) 사단과의 싸움에서 승리하기 위하여

성경을 암송해서 신앙생활에 도움이 되는 것은 사단와 싸움에서 승리하기 위하여 해야 할 것이다. 사도 바울이 에베소서 6:17에 이렇게 권고하고 있다: "…성령의 검 곧 하나님의 말씀을 가지라." 성령을 의지하는 방법 중에 하나가 바로 하나님의 말씀을 묵상하며 암송하는 것이다. 사단도 하나님의 말씀을 알고 틀리게 사용하면서 하나님의 자녀들을 여러가지 방법으로 시험하며 유혹하고 있다.

창세기에 나타난 하나님께 대한 최초의 범죄에서 사단의 유혹을 볼 수 있다. 하와가 뱀에게 유혹을 당할 때 "…너희가 결코 죽지 아니하리라 너희가 그것을 먹는 날에는 너희 눈이 밝아 하나님과 같이 되어 선악을 알 줄을 하나님이 아심이라"(창 3:4) 고 했다. 그러나, 하나님께서 아담과 하와에게 선악과에 대해 지시한 내용은 다음과 같이 다르다: "선악을 알게 하는 나무의 실과는 먹지 말라 네가 먹는 날에는 정녕 죽으리라 하시니라 (창 2:17).

예수께서 공생애에 들어가시기 전에 40일 간의 금식기도하실 때에 사단이 세가지로 시험을 했었다. 예수님은 세번 모두 하나님의 말씀으로 유혹을 물리치는 것을 찾아 볼 수 있다: ① "… 기록되었으되 사람이 떡으로만 살 것이 아니요 하나님의 입으로 나오는 모든 말씀으로 살 것이라 하였느니라"(마 4:4; 신 8:3). 2 ② "… 기록되었으되 주 너의 하나님을 시험치 말라 하였느니라" (마 4:7; 신 6:16). ③ "…사단아 물러가라 기록되었으되 주 너의 하나님께 경배하고 다만 그를 섬기라 하였느니라"(마 4:10;

신 6:13).

2) 죄로부터 승리하기 위하여

하나님의 말씀을 암송하게 될 때에 생활 속에서 깨닫지 못했던 것들을 발견하게 되며 마음과 생각과 뜻을 주님이 원하는 길로 가게 하는 역사가 나타나게 되어 죄로부터 승리의 생활을 하게 된다.[17] 히브리서 4:12에 이렇게 강조하고 있다: "하나님의 말씀은 살았고 운동력이 있어 좌우에 날선 어떤 검보다도 예리하여 혼과 영과 및 관절과 골수를 찔러 쪼개기까지 하며 또 마음과 생각과 뜻을 감찰하나니."

죄를 짓지 않는 방법은 하나님의 말씀을 마음에 항상 두고 있는 것이며, 그렇게 할 경우에 죄에 대한 죄책감 때문에 하나님의 뜻대로 살게 된다. 시편 119:9-11에 다음과 같이 지시하고 있다: "청년이 무엇으로 그 행실을 깨끗케 하리이까 주의 말씀을 따라 삼갈 것이니이다…내가 주께 범죄치 아니하려 하여 주의 말씀을 내 마음에 두었나이다." 특별히, 청년 때는 경험도 많지 않고 세상에 죄를 지을 수 있는 것에 대한 강한 욕구가 매우 많은 시기이기 때문에 더욱더 하나님의 말씀에 충만 해야 할 것이다.

3) 예수님을 증거하기 위하여

성경을 암송하게 되는 경우에 성령님께서 하나님의 말씀을 기억나게 하셔서 예수 그리스도의 복음을 전파할 수 있도록 인도하게 하신다. 예수께서 이렇게 친히 말씀하셨다: "진리의 성령이 오시면 그가 너희를 모든 진리 가운데로 인도하시리니 그가 자의로 말하지 않고 오직 듣는 것을 말하시며 장래 일을 너희에게 알리시리라"(요 16:13) 성경말씀은 그리스도를 위하여 있으며, 그리스도를 가리키고 있다.

　사도행전에 나타난 복음전도의 역사에 대해서 살펴 보면 성령의 역사가 나타나게 될 때에 구약성경에 기록되어 있는 그리스도이신 메시야에 대한 기록들을 열거하면서 하나님의 말씀을 증거하는 것을 많이 보게 된다. 베드로의 복음전도를 위한 설교(행 3:11-26)나 최초의 순교자인 스데반 집사(행 7:1-60)의 경우도 마찬가지이다. 복음전도자가 성경을 암송하는 이유는 가장 중요한 것 중에 하나가 우리의 신앙생활에 항상 대답할 수 있도록 준비해야 할 것이다(벧전 3:15).

4) 말씀을 묵상하기 위하여

　복있는 사람에 대해서 시편 1:2-3에 기록되어 있으며 말씀을 묵상하는 것이라고 기록되었다: "오직 여호와의 율법을 즐거워하여 그 율법을 주야로 묵상하는 자로다 저는 시냇가에 심은 나무가 시절을 좇아 과실을 맺으며 그 잎사귀가 마르지 아니함 같으니 그 행사가 다 형통하리로다." 하나님의 말씀을 암송하게 되면 그러한 과정 속에서 말씀을 묵상하게 되며 말씀을 통해 즐거움을 얻게 된다. "내가 주의 법을 어찌 그리 사랑하는지요 내가 그것을 종일 묵상하나이다"(시 119:97)라는 이러한 신앙고백을 하는 축복을 체험할 수 있게 된다.[19]

5) 매일의 생활을 인도받기 위하여

　예수께서 말씀하시기를 "나의 계명을 가지고 지키는 자라야 나를 사랑하는 자니 나를 사랑하는 자는 내 아버지께 사랑을 받을 것이요 나도 그를 사랑하여 그에게 나를 나타내리라"(요 14:21)고 하셨다. 계명을 지키려고 하면 말씀대로 살기 때문에 신앙생활에 복되고 축복된 길로 인도함을 받게 된다. 시편 기자는 이렇게 고백하고 있다: "주의 말씀은 내 발에 등이요 내 길에 빛이니이다"(시 119:105). 하나님께 인도함을 받는 여러가지 방법이 있을 수가 있다. 어떤 사람들은 철야기도나 산기도를 통해 하나님의 음성을 들어야 한다고 하나, 그러한 방법은 개별적이며 때로는 불확실한 경우가 많이 있다. 기도를 많이 하는 것에 대해서나 하나님의 은사를 부정하는 것이 아니라, 그래도 하나님의 가장 완전한 계시인 성경말씀을 통해서 하나님의 인도하심을 받는 것이 가장 건전하다고 볼 수 있다.

6) 하나님의 명령이므로

하나님께서 모세를 통해 말씀하시기를 마음에 새겨야 하며 부지런히 가르치며 어떠한 환경 가운데서도 말씀을 볼 수 있도록 하라고 하셨다: [21] "오늘날 내가 네게 명하는 이 말씀을 너는 마음에 새기고 네 자녀에게 부지런히 가르치며 집에 앉았을 때에든지 길에 행할 때에든지 누웠을 때에든지 일어날 때든지 이 말씀을 강론할 것이며 너는 또 그것을 네 손목에 매어 기호를 삼으며 네 미간에 붙여 표를 삼고 또 네 집 문설주와 바깥문에 기록할지니라"(신 6:6-9). 예를 들면, 학생이 영어와 같은 외국어를 공부할 때에 계속적으로 반복해서 단어를 암기하고 사용할 때에 잊어버리기가 쉽다. 마찬가지로 하나님의 말씀을 생활 가운데 실천하려고 노력하며 명령에 절대적으로 순종할 때에 하나님께서 항상 함께 하실 것이다.

5. 변화되어가는 생활

다른 종교는 행위를 통해 구원을 받는다고 주장해서 그것들을 따르는 사람들이 최선을 다하는 생활을 보게 되지만, 한편 기독교는 행위가 아니라 믿음으로 구원을 받기 때문에 구원받은 후에 올바른 행위에 대한 요구를 기독교인들이 게을리 하기가 매우 쉽다. 구원은 믿음으로 받았지만(엡 2:8), 좋고 온전한 행위를 통하여 확인시켜 주는 과정이 기독교인들에게 필요한 요소이다. 그리스도인들이 계속적으로 변화되어 성화되어가는 과정을 강조해서 사도 바울은 빌립보서 2:12에서 이렇게 말하고 있다: "…항상 복종하여 두렵고 떨림으로 너희 구원을 이루라." 복음전도자로서 구원을 이루는 과정에서 변화되는 사람은 하나님이 기뻐하시는 일이며 세상의 빛으로 좋은 행실을 통해 하나님께 영광을 돌릴 수 있게 될 것이다.

예수께서 마태복음 5:43-48에 원수를 사랑하라고 하시면서 "하늘에 계신 너희 아버지의 온전하심과 같이 너희도 온전하라"고 권고하셨다. 하나님의 온전하심을 최고의 목표이며 인간의 힘으로는 불가능하나 하나님을 의지하며 말씀대로 살아가려고 할 때에 생활의 변화가 있게 되어 하나님의 축복이 따르게 될 것이다. 열매있는 생활은 더 풍부하게 해 주시기 위해 주님께서 도와 주신다(요 15:2-3). 그래서 예수께서 말씀하시기를 "너희가 과실을 많이 맺으면 내 아버지께서 영광을 받으실 것이요 너희가 내 제자가 되리라" (요 15:8) 고 하셨다.

복음을 전하는 그리스도인들의 변화되어 가는 생활이 불신자들에게 복음을 받아 들이고 싶어하는 호기심을 일으킬 수 있다. 언어를 통하여 복음을 전파하는 것은 그리스도인의 변화된 생활을 통한 증거가 있은 후에라야 가정 효과적일 수 있다.[22] 모든 그리스도인의 생활 전체가 주 예수 그리스도의 복음을 전도하는 것이며 증거하는 것이 되도록 해야 할 것이다. 조셉 알드리치(Joseph C. Aldrich)가 저술한 "생활전도"(Life-Style Evangelism)라는 책의 서문에서 그리스도인의 생활을 통한 전도에 대해서 다음과 같이 제시하고 있다.

> 대부분의 전도 훈련에서는 복음을 어떻게 말로 전달하는가를 가르치고 있다. 그러나 교회가 추함에서 아름다움으로 바뀌도록 하는 생활을 권장하는 사역에는 별로 관심을 기울이지 않고 있다. 우리는 하나님의 축복을 사모하는 자로서 그의 아름다움을 이 인간 관계에 나타내어야 한다. 아름다움의 음악이 들려질 때, 사람들은 "당신이 갖고 있는 소망(아름다움)의 이유"가 무엇인지를 묻게 될 것이다.
> 먼저 음악을 연주하라. 그러면 그들은 말씀(복음)을 듣고 싶어할 것이다. 셸돈 바나우켄(Sheldon Vanauken)이 이를 잘 설명해 주고 있다. "기독교를 위한 최고의 주장은 그리스도인들 --- 그들의 기쁨과 확신과 완전함 등 --- 기쁨을 잃고 우울하고, 자기 만족에 빠져 있고, 마음이 좁아져 억눌려 있는 그리스도인들 --- 이다. 그 때 기독교는 힘을 잃게 된다."[23]
> 그리스도인의 공동체가 기쁨과 확신, 온전함, 그리고 아름다움으로 가득차서 성장할 때 전도는 영광스러운 열매를 맺게 될 것이다.[24]

그리스도인들의 변화되어 가는 생활을 통하여 복음을 전할 수 있는 계기를 마련할 수 있으며 그것과 동시에 언어를 통한 복음 전도가 반드시 있어야 한다. "입을 통한 말은 생활을 통한 말이 생활을 통해서 입증되지 않는 한 효과를 거둘 수 없다. 그러나 생활을 통한 행위는 입으로 하는 말의 도움 없이는 결코 완전하지 못하다는 것도 또한 사실이다."[25]

결 론

 죽어가는 영혼들에게 복음을 전하는 자들에게 사단을 강하게 대항하며 그들이 가지고 있는 구원의 확신마저 흔들어 놓으려는 술책을 가지고 있음을 알아야 한다. 무엇보다도, 구원받은 자로서의 말씀을 통하여 재확인해야 한다. 하나님과 영적인 교통인 기도를 통하여 성령의 인도함을 받는 생활을 해야 한다. 가장 완전한 계시인 성경말씀을 읽으며 묵상하여 말씀충만한 생활과 더불어 하나님의 자녀로서 하늘에 계신 아버지와 같이 온전하여지도록 변화되어 가는 생활이 있어야 할 것이다.

연구해야 할 과제

1. 어떻게 예수님을 믿게 되었는지 개인간증문을 작성하되 불신자에게 전도할 수 있게 하기 위한 것에 중점을 두고 말씀을 사용하도록 하시오.

2. 개인간증문을 작성한 것을 (1) 2분 동안, (2) 4분 동안, (3) 8분 동안에 세번 간증하되 카셋트 녹음기에 녹음하여 들어보고 시정해야 할 점이 무엇인가 다른 성도들과 함께 점검하여 보시오.

3. 다른 사람의 개인간증을 듣고 좋은 점과 시점해야 할 점이 무엇인지 적어 보시고 어떻게 하면 더 효과적으로 할 수 있은지 말해 보시오.

4. 하나님께 은혜를 받아 깨달은 것이 있으면 말해 보시고 특별히 불신자들에게 복음전도를 위해 사용할 수 있도록 말해 보시오.

5. 마귀가 복음을 전하려고 하는데 방해하며 담대하지 못하게 역사하게 되는 것들에 대해서 말해 보시오.

6. 믿는 자들이 소망을 가진 이유가 무엇인가?

7. 복음전도자에게 있어서 기도의 중요성을 설명하시오.

8. 복음전도와 교회성장과의 관계를 설명하여 보시고 한국교회가 성장하게 된 가장 큰 원인이 무엇인지 말해 보시오.

9. 참석하는 교회의 새벽기도회에 일주일을 참석하여 참석자들의 남녀 비율과 연령층 비율을 말해 보시오.

10. 골로새서 4:3을 암송하라.

11. 잃어버린 영혼들의 위한 기도의 단계를 말해 보시오.

12. 복음전도를 위한 성령의 역할을 여섯으로 나누어 설명해 보시오.

13. 계시, 영감, 조명의 차이점이 무엇인지 설명하시오.

14. 가장 완전한 계시가 무엇인지 말해 보시고 하나님과 동행하는 삶에 대해서 말해 보시오.

15. 꿈이나 환상과 같은 것을 통하여 하나님의 음성이라고 믿어졌던 것들이 마귀의 역사로 끝나게 된 경우가 있으면 말해 보시고 이런 것들을 어떻게 효과적으로 사용할 수 있을 지 말해 보시오.

16. 예수께서 사십주야를 금식하신 후에 마귀에게 세번이나 시험을 받을 때 주님의 사용하셨던 방법을 설명하시오.

17. 성경암송을 할 경우의 여섯가지의 유익점들을 말해 보시오.

18. 성경말씀을 암송하고 있는 것들을 복음전도 할 때나 성경공부를 가르칠 때나 구역 예배를 인도할 때나 아니면 설교할 때에 사용해 보시고 어떠한 효과가 있는지 말해 보시오.

19. 빌립보서 2:12에 "너희 구원를 이루라"는 말씀의 의미를 설명하시고 복음전도자 로서의 변화되는 생활을 해야 하는 분명한 이유를 설명하시오.

20. 말를 통한 복음전도와 생활(행위)을 통한 복음전도를 비교하여 설명해 보시고 효과적인 복음전도에 대해서 말해 보시오.

주(註)

1) W. Stanley Monneyham, "Getting More Hooks in the Water I Not Enough: World Evangelization Requires the Right Tackles," Christianity Today, Vol. XXV, No. 1 Jan.-Feb., 1982, p. 159.
2) Delos Miles, "Introduction To Evangelism" (Nashville, Tn.: Broadman Press, 1983), P. 215.
3) Disciple' s Study Bible(Nashville, Tn.: Holman Bible Publishers, 1988), p. 1837. (번역 요단출판사, 1992).
4) Avery T. Willis Jr. "The Master Life Day by Day Personal Devotional Guide" (Nashville, Tn: The Sunday School Board of Southern Baptist Convention, 1991), p. 105.
5) T. W. Hunter, and Catherine Walker, "Disciple's Prayer Life: Walking in Fellowship with God" (Nashville, Tn: The Sunday School Board of Southern Baptist Convention, 1988), p. 304.
6) Ibid., p. 305.
7) Ibid.
8) 김연택, "사도행전과 교회성장: 교회성장과 제직훈련을 위한 강해" (서울: 청문 출판, 1990), p. 9.
9) Ibid., p. 10.
10) Miles, pp. 199-210.
11) Ibid., p. 22.
12) Merrill F. Unger, "Introductory To the Old Testament" (Grand Rapids, Mich.: Zondervan Publishing House, 1973), p. 25.
13) Ibid., p. 23.
14) Miles, p. 205.
15) Ibid.
16) Ibid.

17) *Ibid.*
18) *Ibid.*
19) *Ibid.*
20) 최효섭, "현대예화 사진:교훈과 지혜가 넘치는 감동의 예화 모음", (서울: 쿰란출판사, 1995), p. 144.
21) Willis, p. 141.
22) *Ibid.*
23) *Ibid.*
24) *Ibid.*
25) *Ibid.*
26) *Ibid.*
27) Findley B. Edge(도한호 역), "A Quest for Vitaity in Religion: A Theological Approach to Religious Education"(Nashville, Tn.: Broadman Press, 1963), P.153.
28) Sheldon Vanauken, "A Severe Mercy"(New York: Harper and Row, 1977), P.85.
29) Joseph C. Aldrich(오정현 역), "Life-Style Evangelism"(Portland, Oreg.: Multonomah Press, 1981), p. 17.
30) Edge, p. 154.

제 7 장
복음전도의 모델

제 7 장
복음전도의 모델

서 론

1. 예수님의 목회 속에서의 복음전도
1) 기도
2) 가르침과 설교
3) 교제
4) 개인 전도
5) 봉사

2. 전도자로서의 안드레
1) 가족배경
2) 회심과 소명
3) 사역
4) 최초의 복음전도자
5) 전도 여행과 순교

3. 전도자로서의 바울
1) 적극적 참여하는 태도
2) 자급자족
3) 동역자와 함께 전도
4) 육체의 가시를 극복함
5) 전도 활동을 간증함

결 론

제 7 장
복음전도의 모델

> "너는 말씀을 전파하라
> 때를 얻든지 못 얻든지 항상 힘쓰라
> 범사에 오래 참음과
> 가르침으로 경책하며 권하라."
>
> (디모데후서 4:2)

서 론

　신약성경에 나타난 복음전도를 하였던 예수 그리스도의 목회와 안드레의 전도방법과 사도 바울의 선교했던 방법들을 관찰하려고 한다. 예수님이 이 세상에 오신 가장 큰 목적은 십자가에 피를 흘려 돌아 가심으로서 죄를 사하여 구원의 길을 인류에게 제공하였다. 그가 삼십세 때부터 약 삼년 동안의 공생애 기간을 통해 그의 목회방법을 연구하여 복음전도에 참고하려고 한다.
　사도 바울도 안디옥 교회에서 선교사로서 파송되어 다른 환경과 언어가 다른 곳에서의 복음전파하였던 그의 자세가 오늘날 복음을 효과적으로 전하기를 원하는 사람들에게 귀중한 자료들을 제공해 준다고 할 수 있을 것이다. 성경에 나타난 세 인물 만을 살펴 보면서 복음전도의 좋은 모범으로 생각하며 복음전도자인 모든 성도들이 배워야 할 것을 찾아보고자 한다.

1. 예수님의 목회 속에서의 복음전도

1) 기도

이사야 56:7에 하나님의 교회는 "기도하는 집"이라고 기록되어 있다. 예수님께서 성전을 깨끗케 하실 때에 기도하는 집을 강도의 소굴로 만들었다고 책망하시면서 장사하는 모든 것들을 부셔 버렸던 것을 성경에서 찾아 볼 수 있다. 성전에서의 기도생활의 중요성을 강조하고 있다.

예수님은 하나님의 아들일지라도 그의 삶 속에서 기도의 가장 좋은 모범을 보여 주고 있다. 마가복음 1:35에 의하면 "새벽 오히려 미명에 예수께서 일어나 나가 한적한 곳으로 가사 거기서 기도하시더니"라고 기록되어 있다. 때를 얻든지 못얻든지 예수님께서 기도하시는 일에 힘쓰셨다. 기도할 시간을 찾기가 아주 어려운 상황에서도 하나님과 그와의 관계를 연결하는 기도하는 시간이 그의 사역에서 중요한 것으로 간주하고 있었다.[1] 예수께서 그의 아버지와 깊은 기도와의 관계가 그 사역을 감당할 수 있었던 능력이 되었음을 그의 제자들에게 보여 주어 하나님께 기도하도록 가르치셨다고 볼 수 있다.[2]

예수께서 그의 생애에 있어서 중요한 결정을 하기 전에 기도하는 일을 우선적으로 하셨었다. 누가복음 6:12-13에 의하면, 예수께서 그의 제자 열두명을 선택하기 전에 기도하시면서 지난 밤을 지새우셨다는 것을 알 수 있다. 예수께서 그의 생애에서 가장 큰 위기이었던 겟세마네 동산에서 땅에 엎드려 기도하였고 (마 26:39), 하나님을 아바 (막 14:36)라는 가장 친밀한 칭호를 부르셨다.

요한복음 17:1-26에 나타난 예수님의 기도가 있다. 첫번째는 자신을 위한 기도이며 둘째는 자기의 제자들을 위한 기도이며 세째는 앞으로 성도가 될 사람들을 위한 기도이다. 5절에 "아버지여 창세 전에 내가 아버지와 함께 가졌던 영화로써 지금도 아버지와 함께 나를 영화롭게 하옵소서"고 예수께서 자신을 위해 기도하는 내용을 요약했다고 볼 수 있다. 이러한 내용을 마르쿠스 레인스포드 (Marcus Rainsford) 는 다음과 같이 설명하고 있다:

> 예수님은 아버지에게 간구하시기를 그가 성육신하기 전에 차지하고 있던 하나님의 아들의 위치로 인자를 환원시켜 달라고 한다. 그리하여 그는 그 곳에서 그의 백성들을 이롭게 하도록 그의 백성들의 대리자로, 교회의 머리로, 그리고 교회의 모든 것들을 주관하는 머리가 되어 하늘에 있는 것이나 땅에 있는 것, 또는 지옥에 있는 것 모두를 다스리게 해 달라고 기도하신다. 그의 기도는 적어도 이러한 것을 뜻하는 것이다. 그 이상의 엄청난 뜻이 있을지는 오직 하나님만이 아신다.[3]

2) 가르침과 설교

성경에서 기록된 예수께서의 가르침과 설교를 구분하여 설명하는 경우도 있으나 여기서는 구분없이 살펴 보고자 한다. 요한복음 3:2에 "그가 밤에 예수께 와서 가로되 랍비여 우리가 당신은 하나님께로서 오신 선생인줄 아나이다…"고 디고데모가 말했었다. 예수님은 가르치는 목회에 대한 중요성을 강조하셨다. 하워드 콜슨 (Howard Colson)은 다음과 같이 제시를 했었다:

사복음서에서 그 (예수님) 는 89 번이나 선생님으로서 나타나 있으며, 단지 12 번만이 설교가로서 표현되어 있다. 물론 그의 가르침과 설교는 종종 합체시키는 경우가 많이 있으나, 그의 가르치는 사역은 그가 행하셨던 모든 것들의 기초이었으며 중심이었다. 지금까지 존재하는 가장 좋은 학교는 선생님으로서의 예수님과 배우는 사람들로서의 사도들로 구성된 것이었다.[4]

예수님의 설교방법은 그당시 종교지도자들과의 것과는 매우 다른 것이었다. 마가복음 1:22에 "뭇사람이 그의 교훈에 놀라니 이는 그 가르치는 것이 권세있는 자와 같고 서기관들과 같지 아니함일러라"고 기록되어 있다. 예수님은 성경에 말하는 것과 의미하는 것을 정확하게 알고 있기 때문에 최고의 권위를 가지고 가르칠 수가 있었다. 존 말큐스(John Marquis) 는 예수님에 대해서 이렇게 믿고 있다: "그는 무엇인가 행하지 않는 것은 가르친 적이 없었고, 그가 가르치지 않았을 때이라도 그는 무엇인가를 먼저 행하시었다."[5]

예수께서는 가르치셨던 같이 행하시었고, 그의 가르침은 신적인 권위가 있었다. 예수님의 가르치시고 설교하시는 원리와 방법은 모든 그리스도인들이 추구해야만 하는 고매한 목적이라고 할 수 있는 이상으로 구성되어 있다.[6] 모든 그리스도인들은 불신자들이 직면해 있는 여러가지의 문제들을 해결하도록 하기 위하여 그들을 그리스도께 인도하는 개인적인 상담자이어야 한다. 모든 그리스도인으로서의 복음전도자의 목표는 하나님과 같이 되는 것이다. 예수께서 산상수훈에서 하나님 나라에 대해서 설교하셨고 이렇게 요구하시었다: "그러므로 하늘에 계신 너희 아버지의 온전하심과 같이 너희도 온전하라"(마 5:48). 그는 특별히 하나님의 본질과 인간을 향하는 그의 태도에 대한 더 분명한 이해를 추구했었다. 하나님의 완전하심은 메시아의 왕국에 들어가기 위한 표준이다. 예수님은 사람들의 삶이 하나님께서 개인적으로 받아들일 수 있도록 만드시며 변화시키기 위하여 마음과 생각을 순결하게 할 수 있으신다는 것이다.

요한복음 2:25에 예수님에 대해서 이렇게 기록되어 있다: "또 친히 사람의 속에 있는 것을 아시므로 사람에 대하여 아무의 증거도 받으실 필요가 없음이니라." 의심할 필요가 없이 그는 그의 말씀을 듣는 사람들이 좋던 나쁘던, 집중하던 안하던, 친절하던 안하던, 그의 가르치는 것을 전적으로 동의하던 비평하던 간에 계속적으로 말할 수 있으시었다. 그의 의로움과 실천적인 삶 때문에 그의 가르침과 설교는 가장 좋은 복음전도의 방법이었다. 복음전도자들의 생활이 온전할 때에 그의 생활을 잘 아는 불신자들은 복음을 받아 들이는 효과가 매우 크게 될 것이다.

3) 교제

교제는 어떤 것, 즉 공통된 관심사, 공통된 관점, 공통된 주제, 공통된 자질을 함께 나누는 것이므로 다른 특성을 가진 존재는 서로 교제를 나눌 수 가 없게 될 것이다.[7] 하나님께서 인간을 하나님의 형상으로 창조하셨기 때문에 서로의 공통점 때문에 단결되었던 교제를 인간들과 하고 싶으셔서 예수 그리스도의 이 땅에 보내셔서 십자가에 죽게 하셨던 것이다.

예수께서도 교제를 나누기 위하여 사람들을 부르셨다. 제자가 되는 것은 그리스도 안에서 동반자에 속하도록 하는 것을 의미한다. 함께하는 것이라는 의미가 매우 강한 표현이다. 고린도후서 5:16-21에 나타난 그리스도 안에서의 새로운 피조물이라는 표현도 교제에 대한 선물로서 볼 수 있다. 예수님과 함께 한다는 것은 평안과 위로만이 있는 곳뿐만 아니라 고난과 시련이 있는 곳에서도 있어야 하는 것이다.

예수께서 사람들에게 복음적인 메세지를 선포하시기 위해서 아버지께서 이세상에 보내셨던 이유도 포함된다. 마가복음 6:7에 "열두 제자를 부르사 둘씩 둘씩 보내시며 더러운 귀신을 제어하는 권세를 주시고"라고 기록되어 있다. 복음전도는 각개인에 의해서 라기보다는 교제에 의해서 행하여져야 함을 알 수 있다. 하나씩이 아니라 둘씩 보내었다는 예수님의 복음전도를 위한 전략을 간과해서는 안된다.[8] 둘씩 짝지어 복음을 선포하는 사역은 성도 간에 깊은 교제가 있어야 하며 기도와 협력의 관계가 있어야 함을 인식해야 한다.

예수께서 말씀하시기를 "…너는 베드로라 내가 이 반석 위에 내 교회를 세우리니 음부의 권세가 이기지 못하리라"(마 16:18)고 하셨다. 교회는 믿음으로 그리스도를 구주로 받아 들인 사람들이 협력에 의해서 만들어진 것이다. 그리스도는 교회를 세우셨고 그의 사랑을 보일 수 있는 공동체를 형성하는 것이다. 성도의 교제는 그리스도 안에서 성장해야 하는 것이다. 성장이 없는 것은 생명이 없는 것이다. 예수의 친구들은 그당시 누구들이었는가? 예수는 약한 자의 편이신 분이시며 그들을 도우셨다. 과부들, 어린이들, 각색 병든 사람들은 그리스도의 도움을 많이 받았다. 모든 그리스도인들은 예수님과 같이 약한자의 편이 되어야 하며 그들과 깊이 교제해야 하며 그들의 필요를 충족시켜 주어야 한다. 이러한 과정을 통해 복음이 전파되는 것이다.

교제 그자체가 강력한 복음적인 매개체이다. 예수께서 주변에서 창조된 교제들은 복음전도를 위한 것 뿐만 아니라 그자체가 복음적인 의미를 가지고 있다. 예수 그리스도의 교제는 선교와 복음전파를 위한 중요한 부분 중에 하나이었다. 복음전파는 생활 속에 이루어지는 인간관계 속에 자연스럽게 이루어지는 교제를 통하여 나타나게 되는 것이다. 사랑과 이해와 마음을 같이하는 교제는 예수 그리스도의 새로운 세계를 소개할 수 있는 복음적인 전략이라고 볼 수 있다.

4) 개인 전도

예수께서 공생애 기간인 약 3년 동안에 수많은 사람들에게 천국복음을 전파하셨고 많은 제자들을 부르셨던 내용들이 성경에 기록되어 있다. 특별히, 요한복음 4장에 기록되어 있는 수가성 가까이에 있는 우물가에 온 사마리아 여인에게 예수님께서 전도한 내용을 살펴 보면서 예수님의 복음전도의 발자취를 추척해 보고자 한다. 폴 리틀(Paul E. Little) 이 "이렇게 전한다"(How To Give Away Your Faith) 는 책을 썼으며 그 책 속에서 사마리아 여인을 전도한 것을 일곱 가지의 원리로 나누어 잘 설명하고 있는데 이것을 재검토하려고 한다.[9]

(1) 다른 사람과 사회적인 접촉을 하라

그리스도인들은 하늘의 시민권을 갖고 있지만 땅에서 살고 있는 성도이기 때문에 불신자들에게 복음을 전파하기 위해서는 그들과 사회적인 접촉이 반드시 요청되는 것이다. 7절에 "사마리아 여자 하나가 물을 길으러 왔으매 예수께서 물을 달라 하시니" 고 기록되어 있는데 이것은 사마리아 여인에게 복음을 전파하시기 위해 접촉하신 것이다. 고기를 잡기 위해서는 고기가 많이 있는 곳으로 나가야 만날 수 있게 될 것이다. 사단의 세력은 복음전도자들이 불신자들과 접촉을 싫어하며 접촉하려는 것을 여러가지 방법을 동원하여 방해하고 있다는 것을 명심해야 한다. 리틀은

다음과 같이 제안하고 있다:

> 비그리스도인과 접촉하라. 우리는 각자 스스로 물어 보라. "나는 누구를 위해 굽혀 예수 그리스도를 주와 구주로 모시게 해 달라고 하나님께 간구했던가? 그리스도의 사랑을 나타낼 기회를 보여 주고 싶은 어떤 사람이라도 내겐 있는가? 성령께서 기회를 주시면 그에게 복음을 전해 주기 위한 좀 더 주도적인 역할을 기꺼이 하겠는가?" 비그리스도인과 힘찬 접촉이 없는 사람이라면, 그는 다만 하나님께 간구하여 하나님께서 한 전도 대상자를 자기에게 가르쳐 주시거든 그에게 친구가 되어 주고, 위해 기도해 주며, 사랑해 주며 효과적으로 그리스도께 인도하도록 기도해야 할 것이다. 그리하면 하나님은 바로 한 전도 대상자를 우리에게 보여 주실 것이다. "눈을 들어 보라"고 주님께서 말씀하고 계신다.(요 4:35).[10]

(2) 공동 관심사를 조성하라

사마리아 여인이 물을 길으러 왔기 때문에 그 여자가 관심의 초점을 두고 있는 것에 대해서 지적하시기 시작했다. 복음을 전하려 가려는 사람들이 첫 번째 실수 중에 하나가 전혀 관심이 없는 화제를 가지고 접근하려고 할 때에 복음을 듣는 사람들의 마음이 닫혀 있는 상태에서 아무 효과가 없게 된다. 공동 관심사가 될 수 있는 것을 찾아 그것을 통해 자연스럽게 대화를 시작하여 영적인 문제로 대화의 초점으로 부드럽게 화제를 바꾸어야 할 것이다.[11] 서로 잘 모르는 사이에 있는 사람들끼리 관계가 형성되어 친구관계를 이루어지는 것은 서로 기호나 취미나 공동관심사가 있을 때이다. 복음을 전파할 때에도 서로 이러한 점을 이용하여 관계를 유지하여 가깝게 접근할 수 있게 된다.

(3) 관심을 일으켜라

사마리아 여인과의 대화 속에서 생수에 관한 것이나 물 좀 달라고 요구한 이가 누구인지를 알고 싶어 하도록 말의 유도했다. 그 여자는 관심과 호기심을 가지게 되었고 예수께서는 그 여자로 하여금 질문을 하여 계속적인 흥미있게 하고 있다. 이러한 대화를 통해 사회적, 종교적, 인종적, 정치적인 장벽을 무너뜨렸다.[12]

강압적인 방법으로 복음을 전하려고 하게 될 때에 오히려 역효과를 가져와 기독교와 교회에 대한 불신감을 갖게 해서는 안된다. 각 개인이 가지고 있는 문제점들을 스스로 말하게 함으로서 그러한 문제점을 서로 이야기할 수 있도록 해야 한다. 관심을 일으키는 방법으로 각자 가지고 있는 의문점이나 문제점에 대한 개인적인 견해를 서로 나누는 것도 중요하다.[13]

(4) 너무 멀리 나가지 말라

폴 리틀이 말하기를 "상대방이 멧세지를 받을 준비태세가 되어 있는 정도 만큼의 멧세지 만을 전하라"[14] 고 권면하고 있다. 예수께서 너무 멀리 나가지 않고 대화하는 것을 알 수 있다: "…이 물을 먹는 자마다 다시 목마르지 아니하리니 나의 주는 물은 그 속에서 영생하도록 솟아나는 샘물이 되리라"(요 4:13-14).

사마리아 여인이 관심과 호기심을 나타나 보였지만 주님께서는 즉시 하고 싶은 것을 모두 말하지 않았다. 점차적으로 그 여인이 이야기를 받아 들일 준비가 되었다고 생각되었을 때에 점점 자기 자신에 대해서 말하기 시작했다. 호기심이 극에 달했을 때에 자기자신이 이스라엘 사람들이 기다리던 바로 메시아인 그리스도라는 것을 밝히었다.[15] 26절에 "예수께서 이르시되 네게 말하는 내가 그로다 하시니라" 고 기록되어 있다. 폴 리틀은 상대방의 반응을 보면서 성령의 능력과 임재를 온전히 의지하라고 권면하고 있다. 또한 그는 계속해서 다음과 같이 말하고 있다:

> 비그리스도인는 자기가 관심을 나타내 보이기 시작할 때 점잖게 달래는 형식으로 말해 주는 것을 좋아한다. 보통 처음엔 약한게 좋다. 그렇지않으면 밀폐된 횃대를 움직이기 때문에 깜짝 놀래는 것 처럼, 그 사람은 우리들이 정열적으로 접근해 보기도 전에 뒤로 슬그머니 물러서고 만다. 반면에 만일 우리의 태도나 방법에 있어서 주의를 게을리 하지 않고 좀더 부드러웠더면 질문해 오던 사람이 조용한 확신의 근거에 이르기까지 좀더 열심히 우리에게 접근해 올 수 있을 것이다.[16]

(5) 정죄하지 말라

복음전도자가 복음을 받아 들이려는 사람에게 그의 죄를 지적해서는 안되며 스스로 자기의 죄가 있음을 고백하도록 해야 한다. 15절에서 영생하는 물을 주어 여기 와서 물을 계속해서 길러 오지 않도록 해 달라고 사마리아 여인이 요청했다. 그 때에 16절에 "가서 네 남편을 데리고 오라" 했으며 그녀는 나는 남편이 없다고 했으면 이러한 대화를 통하여 그녀 스스로 자기의 죄를 깨닫고 고백하게 하는 방법을 사용하고 있다. 양심에 호소하는 방법도 효과적인 것이다. 간음 중에 있던 여인을 데리고 예수님께 나왔을 때에 주님께서 말씀하시기를 "나도 너를 정죄하지 아니하노니 가서 다시는 죄를 범치 말라" 고 하셨다(요 8:11).[17]

복음을 전하는 가운데 때로는 복음을 받아들이는 사람이 담배를 피우려고 할 때에 무조건 담배를 피우지 말라고 하는 것은 복음을 전하는데 실패하는 경우가 많이 있게 된다. 일상적인 기독교윤리를 먼저 강조하다가 보면 막상 복음의 중요한 진리를 전하지 못한다면, 형식에 그치는 기독교로 만들어 버리는 실수를 하게 될 것이다. 참고 인내하며 정죄하지 말고 스스로 죄를 깨닫고 고백하도록 성령을 의지하는 것이 중요하다.

예배시간에 술을 먹고 뒷좌석에 앉아 있는 어떤 사람을 보았을 때 무조건 정죄하기보다 사랑으로 술로 해결하지 못한 것을 교회에 찾아 온 것이라고 볼 수도 있는 아량이 때로는 필요하다. 실제로 예배 후에 이러한 사람과 진실된 대화를 통하여 예수를 믿게 하는 역사가 나타날 수 있음을 알아야 할 것이다. 자기 속에 있는 괴로움과 문제점들을 솔직히 고백하며 해결해 줄 것을 요청하게 되는 경우도 있다. 죽어가는 영혼을 사랑하는 마음과 성령이 인도하여 줄 것을 기도하는 마음으로 지혜롭게 정죄하지 말고 복음을 증거해야 할 것이다.

(6) 주된 논점에 적중하라

요한복음 4:20-26을 자세히 살펴 보면 예수께서 다른 부차적인 질문에 대해서 허용하지 않으시며 그가 메시야인 것에 대해서 주요한 논점을 이루며 말하고 있다. 사마리아 여인이 예배할 곳이 그리심산인지 아니면 예루살렘인지 물었지만 예수님은 어디서 예배를 드리는 것에 대해서 계속적으로 말하지 않고 자기자신에 대해서 화제를 이끄는 것을 볼 수 있다.[18]

복음전도자가 복음을 받아 들일 가능성이 있는 사람이 여러가지 질문과 화제를 바꾸려할 때에 예수를 믿게 해야 한다는 가장 중요한 논점에 맞추어 모르는 점은 모른다고 하고 화제를 복음전파로 바꾸어야 한다. 복음전도자는 모든 것을 다 아는 것이나 대화 중에 모든 것을 이겨야 하는 것이 아니라 대화 중에 때로는 질 수도 있으나 성령의 인도함을 받도록 기도하는 마음으로 예수를 믿게 하는 일에 최고의 목표를 두어야 한다.

(7) 그리스도께 직접 대면시켜라

복음의 결정적인 요점은 예수 그리스도가 메시야이며 구세주라는 사실을 선포하는 것이다. 모든 그리스도인들은 복음전도자로서 모든 대화 속에는 예수 그리스도가 최고의 것이 되도록 해야 한다. 불신자의 경우는 특별히 예수를 최고의 화제가 되도록 해야 한다. 폴 리틀은 전도할 때 다음과 같은 두 종류의 사람에 대해서 말하고 있다:

> 첫째 무리는 예수 그리스도에 대한 필요한 지식을 모르고 있는 사람들이다. 비록 알기는 원하지만 그리스도인이 되는 방법을 모르고 있다. 우리는 그런 사람들에게 민첩하게 대해야 하는데 첫째로는 그들의 지식에 잘못된 오해나 결함이 무엇인지 발견해야 하고 둘째로는 모든 기회를 놓치지 말고 붙잡아서 더 필요한 사실을 설명해 주는 일이다.
> 둘째 무리에 속하는 사람들은 이미 복음에 대해서 알고는 있으나 아직도 그 알고있는 대로 활동하지 못하는 사람들이다. 그런 사람들에게 반복해서 똑같은 줄을 던지고, 또 계속해서 똑같은 지식을 주입시켜 준다는 것은 그들을 얻기 보다는 오히려 더욱더 멀리 떨어져 나가게 만드는 일이 된다. 어떤 개인이 복음에 관해서 알만큼 충분히 알고 있다고 생각하면 우리는 조용히 침묵을 지키고 다만 열심히 그리고 매일 그의 이름을 불러가며 기

도해 주고 하나님의 나라에 들어 가도록 그를 사랑해 주어야 한다. [19]

모든 교회의 프로그램은 성도들간의 교제도 중요하지만 예수 그리스도 없는 프로그램은 사단이 제일 좋아 하는 것 중에 하나일 것이다. 고로, 교회의 목회자들과 평신도 지도자들은 예수 중심의 활동있는지 모든 프로그램들을 철저하게 점검해야 할 필요가 있을 것이다. 교회에 소속되어 있는 불신자에 대한 복음전파에도 적극적인 노력이 필요할 것이다.

5) 봉사

예수님께서 세상에 하나님의 아들로서 오셨을지라도 그는 다음과 같이 고백하고 있다: "인자의 온 것은 섬김을 받으려 함이 아니라 도리어 섬기려 하고 자기 목숨을 많은 사람의 대속물로 주려 함이니라"(마가복음 10:45). 이것은 마가복음의 주제에 해당하는 말씀이며, 섬기는 자로서와 봉사자로서의 예수님을 잘 표현해 주신 말씀이다. 예수께서 이세상에 오심은 모든 인간이 생각하는 위대함과는 반대가 된다고 할 수 있는 섬김을 받는 것이 아닌 섬기러 오셨다는 것이다.[20]

예수님의 제자들은 예수님의 힘과 능력을 통하여 로마의 압제로부터 이스라엘 백성들에게 자유함을 주실 것으로 예상했었다. 그러나, 그는 로마의 압제보다도 더 큰 죄로부터의 노예됨으로부터 구원시켜 주었다. 또한 그는 봉사에 대한 가르침을 보여 주시기 위하여 그의 제자들의 발을 씻겨 주셨었다. 그는 종의 위치를 스스로 취하셨으며 종으로서의 사역을 보여 주셨었다. 그는 그의 제자들을 가르치셨으며 그들의 종으로서 사역을 행하시기까지 충분하게 그들을 사랑하셨었다. 예수께서 이렇게 말씀하셨다: "내가 주와 또는 선생이 되어 너희 발을 씻겼으니 너희도 서로 발을 씻기는 것이 옳으니라 내가 너희에게 행한 것같이 너희도 행하게 하려하여 본을 보였노라"(요한복음 13:14-15). 이것은 모든 그리스도인들이 실천해야 할 것이며 이러한 행위를 통하여 하나님께는 영광이며 불신자들에게는 행위를 통한 복음전도가 될 수가 있게 된다.

봉사하는 것은 복음전파를 위한 모든 그리스도인들이 해야 할 것 전도 중에 가장 효과적인 것 중에 하나이다. 세상 사람들이 추구하는 높은 지위나 권력을 가지려는 것과 대조적으로, 예수께서는 이렇게 말씀하셨다: "너희 중에는 그렇지 아니하니 너희 중에 누구든지 크고자 하는 자는 너희를 섬기는 자가 되고 너희 중에 누구든지 으뜸이 되고자 하는 자는 너희 종이 되어야 하리라"(마 20:26-27). 예수님은 하나님이실지라도 모든 사람들을 구원하실 아버지의 계획을 성취하시기 위해 인간이 되시었다. 이것이 요한복음 1:14에 기록되어 있으며 성육신이라고 부른다. 이것에 대한 사도바울은 빌립보서 2:6-8에 "그는 근본 하나님의 본체시나 하나님과 동등됨을 취할 것으로 여기지 아니하시고 오히려 자기를 비어 종의 형체를 가져 사람들과 같이 되었고 사람의 모양으로 나타나셨으매 자기를 낮추시고 죽기까지 복종하셨으니 곧 십자가에 죽으심이라"고 했다. 이것은 하나님께는 복종이며 사람들에게는 봉사하기 위한 예수님의 겸손한 행위이었다.

2. 전도자로서의 안드레

예수님께서 열두제자들과 함께 3년동안 함께 먹고 자며 생활하시면서 그들을 훈련시키시며 주님의 사역을 감당하시도록 하셨다. 그들 중에는 예수님을 팔아 버린 가룟 유다도 있었으나 사도행전 1:22-26에 기도한 후에 투표하여 맛디아를 선출하였다. 자격은 예수님과 항상 함께 있었던 자이며 예수의 부활을 증거할 사람이었고 봉사와 사도의 직무를 대행하도록 하였다.(행 1:22-26). 열두사도들 모두는 죽기까지 복음을 전하는 사명을 수행하다가 순교를 하게 되었다. 그들 중에서 특별히 "복음전도자"로서 불리워지는 특징을 가지고 있는 안드레를 살펴 보고자 한다.

1) 가족배경

안드레라는 이름의 뜻은 "사람" 또는 "남자"라는 것을 말하고 있다. 또 다르게 해석하면 "남자다운 사람"이라고 할 수 있으며 이름의 의미는 결단력이 있는 생활을 하는 사람으로서 표현할 수 있다. 안드레의 아버지는 요나이었으며 때로는 요한으로 불리워지기도 했으며, 그의 어머니는 요한나이었다 (마 4:18). 그의 형제는 예수님의 세명의 수제자 중에 하나인 베드로이다. "고기 잡는 법"이라는 뜻을 지닌 벳세다 지방출신이었으며[21](요 1:44) 나중에는 가버나움에서 살았었고 갈릴리 바다에서 고기를 잡는 어부였다 (마 8:5, 14). 세베데의 아들들인 야고보와 요한은 안드레와 베드로와의 동업자로서의 관계를 가지고 있으며 고기를 잡는 생활을 하였었다 (마 눅 5:10).[22]

2) 회심과 소명

마가복음 1:16-18에 의하면, 안드레는 원래 예수님이 되기 전에는 세례요한의 제자로 활동하였다. 그러나 예수 그리스도가 복음을 전파하게 되었을 때에 예수님을 만나게 되었으며 그 때부터 예수님을 따르는 제자가 되었다.

요한복음 1:29에 "이튿날 요한이 예수께서 자기에게 나아오심을 보고 가로되 보라 세상 죄를 지고 가는 하나님의 어린 양이로 다"고 기록되어 있다. 계속적으로 35절에 보면 예수님을 쫓는 두 사람 중에 하나가 안드레라고 말하고 있다. 세례요한의 외침을 듣고 예수님이 하나님의 어린 양임을 믿고 세상죄 뿐만 아니라 안드레 자신의 죄를 지고 가는 구세주라고 보게 되었다. 그는 귀를 통하여 복음을 들었으며 눈으로 직접 예수 그리스도를 보았으며 그의 행동을 통하여 주님을 따르고자 하는 결단력 있는 의지를 가지고 있었다.[23] 그는 그의 이름의 뜻과 같이 "남자다운 사람"이며 결단력이 있는 사람으로서 예수님의 제자가 되었다.

시몬 베드로와 그의 형제 안드레가 갈릴리 해변에서 고기를 잡고 있었는데 예수께서 부르시며 "…나를 따라 오너라 내가 너희로 사람을 낚는 어부가 되게 하리라"(막 1:17) 고 하시면서 부르셨다. 그때에 안드레는 곧 그물을 버려두고 좇으니라고 기록되어 있다. 어부에게 있어서 그물은 생계수단으로 매우 중요한 것이었으나 그것을 버리고 영혼구혼하는 일인 복음전파하는 일을 하기 위해 예수님을 쫓았던 것은 사명감이 없이는 불가능한 결단이었다.

3) 사 역

안드레에 관한 기록이 성경에 많이 언급되어 있지는 않지만 사복음서에 네 번이 나오고 있다. 이러한 기록을 통하여 안드레의 사역과 복음전도와의 관계를 관찰하여 하나님의 나라를 확장시키는 일에 도움이 될 것이다.

(1) 오병이어의 기적에서

첫번째로는 물고기 두마리와 보리 떡 다섯개로 오천명을 먹이시는 기적의 사건이 있기 전에 안드레는 협조자로서 나타난다. 요 6:5-9에 보면 예수님의 말씀과 기적을 보기 위해 그를 쫓아 왔던 무리들에게 떡을 제공하려면 이백 데나리온이나 드는 것에 대한 걱정을 빌립이 예수님께 말씀을 드렸다. 그러나 안드레는 빌립처럼 절망적인 상황 속에서만 있지 않았고 한 아이가 가져온 보리떡 다섯개와 물고기 두마리를 가져 왔다고 예수님께 고하면서 문제의 해결할 수 있는 실마리를 제공하여 오병이어의 기적을 체험할 수 있게 했다.

안드레의 역할은 어려운 상황에서 빌립은 부정적인 태도로 표현하고 있으나 안드레는 긍정적이며 적극적으로 할 수 있는 것이라고는 모두 시도하려는 노력과 문제점을 있는 그대로 예수님께 가져왔다는 것이다. 안드레는 모든 사람과의 관계에서 발생하는 문제들을 해결할 수 있는 역할을 감당한다고 볼 수 있다.

(2) 종려주일에

요한복음 12:13-22에 오면 종려주일에 예수님께서 나귀를 타시고 예루살렘을 입성하실 때에 유월절을 맞이하여 예루살렘에 예배를 드리려고 온 유대인은 아니지만 헬라인들 몇 사람들이 예수님을 개인적으로 뵙기를 원하여 빌립에게 요청했으며 빌립은 안드레에게 보고하였으며 안드레는 의견을 들은 후에 가능성을 타진하고 안드레와 빌립이 그들이 예수님을 개인적으로 만날 수 있도록 배려했었던 것을 알 수 있다. 안드레는 다른 제자들에 비해 인간관계에서 예수님과의 대화를 하게 될 때 잘 접촉할 수 있도록 협력할 수 있는 유능한 역할을 감당했었던것을 알 수 있다. 다시말하면, 유능한 외교관이나 또는 능숙한 비서와 같은 역할을 감당했었다.

항상 사람들을 예수님께로 인도하고 소개하고 하는(요 12:22)

예수님의 제자였고 사람들을 잘 찾아 내어 그들을 주님께로 소개하는 역할을 하는 (요 6: 8-9) 제자로 표현되어 있다.[24] 안드레의 성품은 인간관계 속에서 상황을 잘 판단하며 문제를 잘 해결할 수 있는 능력을 가지고 있는 제자였다. 이러한 성품의 소유자가 복음전도를 할 수 있는 전도자로서 없어서는 안될 중요한 재질이다. 기도와 훈련을 통하여 안드레와 같은 소질을 계발하도록 모든 복음전도자는 노력해야 할 것이다.

(3) 말세에 대한 질문에서

예수님께 나아와서 말세의 징조와 예루살렘의 멸망에 대해서 안드레는 다른 제자들인 베드로, 야고보, 요한과 함께 질문하는 장면이 마가복음 13:3-4에 기록되어 있다: "…우리에게 이르소서 어느 때에 이런 일이 있겠사오며 이 모든 일이 이루려 할 때에 무슨 징조가 있사오리이까?" 말세의 징조에 대한 적극적인 질문을 가지고 미래에 대한 깊은 관심을 가지고 있었음을 알 수 있다. 종말이 있음을 분명히 알며, 지옥과 천국이 있다는 사실을 분명히 알게 되며 믿게 될 때에 모든 그리스도인들은 굳건한 신앙생활을 하게 될 뿐만 아니라 복음전도자로서의 생활을 하게 될 것이다.

초대 기독교인들이 로마의 핍박과 죽임이 아무리 강하게 엄습해 올찌라도 신앙을 계속적으로 유지할 수 있었던 것은 주님이 곧 재림하실 것이라는 확신이며 지옥과 천국에 대한 확신이 있었기 때문이었다. 이러한 확신이 있다면 사랑하는 아내나 남편이나 가족들이 예수님을 믿지 않으면 지옥에 가게 될 것이라는 것을 분명하게 아는데 어느 누가 복음전파하는 일을 게을리 하겠는가? 죽어가는 영혼에 대한 진정한 사랑이 없이는 복음전도는 불가능하게 될 것이다.

(4) 오순절에

마지막으로는 사도행전 1:13에 다락방에서 예수님께서 약속하신 성령의 강림을 기다리는 사람들 중에 하나로 나타나 있다. 그는 다른 사람들과 같이 마음을 같이하여 전적으로 기도에 힘쓰고 있었다. 물론 성령의 역사로 하나님의 역사인 성령충만을 받았을 것이며 그당시에 예루살렘 교회에서 다른 사도들과 함께 중요한 지도자 중에 하나이었을 것을 추축할 수 있다.

4) 최초의 복음전도자

그는 예수님의 제자 중에 최초의 복음전도자로서 불리워지고 있다. 예수께서 "와 보라"라는 말씀에 순종하였고 그의 형제인 베드로를 예수께서 인도하였다. 베드로는 예수님의 열두 제자 중에 수제자인 세제자(베드로, 야고보, 요한)에 속해 있었으며 그는 기독교역사에서 가장 크고 중요한 인물 중에 하나였다. 이러한 중요한 인물을 전도한 사람이 바로 안드레이었다. 그가 베드로를 전도했기 때문에 예수께서 지극히 사랑하는 세제자들 중에 속하지 않아서 그것에 대한 시기와 질투가 있을 것으로 예상할 수 있으나 이러한 기록이 전혀 없고 낙천적인 제자로서 낮은 자리에서도 만족할 수 있는 참된 신앙인이었다.[25]

모든 그리스도인들이 죽어가는 영혼들에게 복음을 전파하여 그들의 생애 가운데 단 한명의 베드로와 같은 신앙인을 전도했다면 그는 하나님을 얼마나 기쁘시게 했으며 인정받는 생애를 살았는가를 짐작할 수 있게 될 것이다. 세계에서 가장 큰 교회의 담임 목사이신 조용기 목사님을 예수 믿기 전에 전도한 이름도 모르는 한 처녀 아가씨는 그녀의 생애에서 가장 크고 중대한 사역을 한 것이라고 볼 수 있을 것이다. 한명씩 전도하는 것이 때로는 별 것도 아닌 것으로 생각될 수도 있으나 이것은 예수께서 주신 위대한 명령에 순종하는 행위이며 그들 중에 어떠한 위대한 주님의 사역자가 나올지 주님만이 아시는 일이 될 것이다.

빌리그래함 전도대회에서는 안드레가 전도한 것을 응용하여 사용하고 있으며 이것에 대해서 이동원 목사의 강해설교집인 "열두 문, 열두돌"에 잘 제시했었다. 그는 다음과 같이 전도방법을 설명하였다:

> 빌리그래함 전도대회가 어느 도시에서 열리게 되면 그 보다 약 6개월 정도 전도팀이 그 도시에 와서 전도대회를 위한 준비를 하게 된다. 그 때에 그들이 성도들에게 카드 한 장씩을 주면서 "이 카드에다 여러분이 개인적으로 전도할 사람의 이름을 기록하시오. 그리고 그 사람을 위해서 기도하시고 그 다음에 그 사람을 데려오십시오"라고 합니다. 그런데 이 때의 카드를 바로 "안드레 카드"라고 부릅니다. 그리고 개인적으로 사람들을 예수님 앞으로 인도하는 그 일을 가리켜서 빌리 그래함 팀에서는 "안드레 작전"이라고 부릅니다. 내가 개인적으로 한 사람에게 관심을 가지고, 그를 위해 기도하고, 나중에 그 사람을 교회로 데려오고, 그리고 그 사람이 예수를 믿도록 도와 주는 역할을 우리가 담당해야 하는 것입니다.[26]

5) 전도 여행과 순교

안드레가 소아시아를 중심으로 전도여행을 한 것과 개인의 삶에 대한 것을 기록한 것이 있는데 이것을 사람들이 "안드레행전"

이라고 부르고 있다. 처음에는 에베소를 중심으로 해서 복음전도 사역이 시작되며 러시아의 남부까지 가서 복음을 전했으며 특별히 스키티아라는 지역에서는 수 많은 박해와 핍박을 당했으며 여러번 돌에 맞아 죽을 고비를 넘기게 되었다.[27] 그런 후에 희랍으로 와서 아가야라는 지방의 페트라라고 하는 곳에 머물렀으며 그 때에 아피아스 총독의 아내가 병 고침을 받고 희랍 신앙으로 개종하게 되었다. 총독의 형제가 예수를 믿고 그리스도인이 되었으나 총독은 핍박을 했으며 안드레는 체포당하게 되어 십자가에 못 박혀 죽는 언도를 받았었다.[28]

안드레의 요청은 예수께서 십자가에 못 박혀 죽으신 것과 같이 죽을 자격이 없다고 하여 십자가 모양을 바꾸어 달라고 요청하여 엑스(X) 자 모양의 십자가에 처형되었다. 이러한 유래로 인하여 엑스 자 형의 십자가는 안드레의 십자가로 불리워지고 있으며 안드레의 사도직을 상징하는 것 중에 하나가 되었다. 두 마리의 물고기가 십자가의 모양처럼 교차되어 있는 것도 안드레를 상징하는 것인데, 그 이유는 그가 주님의 제자가 되기 전에 어부였기 때문이었다.[29]

안드레는 죽기 전까지 사형을 집행하는 주지사에게 "지사님이여, 그대의 영혼을 잃지 마시오."라고 죽기까지 복음을 전파했다고 한다. 그리고 십자가에 처형되어 죽기 전에 마지막 기도문이 돌만 뉴만이라는 역사가에 의해서 기록되어 있다. 마지막의 기도문은 다음과 같다:

> 오, 그리스도 예수님이여, 나를 받아 주소서. 내가 본 그 분, 내가 사랑하는 그 분, 그 분 안에서 나는 내가 되었읍니다. 주님이시여, 당신의 영원한 나라의 평안 가운데 이제 나의 영혼을 받아 주시옵소서.[30]

그러므로, 안드레는 인간관계에 있어서 원만한 사람이었으며, 항상 사람들을 예수님께로 인도하고 소개하고 하는 사람이었고 사람들을 잘 찾아 내어 그들을 주님께로 소개하는 역할을 하는 사람이었다. 그의 성품은 인간관계 속에서 상황을 잘 판단하며 문제를 잘 해결할 수 있는 능력을 가졌으며 신용할 수 있는 사람이었다. 이러한 성품의 소유자로서 예수님의 제자 중에 제일 먼저 복음전도자로서의 역할을 잘 감당할 수 있었다. 반대로, 대인관계가 별로 안좋은 그리스도인이 서로 아는 불신자에게 복음을 전하는 것이 성과를 거두기가 어려울 수 밖에 없게 될 것을 쉽게 예측할 수 있는 일이다. 이러한 성격의 소유자는 전혀 모르는 사람들에게 개인전도를 할 때 좀더 효과적인 복음전도를 할 수 있게 될 것이다.

3. 전도자로서의 바울

사도바울은 예수를 믿은 후에 3년 동안에 아라비아에서(갈 1:17-18) 기도와 말씀연구를 하고 안디옥교회에서 성령의 인도하심으로 바나바와 함께 선교와 전도를 위해 여행을 떠나게 되었고 여러 차례 세계선교와 복음전파를 위해 노력을 했으면 많은 교회들을 개척했었다. 그에 대한 선교와 복음전도에 관한 기록이 여러 성경책에 기록되어 있지만, 특별히 고린도전서 9:19-27을 통해서 전도방법을 살펴 보고자 한다.

1) 적극적 참여하는 태도

(1)복음을 위해 여러가지 모양으로
고린도전서 9:20-22에서 여러가지 모양으로 복음전도를 위해 애쓰는 것에 대해서 잘 설명되어 있다: "약한 자에게는 내가 약한 자와 같이 된 것은 약한 자들을 얻고자 함이요 여러 사람에게 내가 여러 모양이 된 것은 아무쪼록 몇몇 사람들을 구원코자 함이니"(고전 9:22). 한 영혼이라도 주님 앞으로 돌아 오기 위해 여러가지 모양으로 복음전도를 사도바울은 했었다.

유대인에게 복음을 전파하기 위해 사도바울도 유대인으로서 그리스도인이 된 것에 대해서 알게 하여 그들을 전도했었다. 사도행전 16:3에 보면 바울이 디모데에게 할례를 행하는 것이 기록되었는데 이것도 유대인들로서 기독교인으로 개종한 사람들에게 문제가 없기를 원했으며 또한 좀더 많은 사람들에게 복음을 전파하기 위해서 하지 않아도 되는 할례를 행하게 되었다.

사도행전 21:23-26에 보면 이방인으로 기독교인이 된 사람들에게 요구했던 것인 "우상의 제물과 피와 목매어 죽인 것과 음행을 피할 것"(25절) 이었다. 이렇게 행함으로 이방인으로 기독교인들이 된 사람들과 유대인으로 기독교인들이 된 사람들과의 관계가 좋게 하기 위함이었다. 그러나, 무엇보다도 좀더 많은 사람들에게 복음을 전하기 위해 여러가지 모양으로 노력하는 사도바울을 볼 수 있다.

사도바울은 고린도전도 8장 전체를 통하여 음식문제에 대해서 언급하면서 그리스도인의 자유함이 복음을 전파하는 일에 방해가 되지 않도록 조심해야 할 것을 경고하고 있다 (고전 8:9). 그래서 믿음이 약한 자들에게 실족하게 하는 것이라면 사도바울이 가장 좋아하는 음식인 고기까지도 영원히 먹지 않겠다는 각오를 고린도전서 8:13에 기록되어 있다. 복음을 위해 먼저 믿은 사람들이 조심하게 행동하며 불신자들이나 초신자들에 대한 적극적인 배려가 얼마나 중요한가를 보여 주는 좋은 예라고 볼 수 있다.

예수님께서 이세상에 오신 것으로 인하여 달라진 것이 있는데 구약의 율법과 의식에서 주님의 은혜와 신앙생활의 변화를 참고로 생각할 수 있다. 다시 말하면, 율법시대에서 예수님이 세상으로 오심으로 인하여 은혜시대로 들어 왔으며 이러한 상황에서 변화된 것을 살펴 보고자 한다. 이러한 변화된 것들과 복음전도와는 매우 밀접한 관계를 가지며 좀더 효과적인 복음사역을 할 수 있게 될 것이다.

① 음식 문제

구약 시대에 가증하고 불결하기 때문에 하나님께서 먹지 못하는 것들에 대해서 매우 많이 언급하고 있다. 예를 들면, 레위기 11:1-45에 보면 지느러미나 비늘없는 생선의 고기를 먹을 수 없으며, 씨가 하나 밖에 없는 것도 먹을 수 없으며, 쪽발을 가지고 있으며 동시에 새김질하는 짐승 만을 먹을 수 있음을 명하고 있다. 이것 이외에도 매우 많은 규정을 성경은 지시하고 있으나 예수께서 이세상에 오신 후에 이러한 모든 음식 문제들을 해결해 주셨기 때문에 모든 기독교인들이 모든 음식들을 먹을 수 있는 것이다. 그렇다면 어떠한 성서적인 근거를 가지고 있는 치를 확인해야 할 것이다.

사도바울은 디모데전서 4:2-5에서 음식 문제에 대한 해결방법들을 잘 설명해 주고 있다: "자기 양심이 화인 맞아서 외식함으로 거짓말하는 자들이라 혼인을 금하고 <u>식물을 폐하라 할 터이나 식물은 하나님이 지으신 바니 믿는 자들과 진리를 아는 자들이 감사함으로 받을 것이라 하나님의 지으신 모든 것이 선하매 감사함으로 받으면 버릴 것이 없나니 하나님의 말씀과 기도로 거룩하여짐이니라.</u>" 구약의 율법 만을 고집하고 있는 거짓 종교집단이며 이단인 안식교에서는 아직도 사도바울을 디모데전서 4:2-5 말씀을 거부하며 율법 만을 지키려는 그릇된 행위를 강조하고 있다. 안식교인들은 성경말씀 처럼 "자기 양심이 화인 맞아서 외식함으로 거짓말하는 자들"임을 분명히 알아야 할 것이다.

예수님께서는 율법시대에 살았던 하나님의 백성들에게 참된 자유함을 주셔서 모든 음식들을 감사함으로 받고 먹으면 되며, 하나님의 말씀과 기도로 거룩하게 된다는 진리를 알아야 할 것이다. 또한, 왜 그리스도인들이 구약에 나타난 음식문제가 어떠한 성경말씀을 근거로 (딤전 4:2-5) 자유함을 받게 되었는가를 알아야 할 것이다.

첨가적으로, 그리스도인들이 술과 담배에 관해서도 음식이라고 생각할 때에 감사함으로 받으면 먹을 수 있으며 하나님의 말씀과 기도로 거룩하게 될 수 있지 않겠는가라는 의문을 가지게 될 것이다. 그러나, 한국 기독교인들의 기독교윤리는 술과 담배를 금하는 것으로 되어 있으므로 이러한 것들은 먹게 될 때, 불신자들에게나 초신자들에게 신앙생활에 도움이 되지 못하고 교회에 덕을 세우지 못하며 약한 양심을 상하게 하는 것이기 때문에 그리스도인들은 해서는 안되는 것이다. 사도 바울의 신앙적인 태도에서 분명히 알 수 있다: "그러므로 만일 식물이 내 형제로 실족케 하면 나는 영원히 고기를 먹지 아니하여 내 형제를 실족지 않게 하리라"(고전 8:13).

초신자들에게 너무나 이와같은 윤리를 강조하다보면 신앙생활을 하는데 너무 방해가 되며, 더 중요한 하나님의 말씀들을 받아들이지 못하게 되는 크나큰 실수를 범해서는 않될 것이다. 복음을 전할 때에 비둘기처럼 순결하게도 중요하지만 뱀처럼 지혜롭게 해야 하는 것을 명심해야 할 것이다(마 10:16-20). 그리스도의 복음을 전하는 그리스도인들인은 이러한 점을 감안해서 사람들의 접촉하며 참된 복음의 메세지를 전파해야 할 것이다.

② 이혼 문제

구약시대에는 이혼에 관하여 신명기 24:1에 다음과 같이 언급되어 있다: "사람이 아내를 위하여 데려온 후에 수치되는 일이 그에게 있음을 발견하고 그를 기뻐하지 아니하거든 이혼 증서를 써서 그 손에 주고 그를 자기 집에서 내어 보낼 것이요." 이혼 증서를 써주고는 이혼을 할 수 있음을 성경은 분명히 말하고 있으나 예수께서 이세상에 오신 후에는 신약성경에서는 이혼할 수 없음을 마가복음 10:2-12에 예수께서 친히 말씀하셨다: "이러므로 사람이 그 부모를 떠나서 그 둘이 한 몸이 될지니라 이런한즉 이제 둘이 아니요 한 몸이니 그러므로 하나님이 짝지어 주신 것을 사람이 나누지 못할지니라 하시더라"(막 10:8-9). 예수께서 구약시대에 이혼증서를 써주고 이혼 할 수 있었던 것은 사람들이 마음이 완악함을 인하여 (막 10:3-5) 이러한 명령을 하였으나 지금부터는 이혼할 수 없음을 말씀하셨다.

더 나아가서, 다른 곳으로 장가를 가거나 시집을 가는 것은 전 남편과 전 아내에게 간음을 행한 것으로(막 10:11-12) 설명하시므로서 강력하게 이혼할 수 없음을 예수께서는 지시하고 있다. 결혼이라는 것은 하나님의 전적인 섭리에서 이루어졌음을 알아야 하며 어떠한 인간적인 방법이나 원리를 가지고도 이혼에 대한 적당성을 주장할 수 없게 된다. 그러나, 만일 예수님을 믿기 전에 이혼하게 된 것에 대해서는 더이상 이문제에 대해서 논할 필요는 없는 것이며 현재 기독교인의 생활에서 이혼문제에 관해서 이러한 예수님의 기독교의 윤리를 적용해서 신앙생활을 해야 될 것을 명심해야 할 것이다.

③ 인간관계

구약성경에서는 인간 관계에 대한 말씀은 출애굽기 21:23-25에 이렇게 기록되어 있다: "그러나 다른 해가 있으면 갚되 생명은 생명으로, 눈은 눈으로, 이는 이로, 손은 손으로, 발은 발로, 데운 것은 데움으로, 상하게 한 것은 상함으로, 때린 것은 때림으로 갚을지니라." 다른 사람에게 해를 주면 주는데로 상해자에게 그대로 보상을 하게 하는 것이 구약에서 지켜야 할 율법이었으나 예수님께서 이러한 것에 대해서 어떻게 지시하고 있는가를 주목해야 할 것이다.

예수께서 마태복음 5:38-48에서 원수에 대한 사랑해야 할 것을 가르치시고 계신다. 예를 들면, 누구든지 네 오른편 뺨을 치거든 왼편도 돌려 대며, 속옷을 가지고자 하면 겉옷까지 주며, 억지로 오리까지 가게 하면 그사람과 같이 십리를 동행해 주며, 구하는 자에게 주며 꾸고자 하는 자에게 거절하지 말고 주도록 예수께서는 매우 구체적으로 지시하고 가르치셨다(마 5:39-42). 예수께서는 이방인들도 자기 형제에게는 사랑을 베푸는데 그리스도인들은 이것보다 더 사랑하는 범위를 넓게 하여 너희를 핍박하는 자들과 원수까지도 사랑하며 그들을 위하여 기도하라고 권면하고 있다 (마 5:44-47). 정말로, 어려운 일이나 이것은 예수님의 가르침이며 지켜야 할 하나님의 뜻이다. 사도 바울도 로마서 12:18 이렇게 권면하고 있다: "할 수 있거든 너희로서는 모든 사람으로 더불어 평화하라."

예수님의 가르침과 같은 원리대로 사는 그리스도인들은 불신자들이 그들이 전파하는 복음의 진리들을 좀더 귀를 기울리게 되며 효과적으로 복음을 전파할 수 있게 되는 것이다. 율법의 완성은 사랑이기 때문에(롬 13:10) 이러한 행위와 병행하는 복음전파는 하나님의 나라가 확장되는 일에 가장 효과적인 전도방법 중에 하나가 될 수 밖에 없을 것이다. 대인관계가 원만하며 참된 그리스도인들이 많아질 때에 하나님의 복음을 더 빨리 전파될 수 있게 될 것이다.

④ 제사가 예배로 됨

구약시대에는 하나님께 단을 쌓아 제사를 드렸고 대제사장이 일년에 한번 지성소에 들어가서 백성들의 죄를 대신해서 제사를 드렸었다. 그러나, 예수께서 십자가에 못박혀 돌아 가심으로 인하여 더이상 제사를 드릴 필요가 없게 되었으며 증거로 십자가에 예수께서 들어가실 때에 지성소와 성소를 나누고 있었던 휘장이 찢어지는 사건을 통해서 할 수 있다. 그래서, 모든 성도들은 예수 그리스도의 보혈의 공로를 인하여 담대히 하나님께 나아갈 수 있게 되었다.

요한복음 4장에 나오는 우물가의 여인에게 복음을 전파하신 후에 예배를 "이 산에서도 말고 예루살렘에서도 말고 하나님께 예배할 때가 있다"(요 4:21) 고 하셨다. 하나님께서는 자기에게 예배하는 자들을 찾으시며 하나님은 영이시니 예배하는 자가 신령과 진정으로 예배를 드릴 것을 지시하셨다(요 4:22-24). 그렇기 때문에 더이상 동물들을 잡아서 제사를 드릴 필요가 없으며 하나님께 예배를 드리는 것으로 하나님은 기뻐하신다는 것을 알 수 있다. 구약의 제사는 불완전한 희생제사이었기 때문에 매년 이와 같은 것을 행해야만 하였고, 신약의 제사인 예수 그리스도의 십자가의 보혈로 인한 제사는 완전한 희생제사이었기 때문에 더이상 제사를 드릴 필요가 없게 되었다 (히 10:18). 그래서 히브리서 기자는 다음과 같이 설명하고 있다: "하물며 영원하신 성령으로 말미암아 흠 없는 자기를 하나님께 드린 그리스도의 피가 어찌 너희 양심으로 죽은 행실에서 깨끗하게 하고 살아계신 하나님을 섬기게 못하겠느뇨"(히 9:14).

예수께서 십자가에서 피를 흘려 돌아 가신 것은 모든 성도들의 과거의 죄와 현재의 죄와, 미래의 죄까지를 위함이므로 하나님 나라에 들어갈 수 있는 특권을 가지게 된다. 그러나 매일 생활을 통해 하나님께 범죄하는 것에 대해서 신앙생활을 통하여 성령의 인도하심을 따라 죄를 깨닫게 될 때마다 주님께 죄를 고백하고 회개하여야 하며 하나님께서 온전하심같이 좀더 온전하여 지도록 노력을 해야 할 것이다 (마 5:48). 점점 더 변화되어 참된 그리스도인의 삶을 살 수 있게 되는 것을 성화된다고 신학적으로 표현하고 있다.

⑤ 주일이 안식일을 대신함

구약시대에는 토요일을 안식일로 지키게 되는데 그것은 하나님께서 육일 동안은 천지만물과 인간을 창조하신 후에 제 칠일째 되는 토요일에 쉬셨기 때문이었다. 유대인들은 안식일에는 어떠한 일도 하지 않았으며 이러한 것들을 지키므로서 그들의 의로움을 드러내는 방편 중에 하나로 이용하였다. 대표적인 예로 바리새인들은 이러한 것을 지키는 것에 대해서 자랑스럽게 생각했으며 교만한 마음을 가지고 있었음을 여러 말씀 속에서 찾아 볼 수가 있다.

예수께서 마태복음 12:1-8 에서 안식일의 주인은 인자라고 하시면서 예수님 자신이라는 것을 말씀하셨다. 안식일에 밀밭 사이를 갈 때에 제자들이 시장하여 이삭을 잘라 먹은 것을 본 바리새인들이 안식일을 지키지 않는 예수님의 제자들에 대해서 주님께 항의하는 것이다. 주님은 사무엘상 21:1-6에 나오는 다윗을 따르던 소년들이 삼일 동안이나 여자를 가까이 하지 않았으며 시장한 그들에게 제사장 만이 먹을 수 있는 진설병을 먹게 하였던 것을 가르치시면서, 안식일에 제사장이 성전 안에서 안식을 범하여도 죄가 없음을 지적하면서 그의 제자들을 변호해 주셨다(마 12:6-7).

이렇게 철저하게 지키려고 했었던 안식일을 예수께서 십자가에 못박혀 죽으시고 부활하신 날이 율법시대에 지켰던 안식일보다 더 중요하게 여기게 되어 일요일에 안식을 하며 주님께 예배를 드리며 주일이라고 부르게 되었다. 주님이 부활하신 주일에 모든 믿는 성도들이 교회에서 예배를 드리고 있는 것이다. 그러나, 거짓 종교적인 이론을 제시하는 안식교에서는 계속적으로 율법을 고집하고 주일(일요일)에 안식하지 않거나 예배를 드리지 않고 안식일(토요일)에 하는 것을 볼 수 있다. 이러한 잘못된 행위는 예수 그리스도의 은혜와 사랑에 잘못된 신앙에서 비롯된 것을 알아야 할 것이다.

주일은 사망권세를 이기신 주님의 부활하신 날이며 성부 성자 성령이신 삼위일체의 하나님께 예배를 드려야 하며 거룩되게 지켜야 하는 것이다. 죽어가는 생명을 구하는 일이나 그리스도의 사랑을 나타내는 일에는 적극적인 생활을 할 수 있음을 알아야 할 것이다. "남을 사랑하는 자는 율법을 다 이루었다"(롬 13:8)는 사도바울의 가르침은 이러한 뜻에서 중요한 역할을 하게 될 것이다.

⑥ 의식의 변화

구약시대에는 율법에 근거하여 모든 남자 아이에게 난지 팔 일 만에 할례를 행하도록 하였고 모든 여자는 할 수 없었다. 이것은 하나님의 백성임을 표시하였으며 할례를 받지 않으면 형벌을 받을 것을 경고하였다(창 17:14, 출 4:24). 이와같은 할례의 제정은 하나님께서 하셨으며 아브라함과 맺은 언약의 증표이기도 하였다(창 17:10-14). 신명기 10:16에서 이렇게 기록되어 있다: "그러므로 너희는 <u>마음에 할례를 행하고</u> 다시는 목을 곧게 하지 말라." 또한 신명기 30:6에는 이렇게 언급되어 있다: "네 하나님 여호와께서 <u>네 마음에 네 자손의 마음에 할례를 베푸사</u> 너로 마음을 사하여 성품을 다하여 네 하나님 여호와를 사랑하사 너로 생명을 얻게 하실 것이며." 하나님의 말씀은 육체적인 할례도 중요하지만 영적인 의미에서의 할례의 중요성을 분명하게 제시하고 있음을 알 수 있다.[31]

사도행전 15:1에 거짓교사들은 할례를 주장하고 있음을 찾아 볼 수 있으며 할례를 받은 것을 육체의 자랑거리로 삼는 것은 잘못된 것을 갈라디아서 6:13에서 지적하고 있다. 예수 그리스도의 복음에 의하여 할례를 행하는 의식은 폐지되어 있음을 갈라디아서 5:1-6, 에베소서 2:11-15, 골 3:11에서 사도 사울은 강력히 주장하고 있다. 다른 사도들도 할례를 폐지시킨 것이 사도행전 15:5-29과 고린도전서 7:18-19에 기록되어 있다. 로마서 2:29에는 이렇게 기록되어 있다: "오직 이면적 유대인이 유대인이며 할례는 마음에 할지니 신령에 있고 의문에 있지 아니한 것이라 그 칭찬이 삶에게서가 아니라 다만 하나님에게서니라."

예수님이 오신 후에는 육체적인 할례를 하지 않으며 세례(침례)를 받는 의식을 행하는데 그것은 원래 몸전체를 물에 담그는 것을 말하며 성부와 성자와 성령의 이름으로 죄를 씻는 것을 상징하는 의식이다. 예수를 믿고 난 후에 모든 성도들은 예수님의 명령(마 28:19-20)에 처음으로 할 수 있는 의식이다.[32] 고로, 예수님께 순종하는 마음으로 모든 성도들은 행해야 할 의식이다. 이러한 의식은 믿는 신자들이 그리스도와 연합됨을 의미하며 교회의 회원으로서 가입될 수 있는 자격이 주어지는 의식이기도 하다. 이러한 것은 초대교회 당시에 매우 중요한 역할을 했었던 것을 알 수 있다 (행 2:40-41).

(2) 모든 사람에게 종이 됨으로

고린도전서 9:19에서 사도바울은 복음을 전파하기 위해 모든 사람에게 종이 되었다고 했다: "내가 모든 사람에게 자유하였으나 스스로 모든 사람에게 종이 된 것은 더 많은 사람을 얻고자 함이라." 죽어가는 영혼을 주님 앞으로 인도하기 위하여 다른 사람들의 종이 되기까지 자기자신을 낮추었다. 그는 자기자신이 저주를 받아 그리스도에게 끊어질지라도 자기의 골육의 친척이 예수를 믿게 하려 함에 큰 근심과 마음에 그치지 않는 고통이 있음을 고백하고 있다(롬 9:1-3). 친척의 영혼을 사랑하는 마음이 자기자신을 포기할 수 있고 종이 되라면 충분히 될 수 있는 자기자신을 주는 아가페적인 사랑에 근거해서 이러한 심정으로 복음전도자로서의 삶을 살고 있는 것을 볼 수 있다.

　사도바울이 복음을 전파하다가 잡혀서 아그립바 왕에게까지 오게 되었을 때에 그에게 예수 그리스도를 믿게 하려고 노력했으며 이러한 것에 대해서 사도행전 26:28-29에 기록되어 있다: "아그립바가 바울더러 이르되 네가 적은 말로 나를 권하여 그리스도인이 되게 하려 하는도다 바울이 가로되 말이 적으나 많으나 당신뿐 아니라 오늘 내 말을 듣는 모든 사람도 다 잃게 결박한 것 외에는 나와 같이 되기를 하나님께 원하노라 하니라." 바울은 담대함으로 누구에든지, 높은 자로는 설사 왕일지라도, 낮은 자로는 종에게 이르기까지 그리스도인이라는 긍지를 가지고 "나와 같이 되기를 원한다"고 하며 복음을 전파하였다.

　고린도전서 10:31-33에 보면 모든 사람에게 대해서 그들을 기쁘게 하며 자기자신의 이해타산보다 많은 사람들의 유익을 구하여 그들에게 복음을 전하여 구원을 얻게하라고 권면하고 있으며, 하나님의 영광을 위하여 무엇이든지 하라고 강조하고 있다: "그런즉 너희가 먹든지 마시든지 무엇을 하든지 다 하나님의 영광을 위하여 하라… 거치는 자가 되지 말고 나와 같이 모든 일에 모든 사람을 기쁘게 하여 나의 유익을 구치 아니하고 많은 사람의 유익을 구하여 저희로 구원을 얻게 하라." 복음전도의 최상의 동기는 하나님께 영광을 돌리는 것이여야 한다.[33]

　이러한 목표가 분명할 때 모든 성도들의 언행을 통하여 실족하는 사람들이 없을 뿐만 아니라 모든 사람들의 유익을 구하는 헌신적인 그리스도인의 헌신적인 생활을 하게 되며 종으로써까지 낮아 질 수 있다.[34] 그들이 할 수 있는 모든 자유들을 포기하더라도 불신자들에게 예수 그리스도를 구주로 영접하고 새로운 삶을 영위할 수 있도록 도와야 할 것이다.

그러므로, 사도바울은 복음을 모든 사람들이 받아 들이게 하기 위해 자기자신의 자유함을 포기하고 종이 되기까지 낮추었던 생활을 찾아 볼 수 있다.[35] 그래서 그는 갈라디아 교회에서 다음과 같이 권면하고 있다: "형제들아 너희가 자유를 위하여 부르심을 입었으나 그러나 그 자유로 육체의 기회를 삼지 말고 오직 사랑으로 서로 종노릇하라"(갈 5:13). 복음을 위해 사랑으로 종노릇하는 생활은 전도자의 모범적인 태도라고 볼 수 있다.

(3) 복음을 위해 모든 것을 행함으로

고린도전서 9:23에서 사도바울은 이렇게 말했다: "내가 복음을 위하여 모든 것을 행함은 복음에 참예하고자 함이라." 사도바울이 복음을 전하는 이유는 자기자신의 사욕을 채우기 위하여서가 아니라 그리스도의 복음이 사도바울을 강권하기 때문이다. 그는 무엇이든지 할 수 있는 분명한 이유를 설명하고 있는데 그것은 영혼구원을 위하며 복음전파하는 일에 적극적으로 참예하고자 하기 때문이다.

예수께서 모든 인류를 구원하기 위해 사람의 모양으로 이세상에 오셨으며 자기를 낮추어 죽기까지 복종하였으며 십자가에 죽기까지 하셨다고 빌립보서 2:8에 기록되어 있다. 사도바울도 복음을 위하여 예수님과 같이 모든 것을 할 수 있었던 것을 사도행전과 서신서들을 통하여 매우 많은 곳에서 찾아 볼 수 있다. 복음을 위해 모든 것을 행한다는 것은 아가페적인 사랑을 통한 복음전도의 방법을 말하는 것이다. 갈라디아서 5:14에 "온 율법은 네 이웃 사랑하기를 네 몸과같이 하라 하신 한 말씀을 이루었나니"고 기록되어 있다. 복음을 전하는 자는 자기 몸을 지극히 사랑하듯이 이웃을 진정으로 사랑함으로서 모든 것을 행하는 것을 통하여 복음을 전파했던 사도바울을 말하고 있다.

사도바울이 예수 그리스도를 본받아 자기를 낮추었으며 모든 것을 행함으로 복음을 전하는 것처럼 모든 성도들은 복음전도자로서 사도바울을 본받아야 하는 것이다. 이러한 것을 사도바울은 고린도전서 11:1에서 권면하고 있다: "내가 그리스도를 본받는 자 된 것같이 너희는 나를 본받는 자가 되라." 이러한 복음전도자로서의 태도를 강조하며 행했던 사도바울은 복음에 참여하고자 하는 가장 근본적인 목적을 가지고 있다 (고전 9:23).

2) 자급자족

사도행전 18:1~3에 의하면 아굴라와 브리스길라와 바울은 함께 거하면서 장막을 만드는 일을 하고 있음을 알 수 있다. 다른 사람들에게 은이나 금이나 의복을 요구하지도 않았으며 오히려 약한 자들을 도와 주며 예수님께서 말씀하신 주는 것이 받는 것보다 복이 있다는 것을 지키므로 전도자들에게 모범적인 생활을 보였음을 알 수 있다(행 20:33~35).

고린도교회에 보낸 편지에서 알 수 있는, 복음을 전하되 값없이 전하였고 누구에게도 누를 끼치지 않기 위하여 노력하였다. 마게도냐에서 온 믿음의 형제들이 바울이 전도와 선교를 위해 필요한 것들을 보충하여 주었으나 고린도교회에는 폐를 끼치지 않기 위하여 스스로 조심하였다고 바울은 진술하였다(고후 11:7~9).

데살로니가교회에 보낸 편지에서 밝힌 것처럼 바울은 밤낮으로 일하면서 재정적인 어려움을 극복하려고 했으며 그러는 가운데서도 그의 생애에서 가장 귀하고 소중한 사업인 복음을 전파하는 일에 최선을 다하였다(살전 3:9). 그는 복음사업을 힘썼으나 일하지 않고는 식사하는 일까지도 다른 사람에게 신세를 안지려고 노력하였으며 음식을 먹을 권리가 있음에도·불구하고 이렇게 노력한 것은 복음전도자로서의 모범을 보이기 위해 힘썼다(살후 3:8~10).

3) 동역자와 함께 전도

바울은 제1차 선교여행 때에 도중에 예루살렘으로 돌아간 마가 요한에 대해서 복음전도에 대한 새로운 정책을 만들어 실행하였다. 복음을 전하는데 있어서 방해하거나 다른 전도자들에게 나쁜 영향력을 주는 자는 함께 사역을 하지 않기로 작정하였다. 제2차 선교여행을 하려고 할 때에 바울은 바나바와 심히 다투었는데 바로 마가요한에 대한 동역자로서의 자격문제이었다(행 15:37~38). 결국에 바나바는 그의 생질인 마가요한을 데리고 복음전도를 위하여 배를 타고 구브로로 갔었고, 바울은 혼자 출발하지 않고 동역자를 구하여 실라와 함께 전도하기 위하여 수리아와 길리기아에 갔었다(행 15:41).

사도행전을 통하여 바울이 전도와 선교를 위하여 혼자서 일한 것이 아니라 함께 일하는 동역자들이 있었던 일은 매우 많이 찾아 볼 수 있다. 특별히, 사도행전 20:4에 보면 "아시아까지 함께 가는 자는 베뢰아 사람 부로의 아들 소바더와 데살로니가 사람 아릿다고와 세군도와 더베 사람 가이오와 및 디모데와 아시아 사람 두기고와 드로비모라"고 기록되어 있다. 바울의 사역에 쫓아 가던 동역자들도 너무 지쳐서 많이 떠나 갔으나 끝까지 함께 사역을 감당했던 기록이 디모데후서 4:11에 있다: "누가 만 나와 함께 있느니라 네가 올 때에 마가를 데리고 오라 저가 나의 일에 유익하니라." 여기에 오는 마가는 제1차 선교여행 때에 복음전도를 중단하여 바나바와 심히 다툼이 일어나게 하였던 바로 마가요한이다.

4) 육체의 가시를 극복함

사도 바울은 주 예수 그리스도의 복음을 전하기 위하여 물심양

면으로 최선을 하였지만 그에게는 육체적인 가시로 인하여 어려움이 있었다. 육체적인 가시로 신체적인 질병이라고 볼 수 있는데 이문제를 위하여 주님께 세번이 고쳐 줄 것을 간절히 간구했으나 고침을 받지 못하고 "내 은혜가 네가 족하도다 이는 내 능력이 약한데서 온전하여지니라"(고후 12:9)는 역설적인 고백을 하고 있다. 이러한 가시로 인하여 바울은 교만하지 않고 자고하지 않을 수 있었고 주님을 더욱더 의지하여 그리스도의 능력이 항상 그의 사역 가운데 머물수 있게 되었다고 진술하였다.

복음전도자들이 하나님의 거룩한 사업을 감당하려고 최선을 다하는데 왜 어려운 일이 있는가라는 질문을 할 수 있으나 이것은 주님께서 그들에게 더욱더 주님을 의지하게 하여 그리스도의 능력을 나타나기 위한 것임을 알아야 할 것이다. 복음전도의 위대한 사역은 인간의 힘과 능력으로는 불가능하며 주님의 적극적인 참여가 아니고는 불가능할 수 밖에 없다. 이러한 과정은 전도자들에게 겸손과 인내와 끊임없는 기도를 하게 함으로 주님의 방법대로 주님의 뜻을 이루시기 위한 것이다. 고로, 사도 바울은 이렇게 고백하고 있다: "그러므로 내가 그리스도를 위하여 약한 것들과 능욕과 궁핍과 핍박과 곤란을 기뻐하노니 이는 내가 약할 그때에 곧 강함이니라"(고후 12:10).

5) 전도활동을 간증함

사도 바울은 안디옥교회에서 성령의 인도하심을 따라 전도와 선교사역을 위하여 안수를 받아 여행을 동역자들과 함께 떠났다. 그는 안디옥교회에 돌아 와서 전도와 선교사역에 하나님께서 함께 하셨으며 이방인들에게 믿음의 문을 여셔서 복음의 사역을 감당하였다는 보고하였다(행 14:26~28). 이러한 전도활동에 대한 간증을 통하여 하나님께 영광을 돌리게 되며 듣는 자들에게도 복음전도를 하게 하는 원동력과 도전을 주게 될 뿐만 아니라 전도활동을 간증한 자들에게는 주님이 함께 하심을 다시 한번 재확인할 수 있는 기회가 되는 것이다(행 21:17~20).

결 론

성경에 나타난 세명의 모범적인 복음전도자들을 살펴 보았다. 가장 모범적인 전도자는 예수 그리스도이시었다. 왜냐하면, 그의 공생애 기간인 약 3년 동안에 목회활동인 기도, 가르침, 설교, 교제, 그리고 봉사들을 통하여 죽어가는 영혼들에게 복음을 전하셨으며 주님을 따르던 그당시 사람들은 가난하고 소외되고 멸시천대를 받았던 자들이었다. 주님은 진실로 약한 자의 편이 되셔서 말로 만이 아니라 사랑의 실천을 통해 복음을 전하셨다. 그를 따르던 안드레도 사도 바울도 주님을 본받아 사람을 낚는 어부로서 부족함이 없이 그들의 사명을 감당했음을 알 수 있었다.

연구해야 할 과제

1. 예수님의 공생애 약 3년 동안의 목회생활 속에서 기도에 대한 모범을 보인 것에 대해서 말해 보시오.

2. 한국 교회가 새벽기도를 하며 금요철야기도를 하며 산기도를 하게 된 성서적인 근거와 모범을 보인 인물을 말해 보시오.

3. 예수님의 가르침이 그당시 종교지도자들과 다른 점이 무엇이지 말해 보시오.

4. 예수님의 사람들과의 교제를 통하여 자기자신을 주는 사랑을 보여 주었으며 주님을 따르던 사람들은 어떠한 사람들이었는가?

5. 요한복음 4장에 나타난 주님께서 우물가의 사마리아 여인을 전도하신 것을 일곱 단계로 나누어 설명하시오.

6. 요한복음에 나타난 예수님의 전도방법을 통하여 병원에 입원한 불신자에 전도할 수 있는 방법을 적어 보시오.

7. 주님께서 봉사를 통해 복음전도을 하셨던 것과 마가복음의 주제라고 할 수 있는 10장 45절과 비교해서 설명하시오.

8. 안드레의 사역에 대해서 아는 바를 말해 보시고 어떠한 성격의 소유자인지 말해 보시오.

9. 안드레가 최초의 전도자가 되었던 것에 대해서 말해 보시고 안드레가 순교 당하게 된 것에 대해서 아는 바를 써 보시오.

10. 구약성경에 보면 먹지 못할 음식들은 요즈음 그리스도인들은 먹고 있는데 그 이유를 성경적인 근거로 설명해 보시오.

11. 예수님께서 결혼관에 대해서 어떻게 말씀하셨는가를 구약성경과 비교하여 설명해 보시오.

12. 예수님이 오셔서 인간관계가 달라진 것들에 대해서 말해 보시며 구약시대에서의 성경과 비교 설명하시오.

13. 오늘날 구약시대와 같이 하나님께 제사를 지내지 않는 이유를 성경말씀을 근거로 설명해 보시오.

14. 구약시대에 행하였던 육적인 할례와 같은 역할을 하는 것이 예수님이 오신 후에 어떠한 의식이 있습니까?

15. 구약성경인 신명기 10:16과 30:6에 언급된 할례를 마음에 하는 것과 로마서 2:29과 비교하여 설명해 보시오.

16. 고린도전서 9:20-22에 나타난 사도바울의 전도 방법의 세가지를 말해 보시며 그와 같은 경험이 있으면 말해 보시오.

17. 디모데후서 4:2을 암송하시며 말씀대로 살기 위한 계획을 말해 보시오.

18. 사도 바울은 전도를 위하여 자급자족한 것에 대해서 아는 바를 말해 보시오.

19. 복음전도자가 동역자가 필요한 이유가 무엇인지 설명해 보시오.

20. 복음전도자가 육체의 가시와 같은 바울이 가졌던 것이 있다면 어떠한 것이 있는가 말해 보시며 하나님의 근본적인 뜻이 어디에 있는가 말해 보시오.

21. 전도활동에 대한 보고의 유익한 점들을 말해 보시오.

■ 주(註)

1) Kenneth S. Kantzer, *"Life Application Bible"* (Wheaton, ILL.: Tyndale House Publishers, 1987), p. 90.
2) Leslie H. Woodson, *"Evnagelism for Today's Church"* (Grand Rapids, Mich.: Zondervan Publishing House, 1973), p. 78.
3) Marcus Rainsford, *"Our Lord Prays for His Own: Though on Jhon 17"* (Chicago, Ill.: Moody Press, 1950), p. 40.
4) Quoted by John T. Sisemore, *"The Biblical Preacedent,"* in The Ministry of Religious Education, ed. Howard P. Colson (Nashville, Tn.: Broadman Press, 1978), p. 19.
5) John A. Marquis, *"Learning To Teach from the Master Teacher"* (Philadelphia, Pa.,: The WEstminster Press, 1913), pp. 76-77.
6) Sisemore, p. 19.
7) T. W. Hunt and Catherine Walker, *"Disciple's Prayer Life: Walking in Fellowship"* (Nashville, Tn.: Sunay School Board of Southern Baptist Convention, 1988), p. 38.
8) Douglas Webster, *"What Is Evangelism?"* (Slisbury Square, England: S.C.M. Press, 1964), p. 103.
9) Paul E. Little, *"How To Give Away Your Faith"* (Downers Grove, Ill.: Inter-Varsity Press, 1966), (번역 권혁봉 "이렇게 전한다" 생명의 말씀사, 1989), PP. 41-80.
10) Little, p. 51.
11) *Ibid.*, p. 52.
12) *Ibid.*, p. 56.
13) *Ibid.*, p. 57.
14) *Ibid.*, p. 71.
15) *Ibid.*, p. 72.
16) *Ibid*
17) *Ibid.*, p. 73.

18) *Ibid.*, p. 78.
19) *Ibid.*, pp. 79-80.
20) William L. Lane, "*The Gospel according to Mark*" in "The New International Commentary on the New Testament," d. F. F. Bruce (Grand Rapids, Mich.: William B. Eerdmans Publishing Co., 1981), pp. 383-85.
21) Alan B. String, "Through the Bible in one year" (N.p: Vigil W. Hensley, N.y) 두란노서원 번역 "인물별 성경연구" p. 234.
22) *Ibid.*,
23) 이동원, "열두문 열두돌" (서울, 한국: 나침반사, 1987), p. 287.
24) *Ibid.*, pp. 295.
25) 편찬위원회, "*아가페 주제별 관주성경*"에서 부록 (서울, 한국: 아가페 출판사, 1983), p. 31.
26) 이동원, pp. 301-2.
27) *Ibid.*
28) 아가페성경 주제별 관주 편찬 위원회, p. 31.
29) *Ibid.*
30) 이동원, p. 298.
31) Jean Sloat Morton, "*Science in the Bible*" 양승훈 번역 "성경에 나타난 과학 적인 사실들" (서울: 나침판사, 1991), pp. 245-46.
32) Herschel H. Hobbs, "*The Baptist Faith and Message*" (Nashville, Tenn.: Convention Press, 1982), pp. 84-88. (Paper)
33) Disciple's Study Bible, p. 1458.
34) *Ibid.* p. 1460.
35) *Ibid.*, p. 1497.

제 8 장
역사 속에서의 위대한 전도자들

제 8 장
역사 속에서의 위대한 전도자들

서 론

1. 초대 기 독교의 역사에서의 전도
   1) 로마황제 콘스탄틴
   2) 힙포의 감독 성 어거스틴

2. 중세에서의 전도
   1) 앗시시의 프란시스
   2) 죤 타울러
   3) 사보나롤라

3. 종교개혁 당시의 전도
   1) 마르틴 루터
   2) 울리취 쯔빙글리
   3) 죤 칼빈
   4) 죤 낫스

4. 영국에서의 전도(18세기-19세기)
   1) 죤 웨슬레
   2) 죠오지 윗필드
   3) 찰스 스펄젼

5. 미국에서의 전도
 1) 대각성운동(1734~1770)
 2) 1800년도의 부흥운동(1785~1812)
 3) 평신도들의 부흥운동(1957~1858)
 4) 독특한 전도자들
  (1) 챨스 피니(1792~1875)
  (2) 드와이트 무디(1837~1899)
  (3) 사무엘 죤스(1847~1906)
  (4) 죠오지 트류이트(1867~1944)

6. 한국에서의 전도
 1) 이기풍
 2) 최권능
 3) 김익두
 4) 주기철
 5) 이성봉
 6) 한경직

결 론

제 8 장
역사 속에서의 위대한 전도자들

"내가 복음을 부끄러워하지 아니하노니
이 복음은 모든 믿는 자에게
구원을 주시는 하나님의 능력이 됨이라.
첫째는 유대인에게요 또한 헬라인에게로다."
(로마서 1:16)

서 론

예수 그리스도께서 이 세상에 오셨으며 공생애를 통한 목회활동을 통하여 하나님의 사랑과 하나님 나라에 관한 복된 소식을 전하셨으며 세상 죄를 지고 가는 어린양으로서 십자가에 못박혀 돌아 가셔서 그를 믿는 모든 자들에게 구원의 길을 주셨다. 이러한 복된 소식을 전파했었던 위대한 전도자들 중에 사람들과 영향력을 끼쳤던 사람들을 교회의 역사 속에서 살펴 보려고 한다. 이러한 과정을 통하여 복음전도를 해야 만을 하는 사명의식을 재인식하며 하나님의 자녀들에게 격려와 도전을 줄 수있는 계기가 될 것이다. 이러한 연구를 위해 로랜드 레벨(Roland Q. Leavell)이 저술한 "복음전도: 그리스도의 지상명령"(Evangelism: Christ's Imperative Commission) 중에 "복음전도의 역사적인 제시"(Historic Illustration of Evangelism) 라는 부분을 참고하였음을 알아야 할 것이다.

1. 초대 기독교의 역사에서의 전도

사도 바울이 세계선교의 본거지라고 할 수 있는 안디옥 교회에서 성령의 인도하심으로 여러 차례로 세계 속으로 들어가 복음을 전파하고 교회를 개척하였으며 무엇보다도 로마까지 주 예수 그리스도의 복음을 들고 나아가 죽어가는 영혼들에게 복된 소식을 전파하였었다. 로마 황제를 신격화하여 모든 숭배의 대상을 화제에게 집중시켜 경배하도록 하는 상황에서 그리스도교에 대한 핍박과 고통은 말할 수 없을 것을 누구나 예상할 수 있는 사건일 것이다. 실제로, 많은 교회사가들이 말하는 제 10회의 매우 큰 박해가 네로 시대(54-68)로부터 디오크레티안 시대(284-305) 까지 거의 250년 동안 그리스도인에게 불안과 공포의 신앙생활을 하고 있었다. 초대 기독교의 역사 속에서 죽음을 두려워하지 않고 끝까지 신앙을 지키며 그리스도의 복음을 전파하였던 사람들이 많이 있었다.

1) 로마황제 콘스탄틴(A.D. 272-337)

콘스탄틴(Constantine)의 아버지는 그리스도인들을 평화로운 시민으로 간주하고 있었으며 다른 지역의 치리자와는 다르게 핍박하지 않고 그의 관할 구역의 그리스도인들을 보호하였었으나 그리스도인은 아니였었다. 그의 어머니인 헬레나는 경건한 여자로서 그리스도인이었으며 정치적인 이유 때문에 이혼을 당할 수 밖에 없었다. 콘스탄틴 왕위에 오른 후에 자기 어머니를 매우 존경하고 사랑했었다. [1)]

콘스탄틴은 애굽과 퍼시아와의 전쟁에서 큰 공을 세워 그의 아버지와 로마 군대는 그를 황제로 세웠다. 엘진 모이어(Elgin S. Moyer)가 저술한 "크리스챤 교회의 위대한 지도자들"(Great Leaders of the Christian Chruch)에 다음과 같이 기록되어 있었다:

> 콘스탄틴이 그리스도교로 분명히 기울어졌음을 처음으로 공공연하게 드러낸 것은 로마 국민들이 막쎈티어스의 폭정에서 자기들을 구해 달라고 까울에 있는 그를 불렀을 때이다. 그 때에 그는 "이 승리자에 의하여"라고 새겨 있는 십자가의 형상이 밝은 햇빛에 빛나는 것을 보았다 한다. 이것은 콘스탄틴에게 한 정치적인 방책이 되었으며, 또한 종교적인 충격을 주었다. 그리하여 그는 앞에는 그리스도라는 희랍어의 첫 글자를 쓰게 한 다음에 싸움터로 나갔다. 그 결과 콘스탄틴과 그의 군대는 312년에 밀비안 다리에서 막쎈티어스 군에게 결정적인 타격을 가하여 승리하였다.[2]

이러한 사건이 있은 후에 십자가의 형상은 전에 사용되었던 독수리 형상이나 다른 휘장 대신 쓰였고 로마 뿐만 아니라 그의 제국 전체가 사용하게 되었다. 이와같은 십자가의 형상은 로마제국의 화폐, 군기, 군모, 방패 들에도 사용하였다.

324년에 그의 백성들에게 그리스도교를 국가의 공인된 종교로 인정하였으나 강요하지 않았다. 또한 이교들의 제사들과 사원을 보호했으며 그들의 특권을 존중하였으며 모든 종교에 대해서 관용의 정책을 지키었었다. 그러나, 그가 죽기 전 25년 동안은 특히 교회에 관심이 많았으며 죽음이 가까이 왔음을 알았을 때 세례를 받았었고 온전한 그리스도인이 되었다.[3]

그는 그리스도교에 지나친 관심과 사랑이 백성들로 하여금 그리스도인이 되게 하는 일에 너무나 강력하게 시도하였었다. 기독교를 박해하지 않았었던 것은 좋았지만, 정치적인 권위로 사람들을 교회의 회원으로 만들었던 비성서적인 방법을 시도한 아버지였다. 죄를 회개하고 예수 그리스도를 구주로 영접하게 하는 일을 시도하지 않고 무조건적으로 모든 백성을 그리스도인으로 간주하려고 하였었다.[4] 그리하여 그는 교회와 정부가 연합을 시도하는 어리석은 과오를 범하고 말았었다. 이와 같은 과오를 범하여 그리스교를 국교로 인정하여 활동를 하게 하였던 교회들이 많이 있었는데, 로마캐토릭 교회, 그리스도정통 교회, 루터교회 (몇나라), 스위스개혁 교회, 스코트랜드의 장로교회 등이 대표적인 예라고 볼 수 있다.[5]

2) 힙포의 감독 성 어거스틴(A.D. 354-430)

어거스틴(Augustine)은 로마 캐토릭 신조의 주요한 창시자이며, 복음전도를 위한 일에 문서를 통하여 가장 영향력을 끼친 학자이며 전도자이다. 어거스틴의 어머니인 모니카 (Monica)는 부도덕한 생활을 하는 어거스틴이 죄를 회개하고 주님 앞으로 돌아 오도록 30년 동안 중보기도를 했었다. 마침내 어거스틴이 성령의 역사를 통하여 그리스도인이 되었었다. [6]

어느날 어거스틴이 늘에 있을 때 이웃집으로부터 한 소녀의 목소리가 들려 왔었는데 그는 그 소리가 다른 소리인 "가지고 읽으라, 가지고 읽으라(Take and read, take and read)"고 느껴서, 가지고 있었던 성경을 읽는데 성경말씀을 읽었으며 그의 죄를 깨닫기 시작했었다.[7] 그가 읽었던 말씀은 로마서 13:13-14이였으며 이것은 다음과 같다: "낮에와 같이 단정히 행하고 방탕과 술취하지 말며 음란과 호색하지 말며 쟁투와 시기하지 말고 오직 주 예수 그리스도로 옷 입고 정욕을 위하여 육신의 일을 도모하지 말라."

어거스틴은 감독 암브로스(Bishop Ambrose) 에게 387년 부활절에 세례를 받았으며 그의 설교말씀에 매우 많은 영향을 받았었다. 그는 남은 생애인 30여년 동안 이단이 설치는 어려운 상황에서 기독교의 신학의 기초를 만들어 주었으며 문서를 통해 복음 전도에 많은 영향을 끼치었다. 마르틴 루터는 이렇게 평가하고 있다: "어거스틴의 글은 성경말씀 다음으로 중요하다." 또한 존 브로더스(John A. Broadus)는 칼빈이즘에 대해서 다음과 같이 설명하고 있다: "우리가 말하는 칼빈이즘은 사도바울의 교리이며, 어거스틴이 발전시켰고, 칼빈이 조직화했다."[8]

2. 중세에서의 전도

중세의 모든 면에서 암흑기 시대 속에서도 세속에 물들지 않고 신앙을 지키며 그리스도의 복음을 전파하였던 위대한 전도자들이 많이 있었다. 여러가지 방법을 통하여 주님 앞에 좀더 헌신하여 육체의 정욕을 제어하고 영적인 삶을 영위하기 위해 부단히 노력하는 참된 그리스도인의 모습들을 살펴 볼 수 있다.

1) 앗시시의 프란시스 (A.D. 1182-1226)

프란시스(Francis) 의 아버지는 부유한 상인이었으며 그의 아들도 풍족한 생활 속에 살게 하기를 원했었다. 그러나, 프란시스는 예수님의 말씀을 통하여 하나님의 음성을 들었다. 전쟁 때 포로로 잡혀 1년 동안 있었으며 그동안에 병을 앓게 되었고 풀려나게 되었다.[9] 그는 어려움을 당하는 사람들을 도왔으며 문둥병이 걸린 자를 만나 그의 손에 입을 맞추고 가지고 있었던 돈을 다 그에게 주었고 마음 속에서 만족감을 느꼈었다.

프란시스는 회당에 바치기 위해 지나친 행동과 열성 때문에 아버지의 집에서 쫓겨나고 이웃에게 조롱거리가 되었었다. 그는 엄격한 종교생활을 시작하였으며 문둥병 걸린 사람과 함께 생활을 하였다. 그의 나이 27세에 다음과 같은 하나님의 음성을 들었다: "전도하라 하나님의 나라가 가까왔다. 병자를 고치고 문둥병자를 깨끗케 하고 마귀를 몰아내라. 너의 지갑에 금이나 은이나 또는 놋쇠라도 준비하지 말아라." 그래서 그는 지팡이와 지갑과 신발을 버리고 복음전도자로서의 삶을 살기로 결심하였다.[10]

프란시스는 복음전도를 할 때 두가지 방법을 통하여 시도를 했었는데 하나는 개인의 자기희생이며 또 다른 하나는 영적인 음악을 통하여 했었다. 그의 신앙을 따르려던 많은 제자들이 있었는데, 그들에게는 세가지 맹세인 ① 가난, ② 자비, ③ 복종을 하게 한 후에 그들과 함께 복음전도사업에 열정을 바쳤었다.[11] 그들은 자기희생을 통하여 기쁨을 찾으려고 부단히 노력했으며 예수 그리스도의 복음을 전파했었다.

복음전도를 하기 위해 찬송시를 많이 썼으며 찬송을 부르며 죽어가는 영혼들을 주님 앞으로 인도하려고 노력했었다. 그당시는 종교개혁이 일어나기 전이기 때문에 구원에 관한 신학이론이 확고하지 못 했을 때였다. 로마 카토릭에서는 구원받는 것이 믿음과 행위를 통해서 이루어진다고 주장하고 있으나 개신교에서는 행위가 아니라 믿음으로만 구원받는다는 견해를 주장하기 때문에 분명히 알 필요가 있을 것이다.[12]

개신교에 부르는 복음성가 중에 널리 알려진 "평화의 기도"라는 제목이 각 교회 내에서 불리워지고 있다. 그곡의 가사를 검토해 신학적으로 문제가 있는지 알아 보려고 한다:

    주여 나를 평화의 도구로 써 주소서

미움이 있는 곳에 사랑을
상처가 있는 속에 용서를
분열이 있는 곳에 일치를
의혹이 있는 곳에 믿음을 심게 하소서
주여 나를 평화의 도구로 써 주소서
오류가 있는 곳에 진리를
절망이 있는 곳에 희망을
어둠이 있는 곳에 광명을
슬픔이 있는 곳에 기쁨을 심게 하소서
위로받기 보다는 위로하며
이해받기 보다는 이해하며
사랑받기 보다는 사랑하며
자기를 온전히 줌으로써
<u>영생을 얻기 때문이니</u>
주여 나를 평화의 도구로 써 주소서.[13]

  이러한 가사의 내용을 보면 기독교인들 뿐만 아니라 불신자들에게까지 기대하고 고대하는 삶의 형태라고 생각된다. 죄 많은 세상은 미움, 상처, 분열, 의혹, 오류, 어둠, 그리고 슬픔이 있는 곳이며 이러한 것들 때문에 악과 고통과 외로움의 삶을 살고 있게 된다. 사람들이 기대하는 사랑, 용서, 일치, 믿음, 진리, 희망, 광명, 그리고 기쁨을 가져다 주는 평화의 도구가 되게 해 달라는 것은 누구나 보더라도 너무나도 좋은 내용이다.
  세상에 있는 많은 사람들은 위로받기 만을 원하며 이해받기 만을 원하며 사랑받기 만을 원하면서 살고 있어 자기 중심적인 것이라고 볼 수 있다. 평화의 도구로서 위로하려는 것과 이해하려는 것과 사랑하는 것으로서 살려고 하는 것은 이웃 중심이기 때문에 평화로운 사회를 만들 수 있을 것이다. 그렇기 때문에 많은 사람들에게 지지를 받을 수 있을 것이다.

그러나 이 가사의 문제점은 영생을 얻는 방법에 대해서 언급된 밑줄친 내용이 신학적인 문제가 있음을 반드시 인식해야 한다. 자기를 줌으로서 다시 말하면 자기 희생을 통한 영생을 얻는 것이 아니라 예수 그리스도를 믿는 믿음으로 영생을 얻는 것이 종교개혁 이후의 개신교에서 분명한 구원관이다. 이 가사의 내용은 카토릭성도들에게만 불리워져야 하는 노래라는 사실을 명심해야 할 것이다. 왜냐하면, 영생을 받는 길이 믿음과 행함을 동시에 요구하는 잘못된 구원관을 주장하기 때문이다. 고로, 이 찬송은 개신교에서 불려서는 안되는 것임을 명심해야 할 것이다.

첨가해서 말한다면, 음악을 통한 신앙부흥운동이라고 볼 수 있는 것 중에 카토릭에서 유래된 트레스 띠아스(Tres Dias) 프로그램이 있다. 삼박사일 동안 음악과 신앙간증을 통해 죄를 회개하고 아가페적인 사랑을 갖고 실천하고자 하는 것은 좋으나 때로는 한국말로 번역되지 않았던 가사를 정확한 가사내용도 모르면서 부르는 경우에 신학적인 문제를 제기할 만한 것이 있게 된다. 실제로, 예수님을 낳으신 마리아를 찬양하는 가사를 가지고 있는 것이 한국말로 번역되어 있지 않은 상태에서 부르게 되는 경우가 있었음을 미국 로스 앤젤스에 거주하며 전통교회 음악을 신학대학에 가르치며 성가대 지휘를 하시는 어떤 분이 이러한 프로그램에 참석하신 후에 문제점을 제기 한 적이 있었다. 아무리 좋은 프로그램이 있다 하더라도 예수님께서 피로 사신 교회에 덕을 끼치지 않고 오히려 많은 문제를 일으키는 경우라면 반드시 피해야 할 것이다.

2) 존 타울러(1300-1361)

존 타울러(John Tauler) 는 도미니칸 수도원에서 교육을 받았으며 신비주의(Mysticism) 에 있어서 가장 잘 알려진 설교가 중에 하나이다. 그의 구원에 관한 신앙관은 죄인의 의지(will) 가 그의 지적작용(intellection) 뿐만 아니라 그의 감정(emotion) 을 통하여 접근해야 한다고 주장하였다. 복음을 전할 때는 지성과 감정 중에서 어느 하나의 요소도 빼서는 안된다고 하여 사람들의 감정에 호소할 수 있는 복음적인 능력을 보여 줌으로서 복음을 전파하였다.[14]

감정적인 요소로서 기도를 통하여 신비주의적인 것을 강조하여 그것으로 인하여 나타나는 현상들을 불신자들에게 소개 함으로서 복음전도를 하려고 노력하였다. 다시말하면, 타울러는 기도와 신비주의를 통하여 복음전도를 시도하였다.[15] 복음전파에 있어서 기도의 중요성을 본서의 전체를 통하여 계속적으로 강조하고 성령의 역사와 관련시켜 언급하였었다.

타울러에 의하여 복음을 받아 들인 그리스도인들은 교회를 조직하지는 않았지만 기도그룹을 통하여 중세의 신앙적으로 어려운 시기에 약 100 년 이상이나 독일의 나일강 일대에 매우 큰 영향을 미쳤었다.[16] 기도를 통한 복음전파를 위한 준비는 매우 중요한 본보기라고 생각할 수 있다.

3) 제롬 사보나롤라(1452-1498)

제롬 사보나롤라(Jerome Savonarola) 는 종교개혁 전의 개혁자로서 마르틴 루터가 출생하기 30년 전에 독일에서 태어났다. 도미니칸 수도원에서 7년 간 있었으며 종교개혁의 진정한 예언자이었다. 그는 위대한 설교가로서 당시의 죄악에 대항하여 설교하

되 특히 교직자들의 죄악을 공격하였고 그가 있는 수도사들의 부패상도 거침없이 공박하였다.[17]

사보나롤라는 강직한 설교로 인하여 플로렌스에 사는 대부분의 백성들에게 신임을 받아 플로렌스의 시장으로 추대를 받게 되었으며 그 때부터 현저한 개혁운동이 시작되었고, 교황은 그의 비성서적으로 행하고 있었던 것에 대한 강한 지적과 개혁으로 당황하게 되었다. 교황은 그를 회유하기 위하여 추기경으로 추대하려고 했었으나 다음과 같은 유명한 말을 하면서 강하게 거절하였다: "나는 추기경의 모자를 받지 않겠다. 그대신 나의 붉은 피로 물들인 순교자의 모자를 쓰겠노라"[18] 사보나롤라는 유럽의 여러 지도자들에게 "교황은 추잡하고 하나님을 모독하는 자이며, 성직을 매매하고, 무신론자이며 또한 그 밖의 여러 가지 죄를 범하는 자"[19] 라고 혹평을 계속적으로 하였다.

사보나롤라는 그당시 부패된 교회에 대해서 정면으로 도전하여 탄핵과 도덕적인 개혁을 통하여 복음전도에 힘과 정열을 쏟았었다. 그의 개혁운동은 사회적인 정화와 도덕적인 개혁을 함으로 기독교에 대한 새로운 인식과 죽어가는 영혼에게 그리스도의 복음을 전파하는 것을 강조하였다.[20] 목자없는 양과 같이 방황하며 진실하게 신앙생활을 하려던 사람들에게 힘과 용기를 주었으며 이러한 노력은 부패한 교회와 종교 지도자들과 교황에게 오히려 반감을 주게 되었다.

교황은 사보나롤라를 추방하였고 이단으로 정죄하였고 교수형으로 처했었으며 시체가 거리에서 불에 태워 버리는 혹독한 처벌을 계속적으로 받았었다. 그러나, 그의 도덕적인 개혁과 복음전도는 높이 평가를 받고 있었으며 죽은 영혼들을 주님께로 인도하는 종요한 역할을 감당하게 되었다. 이러한 결과들을 다섯가지로 나누어 살펴 보고자 한다:

(1) 그는 시민의 자유, 낮은 세금, 굶주림으로부터 구제, 그리고 더 좋은 정의로운 행정을 하도록 좋은 개혁에 노력하였다.
(2) 그는 잘 알려진 범죄들에 대한 탄핵의 목소리를 높이게 됨으로 인기가 상승되었고 많은 대중으로부터 지지를 받게 된 것을 즉시 발견하게 되었었다.
(3) 선지자로서의 그자신에 대한 그의 신앙심과 하나님으로부터 온 메세지를 가지고 있는 것에 대한 그의 확신감이 많은 청중으로부터 지지를 받았었다.
(4) 불가피하게 재생이 없이 개혁이 반항을 가져왔다.
(5) 만일 적극적인 것이 없이 부정적인 것이었다면, 건설적인 것이 없이 비평적이였다면, 영적인적이 없이 감성적이였다면, 그리스도없이 정죄하는 것이었다면, 복음전도는 실패하였을 것이다.[21]

3. 종교개혁 당시의 전도

독일의 문예부흥은 프로테스탄트 개혁이라고 할 수 있으며 이러한 종교개혁은 교회가 그리스도교의 세가지 근본적인 원칙을 다시 찾으려는 것이라고 볼 수 있다. 이러한 종교개혁의 세가지 원칙은 다음과 같다:

(1) 성경이 그리스도교의 생활과 신앙의 유일한 권위가 되는 것.
(2) 선행의 공로가 아니라 믿음으로 말미암아 의롭다하심을 입는 것.
(3) 모든 신자는 다 제사장이라는 것.[22]

이러한 개혁의 원칙을 카토릭 교회에서 받아들이기를 거부하게 될 때에 그 교회로부터 떨어져 나와 새로 개신교가 형성되게 되었던 것이다. 그당시 종교적 부패로 구원의 확실한 길을 찾지 못해 목자없는 양과 같은 상황에서 종교개혁자들의 사회개혁과 주 예수 그리스도의 복음전도는 참으로 전도학 입장에서 매우 의미 있는 연구라고 생각할 수 있을 것이다.

1) 마르틴 루터 (1483-1546)

마르틴 루터(Martin Luther)는 독일의 아이슬레벤(Eisleben)이라는 곳에서 태어 났으며 그의 아버지는 자주정신이 강하고 과단성이 있고 열심히 일하는 농부였었고 그의 어머니는 부지런하고 충실하고 엄격한 교육을 시키며 경건한 생활을 하는 자였었다. 루터는 소년시절 중세적 카토릭 가정에서 교육을 받아 사도신경, 십계명, 주기도문, 찬송가 등을 배웠으며 교회와 교황과 성직자들에 대한 카토릭 신앙관을 가지게 되었다.[23]

루터는 18세에 엘풀트 대학생이 되었으며 졸업 후에 1년 만에 석사 학위와 2년 후에는 박사 학위를 받았던 매우 훌륭한 신학자이며 양심적인 신앙인이었다. 성경 중에서 특히 로마서와 갈라디아서를 연구하였었으며 옥캄의 윌리암과 어거스틴의 저서와 독일의 신비주의를 연구하던 중 마음의 평안과 구원의 확신은 인간의 노력이나 의로운 행실이나 교회의 전통을 지키는 것으로부터 나오지 않다는 것을 깨닫게 되었다.[24]

루터는 로마에 이르러 고행으로써 속죄권을 얻으려고 열심을 다하여 무릎으로 거룩한 계단이라고 불리우는 스칼라 산타(Scala Santa)를 28 계단을 오를 때에 이상한 경험을 하였는데, 이것은 한 계단을 오를 때마다 성경말씀인 로마서 1:17에 기록된 "의인은 믿음으로 말미암아 살리라"는 것이 그의 귀에 쟁쟁하게 울

리었다. 독일로 돌아 온 후에 종교개혁을 시도하였었다.[25]

1517년에 95 개조의 신조를 위텐벨그(Wittenberg) 문에 발표하였다. 이러한 종교적 신념을 여섯 가지로 요약하면 다음과 같다:

① 사람은 선행의 어떤 공로로서가 아니라 그리스도를 믿음으로 말미암아 의롭다 함을 입게 되고 구원을 얻는다.
② 그리스도인은 누구나 다 예수 그리스도를 믿음으로 말미암아 하나님께 직접 가까이 갈 수 있다…신부의 중개가 필요치 않고 오직 그리스도를 믿음으로 말미암아 이루어진다.
③ 성경은 믿음과 생활을 위한 유일한 표준적인 권위이다. 전승은 성경에 기초를 둔 것 만이 가치가 있다.
④ 하나님께서는 성령으로 실제로 또한 완전히 임재하심을 확언하신다.
⑤ 성경은 인간적인 사색으로 이해될 수 있는 것이 아니고, 성령의 계시와 도우심을 받아 어법에 따라 문맥을 보아서 해석하지 않으면 안된다.
⑥ 하나님은 사랑이시다. 종교는 하나님과 인간 사이의 법적 계약으로 이루지는 것이 아니고 하나님의 은사 곧 하나님의 죄인에 대한 사랑으로 이루어지는 것이다.[26]

루터는 종교개혁의 중심지였던 위텐벨그에 있는 위텐벨그 대학의 신학교수로 1512년부터 죽을 때까지 일하였으며 학술적인 술어를 모국어로 사용하여 가르치는 최초의 독일인 교수로서 지식 수준이 낮은 사람들에 이르기까지 인기를 얻게 되었다. 특히, 그당시 교수들과는 다르게 희랍어와 히브리어의 원서를 기준삼아 강의를 하였고 능력있고 감화력있는 설교가였었다.

루터는 성경번역과 음악을 통한 복음전도에 최선을 다했었다. 그가 작곡 작사한 찬송가 384장 "내 주는 강한 성이요(A Mighty Fortress Is Our God)"는 널리 알려지고 많은 그리스도인들에게 불리워지는 곡 중에 하나이다. 이곡을 가지고 종교개혁을 할 때 힘과 용기를 가졌으며 복음전도를 할 때에도 열심히 일할 수 있는 도전을 받았었다:

1. 내주는 강한 성이요 방패와 병기되시니
   큰 환란에서 우리를 구하여 내시리로다.
   옛 원수 마귀는 이때도 힘을 써 모략과 권세로
   무기를 삼으니 천하에 누가 당하랴.

2. 내 힘만 의지할 때는 패할 수 밖에 없도다.
   힘있는 장수 나와서 날 대신하여 싸우네.
   이 장수 누군가? 주 예수 그리스도 만군의 주로다.
   당할 자 누구랴. 반드시 이기리로다.

3. 이 땅에 마귀 들끓어 우리를 삼키려 하나
   겁내지 말고 섰거라. 진리로 이기리로다.
   친척과 재물과 명예와 생명을 다 빼앗긴 대도
   진리는 살아서 그 나라 영원하리라.[27]

루터는 매우 바쁜 일정 속에서도 하나님께 기도하는 일을 게을리하지 않고 매우 열심히 하였던 기도하는 사람이었다. 그가 다음과 같이 고백하였다: "나는 너무나도 일이 많기 때문에 하루에 세 시간씩 기도하지 않고는 살아 나갈 수 없다."[28] 그는 역시 다음과 같이 공부하는 사람들에게 조언을 하였었다: "기도를 잘하는 사람은 연구를 잘한다."[29]

2) 울리취 쯔빙글리 (1484-1531)

울리취 쯔빙글리(Ulrich Zwingli)는 마르틴 루터가 태어난 지 몇 주 후에 스위스에서 태어났으며 부유한 가정에서 자랐으며 아버지는 그가 신부교육을 시키기를 원했었다. 그는 바젤, 벨네 및 비엔나 등지에서 교육을 받아 글라루스의 교구신부가 되었고 10여년 동안 저명한 설교가로서 활동을 했으며 용병대의 군목으로도 있었다. 그는 국가문제 뿐만 아니라 교회문제에도 심각한 관심을 가지게 되었고 전체의 생활철학과 생활 활동에 큰 영향을 받게 되었다.[30]

쯔빙글리는 36세 때 츄리히에 대민스터 교회의 주임목사가 되었고 성경강해에 능통하였고 그의 설교는 대담하고 성서적이며 복음적이었다. 속죄권을 매매하는 베른할드 삼손을 맹렬히 공격하였고 교직자의 독신생활, 마리아 화상의 예배, 그 밖에 교회의 악폐에 대해서 강하게 대항하는 설교를 하여 로마교회와의 충돌이 갈수록 심해 갔었다.[31]

1519년에 츄리히에 유행병으로 인구의 삼분의 일이 죽었던 상황에서 쯔빙글리도 병에 걸려 거의 죽게 되었다. 그러나 하나님께서는 그의 기도를 들으시고 주님의 종으로서 그의 생명을 주님을 위해 바치도록 질병에서 고쳐 주셨었다. 그것은 회개의 경험보다 더 헌신할 수 있는 계기가 되었고 그로부터 3년동안 루터의 저서를 많이 읽었고 성서 인도주의자로서 활동만 하였던 자가 종교개혁자로서 활동할 것을 결심하였었다.[32]

1522년부터 쯔빙글리는 종교개혁운동을 본격적으로 시작하였다. 카토릭 교회는 성경과 전승을 동등히 여기는 것을 반대하여 오직 성경 만이 유일한 권위를 가지고 있음을 강력히 주장하였다. 종교를 개혁하려면 정치적인 개혁도 필요하다고 확신이 있었으며 그의 적극적인 활동 때문에 로마교회로부터 관계가 완전히 끊어지게 되었고 1525년에는 "참 종교와 거짓 종교에 관한 해설"이라는 저서를 출판하여 종교개혁활동을 하였다.[33]

쯔빙글리의 개혁은 교회 안에도 있었는데 비성서적이 아닌 교회에서 지키던 예식과 의식은 그대로 존속시켰다. 교회 안에 있는 화상, 제단, 장식품, 풍금, 종, 그 밖에 다른 것들을 그대로 사용하게 하였다. 성경을 한 법전으로 여기어 성경에 분명히 기록되지 않은 것은 모두 반대하여 철거하였고 수정하였다.[34] 신비적인 요소가 될만 한 것도 모두다 반대하였고 이성적인 요소를 강조하여 종교개혁과 복음전파에 노력을 기울였다.

쯔빙글리는 마태복음을 통하여 복음적인 설교를 많이 했었고 음악과 특별히 연극을 통하여 죽어가는 영혼들에게 주 예수 그리스도의 복음을 전하는 일에 열정을 다했었다. 그가 했었던 실수는 교회와 정부의 연합을 변호하였으며, 교회와 정부의 분리를 강하게 주장하는 침례교도들을 박해하는 일을 했었다.[35] 더 나아가서 침례교도들이 종교생활이 너무 엄격함을 반대하였다. 그의 사상은 칼빈의 종교사상에 큰 영향을 끼치었다.

3) 존 칼빈 (1509-1564)

존 칼빈 (John Calvin)은 루터와 쯔빙글리가 닦아 놓은 터 위에 올바른 신학적인 사상을 놓을 수 있게 되었다. 그는 사업가로서는 선배들보다는 못하였으나 사상가와 조직자로서의 선배들보다 훨씬 우월하게 일하였다. 복음을 받아들이려는 사람들에게 좀더 확고한 구원의 길을 제공하였고 깊은 하나님의 은혜를 체험할 수 있는 계기를 마련했었던 설교가였다.[36]

칼빈은 프랑스에서 태어났으며 그의 아버지는 법률가로서 엄격한 사람으로서 칼빈을 신부로 만들 목적으로 공부를 시켰으나 갑자기 아버지의 심정의 변화로 다시 법률공부를 시키게 되어 올리안 대학과 불슈 대학에서 공부를 하였으나 아버지가 돌아 가시게 되었다. 칼빈은 법률에서 방향을 바꾸어 고전을 연구하게 되었다. 2년 후에 갑자기 회심을 하게 되며 친구인 니콜라스 콥이 파리 대학의 학장으로 취임하게 되었는데 연설문을 칼빈이 쓰게 되었다.[37] 연설문의 내용은 복음주의적 요소가 강했으며 신약성경을 기초로 교회를 개혁해야 하며 교회의 권위자들을 위협하는 것이었다.

이러한 사건으로 칼빈과 콥은 파리를 떠날 수 밖에 없었으며 프랑스에서 핍박을 받는 형제들을 위한 신학논문을 쓰게 되었다. 1536년 그가 27세 때 "그리스도교 강요(Institutes of the Christian Religion)"를 발행하였으며 1559년에는 원본보다 다섯 배나 큰 책으로 보충되어 만들어졌고, 이 책이 칼빈주의 교회의 교리관과 윤리관이 되었으며 결국 유럽 대륙과 대영제국에 있는 모든 개혁파 교회의 교리의 표준이 되었다.[38]

스위스에서 프로테스탄트의 선구자인 윌리암 파렐(William Farel)은 제네바에서 개혁운동의 기초를 이루기 위하여 노력하였으나 역부족으로 칼빈을 초청하여 그와 함께 개혁운동을 추진하였다. 칼빈이 제네바에 도착하자마자 목사로 추대되었으며 파렐과 함께 복음주의 운동을 시작하여 종교교육의 재료인 강의록과 설교집과 십계명, 사도신경, 및 성례전을 해설한 제네바 문답서를 발행하였는데 그리스도교 강요에서 추려 낸 것이었다. 교회와 국가의 법률이라고 할 수 있는 신앙고백서로서 그리스도교 강요를 발행하였으며 제네바 시에서 1537년에 채택되었으며 이 신앙고백을 지키기로 거부하는 자들을 추방하였다.[39]

칼빈에 의하면 교회의 주요한 목적은 하나님께 영광을 돌리는

일이며 하나님의 영광은 거룩함으로 그 중심을 삼아야 하는 것이
다.[40] 칼빈주의의 다섯가지 주장은 영어의 머리글자를 따서
TULIP (튜립) 이라고 했는데 다음과 같다:

(1) 전체 타락 (Total Depravity) — 인간의 전체 성
질은 아담의 타락의 영향을 받고 있는 것으로서 인
간 스스로가 공로나 능력을 가지고 구원을 받을 수
없다는 것이다.
(2) 무조건 선택(Unconditional Election) — 택함을
받는 것은 오직 하나님의 최고의 의지에 의해서만
결정된다는 것이다.
(3) 제 한 된 구 속 (Limited Redemption or
Atonement)—그리스도께서는 택함을 받은 자를
위해서만 돌아가셨다는 것이다.
(4) 거역할 수 없는 중생하게 하는 은사(Ireestible
Regenerating Grace) — 택함을 받은 사람은 다
구원을 받는다.
(5) 택함을 받은 자의 궁극적인 구제(Perseverance of
the Elect or Regenerate) — 한번 하나님의 택
함을 받은 자는 영원히 구원함을 받는다.[42]

다시말하면, 칼빈은 교리적인 신학을 연구하였으며 죄의 용서
와 영원한 삶은 좋은 행위가 아니라 전적인 하나님의 은혜라는
것을 강조하였다. 특별히, 예정론과 선택론과 하나님의 절대적
주권에 대한 논리적인 신학을 잘 연구하였었고 그리스도의 복음
을 전파하는 일에 매우 큰 공헌을 하였다. 이와 같은 교리는 복
음을 받아 들인 모든 그리스도인들에게 구원의 확신을 주며 사단
의 유혹에 넘어가지 않도록 성서적인 기초 위에 확실한 증거를

보여 주는 것이다.
 칼빈의 교리 신학은 장로교단과 침례교단에 신학적인 기초를 확립하는데 많은 영향력을 주었었다.[42] 이러한 칼빈의 교리 신학은 실제로 복음전도할 때에 불신자들에게 제시할 수 있는 하나님의 말씀에 기초를 준 좋은 재료가 될 수 있을 것이다.

4) 존 낫스 (1505-1572)

 존 낫스 (John Knox) 는 스코트랜드에서 태어 났으며 성장과정과 교육과정에 관한 기록은 찾아 볼 수 없으나, 1542년에 공공연하게 복음주의적 교리를 주장하였고 로마 교회의 부패성을 드러내는 설교를 하기 시작하였었다. 성 안드류 교회에서 종교개혁에 관한 교리 설교를 한 이유로 붙잡혀 거의 19개월 동안이나 배젓는 노예생활을 한 적도 있었다.[43]
 낫스는 노예생활에서 석방된 후에도 영국으로 돌아와서 계속적으로 종교개혁 교리를 설교하였으며 독일, 스위스, 프랑스, 영국 등을 다니면서도 로마 교회를 반대 하였으며 대담하게 카토릭 교회에 행하고 있는 미사는 우상숭배라고 선언하였다. 1560년에 국회가 법령을 제정하여 스코트랜드에서는 로마교회의 교리, 예배, 정치제도를 폐지하고 신앙고백서인 스코트랜드 신앙고백을 성문화하였고 프로테스탄트 (개신교) 를 국가종교로 정하였다.[44]
 낫스의 개혁주의를 강조하는 설교를 통하여 장로교가 스코트랜드의 국교가 되는 일에 매우 큰 영향력을 발휘하였었다. 또한 영국의 청교도들에게 큰 영향을 끼쳤었다. 이러한 위대한 일들을 할 수 있었던 것들 중에 하나는 낫스는 기도하는 사람이었다는 것이다. 스코트랜드의 여왕인 메리 스터어트가 낫스와 종교개혁에 대한 분쟁이 있었을 때에 그녀는 이러한 고백을 했었다고 한다: "나는 모든 마귀들보다 낫스의 기도가 더 두렵다."[45]

낫스의 지도 아래 이루어진 스코트랜드의 장로파 종교개혁운동의 결과로 열 개의 장로교단이 미국에 있다. 가장 큰 교파가 북장로교회, 남장로교회, 북미 연합장로교회, 컴벌랜드 장로교회 등이 있다. 이외에도 유럽 각구에 상당한 세력을 가지고 있으며 전세계에 많은 선교사도 파송하고 있다. 이러한 결실은 낫스의 개혁정신과 복음전도의 결과로 이루어진 것이라고 볼 수 있을 것이다.[46]

 종합해서 다시 생각한다면, 종교개혁 당시의 복음전도자들은 기독교 신앙 중에 구원에 확실한 길을 제공해 주었으며 복음전도에 매우 중대한 임무를 감당하였었다. 복음전도자로서의 그들의 특징을 종합해서 살펴 보면 다음과 같이 여섯가지로 요약할 수 있다:

 (1) 학문에 깊이 있는 신학자들
 (2) 성서적으로 능력있는 설교가들
 (3) 모든 사람들이 이해 할 수 있는 말씀을 전하는 설교들
 (4) 구원을 받는 확실한 길을 안내한 지도자들
 (5) 부지런하고 엄청난 일을 수행한 일꾼들
 (6) 도덕적으로 순전하고 끊임없이 기도하며 하나님 앞에 겸손하며 영혼을 사랑하는 자들[47]

4. 영국에서의 전도(18 세기~19 세기)

 영국에서는 자연주의와 자연신론에 관한 학설이 새롭게 대두되어 사람들에게 신앙생활에 혼란을 가져 오게 하였으며, 유럽 대륙에서 시작된 사상인 무신론과 이성주의와 같은 이론들이 영향

를 끼쳐서 영적인 성장에 장애를 주었으며 그리스도의 복음전파를 하는 일에 많은 어려움이 있었을 때이었다.[48] 먼저 신앙생활을 하였던 기독교인들까지도 신앙을 잃어 가고 있었기 때문에 영적인 각성이 강력하게 요청되는 시기라고 볼 수 있었다.

1) 존 웨슬레 (1703-1791)

존 웨슬레 (John Wesley)는 아버지인 사무엘과 어머니인 수산나의 19남매 중에 15번째로 영국의 엡워드에서 출생했다. 그는 옥스포드 대학 (Oxford University)에서 거룩한 크럽 (Holy Club)에 가입하여 방법론적인 헌신이라고 할 수 있는 (1) 기도, (2) 금식, 그리고 (3) 성경공부를 했었다.[49] 그 때에 자기 동생인 찰스 웨슬레도 거룩한 크럽에 가입하여 헌신적인 신앙을 하고 있었다. 거룩한 크럽에 가입해서 방법론적인 헌신을 하는 학생들을 방법론자 또는 감리교(Methodists)라는 말이며 나중에 감리교단의 이름이 되었다. 그는 "세계는 나의 교구라"(The world is my parish) 고 하며 선교와 복음전도에 정열적인 헌신을 다했었다. 그는 지칠 줄 모르는 전도자이며 위대한 학자였다.

존 웨슬레는 영국에서 미국에 선교를 위해 여러번 갈 때에 폭풍 중에서 죽음을 두려워 하지 않고 복음을 정열적으로 전하며 성령의 역사를 체험하는 모라비안 형제단들 (Moravian Brethren)에게 신앙적인 도전을 받는 계기가 되었다.[50] 1738년 5월 24일 수요일 그가 35살 때에 올더스케잇 가에 모라비안 형제단에 의해 세워진 교회에 참석하였다. 예배 인도자가 낭독하는 루터의 로마서 서문을 듣고 있을 때, 그는 가슴이 뜨거워지는 경험을 하며 영적인 전환기였다. 이 날 새사람이 된 것은 영어로 세 개의 씨(C)로 시작되었는데 첫째는 마음이 새로워지는 회심 (Conversion)이며, 둘째는 가치관과 인생관이 달라지는 변화

(Change) 이며, 세째는 신앙의 행동화를 위한 강한 결심을 뜻하는 도전(Challenge) 이었다.[51]

존 웨슬레는 어느날 새벽 다섯 시에 마가복음 12:34 을 읽는 중 성령의 역사를 다시 한번 체험하게 되었다: "네가 하나님의 나라에 멀지 않도다." 그는 이 말씀에 하나님의 사랑과 은혜를 느꼈으며 죄인을 향하여 소망과 기대를 가지시는 하나님을 발견하게 되었다. 씨 뿌리는 비유로 말하면 단지 25%의 희망 밖에 보이지 않는 같은 죄인에게 끈질기게 기대하시며 사랑하시고 가꾸어 주시고 30배, 60배, 100배의 결실을 희망하시는 하나님의 은혜를 느끼게 되었다.[52]

존 웨슬레는 칼빈이 주장하는 예정론에 대해서 반대하는 의견을 가지고 있었으며 자유의지론을 주장하는 제임스 알미니우스(James Arminius) 의 이론을 따랐다. 사람들은 선택의 여지없이 하나님이 세상에 보냈지만, 천국에 들어 가는 것은 하나님의 절대적인 은총만이 아니라 사람들의 각각의 자유의지에 따라 선택할 수 있다라고 주장하였다.[53]

존 웨슬레는 돈에 대한 올바른 철학을 가지고 있었으며 다음과 같은 말을 했었다: "할 수 있는대로 벌라. 할 수 있는대로 모으라. 할 수 있는대로 주라."[54] 돈은 더러운 것이 아니라 영혼들의 구원과 하나님 왕국의 확장을 위한 수단이 될 수 있음을 주장하였다. 그는 목회를 한 첫해에 그의 수입은 30파운드였다. 자기가 28파운드을 가지고 2파운드를 주었다. 그 다음 해 그의 수입은 60파운드였는데 그는 28파운드를 가지고 32파운드를 주었다. 3년째 되던 해 120파운드을 벌었으나 그는 28파운드를 가지고 나머지 92파운드를 주었다.[55]

존 웨슬레는 매우 바쁜 일과가 있었음에도 불구하고 하루에 두 시간을 기도하는 일에 바침으로 그의 확신을 뒷받침하였다. 그리고 그는 다음과 같이 고백하고 있다: "하나님은 반드시 기도에 응답하시는 분이시다." [56] 그는 복음전도를 위해 열심히 기도로 준비하는 설교가이며 학자임을 알 수 있다.

죤 웨슬레가 복음전도를 위한 집회를 가질 때마다 그의 동생인 챨스 웨슬레가 음악을 통하여 형의 복음사업을 도와 주었다. 그가 작사한 찬송가들이 매우 많이 있으며 잘 알려진 것은 다음과 같은 것들이다: 23장 "만입이 내게 있으면", 126장 "천사 찬송하기를," 269장 "웬일인가 내 형제여," 338장 "천부여 의지없어서," 372장 "나 맡은 본분은," 441장 "비바람이 칠 때와" 등

2) 죠오지 윗필드 (1714-1770)

죠오지 윗필드(George Whitefield) 는 옥스포드 대학에서 공부하였으며 거룩한 크럽(Holy Club) 에 가입하여 죤 웨슬레와 챨스 웨슬레와 다른 동료들과 함께 경건한 신앙생활을 했었다. 그는 25살 때에 영국에서 가장 유명한 설교가가 알려져 있었으며 스피커없이 한번에 25,000명까지도 설교를 들을 수 있는 능력있는 설교를 할 수 있었다. 그의 설교는 지적이나 학문적인 스타일의 설교이라기 보다는 감정적이며 영적인 설교의 형태이었으며 청중들은 그의 설교를 듣는 것은 음악을 듣는 것과 같다고 했었다. [57]

윗필드는 술집을 가장 싫어 했었으며, 기회만 있으면 성경을 계속적으로 열심히 읽는 생활을 했었다. 그는 "술집에서로의 복음전도"라는 목표를 가지고 선교와 복음전파를 했었다. 그는 영국에 살면서 교통이 어려웠지만 미국까지 30번이나 선교와 전도여행을 떠났으며, 그의 생애 중 34년동안 18,000 번이나 전도집회에서 복음적인 설교를 하였었다. [58]

윗필드는 죤 웨슬레와 같은 거룩한 크럽에서 경건한 신앙생활과 훈련을 받았으나 다른 신학적인 노선을 선호하였었다. 그는

제임스 알미니우스가 주장하는 자유의지론보다는 칼빈의 예정론과 선택론 하나님의 절대 주권에 대해서 더 많은 신학적인 호응을 가지고 있었으며, 그와 같은 칼빈주의에 관련된 설교를 매우 많이 하였었다.[59] 휫필드의 복음적인 설교를 통하여 많은 불신자들이 주님 앞으로 돌아 오는 놀라운 역사가 나타났었다.

3) 찰스 스펄젼 (1834-1892)

찰스 스펄젼(Charles Haddon Spurgeon)은 영국에서 태어났고 그의 아버지와 할아버지는 회중교회의 목회자들이었으나 스펄젼은 17 세에 침례교회에 가입하였고 18 세부터 침례교회에서 설교를 시작하였었다. 그의 설교는 지적이며 유우머가 있었으며 정열적이었다. 그의 설교를 듣는 청중들은 그의 목소리가 종소리와 같았다고 했었다.[60]

스펄젼은 하나님의 예정론과 선택론을 주장하는 칼빈주의적인 설교를 많이 했었다. 그의 모든 설교들은 세상이 줄 수 없는 기쁨과 평화를 그리스도 안에서 찾을 수 있음을 강조하는 설교를 했었다. 그의 설교의 내용은 매우 쉽게 하여 누구나 들어도 이해할 수 있는 설교이었으며 주로 중산층을 대상으로 하는 복음적인 설교를 많이 하였다.[61]

스펄젼이 시무하셨던 교회는 그당시에 세계에서 가장 큰 침례교회였다고 교회사 학자들이 말하고 있으며, 주일 아침에 예배를 마친 후에 성도들과 인사를 나눌 때에 5,000 명 이상의 성도들의 이름을 기억할 수 있는 능력있는 목회자였다. 교회의 집사들은 매주 토요일마다 20 년 동안이나 스펄젼의 주일 설교를 잘 할 수 있도록 기도를 했었다.[62] 그래서 스펄젼은 그의 목회와 설교에 대한 성공적인 원인을 그의 교회의 기도에 돌렸던 것이다.[63]

스펄젼은 죽은 영혼들을 주님께로 인도하는 능력있는 설교를 하여 영국과 스코트랜드뿐만 아니라 전 세계의 어느 곳에 이르기까지 알려지게 되었다. 그는 설교집을 50권이나 출판하였으며 "칼과 흙손"(Sword and Trowel) 이라는 월간 잡지의 편집하는 일도 하였었다. 그는 많은 저술을 하였으며 특별히 다윗의 보물창고(Treasury of David) 라는 제목을 가지고 있는 시편에 대한 주석이 매우 유명하였다. 그는 "목사들의 대학"(Pastors' College) 이라는 설교자들을 위한 신학교를 세웠는데[64] 그당시에 목회자들에게 매우 인기있는 신학교였었다.

5. 미국에서의 전도

이 당시는 미국은 식민지로서 유럽의 각국으로부터 사상과 신앙생활에 매우 많은 영향을 받고 있었는데 영국의 자연주의와 자연신론으로, 프랑스의 감각론과 무신론으로, 또한 독일의 이성주의와 불신앙으로 신앙적인 부흥이 거의 100 여년 동안 없었던 실정이었다.[65] 이러한 상황에서 영적으로 새롭게 일어나야 하는 부흥운동이 요청되었던 것이다.

1) 대각성운동 (1734-1770)

미국에서 첫번째로 매우 큰 영적인 부흥운동이 바로 대각성운동(The Great Awakening) 이다. 이러한 운동은 건전하고 성서적이며 영적인 복음적인 설교를 하고 있었으며, 불신자들에게 주 예수 그리스도의 복된 소식을 선포하여 교회를 부흥시키는 전도운동이었다.[66]

영국에서 존 웨슬레와 와이트필드에 의하여 부흥운동이 일어났던 시기와 같은 때인 1734년에 회중교회의 목회자였던 죠나단 에

드워드(Jonathan Edwards)가 메사츄사스(Massachusetts)에 처음으로 영적인 부흥운동을 시작하였었다. 에드워드가 "매우 진노한 하나님의 손에 있는 죄인들"(Sinners in the Hands of an Angry God) 라는 제목으로 유명한 설교를 할 때에 대부분의 사람들은 지옥으로 떨어지는 공포와 같은 느낌으로 그들의 의자에 앉아 있었다고 한다.[67] 사람들은 회개와 강한 믿음을 가지게 되었고 새로운 피조물로 창조하는 부흥의 불길이 미국 각 지역으로 퍼져 나가게 되었다.

대각성운동은 미국사람들의 신앙적인 생활을 하는 매우 공격적인 복음전도운동으로 자리를 잡고 있었다. 선교와 기독교 교육에 대한 깊은 관심이 일어났으며 도덕적인 생활의 변화로 순수하고 성서적인 삶을 살려고 하는 강한 움직임이 일어났었다. 이러한 때에 처음으로 침례교단에서도 성경공부를 통하여 영적인 대각성운동이 시작되었는데 두명의 침례교단(Baptist) 의 지도자들은 바로 노오스 캘로리나(North Carolina) 주의 슈발 스틴스(Shubal Stearns) 목사와 죠오지아(Georgia) 주의 다니엘 마샬(Daniel Marshall) 목사이었다.[68]

2) 1800년도의 부흥운동 (1785-1812)

정치적으로 사회적으로 어려운 상황 속에서 다시 신앙적인 부흥운동이 약화되고 있는 상황이 다시 오게 되었다. 1785년에 버어지니아의 침례교 목사인 제임스 리버(James River)가 영적인 재부흥을 위한 기도운동이 시작되었으며, 장로교단 목사님들과 감리교단 목사님들도 합세하여 오순절과 같은 능력의 부흥운동이 죠오지아 주로부터 메인 주, 오하이오 주, 캔터키 주, 테네시 주로 퍼져 나갔었다.[69]

이러한 기도를 통한 부흥운동은 첫번째로 각 교단 별로 기독교

신문들이 발행하였으며 크리스챤 학교들도 세우기 시작하였으며 국내 선교부와 국외 선교부를 세워서 개척교회와 외국선교사 파송하는 일에 새로운 출발점을 만들기 시작하였다.[70] 더 나아가서, 성경공부를 위한 교재들과 신앙서적들을 출판하는 출판사들이 세워지기 시작했었다.

3) 평신도들의 부흥운동 (1857-1858)

1857년 10월에 미국은 불경기로 경제적으로 매우 어려운 상황에 놓여 있었으며 도덕적으로는 매우 타락하여 그리스도인들까지 신앙생활을 게을리 하는 경향으로 흐르고 있었다. 뉴욕에서 사업가들 중에 평신도들의 기도운동(Laymen's Prayer Meeting)이 플톤거리(Fulton Street)에서부터 시작되었고 오마하(Omaha)까지 퍼져 나갔었다.[71]

1858년에 세가지 중요한 평신도들을 통한 부흥의 역사가 나타났었다. 첫째로는 베니토 쥬래즈(Benito Juarez)가 멕시코에 있는 로마 카토릭 교회의 회포에도 불구하고 개신교의 복음을 전파하였으며 중부 아메리카에 개신교 선교사들을 파송하는 일을 하였었다. 둘째로는 데이빗 리빙스톤(David Livingstone)이 아프리카에 복음을 전파하기 위하여 선교사로 나가서 많은 사역을 하였으며 인도에까지 선교사를 파송하는 일을 하고 있었다. 마지막으로는 중국에 텐진조약이 체결되어 그당시 4억이 넘는 중국 사람들에게 복음을 전파할 수 있는 계기가 주어져 많은 평신도들이 선교하는 복음의 역사가 나타나고 있었다.[72]

4) 독특한 전도자들

미국에서 신앙부흥운동과 복음전도에 특별히 많은 영향을 끼쳤던 전도자들을 선별하여 살펴 보고자 한다. 어떤 전도자들은 평신도로서 자기가 주어진 환경 속에서 열심히 일하는 신앙인들도 있었다.

(1) 찰스 피니 (1792-1875)

찰스 피니(Charles Grandison Finney)는 존 웨슬레가 죽은 후에 태어 났으며 드와이트 무디가 부흥운동으로 활동하기 전에 죽었던 부흥운동을 위한 능력있는 전도자였다.[73] 그는 29세가 되던 1821년 뉴욕의 아담스에서 법률가로서 실습을 하는 시기에, 성경말씀을 읽고 묵상하다가 매우 독특한 회심의 경험을 하게 되었고 하나님의 부름을 받아 복음전도자로 활동하게 되었다. 그는 회심의 경험을 다음과 같이 말하였다: "갑자기 성령께서 나에게 임하시어 마치 내 목과 영혼으로 뚫고 들어오는 것처럼 생각되었다. 그 때에 받은 인상을 말한다면 마치 전파가 내 몸둥이를 통과하는 것 같았었다."[74]

피니는 많은 부흥집회에서 수만명의 영혼들을 주님 앞으로 인도하는 복음전도자로서의 사역을 감당하고 있었다. 특별히, 영국의 런던에서도 수천명의 영혼들을 구원시켰으며, 뉴욕의 로체스터(Rochester)에서만도 불신자들을 구원시킨 후에 십만명의 사람들을 여러 교회들에 등록시켜 신앙생활을 계속하게 하는 복음의 역사를 일으키었다.[75]

피니는 뉴욕에서 목사가 되었으며 젊은 목사들을 훈련시키기 위하여 오하오(Ohio) 주의 오벨린 대학(Obelin College)의 학장으로서도 일을 할 수 있었다. 그의 저서로서 복음전도를 기본적인 사역에 관한 것으로서 "부흥을 위한 강의"(Lectures on Revivals) 라는 것이 있으며 그외에도 설교집, 자서전 등이 있으며 문서를 통한 전도사업을 위한 여러가지 활동을 많이 하였있

다. [76]

피니는 은혜로운 복음의 말씀과 엄한 하나님의 법을 조화있게 연결시켜 설교하였다. 그의 설교는 매우 단순하며 성서적이며 영적인 형태를 갖추고 있었으며 그가 설교할 때는 하늘의 문이 열리고 죽어가는 영혼들에게 강한 영적인 축복을 폭포처럼 솟아지는 것들을 경험하였다고 한다. 그의 활동을 인하여 거의 50 만의 영혼들이 구원을 받았을 것으로 세계 교회사의 학자들을 추정하고 있다.[77]

(2) 드와이트 무디 (1837-1899)

드와이트 무디(Dwight Lyman Moody)는 4 살때에 아버지가 죽었고 어머니가 여러 식구를 부양했으므로 매우 가난하게 생활을 하였으며 집에서 농사를 짓는 일을 하였었다. 그의 성격은 난폭하며 인내심도 없었으며 학교교육은 몇 학기 밖에 받지 못하였으며 17 세이후에는 전혀 교육을 받지 못하였다. 16 세 때에는 가출하였으며 17 세에는 삼촌집에서 있으면서 구두수선하는 일을 하였다.

주일학교 교사인 에드워드 킴벌(Edward Kimbal)이 무디에 복음을 전파하여 그리스도를 영접하게 되었고 시카고에 있는 플리마우스 조합교회의 주일학교 선생이 되었다. 처음에는 한명의 학생도 없었으나 거리에 나가 장난꾸러기 18 명을 데리고 와서 시작하였는데 얼마 안되서 1,500 명의 학생들을 가진 주일학교 선생님이 되었다. 그는 구두를 파는 일에는 관심이 없어서 연봉 7,500 달라를 받는 직업을 버리고 연봉 300 달라를 받는 하나님의 사업을 시작하였다.

무디는 시카고의 YMCA 에서 일하였으며 YMCA 를 부흥시키는 일에 큰 공헌을 하였었다. 헨리 무어하우스(Henry

Moorhouse) 가 청년 무디에게 성경을 연구하고 그 성경을 설교하라고 권하였을 때 그 충고를 진정으로 받아 들였었다. 그는 아침 4시부터 6시까지 성경을 읽고 연구하였으며 명상하고 기도하는 생활을 하였었다. 그는 매년 휴가 때마다 성경전서를 통독하면서 이런 말을 했다고 한다: "오래된 기계를 다시 정돈하는 셈이다."

무디는 복음집회를 할 때에는 복음적인 찬송을 부르는 유명한 성악가 생키(Ira D. Sankey)와 함께 일을 하였으며 영국, 잉글랜드, 스코틀랜드, 아일랜드 등지를 2년 동안 순회공연하여 수천 명의 신자들을 얻어 내었었다. 그의 설교는 솔직하고 성서적이었다. 사람들에게 때로는 공포심에 호소하기도 했지만 하나님의 사랑을 더욱더 강조하였으며 영혼을 구원하는 일에 성공하려면 무엇보다도 중요한 조건은 믿음의 기도와 성령의 기름부음을 받는 일이라고 주장하였다.

무디는 목사 안수를 받은 교역자가 아니라 평신도였으며 유명한 주일학교 지도자이며 위대한 설교자였었다. 1879년에는 여자들을 위한 노드필드 여학교를 설립하였으며 1881년에는 남자들을 위한 헬몬 신학교를 설립하였다. 1886년에는 미국에서 최초의 성경교육하는 기관인 시카고 복음전도회를 시작하였으며, 이 기관이 점점 발전하여 무디성경학교(Moody Bible Institute)로 성장하게 되었다.

무디는 무디성경학교를 통하여 수많은 선교사들을 배출하였다. 그는 복음적인 조직과 개인적인 사역을 위한 복음적인 훈련, 복음적인 재정관리, 복음적인 음악활동, 성서적인 설교 등에 천재적인 소질을 가졌었고 세계에 있는 많은 전도 단체에서 무디가 사용하는 전도방법을 배워서 효과있게 사용하고 있다.

무디의 설교는 개인의 부조리와 사회적인 부도덕에 대해서 강력하게 공격을 했으며 설교를 듣는 사람들은 떨면서 회개하는 역사가 일어 났었다. 어떤 범죄 집단에서 무디의 흠을 발견하면 만 천하에 공개하여 사회에서 매장시키기 위해 스미스라는 자가 3년 이상을 쫓아 다니며 조사했으나 전혀 찾지 못했고 결국에 스미스가 그리스도인이 되었다. 주님 앞에서 흠없이 순전하게 사는 무디의 삶은 스미스의 마음을 변화시켜서 나중에는 그도 설교자로서 복음전도자가 되었다고 한다.[78]

무디가 제대로 교육을 받지 못했음에도 불구하고 설교할 때 자기의 약점이 드러나는 일에 두려움이 없이 성령의 능력을 의지하여 죽어가는 영혼을 사랑하는 마음으로 설교을 항상 하였었다. 그가 설교를 마치고 사람들과 인사를 나누는데 어느 대학에서 문학을 가르치시는 교수가 와서 이런 말을 하였다고 한다: "무디 선생님의 설교는 좋았습니다만 유감스럽게도 문법적으로 틀린 부분이 오늘 설교에서 50 여군데가 됩니다." 그 때에 무디는 이렇게 대답했다고 한다: "감사합니다. 저는 무식한 것은 사실입니다. 그러나, 저는 문법적으로 엉망진창인 언어로 감격스럽게도 지금까지 수천 수만명의 영혼을 주께로 인도할 수 있었습니다. 교수님은 문학을 가르치시는 분으로서 정확한 언어를 구사하여 몇 사람을 주님 앞으로 인도하셨는지요?"[79]

무디는 자기의 약점이 드러나는 것이 중요하지 않고 한 영혼이라도 주님를 영접하는 일이라면 무슨일이라도 할 수 있는 열정적인 전도자였다. 설교에서 문법적으로 몇 번이나 틀린 것이 있는지가 중요한 것이 아니라 몇 명을 구원시켰는가 라는 것이 더욱 더 중요한 과제이어야 할 것이다.

(3) 사무엘 존스 (1847-1906)

사무엘 존스(Samuel Jones) 는 드와이트 무디가 죽은 후에 가장 인기있는 복음전도자 중에 하나였었다. 그는 "산 전도자"

(Mountain Evangelist) 라는 별명을 가지고 있었으며 많은 영혼을 주님 앞으로 인도하는 부흥사였었다. 그의 신학은 하나님의 예정론이나 선택론을 주장하는 칼빈주의보다는 인간의 자유의지를 주장하는 알미니안주의를 선호하였었다. 그의 설교의 중요한 강조점은 복음의 말씀을 사회적인 면에 적용하는 일에 있어서 "당신의 천한 행위를 중지하라"(quit your meanness) 는 것이었다. 80)

존스는 원래 법률가였으나 술을 많이 먹어서 큰 실수를 하게 되어 법률가로서의 법적인 경력이 파괴되었고 그것으로 인하여 예수님을 구주로 믿게 되었다. 그는 술에 관한 모든 일에 적극적으로 반대하여 싸웠으며 사회단체의 모임이나 정치적인 모임에 초청되어 많은 설교를 할 수 있는 기회가 주어졌으며 이것을 이용하여 복음적인 메세지로 불신자들을 구원시키는 놀라운 역사가 나타나게 되었다. 81)

(4) 빌리 썬데이 (1862-1935)

빌리 썬데이[William A. (Billy) Sunday] 는 시카고에 있는 프로야구팀의 매우 유명한 야구선구였으나 진실한 그리스도인이었다. 나중에 큰 사업을 시작하였는데 다른 사업가들과 함께 성경공부를 통하여 교제를 나누며 복음을 전하기 시작하였었다. 물질을 버는 사업보다 복음전도사업을 더욱더 중요시 여기며 사람들과의 관계를 맺었었다. 썬데이는 유우머와 재치를 겸비해서 복음을 전파하였으며 많은 전도집회에서 설교할 수 있는 기회가 많이 있었다. 82)

썬데이가 오하이오 주 콜럼버스 시의 대집회를 계획하고 시장에게 이러한 편지를 보냈었다: "부흥회에 앞서 내가 누구를 위하여 기도해 주기를 원합니까?" 얼마 후에 콜럼버스 시장으로부터 소포가 왔었다. 그 속에는 콜럼버스 시의 임명록이 들어 있었다. 인명록이란 도시의 사람들의 이름이 쓰여 있었던 오늘날의 전화번호부라는 것이다. 시장의 메모는 "여기에 있는 시민 전부가 기도를 받아야 할 사람들 입니다" 라고 하였었다.[83] 기도는 죽은 영혼을 주님 앞으로 인도하기 위해 가장 먼저 해야 하는 것임을 명심해야 할 것이다.

(5) 죠오지 트류이트 (1867-1944)

죠오지 트류이트(George W. Truett) 는 19살 때에 예수를 믿기로 결심을 했으며 1893년에 베일러 대학(Baylor University) 에서 1학년으로 공부하면서부터 목사로서 동부바코 침례교회 (East Waco Baptist Church) 에서 목회를 시작하였으며 베일러 대학의 이사 중에 한분의 딸인 죠세핀 젠킨스 (Josephine Jenkins) 와 결혼을 하였다.[84]

1897년에 텍사스주의 달라스제일침례교회(First Baptist Church of Dallas) 의 담임목사로 임명되어 하늘나라에 가시기까지 목회를 계속해서 하셨었다. 처음에 목회할 당시에 715명의 교인이 있었으나 그동안 등록한 새로운 신자들이 19,531명이나 되었었다.

트류이트는 남침례교단(Southern Baptist Convnetion) 의 총회장으로 추대를 받았었으며, 침례세계연맹(Baptist World Alliance) 의 회장으로도 추대되었었다.[85]는 새로운 교회를 개척하는 일에 적극적인 기도와 물질을 제공하였으며 남침례교단이 세계에서 가장 큰 유일 교단으로 성장하게 하는 가장 큰 공헌을 했었던 목사 중에 하나였다.[86] 그의 교회를 통하여 세계적인 능력 있는 많은 목사들과 교회지도자들을 배출시키는데 또다른 공헌을 세웠다.

트류이트의 설교는 강해설교로 하며 생활 속에서 적응할 수 있는 소재를 중심으로하며 불신자들을 대상으로 하여 그들이 회개하고 하나님의 자녀가 되도록 하는 복음전도로 초점을 맞추고 하였다. [87] 그는 그리스도와 같은 성경의 소유자였으며 기독교의 역사 속에서 유명한 전도자들이 가지고 있는 좋은 점들을 다 갖추고 있는 복음전도자였었다고 로렌드 레벨(Roland Q Leavell)은 평가하고 있다. [88]

6. 한국에서의 전도

한국에 복음이 전파된 후에 한국 그리스도인으로서 복음화에 크게 이바지한 몇 명의 목사님들을 통하여 복음전도에 도전을 받기 원한다. 불교와 유교와 미신사상이 가득한 한국문화와 전통 때문에 수많은 어려움과 핍박이 있었을 뿐만 아니라 일제시대의 신사참배와 공산당의 위협과 6.25 사변을 통한 계속되는 고통 속에도 죽어가는 영혼들에 대한 불타는 전도자로서의 사명을 감당했었던 모범적인 주님의 종들이었다. 이러한 연구과정에 있어서 국민일보에 연재되었던 빛의 사자들과 역경의 열매에 많이 참고하여 요약하였음을 밝힌다.

1) 이기풍 (1867-1942)

이기풍은 평양에서 살았는데 그 당시 숭실대학교의 전신인 숭실학교를 설립하신 한국말로 마포삼열이라고 불리우는 마펫 선교사가 도착하여 선교활동을 하고 있었다. 이기풍은 마펫 선교사에게 돌을 던져 턱에 상처를 만들었으며, 장대현 교회를 건축 중에 때려 부셔뜨렸으며 기독교를 박해하는 일을 하였다. 교회를 부순

날에 꿈에, 턱이 깨져 피가 나와 쓰러진 마펫 선교사 위에 아름다운 궁전이 무너져 내렸으며 마펫 선교사의 모습이 그의 모습으로 변해 그에게 거대한 궁전이 무너졌었다.

청일전쟁으로 이기풍이 평양에 살기 어렵게 되자 원산으로 가서 살았는데 그곳을 선교하던 스왈렌 선교사를 만났는데 외국 사람이므로 착각하여 그가 마펫 선교사인 줄 알았었다. 그날 밤에 꿈을 꾸는데, 방안이 환해 지면서 머리에 가시관을 쓴 사람이 이기풍에게 다가와서 "기풍아 왜 나를 핍박하느냐 너는 나의 증인이 될 사람이다" 라는 음성을 들었다. 잠에서 깨어 난 후에 두려워서 마펫 선교사를 찾아 가서 사과하려고 했으며 선교사들을 통역하는 전군보 라는 자를 찾아가 꿈 이야기를 했더니 그가 예수님을 꿈에서 만났다고 설명해 주었다.

전군보의 도움으로 이기풍은 스왈렌 선교사를 만나 그의 죄들을 회개하고 그리스도인이 되었다. 그당시 교회에서 안중근과 김구와도 사귈 수 있었으며, 항일민족사상의 실현하기 위해 그들은 모두 만주로 가기로 하였었다. 그러나 갑자기 이기풍은 알지 못하는 열병으로 갈 수가 없었고 김구와 안중근은 만주로 갔었다. 이기풍은 하나님의 뜻이 독립운동가로서 일을 하는 것이 아니라는 사실을 깨달았고, 평양에 있었던 마펫 선교사를 찾아가 그의 죄에 대해 사과하였고 다시 원산으로 와서 열심히 성경을 읽으며 복음전도의 활동을 하였다.

1896년 그가 31 세가 되던 해에 스왈렌 선교사를 도와 한국 기독교 역사상 최초의 조선인 관북전도사가 되었다. 1901년에는 장로가 되었고 1903년에는 마펫 선교사의 주선으로 평양 신학교에 입학하였고 게일 선교사의 양녀인 윤함애와 결혼을 시켜 주었다. 1907년 9월 17일 그는 평양신학교를 제 1회로 졸업하고 바로 한국 최초의 목사가 장립되었는데, 그때 같이 목사 안수를 받은 분은 서경조, 한석진, 길선주, 양전백, 송린서, 방기창을 포함해서 모두 7 명이었다.
 다른 목사들은 각 지역의 교회로 파송되었으나 이기풍 목사만이 교회가 없는 제주도로 파송하는 선교사가 되었는데, 이것은 최초의 교단파송선교사가 되는 것이었다. 목포에서 가족을 남기고 먼저 제주도에 가기 위해 배를 타고 가다가 풍랑을 만나 모든 사람이 죽었으나 이기풍만 살아 남아 다른 배를 타고 제주도에 갈 수 있었다. 처음에 제주도 사투리가 너무 다르기 때문에 언어가 통하지 않았고 아무리 복음전도를 하여도 받아 들이지 않았으며, 굶주림으로 쓰러져 있는 것을 젊은 사람들의 도움으로 어떤 해녀의 집에 머물게 되었다.
 꿈 속에서 하나님께서 머물고 있는 해녀의 집이 그리스도인이 될 것을 가르쳐 주었으며, 이기풍 목사는 그녀를 전도했으며 3개월 만에 열 명을 전도할 수 있었고 목포에 사는 가족들을 데리고 왔다. 이 목사는 말을 타고 제주도를 돌면서 전도하였으며 그의 아내는 동네 여자들을 방문하여 전도하였고 얼굴이 예쁘다는 이유로 동네 청년들이 따랐는데 그것을 이용하여 대화할 수 있는 기회로 삼아 전도하였으며 성경공부도 가르치게 되었다. 전도가 잘 되어 10 명이 30 명으로 100 명으로 늘어나면서 몇 개월만에 수백명이 그리스도인이 되었다.
 이 목사는 아직 기도교인은 아니었던 마을 유지인 박대감을 찾아가 도움을 청하자 백원을 내 놓아 훈련청으로 쓰던 건물을 매입하여 교회로 만들었는데 이것이 최초의 교회로서 제주성안교회이다. 여러가지 핍박이 많았으나 아내와 함께 의료봉사와 기도를 통한 하나님의 능력으로 사람들을 고쳐 주었다. 제주에는 수호신처럼 모시는 구렁이를 많이 때려 잡았으나 구렁이를 잃은 가정이 망하지 않고 번창하자 불신자들도 뱀에 대한 신앙을 버렸고 그리스도의 복음을 받아들이기 시작하였다.
 전도여행을 계속해서 여러 곳에 교회를 세웠는데, 금성, 삼양,

성읍, 조춘, 모슬포, 한림, 용수, 세화 등이었다. 1918년에 안식년을 맞아 이기풍 목사와 가족들은 평양으로 돌아갔었다. 그러나 평양독노회는 전라남도 광주에 북문안교회의 초대 목사로 임명하여 목회를 하였으며 시작한지 1년 만에 교인들이 너무 많아 광주중앙교회와 양림교회로 나누어 봉헌하게 되었다. 1921년에 노회의 총회장이 되었으며 다시 제주도에서 가서 선교를 6년간 하였으며 아홉군데에 교회를 세웠다. 1934년에 그는 순천중앙교회 담임목사로 시무하던 중 신사참배에 항거하시다가 1942년 그의 나이 74세에 순교하셨다.

이기풍 목사는 한국 기독교 역사상 최초의 조선인 관북전도사로 일을 했으며 평양신학교를 졸업한 후 바로 한국 최초의 목사중에 하나가 되었으며 한국 최초의 교단파송선교사로서 제주도에 파송되어 수 많은 교회를 세웠으며 전라남도의 광주에 교회를 세웠으며 죽기까지 죽어가는 수많은 영혼들에게 복음을 전파하는 위대한 전도자로서 삶을 살았다.

2) 최권능 (1869-1944)

최권능이라고 불리우는 최봉석은 1900년에 관직에서 쫓겨나 귀양살이를 삭주에서 하고 있었는데 아내의 산후조리을 위해 한의사 백유계를 찾아 갔었고 백유계는 최권능에게 "예수님을 믿고 천당를 가라"고 전도했었다. 최권능은 처음으로 "예수"라는 말을 들었으며 1903년 4월에 평양에서 노블 선교사가 준 쪽복음서를 보름 동안 계속해서 읽다가 잠이들어 꿈 속에서 하늘에서 벼락불이 떨어지는 경험을 했었다. 잠이 깬 후에 요한복음을 읽는데 예수께서 로마병정들에게 끌려 골고다 언덕 위 십자가에 못박히는 대목을 읽으면서 눈물을 흘리면서 회개의 기도를 했었다.

교회에 다니면서 성경을 열심히 읽으며 기도생활 뿐만 아니라 전도도하며 물질로 많은 사람들을 구제하는 생활을 하였다. 1904년에 삭주읍교회의 집사가 되었고 성경을 팔며 전도를 하는 권서인이 되었으며 압록강 유역에서 화전민들에게 전도했었다. "사람 살려"라고 고함을 친 후 화전민들이 구하러 오면 "살려할 사람은 바로 당신이오 육신은 살아 있지만 영혼이 죽었으니 당신 영혼 살리시오. 예수 믿으시오." 이러한 전도를 하는 것을 본 장인은 그의 딸과 살지 못하도록 이혼시켰다.

1907년 그는 벽동교회 전도사로 부임했고 평양신학교에 입학했었다. 새벽집회를 마치고 돌아 오는데 연자방앗간 안에서 일하는 소리를 듣고, "예수 천당"하고 소리를 치자 방앗간의 망아지가 놀라 뛰어 연자방아가 넘어지는 소동이 일어났다. 방앗간 주인은 예수 천당이 무엇이지 알기 위해 최 전도사를 찾았으며 예수를 믿게 되었다. 이때부터 최 전도사는 "예수 천당"이라고 소리치는 전도가 시작되었다. 전도는 열심히 하였지만 공부를 열심히 못해 세번이나 낙제했으며 평양신학교 교수들과 함께 "졸업장 주소서" 기도한 후 생떼로 1913년에 졸업장을 받아 목사안수를 받았다.

1913년부터 1916년까지 벽동교회와 삭주읍교회에 시무했으며 그 후 만주로 가서 열심히 전도해서 5-10 단위로 교회를 세워 만주에만 30 여개의 교회를 세웠다. 독립군으로 오인되어 몇 번이나 처형될 번 했으나 풀려 났으며 1923년에 남만주 노회장으로 피선되어 전도여행을 했으며 1925년에 평양에 갔으며 산정현교회의 길선주 목사님께서 전도비와 생활비를 지원을 받았으며 중화읍 무진교회에 시무했으며 평양을 중심으로 대동군 중화읍 용강군 순천군 안주군, 평안북도 박천 정주, 황해도 곡산 등을 다니며 전도하여 개척교회를 세웠다.

1938년 9월 제 27회 장로회총회는 일제의 강압에 굴복 신사참배를 가결했으나 최권능 목사는 신사참배를 반대하는 설교를 교회에서 계속하여 체포되어 1939년 5월 평양경찰서에 이송되었다. 1940년 겨울에는 같은 교도소에서 주기철 목사, 이인재 전도사, 방계성 장로 ,안이숙 선생 등과 함께 고초를 당했으며 1944년 3월 1일 나라와 동료목사들을 위해 40일 금식기도를 시작했으며 1944년 4월 15일 오후 1시에 하늘나라에 가셨다. 비록 평양신학교에서 공부를 열심히 못하여 세번이나 낙제를 한후에 졸업하였으나, "예수 천당"을 매우 담대하게 외치며 그리스도의 복음을 전파하는 일에는 누구보다도 뒤지지 않았던 최권능 목사는 만주에 30여개와 한국에 50여개의 교회를 세웠다.

3) 김익두 (1874-1950)

김익두는 과거시험에 불합격한 충격으로 부친은 돌아 가셨고 그가 생활하기 어려워 장사꾼이 되었다. 친구를 보증섰다가 가산 탕진으로 술꾼이 되어 장터에서 행패를 두리는 말성꾼이었다. 그는 26세 때에 예수 믿는 친구의 권유로 소안론 선교사가 설교하시는 금산교회에 참석하였으며 죄를 회개하고 예수를 믿기로 결심했었다. 소안론 선교사는 성경책을 주었으며 김익두를 위해 기도할 때에 성령의 역사로 통곡했으며 마음의 평안을 느끼게 되었으며 구원의 확신을 가지게 되었다.

김익두는 노방전도를 안악장터에서 했으며 안악군과 황해도 전지역에 성경을 팔며 전도를 했으며 재령읍에 있는 재령교회에서 전도사로 초빙을 받았다. 그 때의 남자 1 명과 여자 10 명의 교인들이었고 1년 동안 열심히 전도했으나 겨우 2명이 신자 만 늘어 났으나 하나는 절뚝발이이며 또 다른 하나는 밥을 얻어 먹는 거지였고 이러한 어려움을 통하여 한 영혼이 천하보다도 귀한 것을 깨달았다. 그 후에 2년 만에 3백명의 성도들로 성장했으며 1906년에 평양신학교에 입학하여 공부를 했으며 1911년에 졸업하고 1912년에 신천서부교회에서 목사안수를 받았다. 성도들이 7백명으로 늘어나 교회 밖에서 예배를 드려야 하기 때문에 성전 건축을 위해 기도와 노력을 했으며 1913년에 성전건축을 완공했었다.

김익두 목사는 신척읍 척사리 개울에 구걸을 하는 앉은뱅이를 예수 이름으로 고치려 했으나 믿음이 없어 좌절되었으나 7일 금식기도를 하면서 성령의 역사로 앉은뱅이를 고쳐 주었다. 그 때부터 김 목사의 신유의 은사가 강하게 나타났으며 1920년 10월 11일부터 열흘 동안 한국사상 최대규모의 전도집회가 경성숭동교회에서 있었는데 김 목사는 열흘 동안 물 한 모금도 마시지 않고 금식하시며 설교를 하셨다. 예배 중에 그가 기도할 때 앉은뱅이가 일어나며 곱추가 말쑥하게 낫고 전신불수 환자가 일어나는 신유의 역사들이 많이 나타났었고 이러한 역사에 관한 기사들이 세계신문에 보도되었다.

1938년 김 목사는 신사참배를 반대를 한 이유로 수없는 고문과 핍박을 당하며 옥고를 치렀으며 1945년 8월 15일 해방을 맞이하게 되었다. 그는 직전리교회에서 부흥회를 하여 신유의 역사 나타나 많은 불신자들이 그리스도인들이 되었으며 1946년 황해도 신천서부교회에서 초빙으로 담임목사로 있게 되었다. 1948년에 북조선 최고인민위원회 서기장으로 있었던 강양욱의 농간으로 많은 오해와 어려움을 겪게 되었고 1950년 10월 14일 새벽예배를 드리는 중 인민군들이 교회 안으로 들어와 총검으로 네명의 인민군들이 뒷잔등과 가슴을 여러번 찔려 순교하게 하셨다. 김익두 목사는 많은 교회를 세우는 일은 하지 않았으나 순교하기까지 30년 동안 신유의 은사를 통한 부흥집회를 8백회 이상을 하여 많은 영혼들을 주님 앞으로 인도하는 귀한 사역을 감당하셨고 일제의 신사참배와 공산당의 핍박에 죽기까지 신앙을 지키셨다.

4) 주기철 (1897-1944)

　주기철은 한국근대사의 주요한 인물인 조만식, 장지영, 이광수, 남궁벽 등이 배출되었던 오산학교을 입학하여 공부를 했으며 방학 때에는 웅천교회에 가서 오산학교에서 배운 지식으로 조리 있는 설교와 기도를 해 소년목사라고 불렸다. 1916년에 주기철은 오산학교를 졸업하고 연희전문학교 상과에 입학하여 공부를 하였다. 그 때에 웅천교회의 학생집회를 인도하며 청년집회를 인도하였고, 저녁 때마다 청년들을 명륜당에 모아 놓고 시국강연을 했었고 1919년 3월 1일 서울 탑골공원에서 만세운동의 주모자인 오상근을 적극적으로 도왔었다.
　주기철은 마산 문창교회에 대부흥사 김익두 목사의 설교말씀에 통한 성령의 감동으로 회개하였다. 1920년 웅천교회에서의 김익두 목사님의 부흥회 때에 주기철은 평양신학교에 입학하며 주님의 종이 되기로 결심했었다. 1922년에 주기철은 평양신학교를 입학했으나 기숙사 배정을 지방별로 하는 것에 대해 폐지할 것을 요구했는데 그 이유는 오산학교에서는 전학생을 한 배달민족으로 교육을 받았기 때문이었다. 주기철의 요구대로 지방별 기숙사제도를 폐지하고 혼합식을 택했었다.
　1922년에 주기철은 경남 양산의 양상읍교회 전도사직을 맡게 되었고 1925년 평양신학교를 졸업했으며 다음해 목사안수를 받고 부산의 초량교회의 위임목사로 부임했었는데 그의 나이는 28세였다. 1926년부터 1931년까지 초량교회 시무기간동안 매우 성공적인 목회를 했는데, 당회를 통해 교회의 모든 직분을 유임시키고 새로운 조직을 형성하였으며 특히 권찰제도, 주일학교개편, 금요기도회신설, 새벽기도회시작, 장례제도창설 등이었다. 목회를 시작한지 1년도 못되어 1백명의 성도가 3백명으로 늘어 났었으며 계속적으로 성장할 수 있었다. 1929년 주기철 목사는 경남

노회에 신사참배가 신앙에 위배됨을 통과시켜 일본경찰로부터 감시를 받았었다.

1931년에 주 목사는 마산 문창교회에서 시무하게 되었고 1933년 교회의 교육관을 짓기 시작하였으나 주 목사의 아내가 하늘나라로 가게 되었고 1936년에 교육관을 완공하였다. 같은 해, 박형룡 목사와 조만식 장로와 김동원 장로의 도움과 함께 주기철 목사는 평양의 산정현교회의 담임목사로 시무하게 되었다. 신사참배를 반대하며 투쟁을 하는 어려운 가운데서 교회신축을 부흥회도 없이 건축헌금을 성도들이 자발적으로 내도록 했으며, 이러한 일은 한국교회 사상 처음있는 일이었다.

1938년 평북노회가 신사참배 안건을 결의시켜 신학교 학생들의 반대하는 데모가 있었는데 주모자로 주기철 목사로 추정했는데 설교 때마다 신사참배 반대에 관한 내용의 설교를 강조했기 때문이었다. 주 목사는 수많은 고문과 평양감옥에서의 생활을 여러 해 동안 하였으며 교회가 폐쇄되었고 목사직까지 박탈당하는 어려움이 있었으나, 끝까지 신앙의 절개를 지키다가 1944년에 옥중에서 순교하셨다.

5) 이성봉 (1900-1965)

이성봉는 어릴적부터 부모님의 영향으로 신앙교육을 받고 자랐으며 중학교 때는 김익두 목사의 설교에 영향을 받아 목사가 되기로 결심했다. 재정적인 어려움으로 고등학교 진학을 할 수 없었고 좌절 속에서 타락한 생활을 했으며 부모의 권유로 장로 딸과 결혼을 했으나 계속적으로 주님을 멀리 하는 생활을 했었다. 골수염으로 진단받아 주님께 회개하고 돌아 왔으나 3년간 투병생활을 하며 성경공부를 할 수 있는 기회가 주어졌었다. 골수염이 완쾌된 후 중학교 밖에 졸업하지 못해서 정식으로된 신학교에 입학할 수 없었으나 서울 성결교계통의 동양선교회의 성서학원에서 공부를 했으며 이명직 목사님의 강의를 사모했으며 그의 강의 중 특별히 "회개는 철저히 해야 한다"것을 지키려고 노력했었다.

　신학을 공부하면서 청량리교회 유년주일학교를 맡아 가르쳤고 급성장시켰으며 하나님이 함께하는 교회는 부흥한다는 확신을 가졌으며 이때부터 부흥사역에 관심이 많이 있었다. 학교를 졸업한 후 수원에서 개척교회를 시작했으며 북치며 가두전도를 했으며 안수기도로 병자와 귀신들린 자까지 치유하는 역사가 나타났었다. 교회 내에 회개운동이 일어났고 교회가 놀랍게 부흥했으나, 같이 시무하던 여전도사가 우울증과 정신병으로 음독자살로 인해 다른 사람으로부터 오해를 받아 어려움을 많이 겪었었다. 그후 경계해야 할 세가지를 깨달았었는데 첫째는 "여자에 대해서 깨끗하자" 둘째는 "돈에 관해서 깨끗하자" 세째는 "직책이나 명예를 구하지 말자"이었다. 수원교회가 성장하였고 예배당을 짓었으나 목포교회로 가라고 교단에서 명령을 받아 갔었다. 청신기도단을 만들어 기도운동을 했으며 목포교회를 부흥시키고 예배당도 건축하였으며, 목포 앞바다에 있던 섬들을 다니며 많은 사람들을 전도하여 각섬마다 수많은 교회들을 개척하였다.

　이성봉 전도사가 35세 때 교단의 명령으로 신의주교회에 갔으며 40여명의 교회가 5백명의 교회로 그지역에서 가장 큰 교회로 성장시켰고 예배당도 증측시켰으며 신의주 마천동에 지교회도 세웠었다. 1937년에 꿈 속에서 김익두 목사가 나타나서 이성봉에게 부흥사을 안수기도를 해 주었으며 꼬박부흥사라는 칭호를 부쳐 주었었다. 꿈을 깬 후 그날 밤에 교단총회에서 부흥목사로 임명을 받았으며 나이 60세까지 1천교회를 한반도에 세우겠다고 결심했었다. 그 후부터 수많은 부흥회를 인도하여 불신자들을 구원시켰으며 신유의 기적을 통하여 많은 은혜를 끼쳤다.

1945년 해방이 되었으나 성결교가 일제의 폭압정치로 와해되었으나 이성봉 목사의 교단재건운동을 했으며 서울신학교 학장으로 1년간 일하였으나 부흥집회에 전념하기 위해 사임하였다. 공산당 때문에 많은 핍박을 받았으며 서울에서 임마누엘 특공대를 조직하여 교회재건운동을 했으며 하루에 5-6회차례 만주에서 제주까지 부흥집회를 인도하였으며 1959년에는 미국횡단 부흥회집회를 했으며 한국의 무디로서 알려졌었다. 타교단의 발전에 비해 교회성장이 뒤진 것으로 판단되어 성결교단에서 이성봉 목사에게 귀국을 지시했으며 1961년부터 1일 1회 전국순회집회를 가졌었다. 1961년 9월 23일부터 1963년 2월 17일까지 전국 4백여교회 및 지역을 다니며 부흥회를 인도하셨었다. 그 후에 서울에 있는 신촌성결교회에 시무하시면서 한국에서 가장 큰 성결교회로 성장시켰으며 1965년 7월 23일 성결교 통합을 위한 마지막 설교를 하신 후에 "주님 안에서 평안을 누리라"라는 유언을 남기시고 하늘나라로 가셨다.

6) 한경직 (1902-현재)

한경직은 평남 평원군 공동면 간리에서 출생하여 자작교회에서 어린시절부터 신앙생활을 했으며 마펫 선교사가 세운 진광학교에서 공부하였었다. 10살 때 어머님이 돌아 가셔 신앙생활을 더욱 더 열심히 하게 되었고 진광학교를 졸업하고 조만식 선생님 교장으로 계셨던 오산학교에서 공부하였으며 숭실대학에서 공부를 하였다. "민족을 위해 무엇인가"를 하기를 원했으며 3학년때 앞으로 무엇을 할 것인가 라는 문제로 구미포 백사장에서 무릎을 꿇고 기도하던 목회자의 길을 갈 것으로 결심하였다.

한경직은 방위량 선교사의 도움과 윤치호 선생의 유학여비 100원을 받아 미국으로 유학을 가서 캔사스의 엠포리대학에서 문학사 학위를 마치고 1930년에 프린스톤 대학에서 신학석사 학위를 받았고 예일대학에서 철학박사 학위 받기를 원했었다. 박사과정을 입학하기 위하여 준비 중에 결핵 2기로 진단이 나와 요양원에서 치료를 받으며 성 프란시스전, 어거스틴의 참회록, 톨스토이의 참회록등을 읽으며 17년 동안 공부한 것이 허사가 되지 않게 해 달라고 기도를 했으며 박사가 되는 것보다 봉사하는 삶을 살기로 결심했었고 완쾌되어 한국으로 돌아 왔었다.

한경직 목사는 평양 YMCA 에서 총무로 있으며 영어와 성경을 가르쳤으나 일본총독부에서 교원임용불가 명령을 받았고 신의주 제 2 교회에서 초빙받아 목회를 하셨고 4백명에서 1천6백여명의 성도들로 성장시키셨으나 미국유학을 갔었던 이유로 일본형사에게 쫓겨 목회를 할 수 없었고 불구소녀를 위해 "보린원"이라는 고아원을 세워서 그들과 4년동안 생활을 했었다. 서울에 와서 1945년 12월 2일 베다니 교회를 세웠고 1년 후 이름을 영락교회로 이름을 바꾸었으며 교육, 전도, 심방에 중심을 준 목회를 했으며 1백30여명의 성도로 성장했었다. 성도들과 함께 지리산에 사는 공산당들에게 가서 복음전도를 했으며 반공운동에도 참여하였다.

한 목사는 기독교구국회를 조직하여 민심수습 피난민구호 국군위문 등을 하였고 휴전 이후 청계천 주변에 빈민구제사업을 통하여 복음전도를 하였으며 "상례부"를 한국교회 최초로 묘지를 매입 가난한자에게 무료로 장례를 치러 주었다. 선명회를 조직했었던 피어스 박사님을 도와 세계순회선교을 도왔으며 최초로 산업전도를 시작하였고 학교복음화를 위하여 대광중고등학교 영락중고등학교 보성여자중고등학교를 세웠다. 한 목사님의 복음전도와 목회를 통하여 영락교회가 성장하여 한국에서 주일에 최초로 2부 예배를 드렸고, 1960년 신도수가 1만1천4백명으로 세계에서 가장 큰 교회의 8개 중에 4위로 차지하였었다.

1973년 한 목사는 영락교회에서 27년 간의 목회를 마치고 은퇴하였었다. 그가 제시하는 여덟가지 목회자의 기본자세는 다음과 같다:

첫째 내게 주어진 목회를 위해 죽도록 충성할 것, 둘째 교회의 모든 영광은 주님께 돌릴 것 셋째 역사의식을 갖고 목회에 임할 것, 넷째 나라와 이웃을 위해 봉사하는 교회의 전통을 세울 것 다섯째 철저히 복음적일 것, 여섯째 가난하고 어려운 성도를 우선으로 하는 목회 평등의식을 가질 것 일곱째 신뢰감이 있는 교회의 비젼을 가질 것 여덟째 성도들로 하여금 구원을 체험한 자들의 자유하는 행동들로 교회역사가 이루어져 나가는 것을 실감케하는 목회를 해야 할 것 등이다.

한경직 목사는 은퇴하신 후 남한산성 안에 있는 사택에서 생활을 하시며 1987년에 춘천 베드로정형외과의사인 조은제 원장이 시작했던 "사랑의 쌀 보내기 운동"을 이어받아 세계의 기아선상에 있어 굶어죽는 사람들에게 예수이름으로 사랑의 쌀을 보내는 귀한 일에 적극적인 협력을 하고 계신다. 1992년에는 세계에서 가장 큰 공헌을 한 위대한 목회자에게만 주는 상을 받았고 그 때 일제시대에 그가 신사참배를 했었던 것에 대해서 고백하고 회개하는 겸손함을 보였다. 그는 위대한 목회자요 영혼을 사랑하는 위대한 전도자이다.

결 론

주 예수 그리스도의 복음을 전파하셨던 수많은 전도자들이 이름도 없이 빛도 없이 죽어가는 영혼들을 사망에서 생명으로 건지기 위해 많은 기도와 노력을 하였기에 세계에 그리스도인들이 많이 퍼져 나가게 되었다. 특별히, 전도학적인 입장에서 역사 속에 위대한 전도자들을 살펴 보았다. 그들은 모두 구원의 확신과 사람을 낚는 어부로서의 불타는 사명과 끊임없는 기도를 통하여 성령의 인도함을 따라 복음을 전파하였던 것을 볼 수 있었다. 어려운 일을 당할 때마다 끝까지 신앙을 지키며 전적으로 주님의 의지하는 심정으로 그의 목숨을 주님께 맡기며 전도하였던 것을 찾아 볼수 있었다. 세상이 점점 악해지며 시대가 변하여도 그리스도의 복음은 변하지 않으며 복음을 전파하는 자들의 사명도 변해서는 안되며, 복음전도자는 주님의 지상명령에 순종하는 마음으로 불신자들이 주님의 참된 제자가 될 때까지 최선을 다하여야 할 것이다.

연구해야 할 과제

1. 콘스탄틴 황제가 기독교에 대해서 행하였던 잘 했었던 점과 시정해야 했었던 점이 무엇인가?

2. 방탕아 어거스틴이 변하여 성어거스틴이 되게 하였던 원인들이 어떠한 것들이 있은지 말해 보시고 성 어거스틴이 기독교 역사 속에서 공헌한 것이 무엇인가를 설명해 보시오.

3. 성 프란시스의 전도방법이 무엇이 있었으며 그를 따르던 제자들에게 요구하였던 것이 무엇인가?

4. 성 프란시스가 작사한 잘 알려진 "평화의 기도"는 개신교 입

장에서 어느 부분에 문제가 있는지 비평해] 보시오.

5. 존 타우러가 교육을 받았던 기관은 어느 곳이며 전도방법에 대해서 말해 보시며 문제점이 있다면 어떠한 것이 있을 수 있겠는가?

6. 프로테스탄트 개혁운동이 있기 전에 도덕적인 개혁운동을 내세운 사람이 누구인지 말해 보시고 그당시 어떠한 영향력이 있었는지 설명하시오.

7. 마르틴 루터는 어떠한 것들을 연구하다가 종교개혁을 했으며 어느 나라에서 복음전도를 했으며 어느 찬송가를 작사 작곡을 했는가?

8. 울리취 쯔빙글리는 어느나라에서 개혁운동과 전도를 했으며 복음전도의 방법이 무엇이며 그가 잘못했던 것이 무엇인가?

9. 존 칼빈은 어느 곳에서 복음전도를 했으며 그가 주장하는 교리신학들을 말하고 설명해 보시오.

10. 존 낫스는 어느 곳에서 개혁운동과 복음전파를 했으며 어떠한 영향을 끼쳤으며 문제점이 있다면 무엇인가?

11. 종교개혁 당시에 복음전도자들의 특징 여섯가지를 말해 보시오.

12. 옥스포드 대학의 거룩한 크럽에서 주장하는 헌신의 방법 세 가지를 말해보시고 이 크럽을 통하여 어느 교단이 만들어졌

는가?

13. 존 웨슬레에게 신앙적인 영향을 준 단체는 어느 것이며 변화된 세가지 무엇이며 물질(돈)에 대한 그의 자세에 대해서 말해 보시오.

14. 존 웨슬레가 믿고 있는 구원에 대한 신학에 대해서 말해 보시오.

15. 챨스 웨슬레가 작사한 찬송가가 무엇이 있는지 말해 보시오.

16. 죠오지 윗필드가 믿고 있는 구원에 대한 신학에 대해서 말해 보시오.

17. 윗필드의 설교에 대해서 아는 바를 말해 보시오.

18. 챨스 스펄젼은 어느 교단에서 목사로서 활동했으며 그의 설교에 대해서 아는 바를 말해 보시고 그의 설교를 잘하게 된 이유가 있다면 어디에 있다고 봅니까?

19. 스펄젼이 만든 대학에 대하여 아는 바를 말해 보시고 그의 저서에 대해서 말해 보시오.

20. 미국에 대각성운동에 대하여 말해 보시고 누구에 의하여 어떻게 시작되었는지 말해 보시고 그당시에 신앙적인 면에 나쁜 영향을 주었던 유럽의 사상에 대해서 설명해 보시오.

21. 미국에서 1800년도에 있었던 부흥운동을 통해 미국전체에

어떠한 변화를 가져오게 했는지 말해 보시오.

22. 미국에서 시작된 평신도부흥운동 중에서 1858년에 있었던 세가지에 선교에 관해서 어떠한 일이 있었는가?

23. 찰스 피니에 대해서 말해 보시오.

24. 드와이트 무디는 누구에 의하며 예수를 믿게 되었으며 어떻게 복음사역을 시작 하였으며 음악적인 면에서 함께 일한 사람은 누구이었는가?

25. 무디에 의하여 영향을 받아 세워진 학교들에 대해서 말해 보시고 어떠한 영향을 끼쳤는지 말해 보시오.

26. 남침례교단이 세계에서 가장 큰 단일 교단에 되는 일에 큰 공헌을 한 사람은 누구이며 그에 대해서 아는 바를 써 보시오.

27. 한국에서 평양신학교 제1회 졸업생들의 일곱 사람의 이름을 말해 보시고 특별히 최초의 선교사로서 제주도에 파송된 사람은 누구이며 그의 업적에 대해서 말 해 보시오.

28. 최권능 목사의 본명이 무엇이며 "예수 천당"이라고 외치며 다니게 된 첫번째 계기가 된 사연을 말해 보시고 그의 생애를 통해 세운 교회는 몇 개나 되는 말해 보시오.

29. 김익두가 전도사로서 재령교회에 시무할 때 첫 해동안에 몇 명을 진도했으며 이떠한 것을 깨달았는지 말해 보시오.

30. 김익두 전도사가 신유의 기적을 처음으로 나타나게 되게 된 계기에 대해서 아는 바를 말하시고 1920년에 있었던 경성승동교회에서 있었던 집회에 대해서 아는 바를 써 보시오.

31. 오산학교에 대해서 아는 바를 말해 보시고 특별히 어떠한 교육을 가르쳤는데 말해 보시고 출신 중에서 많은 업적을 남긴 사람들의 이름을 말해 보시오.

32. 주기철 목사께서 초량교회의 위임 목사로 갔을 때 어떠한 방법을 통하여 교회를 부흥시켰는가?

33. 이성봉 목사는 어느 학교에서 신학을 공부했으며 수원교회에서 전도했던 방법이 무엇이며 어려운 시련이 있을 때 깨달은 세가지가 무엇인지 말해 보시오.

34. 한국에서 이성봉 목사의 부흥회를 얼마나 많이 했는지 아는 바를 말해 보시고 미국에서 부흥회를 할 때 어떠한 별명을 가지게 되었는가?

35. 한경직 목사는 영락교회의 담임목사로 개척하여 몇 년이나 시무하셨으며 그의 교회를 통하여 어떠한 학교들을 세웠는가?

36. 영락교회는 1960년에 세계에서 몇 번째로 가장 큰 교회였으며 그 때의 교회의 성도들의 수를 말해 보시오.

37. 한경직 목사는 언제 은퇴를 하셨으며 그 후부터 어떠한 일을 하시고 계시는 지 아는 바를 말해 보시오.

38. 역사 속의 위대한 전도자들을 통하여 복음전도자로서 어떠한 도전을 받았는가 말해 보시고 어떠한 때에 불신자가 구원을 받는 역사가 일어나는지 아는 바를 써 보시오.

주(註)

1) Elgin S. Moyer, "*Great Leaders Of The Christian Church*" Trans. 곽안전과 심재원 번역 "인물중심의 교회사" (서울: 평화당, 1980), pp. 99-100.
2) *Ibid.*, p. 100.
3) *Ibid.*, p. 102.
4) Roland Q. Leavell. "*Evangelism: Christ's Imperative Commission*" (Nashville, Tenn.: Broadman Press, 1979), pp. 61-63.
5) *Ibid.*
6) *Ibid.*, pp. 63-64.
7) *Ibid.*, p. 64.
8) John A. Broadus, "*History of Preachings*, p. 81. Ref. Leavell, p. 66.
9) Moyer, p. 221.
10) *Ibid.*, p. 222.
11) Leavell, p. 68.
12) *Ibid.*
13) "*The Korean-Enlish Hymnal (한영 찬송가, 복음성가),*" (서울: 미주 크리스챤신문사, 1988), pp. 139-40.
14) *Ibid.*, p. 69.
15) *Ibid.*
16) *Ibid.*, p. 70.
17) Moyer, pp. 275-76.
18) *Ibid.*, p. 276.
19) *Ibid.*
20) Leavell, p. 70.
21) *Ibid.*, pp. 71-72.
22) Moyer, p. 279.

23) *Ibid.*, pp. 282-83.
24) *Ibid.*, p. 283.
25) Leavell, p. 74.
26) Moyer, p. 286.
27) 찬송가 384장 가사내용.
28) E. M. Bounds, "*Power Through Prayer*" (Chicago, Ill.: Moody Press, n.d.), p. 38.
29) *Ibid.*
30) Moyer, pp. 292-93.
31) *Ibid.*, p. 293.
32) *Ibid.*, pp. 293-94.
33) *Ibid.*, pp. 294-95.
34) *Ibid.*, p. 294.
35) Leavell, pp. 77-78.
36) Moyer, pp. 296-98
37) *Ibid.*, p. 298.
38) *Ibid.*, pp. 298-99.
39) *Ibid.*, pp. 299-301.
40) *Ibid.*, p. 305.
41) *Ibid.*, pp. 305-6.
42) Leavell, pp. 76-77.
43) Moyer, pp. 321-21.
44) *Ibid.*, p. 323.
45) Leavell, pp. 78-79.
46) Moyer, pp. 324-25.
47) Leavell, pp. 81-82.
48) Moyer, p. 387.
49) Leavell, p. 84.
50) *Ibid.*, pp. 84-88.

51) 최효섭, p. 343.
52) *Ibid.*, pp. 343-44.
53) *Ibid.*
54) J. Herbert Kane, "*Life and Work On the Mission Field*" (Grand Rapids, Mich.: Baker Book House, 1980), p. 66.
55) *Ibid.*
56) Bounds, pp. 38, 77.
57) Leavell, pp. 85-86.
58) *Ibid.*
59) *Ibid.*
60) *Ibid.*, p. 88.
61) *Ibid.*, pp. 88-89.
62) *Ibid.*, p. 89.
63) Richard J. Foster, "*Celebration of Discipline*" (San Francisco, Calif.: Harper & Row, Publisher, 1978), p. 75.
64) *Ibid.*, p. 90
65) *Ibid.*, p. 93.
66) *Ibid.*
67) *Ibid.*, p. 94.
68) *Ibid.*, p. 95
69) *Ibid.*, pp. 95-96.
70) *Ibid.*, p. 96.
71) *Ibid.*, p. 97.
72) *Ibid.*, p. 98.
73) *Ibid.*, p. 98.
74) Moyer, p. 425.
75) Leavell, p. 99.
76) *Ibid.*
77) Moyer, p. 426.

78) 이동원, "*이렇게 밤을 지나라: 욥기 강해설교*" (서울: 나침판출판사, 1990), p. 117.
79) 이동원, "*이렇게 사랑하라: 고린도전서 13장 강해설교*" 설교예문 (서울: 나침판 출판사, 1985), p. 36.
80) Leavell, pp. 100-11.
81) *Ibid.*
82) *Ibid.*, pp. 101-102.
83) 최효섭, "현대예화사전"(서울: 쿰란출판사, 1995), p.1025.
84) "*Encylopedia of Soutern Baptists*" Vol. 2 (Nashville, Tenn.: Broadman Press, 1958).
85) Leavell, p. 103.
86) *Ibid.*, p. 102.
87) "*Encylopedia of Southern Baptists*"
88) Leavell, p. 102.

제9장
전도의 종류와 방법

제 9 장
전도의 종류와 방법

서 론

1. 가족전도
2. 친구전도
3. 축호전도
4. 교회전도
    1) 총동원전도주일
    2) 주일학교발표회
5. 음악전도
    1) 복음성가
    2) 전통적인 성가와 찬송
6. 집회전도
    1) 부흥회전도
    2) 사경회전도
    3) 간증집회
7. 학교전도
    1) 국민학교
    2) 중·고등학교
    3) 대학교
    4) 신학교육의 문제점
8. 직장전도
9. 병원전도
10. 방송전도
11. 영창전도

12. 군인전도
13. 경찰전도
14. 산업전도
15. 경조전도
16. 어린이전도
17. 청소년전도
18. 캠퍼스전도
19. 농어촌전도
20. 도시전도
21. 아파트전도
22. 윤락여성전도
23. 양로원전도
24. 장애자전도
25. 외국근로자전도
26. 타종교신자전도
27. 이단종파신자전도
    1) 이단종파 분별법
    2) 접촉시 주의사항
28. 문서전도
29. 프로그램 전도
    1) 연쇄전도훈련
    2) 이슬비 전도 편지
    3) 사람낚는 어부전도학교
    4) 사랑방전도운동
    5) 다락방 전도학교

결 론

제 9 장
복음전도의 종류와 방법

*"아무것도 염려하지 말고 오직
모든 일에 기도와 간구로,
너희 구할 것을 감사함으로 하나님께 아뢰라.
그리하면 모든 지각에 뛰어난
하나님의 평강 이 그리스도
예수 안에서 너희 마음과 생각을 지키시리라."*

(빌립보서 4:6~7)

서 론

지금까지 복음전도에 관한 성서적인 근거와 신학적인 요소들과 위대한 전도자들의 삶을 살펴 봄으로서 많은 도전과 격려를 가지게 되었을 것이다. 그러나 아는 것으로 끝나서 아무 결과를 가져올 수 없으며 이번 장에서 다루는 전도의 종류와 방법을 잘 활용하여 천하보다도 귀한 한 영혼을 주님 앞으로 인도하는 귀중한 사역을 담당하기를 바란다. 많은 그리스도인들이 복음전도하는 특별한 비결을 알기를 원하지만, 복음전도는 영적인 일이기 때문에 영적인 방법인 기도와 성령의 인도함을 가지고 죽어가는 영혼을 진정으로 사랑하는 마음을 가지고 주 예수 그리스도를 소개하면 된다. 개인간증을 통한 복음전도에 대해서는 "제 6 장 전도자의 자세"의 "구원의 확신을 재확인"에서 간증문작성법을 다루었으므로 참고할 수 있을 것이다.

1. 가족전도

같이 사는 가족들을 전도하기 위해서는 한국에서의 가족주의에 대해서 먼저 살펴 볼 필요가 있다. 미국에 있는 한인을 위한 정기간행물인 "광야"에서 한국의 가족주의의 장점을 제시하고 있는데 다음과 같다:

〈1〉 가족공동체의 중요성이 개인의 중요성보다 앞선다.
〈2〉 가족원들끼리의 단합, 화목, 협동을 강조한다.
〈3〉 개인에게 문제가 발생했을 때에는 가족원들에게 말하여 서로 공동으로 해결토록 한다.
〈4〉 어른에 대한 권위와 존경을 중시 여긴다.
〈5〉 이혼율이 적은 이유는 주변에 있는 가족 어른 들의 권유가 강한 영향을 주기 때문이며 부부 어느 누구의 개인적 결정으로는 쉽게 성립될 수 없기 때문이다.
〈6〉 자녀들은 자라면서 어른들에게 순종하고 권고와 책망을 잘 받아 드리도록 훈련을 받는다.
〈7〉 성적인 개념이 엄하기 때문에 개인주의 보다는 성범죄가 서구사회나 미국사회보다 많지 않다.
〈8〉 개인의 쾌락보다는 가족과 친족 전체가 공동으로 함께 즐기는 것을 중요하게 생각한다.
〈9〉 일년에 몇번씩 친족들이 모두 한자리에 모여 서로 친목을 나누어 가족원들의 어떤 특정한 어려움이 있을시는 공동으로 도와 해결한다.
〈10〉 자녀들의 장래 목표가 개인의 출세보다는 부모나 그의 가족의 명예를 위해서 세워지며 또 그것을 성취하려고 더욱 노력한다. 그래서 자녀들의 공부는 어느 면에서 자신의 장래를 위한 공부보다는 부모의 소원을 이뤄 드리기 위한 공부로도 생각될 수 있을 정도다.

〈11〉 부모가 자식을 키울때에는 부모의존 형태로 키움으로 부모와의 밀접한 관계가 오래 지속된다. 그래서 결혼 후에도 부모의 말이라면 무섭고 알고 순종해야 한다고 믿고 있다.[1]

한국의 가족주의가 점점 사라지며 세계화 속에서 개인주의가 한국의 가정에 침투하여 오지만 아직까지는 개인주의라고 말하기는 너무 이르다고 본다. 그렇기 때문에 부모와 자녀와 관계 속에서 부모가 자녀에 전도하는 것은 매우 쉬운 경향이 있다. 도날드 맥가브란(Donald A. McGavran) 교수는 그의 저서인 "Understanding Church Growth"에서 아시아에 있는 대부분의 기독교인들은 부모가 먼저 기독교인이기 때문임을 언급하고 있다.[2]

부부 간에 전도하는 것은 매우 힘들 수 밖에 없는데 너무나 서로 잘 알고 보고 있기 때문이다. 남편이든 아내이든 먼저 기독교인이 된 자는 말보다는 변화되어지는 삶을 보여 주어야 하며 많은 인내와 기도가 요청된다고 본다. 또한 강한 조상숭배를 하는 부모에게 자식이 복음전도를 하는 것은 아직은 어렵다고 볼 수 있다. 왜냐하면, 결속된 한국의 가족으로 인한 결과이기 때문이다. 계속적인 기도와 인내를 통한 노력이 요청될 것이다.

친척을 전도하는 경우를 살펴 본다면, 한국은 과거에는 대가족 제도를 많이 채택하고 있었으나 요즈음 핵가족제도를 선호하고 있기 때문에 친척을 전도하는 일이 좀더 쉽다고 볼 수 있다. 너무 가깝고 서로 너무 잘 알게 되면 모든 그리스도인의 삶이 완전하지 못하기 때문에 복음전도하는 일이 쉽지는 않다.

한국교회 내에는 남자들보다 여자들이 신앙생활을 많이 하고 있음을 누구나 알 수 있다. 특별히, 불신자인 남편에 대한 먼저 믿은 아내들이 어떻게 전도할 것인가에 대한 많은 관심이 많이 있다. 이슬비전도학교에 의하면 불신자 남편을 먼저 믿은 아내가 전도하는 전략을 다음과 같이 설명하고 있다 :

1) 먼저 믿는 아내가 남편의 마음에 들어야 한다.
   ① 부지런하고 정결하라.
   ② 상냥하고 항상 순종하라.
   ③ 남편의 인격을 존중하라.
   ④ 자녀들 앞에서 남편을 정중히 섬기라.
   ⑤ 말씀의 실천자가 되라.
   ⑥ 항상 긍정적이며 미소를 머금고 행하라.
   ⑦ 남편이 기뻐하는 일을 찾아서 행하라.

2) 자녀들에게 자애로우면서 엄격하라.

3) 남편 앞에서 남편이 갖추지 못한 장점, 예를 들면 누구 남편은 돈을 잘 벌어온다니, 누구 남편은 잘 생겼다느니, 누구는 키가 훤칠하게 커서 좋다느니, 인기 연예인이나 운동선수 이름을 부르면서 '그런 사람과 한번 살아보면 원이 없겠다'는 등의 말은 비록 농담일지라도 함부로 내뱉지 마라.

4) TV나 기타 놀이에 관심을 두지 말고 찬송하고 기도하고 성경 읽는 모습을 보아라.

5) 진실과 순수를 지키라.[3]

2. 친구전도

　친구가 계속적으로 유지되는 것은 반드시 공통점이 있기 때문에 서로 만나게 된다. 서로를 아끼고 사랑하는 것을 우정이라고 본다면 우정을 통하여 복음전도를 할 수 있을 것이다. 제 5 장 전도의 동기에서 "하나님의 사랑" 이라는 부분에서 필레오적인 사랑에 대해서 언급하였고 참고할 수 있다.
　행동으로 친구에게 관심을 보일 때 주님의 메세지를 받아들일 그들의 마음의 밭이 준비된다. 사람들은 전도자가 그들의 삶에 밀착되어 있을 때 복음에 마음의 문이 열리게 된다.[4] 친구끼리는 서로가 좋아 하는 것을 알고 불안해 하는 것을 알고 있다. 이 책의 저자가 미국에서 목회할 때 있었던 친구전도에 대한 좋은 예를 소개하고자 한다.

　　한국에서 온 어느 유학생의 소개로 김XX 라는 학생을 만날 수 있었다. 그의 아버지는 첩을 둘이나 두고 자식까지 낳았고 아버지는 첩와 함께 살았다. 그학생의 어머니는 자기 남편이 재정적인 지원을 전혀 안해 주기 때문에 직장생활을 해야만 했다. 그 학생은 한국에서 고등학교 3학년 때에 담임선생님께 말하기를 "나는 대학을 갈 생각이 전혀 없는데, 어머니께서 고등학교 졸업만은 하라고 간곡히 부탁해서 효도하는 마음으로 학교에 다니니 제발 공부하라고 하지 마시기 바랍니다" 라고 했었다. 졸업 후에 어머니가 미국에 유학을 보내 주려고 하니 영어회화를 열심히 하라고 해서 학원에 다녔다. 언어연수로 미국대사관에서 비자를 받아 A라는 대학에서 공부를 하고 있었는데 3개월째 되던 날에 자기보다 7살이나 많은 유학생 형을 때리며 말썽을 피웠다. 다음날 유학생 형들 십여명이 몰매를 주며 이학교를 떠나지 않으며 죽여 버리겠다고 하여 차를 타고 한 두시간쯤 떨어진 B 대학으로 전학을 했는데 그곳에는 한국 학생이 셋 밖에 없었다. 일본에서 온 유학생 여자와 동거생활을 했으며 술과 담배 뿐만 아니라 마약까지 복용하며 멀리 있는 친구들을 가끔 만나면서 공부는 대강하면서 생활을 하였다. 그 학생이 저를 만나게 되었고 먼저 교회에 참석하며 교제를 나누다가 예수를 믿기로 결심하고 세례까지 받았다. 그는 동거생활하던 여자와 헤어졌으며 술과 담배와 마약까지 점점 멀리 하며 신앙생활을 하다가 나중에는 완전히 끊게 되었다. 그는 매일 성경을 읽으며 기도하며 경건의 생활을 했으며 공부도 매우 열심히 하여 대학에서 장학생이 되었다. 가끔 만나던 친구들에게까지 그 학생의 변화된 모습과 열심히 공부해서 장학생이 된 것을 부러워했었다. 그의 친구들은 공부를 해야 하는데 여러가지 유혹 때문에 절제 못하고 고민하던 상황에서 김XX의 전도와 변화된 삶을 보고 교회에 나와 신앙생활을 하게 되었다.

3. 축호전도

축호전도는 전도 대상의 지역에 있는 각 가정을 방문하여 복음을 전하는 방법을 말한다. 예수께서도 열두 제자들에게 둘씩 짝을 지어 전도하라는 명령을 하셨다(마가복음 6:7-13, 마태복음 16-20, 누가복음 10:1-10). 신학생들이 개척교회하시는 목사님의 돕기 위해 교회를 중심으로 교회에서 발행하는 전도지나 안내서를 가지고 가가호호를 방문하며 전도하는 것도 좋은 전략 중에 하나이다. 가정을 방문하는 축호를 할 경우에 유리한 점이 다음과 같다:

첫째, 가정을 방문하므로 그 가정에 속한 모든 식구들을 파악할 수 있어 복음전도의 범위가 넓어진다.
둘째, 일정한 거주지에 살고 있는 가정을 대상으로 하기 때문에 지속적인 관계를 가지고 복으전도할 수 있다.
세째, 가정을 찾아가서 복음을 전함으로써 개인전도보다는 시간적 제한을 덜 받는다.[5]

방문했던 지역의 주소와 가족사항과 종교사항 등을 정확하게 기록하여 계속적인 인간관계를 맺도록하며 교회에서 발행하는 주소나 행사 안내문등을 정기적으로 보내는 것이 좋은 전략이다. 가족 중에서 생일들을 기억하여 생일카드을 보내 주는 것도 그리스도의 사랑을 전하여 복음을 전할 수 있다. 복음을 거부할 때는 장기적인 안목에서 먼저 좋은 인간관계를 유지하여 전도할 기회를 포착할 때까지 기도로 준비하는 것도 좋은 방법이다. 각 지역의 성도들은 새로 이사 오시는 가정들과의 좋은 인간관계를 통하여 도와주며 지역에 대한 정보제공을 하는 과정에서 자연스럽게 전도할 수 있다.

4. 교회전도

주님께서 세우신 교회는 한 해동안에 전도를 위한 프로그램을 계획을 세워 실행하여야 하며 주님의 명령에 순종하는 요소 중에 하나이다. 집회를 위한 전도나 음악 프로그램을 위한 복음전도는

Ⅸ. 복음전도의 종류와 방법 339

다음에 다루려고 하며 총동원전도주일와 주일학교발표회를 통한 전도를 다루려고 한다.

1) 총동원전도주일

한국에서는 1980년대 후반부터 많은 교회에 시행하고 있는 총동원주일예배를 통한 전도프로그램이다. 연중에 어느 한 주일을 정하여 동원할 수 있는 모든 인적, 물적 자원을 총동원하여 전도하는 주일을 말한다. 이러한 프로그램을 통하여 전도는 특별한 사람인 목사나 전도사가 하는 것으로 생각하기 쉬운 잘못된 관념을 깰 수 있는 좋은 기회이며 모든 성도들로 하여금 전도에 참여할 수 있는 계기를 줄 수 있게 된다.

제일 먼저 기도회 때마다 프로그램을 위하여 기도를 해야하며 각 구역별로 전도할 수 있는 목표를 정하여 구역별로 기관별 (청년부, 대학부, 신혼부부회, 장년부, 집사회, 권사회, 장로회, 남전도회, 여전도회 등)으로 기도와 심방과 전도할 수 있는 전도지를 통하여 전도하게 하며 초청자를 위한 기념품과 전도자 시상 상품을 만들어 교회전체의 분위기를 조성해야 한다. 교회를 처음 방문한 사람들과 결신자들의 관리와 양육을 위하여 준비하여 담임목사님의 심방과 구역별로 친교할 수 있는 계기를 만들어야 한다. 다음과 같은 프로그램들을 통하여 좀더 구체적으로 전도의 분위기를 조정할 수 있을 것이다:

(1) 교회 안과 밖에 홍보용 프랜카드와 포스터 스티커 설치 및 부착
(2) 총동원전도주일을 위한 특별 전도지 제작 및 배포
(3) 예배시간에 총동원전도주일 표어 및 목표 제창
(4) 특별 기도회 실시

(5) 전도왕 초청 전도사례 간증집회 실시
(6) 구역별 전도 대상자 명단 작성 (예상 전도인원 파악)
(7) 상황실을 설치 운영 (구역별로 전도 상황을 점검하고 격려)
(8) 전도 특공대 조직 운영 (전도하기 어려운 구역 지원)
(9) 전교인 지역 전도활동 실시 (여리고성 진행)
(10) 총동원 전도주일을 성공적으로 실시한 교회 탐방
(11) 누구든지 쉽게 전달될 수 있는 구체적인 전도방법 제시
(12) 설교를 통해서 전도의 중요성과 필요성 계속 강조 [6]

이러한 프로그램을 한 후에는 반드시 평가하고 자료를 보관하며 잘된 점에 대해서는 확실하게 칭찬과 격려와 상품 증정을 통하여 격려하며 다른 성도들에게 도전을 주도록 해야 한다.[7] 많이 전도한 성도들에게 간증을 하게 하여 다른 성도들도 함께 참여하게 해야 한다. 미비된 부분이 있으면 보완하고 기록하여 시정할 수 있도록 하며 많은 성도가 모이면 구역을 다시 나누어야 할 것이다.

2) 주일학교발표회

한국에서 다른 나라와 비교해서 특별히 다른 것은 교육에 대한 열의가 강하다는 것이다. 이러한 것들 때문에 부모가 자녀에게 많은 관심과 물질을 투자하는 것을 볼 수 있다. 부모가 교회에 나오지 않아도 자녀들을 교회에 보내는 경우도 많이 잇으며 유치원을 선택하는 경우에 교회에서 운영하는 유치원을 선호하는 이유는 재정적인 이윤보다 더 높은 가치를 추구하고 있는 것을 알고 있기 때문이다. 때로는 타종교 신자들은 교회에서 운영하는

유치원을 극단적으로 싫어하는 경우도 있다.

교회에서 주일학교 어린이들이 발표할 수 있는 기회를 많이 계획하여 발표회 때에 부모님들을 초청하여 발표 전에 간단한 전도 설교를 구상할 수도 있다. 자기자녀에 대한 관심이 부모로 하여금 교회에 나오게 되는 경우가 많이 있음을 볼 수 있다. 프로그램으로서 어린이들이 할 수 있는 성극이나 복음성가 발표회나 아니면 율동을 통한 여러가지 발표회도 연구하여 전도에 활용할 수 있을 것이다.

5. 음악전도

인간의 희노애락의 감정을 표현할 수 있는 음악을 창조주 하나님께서 피조물인 인간에게 주신 것은 하나님께 감사한 일이다. 그러나, 이러한 음악을 통하여 하나님을 찬양하며, 찬양하는 그의 자녀들의 신앙심을 더욱더 뜨겁고 강하게 하며, 더 나아가서 죽어가는 영혼들을 주님 앞으로 인도할 수 있는 기회를 활용할 수 있는 것은 더욱더 감사한 일이 아닐 수 없다.

1) 복음성가

중고등부 학생들과 젊은 청년들은 유행가나 팝송을 듣는 것이나 부르는 것을 매우 좋아 한다. 그들의 감정을 잘 표현해 줄 뿐만 아니라 마음의 안정을 음악을 통하여 찾기가 쉽기 때문일 것이다. 그러나 리듬을 가지고 있으며 쉽게 접근할 수 있는 음악으로 복음성가를 생각할 수 있다. 복음성가는 쉽게 부르며 부담없이 대할 수 있기 때문에 대부분의 모든 사람들이 선호할 수 있다. 각교회의 프로그램으로서 복음성가 경연대회를 통하여 불신자들을 쉽게 교회로 인도할 수 있을 것이다. 극동방송와 아세아 방송 주최로 하는 복음성가 경연대회는 많은 젊은 그리스도인들에게 신앙의 불을 주고 있으며 불신자인 청소년들을 주님 앞으로 인도하는 기회로 활용할 수 있을 것이다. 복음성가 가수들 중에 기도생활을 하며 복음전도에 사명이 있는 초청하여 성가와 간증을 통하여 전도할 수 있는 기회를 만들 수도 있다. 집회를 통한 간증전도는 나중에 좀더 다루려고 한다.

2) 전통적인 성가과 찬송

한국의 있는 교회는 많은 성악가들이 대성할 수 있는 기초들을 중고등부 성가대를 통하여 닦았다고 보아도 과언은 아닐 것이다. 그리스도의 복음과는 관계없이 성악을 공부하는 학생들이 교회성가대에서 독창을 하려고 하여 찾아 오는 경우도 많이 있다. 그들이 처음에는 음악 때문에 교회에 오게 되지만 예수를 영접하고 신앙심을 갖고 성가곡을 은혜롭게 부르게 된다.

교회의 성가 중에 "메시야"나 "천지창조"와 같은 오라토리오를 통하여 성가를 부르며 많은 성가대원들이 은혜를 받는다. 이러한 것을 연습하려면 많은 연습이 요구되며 음악을 통하여 하나님께 영광을 돌리는 것이 가장 큰 목표이지만 이러한 음악을 통하여 불신자들에게 주 예수 그리스도의 복음을 전파할 수 있는 기회도 만들수 있다. 신앙생활을 하다가 낙심하고 중단되었던 사람들도 이러한 종류의 성가곡들을 통하여 재결심하여 신앙생활하는 경우도 보았다. 중요한 것은 이러한 음악회를 마치고 청중들을 바로 집으로 돌려 오는 것보다 음악회를 마치고 간단한 설교와 초청의 시간을 하게 됨으로 참석하였던 불신자들이나 신앙생활을 중단했던 사람들에게 예수 그리스도를 영접하는 결단하도록 기회를 제공할 수 있다.

6. 집회전도

집회전도는 대부분이 교회에 이루어지는 경우가 많이 있으나 대전도집회와 같은 대형집회는 대형운동장이나 여의도에서 하는 경우도 있다. 전도집회를 위한 강사로는 부흥회나 사경회에 집회를 능력있게 인도하시는 목사님들을 초청하는 것이 좋으며 간증집회일 경우는 많은 사람들에게 잘 알려져 있고 인기도가 매우 높은 연예인이 신앙생활을 하게 된 개인간증을 통하여 복음전도를 효과있게 할 수 있다.

1) 부흥회전도

사경회와는 다르게 부흥회는 성령의 역사를 특별히 강조하여 예수 이름으로 세상의 의학으로는 고칠 수 없는 여러가지 질병을 고치거나 고린도전서 12장 등에 기록되어 있는 은사들을 체험하는 과정을 통하여 하나님의 은혜를 체험하는 것이다. 이러한 방법을 통하여 죄를 깨닫고 회개하여 주 예수 그리스도를 믿게 되는 것을 능력전도 (Power Evangelism) 라고 부른다.

고칠 수 없는 병으로 고생하는 환자들과 보호자들이 성경에서 나타난 병고치는 역사가 그들에게 나타나기를 기대하며 부흥회에 참석하여 예수이름으로 기도와 안수를 통하여 병고치는 역사를 실제로 보며 체험하며 살아 계신 하나님의 역사를 체험하고 예수를 믿기로 작정하는 성도들이 우리나라에 매우 많이 있음을 볼 수 있다. 성령의 은사를 사모하며 간절한 기도를 통하여 여러가지 은사를 체험하고 신앙심이 강하게 될 수 있으며 대부분의 경우는 방언의 은사를 통하여 말할 수 없는 은혜의 감격에 빠지게 되며 신앙생활을 하는데 매우 많은 도움을 주고 있다.

"교회발전을 위한 선교개발"이라는 책에 의하면 다음과 같은

것을 제시하고 있다:

> 최근 20년 동안 싱가폴 교회 성장의 통계를 보면, 형제교회가 74%, 장로교회가 76%, 감리교회가 77%, 성공회가 79%, 루터교회가 89%, 침례교회가 114%, 독립교회가 167% 성장했습니다. 성령운동을 하는 교회는 638%로 월등하게 성장했습니다.
> 또한 뉴질랜드의 통계를 보면, 20년 동안 감리교회가 19% 줄었습니다. 장로교회는 11% 줄었고, 성공회는 19% 줄었고, 형제교회가 8% 늘고, 카토릭이 2% 늘고 침례교회가 6% 늘어난 반면 성령운동을 하는 교회는 150% 성장했습니다. [8]

이러한 능력전도를 통하여 교회성장을 가져온 대표적인 예로, 세계에서 가장 큰 교인의 수를 가지고 있는 가지고 있는 여의도 순복음교회이다. 조용기 목사님의 능력전도와 설교말씀을 통하여 나타나는 이러한 신앙적인 체험과 간증을 가진 성도들과 친구나 친척들로 구성되어 있으며 놀라게 빠른 속도로 성장하고 있다.
언젠가 방언을 해야만 구원을 받은 성도로서 자격이라는 실수의 설교를 하여 조용기 목사는 많은 어려움과 이단설이 나온 적도 있었다. 또한 조상숭배는 우상숭배로 볼 수 없으며 한국전통의 민족적인 관례이기 때문에 기독교인들이 해도 좋다는 비성서적인 설교를 해서 이단설에 많은 어려움을 겪게 되었다. 성령운동하는 교회에서 비일비재하게 나타나는 잘못된 예언으로 비성서적인 종말론으로 기독교계 뿐만 아니라 사회에 무리를 일으켰던 것을 간과해서는 안된다.
하나님께서 여러가지 방법으로 그의 백성들에게 자기자신을 드러내시고 보여주시는 것을 볼 수 있으나 매우 조심하게 다루어야 할 문제 중에 하나이다. 그러한 것들을 통하여 신앙생활에 때로는 도움이 되지만 마귀의 역사로 실망과 좌절에 빠지게 되는 경우도 많이 있음을 알아야 할 것이다. 가장 완전한 계시는 하나님의 말씀이 기록되어 있는 성경말씀이다. 성서적인 확실한 근거가 없는 여러가지 현상들을 분명히 의심하고 거절해야 할 것이다.

성령의 체험을 했었던 성도들도 하나님의 말씀에 기초한 신앙의 체계를 가지지 못할 때, 어려운 시련과 마귀의 역사로 신앙을 저버리는 경우가 매우 많이 있음을 알아야 할 것이다. 고로, 초신자들이 이러한 능력전도를 통하여 교회에서 신앙생활을 한 성도들에 대한 철저한 성경공부를 통하여 흔들리지 않는 믿음을 가져야 하며 생활 속에서 변화되어져 가는 모습들을 보임으로 인하여 생활을 통한 전도를 해야 할 것이다.

2) 사경회전도

성령의 체험을 강조하는 부흥회전도와는 다르게 성경말씀을 체계적으로 가르치는 것으로 신앙부흥과 불신자들을 주님 앞으로 인도하는 것을 사경회전도라고 부를 수 있을 것이다. 이러한 것을 매우 강조하는 대표적인 예로는 미국에 있는 남침례교단에 속하는 교회들이다. 극단적인 남침례교단에서는 성령의 체험을 통하여 신앙생활을 하는 것을 저질 신앙으로 취급하거나 거의 믿을 수 없는 마귀의 역사로 간주하는 경우를 보는 데 이것도 잘못된 견해라는 것을 알아야 할 것이다.

미국의 남침례교단은 성경해석을 가장 강조하고 있기 때문에 그 교단에 속한 모든 신학교들은 그분야에 대해서 매우 많은 연구를 해왔으며 세계적인 성서해석학자들은 거의 남침례교단에 소속되어 있는 것도 좋은 근거라고 할 수 있다. 또한 남침례교단에 속한 거의 모든 교회는 성령의 체험보다는 성경말씀을 통하여 성도들간에 교제를 나누며 성경말씀을 가르치는 형태 또는 강해 설교를 하는 목사님들로 구성되어 있다. 다른 교단과는 다르게 남침례교단만이 모든 교회는 주일아침예배를 드리기 전에 한 시간 동안 주일학교 어린이로부터 성인에 이르기까지 성경공부를 하며 성도들 간에 교제를 나누고 있다. 그래서 남침례교단에 속한 교회들이 미국 남부지역에 주로 있기 때문에 사람들이 그들의 교회를 인하여 남부지역을 "바이블 벨트(Bible Belt)"라는 말을 하게 되었다.

그러나, 극단적으로 성경말씀만을 통하여 지식적인 측면에서 알고 신앙생활을 하는 것과 올바른 성경지식뿐만 아니라 성령의 체험을 가지고 있는 신앙을 비교해 볼 때에 성경지식만을 아는 것으로의 신앙은 건전한 신앙생활이라고 할 수 없을 것이며 오히려 두가지 요소를 다 갖추고 있는 신앙생활이 더 건전할 것이다. 첨가해서 말하면, 또다른 신앙의 형태로 성경말씀을 지키는 것만을 강조하는 형태의 신앙을 말하며 형식과 전통만을 강조하는 바리새인적인 것으로 치우치기 쉬운 것이라고 볼 수 있는데 이것 하나 만으로도 건전한 형태의 신앙생활이라고 볼 수 없다.

성령의 역사로 체험적인 신앙생활을 <u>정적인 신앙</u>이라고 하며, 성경말씀을 통하여 신앙적인 지식을 쌓는 것은 <u>지적인 신앙</u>이라고 하며, 체험하거나 말씀을 통해 깨달은 것을 생활 속에 실천하는 것을 강조하는 것은 <u>의지적인 신앙</u>이라고 한다. 한쪽으로 치우치는 신앙은 매우 위험하며 정적, 지적, 의지적 신앙생활을 골고루 갖출 수 있도록 복음전도자는 물론 노력해야 하며, 복음을 받아들인 자가 그러한 신앙생활을 할 수 있도록 지도하며 격려해야 한다. 주님이 제시한 전도의 목표가 제자화이므로 초신자들이 교회에서 지적, 정적, 의지적 신앙을 잘 갖추어진 정상적인 믿음생활를 통하여 주님의 참된 제자가 될 때까지 기도하며 관심을 가져야 할 것이다.

3) 간증집회

간증집회는 많은 사람들에게 잘 알려져 있고 인기도가 매우 높은 연예인들이 신앙생활을 하게 된 과정을 불신자들에게 개인간증으로 복음전도를 하는 것을 말한다. 일반적으로 연예인들의 개인적인 생각과 생활에 대해서 많은 관심을 가지고 있으며 그러한 것을 통하여 인기와 관심도를 높이려는 노력을 하며 신문이나 방송을 통하여 대부분의 사람들이 듣기를 기대하고 있다. 그런데 이러한 연예인들이 개인적인 간증을 들으려는 불신자들이 간증집회에 나오는 경우가 매우 많이 있다. 이러한 기회를 선용하여 그들이 예수 믿기 전의 생활과 예수 믿은 후의 생활을 비교하여 그리스도의 복음을 전하는 것이다.

간증집회에서 개인간증을 하기 전에 많은 기도와 찬송과 복음성가를 통하여 마귀역사가 없도록 특별히 조심해야 할 것이다. 연예인들의 간증이 너무 예수 믿기 전의 생활을 너무 강조하다보면 간증집회의 원래의 의도를 상실하게 될 수도 있다. 간증집회에서 주된 목표는 예수는 그리스도이며 영생을 주시는 자라는 것이어야 하는데 다른 어느 것도 강조해서는 안된다. 자세한 내용은 개인간증과 간증문작성법에 대하여 언급된 "제 6 장 전도자의 자세"에서 참고할 수 있다.

7. 학교전도

한국에 있는 학교들 중에 초기에 세우진 세워진 학교들은 외국선교사들에 의하여 세워진 선교를 목적으로한 학교들이다. 이러한 실정에서 그들의 학교들에서 성경공부를 정기과목으로 두어 가르치며 일주일에 한번은 채플시간이 있어 전체적으로 예배를 드리게 함으로서 학교들을 기독교교육 뿐만 아니라 학생들의 복음화를 위해 노력하여 왔었다.

1) 국민학교

교회에서 운영하는 유치원이나 유아원에서의 기독교 교육을 통한 복음전도는 매우 효과적이라고 할 수 있다. 국민학교의 경우는 사립학교로 기독교 교육을 시키는 목적하에 설립된 국민학교는 학생들이 지원해서 입학을 하기 때문에 어린들을 복음화시키는 일에 별로 어려움이 없으나 교사를 채용할 때 신앙심이 깊고 선교정신이 강한 선생님들을 주로 선발해야 할 것을 명심해야 할 것이다. 어릴 때에 신앙교육은 매우 중요하며 이러한 좋은 환경과 조건들을 잘 활용하여야 할 것이다. 공립학교의 경우는 여러 가지 어려움이 있으나 교사들의 복음화를 통한 기도와 노력이 요청된다. 학교 주변에서 어린이전도를 위한 프로그램들을 개발하여 그것들을 통하여 복음을 전하는 것도 매우 중요한 일이라고 생각된다. 자세한 것은 "어린이전도"를 참고할 수 있다.

2) 중고등학교

입시제도를 통하여 학생들이 선택하여 시험을 입학하기 때문에 기독교 교육에 대해서 불만을 가질 수 없는 상황이었으나 중 고등학교 교육이 인문계의 경우는 일정한 시험에 합격만 하면 추첨에 의하여 배정되므로 학생들은 기독교 교육이 좋던 싫던 학교에서 공부를 해야 하는 실정이다.

학교를 운영하는 사립학교들도 문교부로부터 재정적으로 지원 받는 입장에서 선교를 위하여 세워진 학교들이 단지 기독교교육

만을 고집할 수 없고, 원칙적으로는 타종교의 교육도 해야 하는 실정에 놓여 있다. 그러나, 선교를 교육해서 하는 입장의 학교들도 재정적인 어려움을 겪고 있는 형편에서 타종교에 대해서 관심을 가질 수 없을 뿐만 아니라 기독교교육도 원래의 목적대로 하기 어려운 실정이다.

선교를 목적으로 세워진 학교들이 교사들을 채용하는데 예수를 믿고 신앙심이 있는 사람들을 고용했어야 했었다. 원래의 목적대로 기독교 교육을 하는데 그렇지 못했기 때문에 불신자들이 교사들의 많은 비성서적인 의견들이 대다수이므로 학교운영이 기독교적인 입장이 될 수 없어 성서적인 교육을 제대로 시킬 수 없는 경우도 많이 있다. 필자는 선교를 목적으로하는 XX중고등학교의 실정을 예를 들어 설명하려고 하는데, 실제로 서울에 있는 학교임을 분명히 밝히고 어떤 목사님의 고백을 들어 본다:

> 제가 졸업한 기독교정신으로 세워진 중고등학교가 문교부의 평균화정책과 재정적인 어려움으로 학교 교목님을 모실 수 없는 실정에서 학교에 오래 계셨으나 예수를 믿지 않는 많은 선생님들이 성경과목을 선택과목으로 하자는 제안을 나왔었습니다. 저보다 10년 선배이신 그 학교에 동창이시며 졸업한 학교에서 시무하시는 복음적인 한 선생님의 강한 반발로 저지 되었습니다. 총동창회에서 뜻있는 동창창들이 학교를 위해 기도하기 시작했으며 저보고 내년부터 우리 학교 중고등학생들의 채플에 보수없이 설교를 해줄 것을 요청했습니다. 한 선생님의 적극적인 신앙심이 학교에 성경교육을 계속적으로 할 수 있게 되었던 것은 하나님의 파수꾼 (에스겔 33:1-11)으로서의 역할을 감당했다고 봅니다. 한국에 있는 소위 "미션스쿨"이라고 불리우는 학교들이 처음에 가졌던 뜨

거운 신앙심을 계속적으로 유지하고 있느냐는 질문을 직
면하게 될 때 점점 세속화되어 가고 있음을 알 수 있읍
니다.

　마귀는 모든 미션스쿨뿐만 아니라 교회들과 모든 선교기관들이
세속화되기를 원하고 있다는 사실을 명확하게 인식해야 하며 기
독교인들이 소속되어 있는 모든 직장과 단체에서 하나님의 파수
꾼의 역할을 감당해야 할 것이다.
　미션스쿨의 이사들과 학교에 소속되어 있는 기독교인들은 이와
같은 점을 분명하게 인식하여 원래의 학교를 세운 목적을 찾도록
해야 하며 적극적인 관심이 기독교단체에서 있어야 할 것이다.
중고등학교 학창시절은 사춘기 때이기 때문에 모든 사상과 생활
방식에 매우 민감한 반응을 보이며 생애에 있어서 가장 중요한
시기이므로 철저한 신앙교육을 시키도록 해야 하며 불신자들인
학생들을 복음화하는 일에 기도와 재정적인 지원과 관심이 있어
야 할 것이다. YFC(Youth for Chirst) 라는 단체에서 학생들
에게 예수 그리스도의 사랑과 복음을 전하는 일에 많은 노력을
기울이기 있는데 이러한 것들을 적극적으로 도와야 하며 이러한
학생들에 대한 전도에 많은 프로그램들을 개발해야 할 것이다.
참고로 청소년전도를 통하여 또다른 견해를 볼 수 있을 것이다.

　3) 대학교

　미션스쿨인 대학교일 경우 입시에 의하여 들어가야 하기 때문
에 출석점검을 하여 불신자들도 의무적으로 채풀에 참석하게 하
는데 이러한 시간을 잘 활용하여 불신자들을 복음화하는 전도집
회와 전도를 위한 설교들을 많이 해야 할 것이다. 교목님들을 채
용하는 문제에 있어서 복음전도에 필요성을 가지고 선교정신이

매우 강하고 복음적인 교육을 받은 자들이 없다면 많은 문제를 낳게 될 것이다.

대학교에서의 교목님들의 활동과 무관하게 대학생성경읽기선교회(University Bible Fellowship, U.B.F.) 와 대학생선교회(Campus Crusade for Christ, C.C.C.) 등에서 대학생들에 대한 활동이 매우 활발하게 진행되고 있음을 알 수 있다. 이러한 기관에서는 미션스쿨이 아닌 대학교에서도 매우 활발하게 복음전도를 하고 있으며, 한국에서 외국에 선교사를 파송하는 단체별로 보게 될 때, 가장 많이 보내는 단체는 예장합동선교부(456 명)이며 두번째가 대학생성경읽기선교회(416 명) 라는 점은 매우 놀랄 만한 일이며 참고로 세번째는 예장통합선교부(337 명) 이다. 캠퍼스전도에서 대학생들을 위한 복음전도에서 더 참고할 수 있을 것이다.

4) 신학교육의 문제점

선교와 전도를 강조하는 복음적인 신학교나 신학대학 출신들의 교목일 경우는 대체로 전도를 위해 노력하고 있다고 본다. 진보신학이나 자유신학을 위주로 가르치는 신학교나 신학대학 출신들이 교목들로 활동할 경우에 영혼구원이보다도 기독교문화을 가르치는 정도로 그들이 만족하고 있다면 더욱더 문제는 점점 심각해 질 수 있을 것이다.

필자는 현재 여러 교단의 신학대학과 신학대학원에서 주로 전도학과 선교학과 제자훈련 등을 가르치는 경험을 토대로 신학교육에서 복음전도하는 일을 중점적으로 가르치시지는 못해도 이러한 과목조차 없는 신학을 가르치는 교과과정을 가지고 있지 않는 학교들도 많이 있음을 발견하게 되었다. 결과로 신학교를 졸업한 학생들이 목회를 할려고 할 때 많은 어려움을 직면하게 되며 과연 신학교에서 무엇을 배웠는가 하는 질문을 하게 되는 것이다. 또한 신학이나 기독교 교육이나 종교음악 등과 같이 기독교신앙과 직접적인 관련이 있는 과목만을 전공으로 하는 신학교의 경우는 대체로 복음적인 분위기를 가지고 있어 목회자를 훈련하는 원래의 목적에 일치하는 환경 속에서 3년, 4년, 또는 6년 동안 교육을 받을 수 있다.

그러나, 신학교가 종합대학교로 커지고 많은 학과들 전공으로 하는 학교로 됨에 따라 유익되는 것들도 많이 있다 할찌라도 분위기가 복음적인 분위기가 아니라 일반학교와 같은 다름이 없는 상황에서 어떠한 것을 기대할 수 있겠는가? 신학대학교에서 일반학과를 입학해서 다는 학생들은 신학대학교에서 채풀에 참석하는 것을 의무화하는 것에 대해 데모를 하는 경우가 많이 있으며, 일부 신학대학교는 일반학과 학생들은 채풀에 참석하는 것을 의무화하지도 않는 경우도 있으며, 학교의 이름까지 신학대학교라는 말보다 "신학"이라는 말을 빼서 학교명칭을 사용하자고 학생들이 데모를 하는 경우도 있다.

신학을 공부하는 학생들은 자기학교에 다니는 일반학과를 공부하는 불신자들에게 복음을 전해야 할 사명을 인식하고 학교전체의 분위기를 혁신해야 할 것이다. 신학을 가르치는 모든 학교들의 새로운 혁신과 복음전도와 목회를 위주로 하는 교육을 중점적으로 할 수 있도록 기도하고 끊임없는 노력을 하게 될 때에 한국에서의 학교복음화와 신학교 교육의 문제점들이 순조롭게 해결하게 될 것이다.

8. 직장전도

기독교들이 직장생활 속에 불신자들과 관계에서 윤리적인 면에서 많은 어려움을 겪고 있음을 누구나 지적할 수 있는 일이라고 본다. 사업상이나 직장동료와의 인간관계로 술이나 담배를 어떻게 해결할 것인지 많은 문제가 있을 수 있다. 그래서 때로는 그리스도들은 불신자들의 틈 속에서 조롱을 당하는 경우도 있다. 직장 안에서 모든 그리스도인들이 주 중에 한번씩 점심시간에 모여서 서로 교제를 나누며 직장예배를 드리게 될 때 그들의 직장생활이 활기차고 생동감이 넘치게 되며 불신자들에게 복음을 전할 수 있는 기회가 주어질 수 있다. 예배시 특별강사를 초청하여 효과적으로 직장을 복음화할 수 있도록 기도하며 전도하는 일에 노력해야 할 것이다.

회사의 대표가 기독교인 경우는 직장의 분위기를 복음적으로 만들 수 가 있을 것이다. 아침에 업무를 시작하기 전에 간단한 업무지시를 하기 전에 약 5분이서 10분 정도의 하나님의 말씀을 통한 가르침과 기도를 할 수 있을 것이다. 점심을 알려 주는 신호나 회사전체에게 알림을 주기 전에는 간단한 복음성가나 찬송가를 틀어 주는 것도 좋을 것이다. 예수를 믿는 직원들에게 동료 직원들에게 전도할 수 기회와 줄 수 있도록 하여 일년에 계획을 세워 직원들을 위한 부흥회나 사경회나 전도집회를 회사 내에 하게 하므로서 회사를 은혜의 분위기를 조정할 수 있을 것이다.

9. 병원전도

할 일 많은 세상에 살다가 병원에 입원해서 육체적으로나 정신적으로 나약해져 있는 상황에 있는 환자들은 복음을 받아 들이기 매우 쉬운 편에 속한다고 볼 수 있다. 장기적으로 입원한 환자들은 가족들도 자주 오지 않기 때문에 그들에게 접근하여 복음을 전하기가 수월한 편에 속한다. 특별히, 장기적으로 입원한 신경

외과나 정형외과에 입원한 환자들에게 복음전파하는 것이 쉬우며 소아과에 입원한 어린이들에게 주일학교에 가고 싶은 충동을 주며 예수님의 사랑을 보여 주도록 해야 할 것이다. 남자가 전도할 때는 가능한 산부인과는 피하는 것이 좋으며 중환자실에서 죽어가는 환자들에게 마지막 순간 예수 믿게 하는 것도 좋은 방법이나 쉽게 그들에게 접근하기 어려운 점도 있다. 그러나, 중환자들의 보호자에게 복음을 전하는 것이 매우 효과적이며 그들로 하여금 그들이 보호하고 있는 중환자들을 만나 전도의 기회를 만들 수도 있다.

병원전도하는 팀을 만들어 각 병실을 다니며 복음성가와 찬송을 통하여 위로하여 주며 기도하고 그리스도의 사랑을 전할 수 있다. 또한 전도한 후에는 병원에 있는 채풀에서 예배를 드리는지 시간과 장소를 소개하여 신앙생활을 할 수 있도록 적극적으로 도울 수 있다. 병원에서 몇 개월 살지 못한다는 사형선고를 받은 환자와 보호자에게 마지막으로 하나님을 의지하며 성령의 역사로 병을 고칠 수 있다는 확신과 격려를 통하여 그리스도의 복음을 전할 수도 있을 것이다.

의사나 간호원이 그리스도인일 경우에는 그들과 협조 아래 불신자들을 접촉할 수 있는 기회들을 더 마련할 수 있을 것이다. 정신적인 불안에 기인되는 질병이 있다면 종교생활을 하는 것이 매우 효과적이라는 조언과 더불어 그리스도의 복음을 직접적으로 전할 수 있고, 또다른 방법으로는 병원에 있는 채풀 예배에 참석해서 기도하며 찬송하며 설교를 통하여 마음의 위로받는 것이 치료에 효과가 있음을 제시하여 믿음생활을 할 수 있는 기회들을 제공할 수 있을 것이다.

의사가 수술하기 전에 환자는 매우 긴장되어 있을 때에 기도하는 가운데 성령의 인도함을 따라 복음전도할 수도 있을 것이다. 아무리 다른 종교를 가지고 있는 환자라고 해도 수술하는 의사가 수술 전에 좋은 결과를 가져 올 수 있도록 같이 기도하자고 제안할 때 거절하기가 어렵고 수술이 끝난 후에 수술을 위해 기도하며 최선을 다하는 의사로서의 그리스도인의 삶을 통하여도 그리스도의 사랑을 전할 수 있고 복음전도할 수 있는 기회를 가지게 될 것이다.

필자는 미국에서 공부하면서 목회했었을 때에 경험하였던 일을 소개하고자 한다 :

국제결혼했던 한 분이 한국 사람들이 살지 않는 지역에서 살고 있었는데 교회를 통하여 한국사람들과 교제를 나눌 수 있었으며 나중에는 예수를 믿고 신앙생활을 열심히 하게 되었다. 가끔 그녀의 집에 심방을 가면 시아버지가 함께 계시는데 예수를 믿으라고 전도하였다. 그럴 때마다 코웃음치며 조금더 있다가 예수 믿겠다고 하며 거절하였다. 그 때마다 그의 집을 떠나기 전에 그가 예수를 믿을 수 있는 기회를 달라고 매번 기도하고 헤어졌다. 어느날 갑자기 그 분이 심장병으로 쓰러져 수술을 받고 중환자실에서 언제 죽을지 모르는 극한 상황에 놓여 있게 되었다. 그분의 며느리인 우리 교회성도의 연락을 받고 병원을 찾아 갔었다. 그 분은 단지 말은 못하였지만, 모든 소리는 다 들을 수 있고 손으로 자기의사 표시를 할 수 있었다. 저는 전도할 수 있는 마지막 기회인 줄 알고 간단하게 예수를 믿도록 권면했었다. 그는 예수를 구주로 영접하였음을 손으로 의사표시를 하였고, 마지막으로 그와 함께 주님께 감사기도를 드린 후에 그의 얼굴을 보았을 때 눈에는 눈물을 흘리고 있었으며 감격하고 기뻐하는 표정을 지었다. 다음날, 그는 하늘 나라에 가셨고 장례식을 지내 주었다.

10. 방송전도

한국에서 방송선교를 담당하는 방송국은 기독교방송국과 극동방송국과 아세아방송을 생각 수 있다. 현재는 모두 라디오 방송이며 테레비젼이 대중화되지 않았을 때는 기독교방송에서 거의 기독교의 신앙생활과 복음전도를 위한 방송을 하였으며 많은 기독교인들에게 신앙적인 도움을 많이 주었으나 요즈음은 일반 대중방송과 같이 세상적인 프로그램들을 많이 방송하고 있으며 신앙생활과 복음전도를 위한 프로그램은 적게 방송하고 있는 실정이다. 그러나, 기독교 방송에서는 케이블 테레비젼에 많은 관심을 갖고 신앙적인 방송을 하려는 일에 적극적인 노력을 기울이고 있다.

극동방송과 아세아방송에서는 100퍼센트 기독교신앙과 복음전도를 위한 프로그램만을 방송하고 있다. 얼마 전까지만 해도 전적으로 성도들의 헌금과 기도만으로 운영하였었고 일체의 선전광고를 해서 운영을 하지 않았었다. 방송국의 직원과 규모가 커지게 됨에 따라 건전한 선전광고를 선별하여 하게 되었고 그것들을 통한 수입으로 방송운영을 하고 있으나 아직까지 재정적인 어려움이 있다.

극동방송 청취성향 설문조사에 의하면, 청취하는 연령층은 30대가 43%, 40대가 27%로 중장년층이 우위를 차지하고 있고 지역 별로는 거의 서울 수도원이 90%을 차지하고 있으며 청취기간이 10년 이상이 29%를 차지하며 온종일 방송을 청취자가 46%나 된다.[9] 설교말씀을 애청하는 자가 81%를 차지하고 신앙에 도움을 받기 위해 청취하는 자가 90%나 되고 있다. 특별히 많은 청취자들이 신앙교육에 대한 관심이 많고 청소년과 어린이 프로그램에 대한 신설을 높게 요구하고 있다.[10]

극동방송과 아세아방송을 통하여 불신자들을 주님 앞으로 인도하는 구원의 역사 나타나도록 많은 홍보가 모든 기독교인들이 해야 하며 개교회와 기독교단체에서 재정적인 지원과 기도가 요청되고 있다. 한국에 많은 사람들이 자동차를 구입하여 차를 타고 차에서 보내는 시간이 매우 많아졌기 때문에 많은 홍보를 통해 불신자들에게 전도할 수 있는 기회로 활용하여야 할 것이다. 특별히, 북한선교와 중국과 러시아에 거주하는 한인교포에게 복음을 전하는 매우 중요한 역할하여 방송을 통하여 많은 죽어가는 영혼들이 사망에서 생명으로 건져지는 역사가 나타나고 있다.

북한에는 이러한 방송을 통하여 몇 명씩 모여 예배를 드리고 있어 전도와 선교의 방송으로서 매우 효과적인 역할을 감당하고 있다. 한국방송 뿐만 아니라 중국어와 러시아와 일본어로 방송을 하여 타민족에게도 복음을 전하고 있다. 좀더 적극적인 전도와 선교를 위하여 극동방송과 아세아방송에서 제작한 그들의 방송만을 들을 수 있는 "만나오" 라는 라디오을 만들어 북한과 소련과 중국에 보급하고 있다.[11] 한국에 비해서 그들 지역에 사는 사람들은 재정적으로 가난하기 때문에 라디오를 귀중히 여기며 더 많이 들을 수 있는 상황을 주어지고 있다.

11. 영창전도

영창전도는 다른 말로 "교도소전도"라고도 부른 것으로 수감되어 있는 불신자들에게 주 예수 그리스도의 복음을 전파하는 것으로 개인적인 접촉이 매우 제한되어 있어 어렵지만 편지를 통하여 효과적으로 전도할 수 있으며 계속적인 사랑을 표현하며 관심과 격려를 아끼지 말아야 한다.[12]

교도소 내에서 더 많은 범죄를 계획하며 그들의 사악함을 드러내어 어려움을 겪는 초범으로 들어가 있는 사람들을 더 나쁜 길로 인도하는 경우가 매우 많이 있다. 전과자들이 출소한 후에 사회에서 받아 주지 않기 때문에 교회나 목회자들을 많이 의지하는 경우도 있으나 함부로 그들의 신분을 보장하여 주어 어려움을 당하는 일이 없도록 조심해야 할 것이다.

필자가 미국에서 공부할 때에 어느 백인 신학생이 영창에서 전도한 좋은 예를 소개하고자 한다 :

> 백인 신학생은 복음을 전하기 위해 열심히 기도하고 양복을 입고 조그마한 성경책을 들고 영창에 들어 갔었다. 최고수라고 불리우는 사형을 받기 위해 기다리는 흑인이며 38살이 된 죄수였다. 그는 키가 매우 크며 힘이 세게 생겼으며 눈에는 금방이라도 사람을 죽일 것같은 살기가 있었다. 그는 흑인 사형수에서 가까이 가서 전도를 하는데, 그 사형수가 갑자기 가래침을 그의 양복과 넥타이에 뱉었다. 복음을 전하다가 어이가 없고 기가 막히고 기분이 매우 나빴지만, 그리스도의 사랑으로 꾹 참고 그 사형수에게 이렇게 말했다고 한다: "그래도 나는 너를 사랑한다." 무섭던 눈에 살기가 없어져서 그는 잠깐 기다리고 있으니 그 사형수의 눈에서 눈물이 떨어지기 시작하였다고 한다. 그가 고백하기를 "나는 내생애 38년 동안에 처음으로 나를 사랑하다는 말을 들었다"고 하였다. 또한 "나는 부모없이 냉대를 받으며 살았으며 멸시와 천대 만을 받아 왔고, 나외에 모든 사람들을 적으로 간주하고 폭력과 욕설로 살아 왔으며 모든 사람을 미워하며 증오하고 살았으며 많은 사람들을 죽여 사형을 받게 되었다."고 하였다. 당신이 믿는 하나님을 믿고 싶다고 하면서 그의 죄를 회개하고 주 그리스도의 복음을 받아 드려 그리스도인이 되었다고 한다.

12. 군인전도

한국은 북한과 대치되어 있는 상황이므로 언제 위급한 상황이 주어질지 모르기 때문에 60만의 현역군인들과 예비군들이 있으며, 그들에게 전도하는 일을 군인전도라고 할 수 있다. 한국에서 태어난 남자들은 의무적으로 군에 입대하여 국방의 의무를 감당하여야 하기 때문에 제한된 지역에서 고된 훈련으로 교육을 받고 어려움 내무반의 생활을 하고 있기 때문에 교회에 나와 예배를 드릴 수만 쉽게 있다면 그들에게 매우 좋은 안식처가 될 수 있다. 이러한 상황을 이용하여 얼마든지 그리스도의 복음을 전파할 수 있기 때문에 전도하기 매우 좋은 "황금어장"이라는 말까지 나오는 것이다.

각 부대에 있는 군종들을 신앙훈련을 시켜 그가 근무하는 죽어가는 영혼들의 책임의식을 심어 주는 것이 매우 중요하다고 본다. 그들을 위한 전도훈련집회를 열어서 불신자 군인들에게 효과적으로 전도하며 주님의 제자로 만들 수 있도록 교육을 시키면 군복화를 좀더 빠르게 이룩할 수 있을 것이다. 군대 안에는 아무나 들어 갈 수 없는 상황에서 군종을 위한 교육과 훈련은 군인전도에 좋은 방법 중에 하나라고 볼 수 있다.

이승만 대통령 때에 만들어진 군목제도가 6.25 사변으로 인한 고통과 어려움을 당하는 많은 국군장병들에게 힘과 용기를 주었으며 무엇보다도 예수를 믿고 주님을 믿는 신앙으로 하늘에 소망을 두고 죽음을 두려하지 않는 기독교인들을 양성시켰었다. 그런데 1,200만 불교 신도라고 자랑하는 양적인 숫자는 1년에 단 한번 절에 가기만 해도 불교인으로 간주된다. [13)]

군목의 이러한 결과로 숫자들을 줄이고 군승의 숫자를 늘리는 상황이 오늘날 있다는 것은 군복음화에 크나큰 위기가 온 것을 알고 많은 기도와 군복음화를 위한 새로운 전략이 긴급히 요청되고 있다.

13. 경찰전도

군인전도와 경찰전도는 다른점이 많이있다. 군인전도에 비해 경목제도는 제도적인 면에서 조금은 유리한 것이 있다고 볼 수 있다.
 그러나 경목들을 위한 생활 할 수 있는 재정적인 지원을 거의 할 수 없음으로 전임 경목제가 불가능하다.[14] 그래서 개교회에서 목회를 하시는 목회자들이 특별히 시간을 내서 그들에게 복음을 전도하고 있는 실정이다.
 일반적으로 경찰관들과 목회자들과의 관계가 서로 좋은 관계가 이루어지기 어려운 사회적인 상황에 있다. 일반 사람들의 눈에 뿐만 아니라 특별히 목회자의 눈에 경찰들의 활동하는 것이 국민들을 적극적으로 돕고 있는 민중의 지팡이로서 보여지기 보다는 비리과 권력에 결탁되어 있는 부정적인 측면이 강하게 있다.[15] 마찬가지로 경찰관들도 몇 사람들의 몰지각한 목회자들의 비리와 무엇보다도 마귀의 역사로 목회자에 대한 선입관념이 부정적인 경우가 많이 있다.
 미국의 경우는 목회자에 대한 존경심이 경찰관들에게 있기 때문에 사소한 위반에 대해서는 극한 상황에서 목회자들이 위반 한 것으로 간주하여 단지 경고조치로 끝나게 하고 처벌이나 벌금을 지불하게 하지 않는다. 사회적으로 목회자뿐만 아니라 복음을 전하는 전도자들도 한국사회에서 인정받기 위해서 법 질서를 잘 지키며 정직한 생활을 해야 할 것이다. 경찰관들의 어려움을 적극적으로 협조하여 좋은 인식을 갔도록 하며 좋은 관계를 유지해야 하며 그런 가운데 복음을 전해야 할 것이다.
 경찰관들은 너무 업무의 양이 너무 많이 있기 때문에 어려움이 많이 있으나 경찰관들의 지휘관들 도움으로 조회시간에 간단한 설교를 통하여 전도할 수 있을 것이다.[16] 현실적으로 매우 힘든 일이나 기도와 성령의 인도하심으로 좋은 인간관계는 복음을 전할 수 있는 기회가 주어질 수 있을 것이다.

14. 산업전도

한국에서는 다른 유럽에 있는 나라에 비해 모든 기업체들이 매우 빠른 속도로 발전하였기 때문에 근로자 복지대책이나 여러가지 행정면이나 원래원칙을 중요시 하지 않는 면에서 매우 미흡한 점이 많이 있다. 근로자들이 주일에 쉬지 않고 계속적으로 일을 해야 하는 경우도 많이 있고 근로자들의 적은 보수에 대한 불만과 산업산해에 대한 보험문제로 인하여 기업주와 근로자 간에 마찰이 많이 있다.

전도자들이 어렵고 힘든 생활에서 고생하는 근로자들에 대한 영혼문제에 대한 적극적인 관심으로 그리스도의 복음을 전파해야 하는 실정에서 주일에도 일을 하는 불신자들에게 어떻게 접근하여야 효과적일 것인가? 일부 전도자들이 사회구원에 대한 신학적인 노선을 강력하게 주장하여 기업주의 마찰로 극한 상황에서는 기업주가 문을 닫을 수 밖에 없는 경우가 있었다. 요즈음은 사회구원에 대한 문제점들이 많이 있기 때문에 전도자들이 그런한 방법으로 근로자와 접촉은 안하고 있으나, 과거에 많은 문제들을 야기시켰으므로 순수하게 복음전도하는 일에 거침돌이 되고 있는 실정이다.

전도자들이 직장 내에 성경공부나 예배를 드리는 것과 복음전도를 하는 것에 대해서 사업주들이 매우 염려하는 이유는 과거에 많은 문제였던 사회구원에 관련되는 것이 아닌가 하는 의심 때문에 기업체에 악영향을 미칠까봐 걱정하여 근로자들을 위한 산업전도하는 일을 허락하지 않는 수가 있음을 보게 된다. 우선적으로 기업주들과의 좋은 관계 속에서 나쁜 이미지를 씻어 버리게 하며 근로자들이 근무하는 기업체들의 주변에 있는 교회들에서 건물을 이용하여 야간학교 등의 프로그램을 통한 효과적인 전도 방법을 모색하여야 할 것이다.

15. 경조전도

경사가 있는 곳에서 성도들은 찾아가서 같이 기뻐해 주며 즐거워하는 것이 좋은 일이나 복음을 전하는 일에는 별로 적극적인 환경은 아닌 것같다. 단지 좋은 인간관계를 유지하며 계속적으로 기도와 관심을 가지고 복음을 전할 기회를 찾도록 해야 할 것이다. 복음을 받아 드리려는 사람은 자기문제의식을 가지고 있는 사람들이기 때문에 자기만족과 자신만만한 사람들은 복음을 거절할 것이다. 경사가 있는 곳에는 현재 직면하고 있는 인간적인 기쁨과 행복으로 인하여 복음을 받아 드리려고는 하지 않으나 축복기도를 해주면 무척이나 좋아 하는 경향이 있다. 예를 들면, 어떤 분이 자녀를 낳았을 때 목회자가 아기를 위해 계속적으로 성장할 때에 악에 물들지 않고 선한 길로 가도록 기도해 주면 무척이나 감사하게 생각할 것이다.

조위가 있을 경우에는 복음을 전할 수 있는 매우 좋은 기회가 있으며 예배를 드릴 때에 전도설교를 하여 조문을 온 모든 사람들에게 영원히 사는 길인 그리스도를 영접하도록 할 수 있다.[17] 전도서 7:2에 "초상집에 가는 것이 잔치집에 가는 것보다 나으니 모든 사람의 결국이 이와같이 됨이라 산 자가 이것에 유심하리로다"고 기록되어 있다. 죽음 앞에는 누구나 엄숙해 지며 살아 왔던 과거를 돌이켜 보며 인생과 죽음에 대해서 생각할 수 있는 좋은 기회이므로 가족들을 위로하며 소망과 영생과 하나님의 나라에 대한 하나님의 말씀으로 위로하게 될 때 복음을 받아 들이는 수가 매우 많이 있다.

나일스(Daniel T. Niles) 교수는 아프리카에서 어떤 선교사 부부가 선교하시던 지역에서 장례를 통하여 복음전도를 성공적으로 할 수 있었던 좋은 예를 다음과 같이 소개했었다:

> 문명의 혜택을 전혀 받지 못하는 속에서 기도하며 열심히 전도했지만 아무런 성과를 거두지 못해 몹시 실망과 좌절 속에서 하나님의 뜻이 여기에 있는 것이 아닌가 의심하며 본국으로 돌아올 생각을 하고 있었다. 어느날 한 여자가 열이 나는 아기를 데리고 왔었다. 선교사 부부는 하나님께 고쳐 달라고 열심히 기도하며 이틀이나 약을 주고 주사를 놓아 주었으나 그 아기는 결국 죽었다. 선교사 부부는 죽은 아기의 장례를 위하여 3일 동안이나 그 집에 가서 위로하고 예배를 드렸다. 그런데 그 다음 주일 평소에 대 여섯명 밖에 나오지 않던 전도소에 50명이 몰려들어, 서서 예배를 드려야 했다. 그 이유는 죽은 아이의 부모가 생생한 체험을 마을 사람들에게 간증했기 때문이었다. 이 부모는 선교사와 함께 사흘을 지내며 슬픔을 잊고 마음이 평화스러워졌다는 것이다. 육신의 죽음은 시작일 뿐이라는 영원한 하늘나라 이야기를 처음 들은 그들은 고생스러운 생활과 자식의 죽음을 놓고도 희망을 갖게 된 것이다. [18]

16. 어린이전도

어린이전도란 어린이라고 할 수 있는 유치원이나 국민학교 학생들을 대상으로하는 전도를 생각할 수 있으며 전도자들이 깊은 사랑과 인내심을 가지고 어린들의 성격과 특성을 잘 이용하여 전도할 수 있다. 어떤한 환경에서도 학생들의 주의를 끌고 집중시키게 하는 방법을 연구해야 하며 그들의 수준에 맞는 예화를 사용해야 더욱더 효과적일 것이다. 재미있고 창의력있는 소재를 통하여 그들에게 접근해야 하며 예수님의 사랑과 영원한 생명을 소유하는 것과 하늘 나라에 관한 것들에 대해서 좋은 비유로 사용할 수 있다.

어린이들이 좋아 할 수 있는 레크레이션과 율동과 재미있는 이야기들을 잘 사용하여 그들의 마음을 열 수 있도록 해야 하며 호기심을 불러 일으켜 그들로 하여금 적극적인 관심을 가지고 성경말씀을 가르치는 데 단순하고 잘 이해할 수 있게 쉬운 단어를 사용하는 것이 좋을 것이다.[19]

어린이전도를 전문적으로 취급하고 연구하여 보급하는 어린이전도협회를 통하여 각교회가 협조하여 불신자 어린이들을 주님 앞으로 인도하는 복음전도를 위한 프로그램을 개발하여 사역을 감당하여야 할 것이다. 새뮤엘 브렝글은 어린이들을 위해 사명을 가지고 있는 전도자가어린들에게 전도방법과 말씀을 가르치는 것에 대해서 가음과 같은 다섯가지를 제시하고 있다:

첫째, 당신은 어린이전도를 해야만 하며 또한 하나님의 은혜가 그일을 이룰 것이라고 다짐하라. 그리고 그일을 위해 매일 기도하며 생각하며 묵상하라. 무엇보다도 하나님의 도우심을 구하라.

둘째, 타인으로부터 얻을 수 있는 모든 도움을 구하라.

그들의 방법을 연구하라 그러나 어떤 한 방법을 맹목적으로 모방하지 말라.
셋째, 그 주제에 관하여 찾을 수 있는 책들을 탐독하라. 당신을 크게 도울 수 있는 많은 유익한 책들이 있다.
넷째, 당신은 어린이의 위치에 두려고 노력하라. 어린이의 위치에서 당신의 관심을 끄는 것이 무엇인가 자문하라. 어린이들이 이해할 수 있고 관심을 갖게 될 예화와 일화를 찾으라.
다섯째, 무엇보다도 어린이들에 대한 따뜻한 사랑과 동정심으로 마음을 가득 채우라. 그들이 당신의 사랑을 느끼고 그 사랑에 반응할 것이며, 그 결과 당신은 어린이들을 예수께로 인도하고, 하늘을 향해 처음 내닫는 그들의 미약한 발걸음을 도울 수 있을 것이다. [20]

어린 한 영혼을 진정으로 사랑하며 복음을 전할 때 어떠한 결과를 가져 올지 누구도 모르는 일이기 때문에 최선를 다하여야 할 것이다. 어릴 때에 주님의 복음을 받아 들여 주님의 위대한 복음전도자인 두 사람을 소개하고자 한다:

> 에즈라 킴볼(Ezra Kimball) 이란 시카고의 한 주일학교 교사가 거리의 부랑아이며 거지처럼 더러운 한 소년을 교회로 인도하였다. 킴볼씨는 예수님을 믿은 지 10년 만에 겨우 한 사람을 전도하였는데, 그것도 부랑소년하나를 교회로 인도하였다. 복음을 받아 들였던 이 소년이 나중에서 성장하여 드와이트 무디(Dwight L. Moody) 선생이 되었다. 그는 비록 평신도전도자였으나 미국과 캐나다에서 죽어가는 수십만 영혼들을 주님 앞으로 인도하였으며 선교와 전도를 가르치는 학교들도 설립

하여 그가 세운 학교출신으로 세계의 많은 전도자와 선교사들을 배출하고 있다.[21]

미국에 한 소년이 있었는데, 그는 다른 아이들처럼 말썽을 많이 부려서 부모님의 걱정거리였다. 어느날 동네 진실한 성도인 할머니 한 분께서 이 소년의 어깨를 짚고 "애야, 너는 똑똑하고 유난히 말을 잘 하니 설교가가 되면 많은 사람들에게 좋은 영향을 끼치겠다"라고 말씀하셨다. 이 소년의 머리에는 할머니의 진지한 속삼임이 사라지지 않았다. 소년은 어릴 때 받았던 긍정적인 조언에 이끌리어 주일학교에서 열심히 성경을 공부하게 되었고 나중에는 신학을 공부하기 위해 신학대학에 들어가 공부를 하였으며, 공부를 마친 후에 역사 이래로 가장 많은 사람들에게 복음설교를 한 빌리 그래함 목사님이시다.[22]

17. 청소년전도

청소년이라 함은 중 고등학생들을 대상으로 전도하는 것을 생각할 수 있는데, 신체적인 발육과 정신적인 성숙을 가져오는 사춘기이기 때문에 인생에 있어서 가장 중요한 시기 중에 하나이다. 한국 교육제도 면에서도 이 시기에 생활의 불균형과 학업에 열중하지 않을 때에 장래에 사회생활을 하는데 가장 큰 영향력을 주는 시기이기도 하다. 남녀를 불문하고 술과 담배를 사용하는 학생들이 매우 많이 있으며 불량 비디오가 몰래 볼 수 있는 기회가 주변에 있으며, 노래방이나 비디오방과 같은 곳에서 탈선을 하는 경우가 매우 많으며 18 세 미만의 여성들은 불법으로 술집에서 고용하는 비양심적인 업소들 때문에 가출하는 청소년들이 늘어가며 더욱더 사회적 환경을 오염시키는 실정이다. 좀더 극한 상황으로는 청소년들의 성적인 타락과 마약을 사용하여 거래하는 경우도 있다.

청소년전도를 위해 각 학교에서 기독교 교육을 통하여 이러한 문제들을 해결할 수 있는 프로그램과 그들에게 주 예수 그리스도의 복음을 전파하여 성결된 생활을 할 수 있도록 인도해야 할 것이다. 각 교회에서도 청소년의 탈선을 막을 수 있는 프로그램들을 불신자 가정들에게 알리므로 인하여 그들의 자녀들을 교회로 보낼 수 있도록 유도하여 올바른 교육뿐만 아니라 주님을 영접하게 하나님의 자녀로 성장시킬 수 있도록 해야 할 것이다.

각 교회에서는 여름수양회나 겨울수련회 등을 통하여 특별한 프로그램들을 개발하여 불신자들도 많이 참석할 수 있는 기회들을 많이 줌으로서 복음을 전파할 수 있도록 할 수 있다. 많은 기도와 전문적인 청소년담당 크리스챤지도자들을 활용하는 것이 매우 효과적일 것이다. 능력전도를 할 수 있도록 청소년을 위한 부흥집회나 사경회들을 통하여도 청소년들을 복음화할 수 있다. 특별히, 복음성가, 연극, 레크레이션 등을 통하여 청소년들의 마음을 열 수 있도록 해야 하며 모든 프로그램은 예수 그리스도 중심이 되어야 하는 것을 잊어서는 안된다.

18. 캠퍼스전도

캠퍼스전도란 복음전도자가 학교에 다니는 대학생들을 전도하기 위해 대학교 내에 들어 가서 일대일로 만나서 전도하는 방법을 말한다. 대학생들은 많은 생각을 하며 새로운 꿈과 이상을 가지고 성인으로서 첫 발을 딛고 살아 가는데 생겨지는 많은 문제들을 직면하고 있다. 많은 사람들이 인정하는 남녀교제도 할 수 있고 미성년자가 들어 갈 수 있는 곳을 자유롭게 다닐 수도 있다. 남자의 경우는 법에 의하여 군입대를 해야 하는 것과 또한 결혼문제와 직장문제 등으로 수많은 결단을 내려야할 매우 중대한 시기이다.

이러한 시기를 전도자들은 잘 활용하여 그들이 직면하고 있는 문제들을 가지고 사회적인 접촉을 하며 공동적으로 관심을 가지고 화제가 될 수 있는 것으로 복음을 전할 수 있는 기회를 찾아 죄를 깨닫게 유도하여 그리스도를 소개할 수 있다. 가장 논리적인 것을 추구하는 부류의 연령이므로 성경말씀을 제시하며 복음을 전할 때 매우 효과적인 전도를 할 수 있을 것이다.

특별히, 대학생성경읽기선교(University Bible Fellowship, U.B.F.)와 대학생선교회(Campus Crusade for Christ, C.C.C.) 등을 통한 복음전도의 활동이 매우 활발하나, 주님이 세우신 개 교회들과 더좋은 관계 속에서 활동을 하도록 해야 교회에 덕을 세우는 일이 되어야 할 것이다.

일부 극단적인 단체에서는 개교회를 비방하며 그들끼리 만이 주님이 함께하는 것으로 착각하였다가 그들 단체의 모순 때문에 둘로, 셋으로 나누어 지는 현상들이 있었다. 이단 만 아니라면, 기독교단체들끼리 서로 인정하고 사랑하며 그들의 적이 다른 기독교단체가 아니라 마귀의 역사인 것을 바로 알아, 선한 사업인 사람을 낚는 어부로서의 올바른 임무를 연합하여 수행하여야 할 것이다. 캠퍼스전도를 좀더 다른 각도에 보기를 원하다면 "학교전도"에 나와 있는 "대학교"와 "신학교육의 문제"를 참고할 수 있다.

19. 농어촌전도

1955년까지 농촌에 거주하는 인구가 전체의 78.5%이었으나 1990년에는 전체인구의 18.2% 만이 농촌에 있게 되었고 젊은 세대나 중고등학교 학생들이 도시로 이동하는 경향이 매우 많아 농어촌에는 구세대의 문화권에 사는 노인들과 중년 이상의 세대만이 살고 있는 실정이다. 전도의 대상이 제한되어 있기 때문에 효과적으로 접근하는 길을 모색해야 할 것이다.[23] 주일에도 일하러 가는 불신자들이 많이 있기 때문에 노동자들끼리 연합하여 공동작업을 통하여 주일에는 교회에 갈 수 있는 기회를 만들도록 하는 것도 필요하다.

많은 사람들이 농어촌을 떠나서 도시로 몰려 들어오기 때문에 농어촌 교회들은 교회성장에 있어서 많은 어려움이 있다. 또한 안수를 받은 목사들이 주로 사람들이 많이 사는 대도시에서 목회하기를 원하므로 전도사나 강도사들이 농어촌교회를 담당하는 수가 많이 있다. 그들 대부분은 목사 안수를 받으면 가능한 도시나 대도시로 가서 목회를 하려는 경향이 있다. 이러한 점을 고려할 때, 목회자들이 이동이 많이 있을 것을 감안하여 다른 지역에 비해서 특별히 평신도지도자 훈련을 장로나 권사나 집사들에게 잘 교육시킨다면 교회들이 흔들림이 없이 잘 유지 될 수 있을 것이며 농어촌복음화는 좀더 쉽게 이루어 질 것이다.

20. 도시전도

농어촌에 살던 사람들이 사회의 변천에 따라 도시로 몰려 오고 있으며 진학문제, 직장문제, 사업문제 등으로 농어촌보다 도시를 선호하는 경향이 있다. 계속적으로 사람들은 도시로 집중하며 이러한 변화에 전도자들과 각 교회는 민감하게 대처하여 효과적인 전도방법들을 모색하여야 할 것이다. 새로 이사온 사람들에 대한 여러가지 일상생활에 필요한 것들을 그리스도의 사랑으로 도와 주며 그리스도의 복음을 전파할 수 있도록 해야 할 것이다.[24] 도시전도는 아파트전도와 많은 관련이 있기 때문에 아파트전도를 참고 할 수 있다.

21. 아파트전도

아파트는 거의 도시에 많이 있으며 아파트전도는 접근을 싫어하며 개인심방이나 교회의 접근이 용이하게 허락되어 있지 않고 있는 실정이다. 이사를 나가는 것과 이사를 오는 것에 민감하게 대처해서 복음전도를 위해 이삿짐을 날라주는 것이며 좋은 관계를 유지하며 계속적인 접촉을 통하여 전도할 수 있는 기회를 찾아 교회로 인도해야 할 것이다.[25] 이삿짐을 도와 줄 때 가능한 같은 동이나 같은 층에 사는 성도들의 협조는 더욱더 친근감이 있을 것이며, 교회를 바로 나오지 않더라도 마음을 상하지 않게 계속적인 좋은 유대관계를 가지고 많은 기도와 성령의 인도함을 따라 전도해야 할 것이다.

정부에서는 인구가 도시로 집중하는 것을 막기 위해 도시 주변에 신도시를 개발하여 인구를 분산시키려고 노력하고 있다. 교회개척을 하려는 목회자들은 가능한 빨리 교회를 성장시키기 위해 신도시 지역으로 이사 온 다른 교회를 다녔던 교인들에게 많은 관심을 두고 있다. 그들이 도시에서 다니던 교회와 거리가 너무 멀기 때문에 가까운 지역에 교회를 찾으려는 교인들을 끌어 들이려는 방법을 시도하려는 경우도 많이 있다. 이러한 것은 인간 편에서 목회방법이 아닌가 생각되며, 교회성장이 조금은 늦어도 불신자들에게 많은 기도와 성령의 인도함을 따라 그리스도의 복음을 전해야 하는 것이 하나님 편에서의 건전한 목회방법이 아닌가 생각한다.

22. 윤락여성전도

윤락여성에 대해 전도하신 예수님이 요한복음 4:7-30에 기록되어 있다. 가나에 사는 사마리아 여인이 물을 길으러 야곱의 우물에 있을 때 예수께서 "물 좀 달라"고 하시며 그녀를 전도하셨었다. 그녀는 사람들을 피하여 많은 사람들이 사용하는 가나에 동네의 우물을 사용하지 않고 멀리 떨어진 야곱의 우물을 사용했었다. 또한 대부분의 사람들이 물을 아침과 저녁에 길으러 가지만 그녀는 사람을 피하여 점심 때에 갔었다.

윤락여성은 한마디로 "돈을 받고 몸을 파는 사람"이라고 할 수 있다. 시대적으로 볼 때, 1950년 대에는 빈곤이 원인이 되어 직업을 찾아 헤매다가 전락하는 수가 매우 많았었다. 1960년 초에는 시골에서 서울로 올라와 가정부로 취직하여 생활하다가 윤락여성들이 되는 수가 제일 많았으나 1960년 말에는 신문광고에 속아 대우 좋고 많은 돈을 벌 수 있다는 무허가 직업소개소를 통하여 전락하는 수가 많아졌었다. [26] 1970년에는 일본관광객들이 한국으로 기하급수적으로 들어 오면서 중고등학교 학생들을 아르바이트로 신문광고로 유혹하여 사고 파는 경우가 매우 많이 있었다.

1980년에 들어 서면서 한국 사회가 물질만능으로 전락하여 남녀교제와 사춘기의 남녀들이 성개방을 하여 버려진 여자들이 자기몸을 파는 경향으로 흘러 버리게 되었다.[27] 1980년 후반 부터는 학생들 교복의 자율화와 불량한 비디오와 영화가 난무하여 사회를 어지럽게 하였고 1990년대 와서 노래방과 비디오방까지 생기게 청소년들이 타락할 수 밖에 없는 환경이 너무 많아졌으며 여학생들의 가출과 술집 호스테스로 생활을 하면서 윤락여성으로 빠지는 경우가 매우 많아지게 되었다.

필자는 미국에서 신학을 공부하면서 목회할 수 있는 기회를 하나님께서 주셔서 한국에서 윤락여성으로 있다가 한국에서 주둔하던 미군과 결혼하여 미국에서 사는 국제결혼한 사람들을 대상으로 목회를 거의 8년을 했었다. 그들은 한국에서 뿐만 아니라 미국에서도 소외되는 생활을 하며 그들을 위한 교회를 개척하게 된 것을 소개하려고 한다 :

한국식품을 파는 가게에서 한 여인을 만나서 신앙생활을 하시냐고 했더니, 교회는 다니는데 한국교회는 차별을 해서 남편과 함께 미국교회를 다니는데 설교도 잘 이해가 안되고 해서 한 달이나 두 달에 한번 한국교회를 참석을 한다고 했었다. 그런데 교회에서 누구도 국제결혼한 사람이라고 말 한번 안 걸고 목사님도 한번도 심방을 안 한다고 했었다. 저는 차로 한 시간 반 쯤 떨어진 곳에서 목회를 하는데 우리교회는 한 가정을 제외하고는 모두 국제결혼한 성도들만 있는 교회의 목사라고 했다. 그녀는 자기집 주소와 전화번호를 주며 심방을 와서 예배드려 주기를 요청했으며 해군지기 지역이므로 한국 여자들이 몇 명이 더 살고 있다고 했었다. 그분의 집을 첫번째로 방문하였을 때 두 가정이 예배를 드렸으며 두번째 모일 때는 네 가정이 모였으며 계속적으로 국제결혼 사람들이 모여 예배를 드릴 수 있었으며 해군사관학교 출신인 비행조정사들이 교육받으려 6개월내지 1년씩 해군부대에 있었는데 그들도 함께 예배를 드렸으며 그 지역의 민간비행학교에 비행조정기술을 배우려 한국에

서 온 거의 10여명의 학생들도 같이 모여 예배를 드리
게 되어 새로운 교회를 개척할 수 있었다.

　그리스도의 사랑과 관심을 가지고 성경을 가르치며 천국복음을
전파할 때 주님을 영접하는 놀라운 역사가 나타나게 되었다. 그
러나 그들을 전도할 때는 성적으로 최악의 길까지 갔었던 사람들
이기 때문에 조심하며 많은 기도와 인내가 요청되는 여성들이라
는 것을 깨달았다. 한국에서의 경우 실제로 윤락여성을 전도하려
고 하다가 전도자들이 마귀의 역사로 오히려 성적인 유혹에 빠지
게 되는 수가 간혹 있으니 매우 조심해야 할 것이다.[28]
　그들은 자기자신의 문제를 알고 있기 때문에 죄를 지적하지 말
고 성령의 인도하심을 따라 그리스도의 사랑과 관심으로 대해 주
며 다른 사람들과 같이 차별하지 말고 하나님의 사랑을 강조하며
접근하게 될 때 그녀들이 회개하고 주님 앞으로 돌아 오게 될 것
이다.

23. 양로원전도

　세계적으로 권위있는 역사학자인 아놀드 토인비(Arnold Joseph Toynbee)는 한국을 방문한 후에 한국 사람들의 대가족
제도를 통하여 자식의 의무인 효도심에 깊은 감명을 받고 다음과
같이 말했다:

　　한국에는 수출해야 할 귀중한 상품이 있다. 영국은 한
　국으로부터 반드시 수입해야 하는 상품은 대가족제도이
　다. 청소년 범죄와 노인들을 위한 복지사업을 위한 문제
　들을 해결하는 열쇠는 한국의 대가족제도를 통한 자식의

의무인 효도심에 있다." [29]

그러나 한국은 대가족제도에서 핵가족제도로 거의 변화되어 있고 세계화 물결이 한국의 좋은 전통을 잃어 가고 있다.

양로원에서 생활하는 할아버지와 할어머니들을 생각해 볼 때 자녀들이 함께 사는 것을 꺼리며 그들 중에 대부분이 남은 여생을 외롭고 쓸쓸하게 보내고 있음을 추측할 수 있다. 때때로 자녀들이 찾아 오는 경우도 많이 있겠지만, 그렇지 않을 경우에 전도자들이 그들에게 그리스도의 사랑을 보여 주며 복음전도를 하게 될 때 그리스도를 받아 들이며 교회에서 신앙생활을 할 수 있게 될 것이다. 같이 있어 주며 같이 대화를 나눌 수 있는 그것 만으로 그들은 기뻐할 것이며 함께 손을 잡아 주며 건강을 위해 남은 생애를 위해 기도하게 될 때 진정한 사랑을 느끼게 될 것이다. 더 나아가서 함께 교회로 같이 가서 예배를 드릴 수 있도록 여러 가지로 협조를 하게 될 때 그들은 처음에는 매우 인간적인 행복감을 느끼게 될 것이며 그러는 가운데 하나님의 사랑과 위로를 받게 될 것이며 하나님의 자녀가 될 것이다.

24. 장애자전도

지체장애자는 정신이 정상이나 육체적으로 장애를 가지고 있는 사람들을 말하며 맹인, 소아마비, 농아, 경박아 등을 생각할 수 있다. 심신장애자란 육체적인 장애로 인하여 정신적으로도 장애를 가지고 있는 사람들을 말한다고 볼 수 있다. 장애자들은 의심이 많고 고집이 매우 세며 공상하는 것을 좋아 한다. 작은 일에 신경을 많이 쓰며 노여워 하며 자포자기 혹은 염세적인 심리를 가지고 있다. 재활이라는 것은 다른 사람들에게 도움을 받으면서 살다가 장애자 스스로 자발적으로 살아 가는 것을 말한다.

장애자들을 대할 때 주의 해야 할 사항이 있다. 장애자들과 대화를 할 때는 편견을 가지고 대하지 말고 정상적으로 대하면 그들의 마음이 동등의식을 갖게 되며 더욱더 마음을 같이 할 수 있게 된다.[30] 맹인을 대할 때는 맹인을 잡지 말고 맹인이 오히려 잡도록 하면 그들이 마음이 편안함을 느끼며 전도할 수 있는 기회를 더 가질 수 있다. 농아를 대할 때는 다른 곳을 보며 말하지 말고 직접 쳐다보고 대하면 그 때에 그들은 사랑을 느끼며 마음의 문이 열려 복음을 전하기가 쉬어 진다.[31]

심리적인 측면에서 장애자들을 대할 때에 절대로 동정심을 가지고 대하지 말고 냉정하게 대하는 것을 무척이나 좋아 한다. 냉정하게 대할 때 그들이 때로는 겉으로 싫어 하는 표정을 지을지 모르나 그들의 마음 속에는 매우 기뻐하고 친구되고 싶어 하게 된다. 이와 같은 심리를 잘 이용하여 먼저 친구가 되어 주어야 하며 그들과 함께 하나님의 사랑과 섭리를 성경말씀을 통하여 가르치며 예수 그리스도를 전해야 할 것이다.[32] 예수님은 약한 자들의 편이셨으며 전도자들은 그들의 영혼을 진정으로 사랑하는 마음으로 대하며 복음을 전해야 한다.

25. 외국근로자전도

하나님께서 한국을 물질적으로 축복하여 주셔서 많은 약소민족이나 개발도상국에 사는 많은 사람들이 외국근로자로서 일하여 돈을 벌기 위해 한국으로 몰려 들고 있다. 그들에 대하여 한국의 일부 악덕 고용주들이 임금착취와 재해에 대한 보험해택을 주지 않아 어려움을 많이 겪고 있다. 무엇보다도 민족적인 차별대우가 견디기가 매우 힘든 문제 중에 하나일 것이다.

전도자들과 각 교회에서는 그들에게 관심을 갖고 그들의 필요를 충족시켜 주며 그리스도의 사랑을 보여 주며 예수를 믿고 신앙생활을 할 수 있도록 적극적으로 도와야 할 것이다. 영어를 제2의 외국어 사용하는 나라에서 온 외국근로자들에게 영어로 전도하고 영어로 예배를 드릴 수 있도록 예배당을 사용할 수 있도록 기회를 제공하는 것도 좋을 것이다. 마태복음 28:19-20에 나타난 예수님의 지상 명령은 모든 족속에게 복음이 전파되어 제자가 되기를 원하시기 때문에 복음은 차별없이 전파해야 하는 것이다. 고로, 외국근로자들이 한국에 돈을 벌러 왔다가 무엇보다도 더 중요한 영생을 얻고 갈 수 있도록 모든 기독교인들과 개교회에서는 최선을 다하여야 할 것이다.

26. 타종교신자전도

한국에는 사이비 종교에 빠져 있는 사람들이 매우 많이 있고 특별히 불교신자들이 많이 있다고 하니 원래의 불교신앙을 가지고 있는 것이 아니라 영리를 목적으로 미신적인 요소가 매우 많이 첨가되어 있음을 알아야 할 것이다. 일반적으로 "미신이란 자연의 재난을 두려워하며 살던 원시인들이 자연의 재난이 두려워 바람, 물, 불을 전지전능한 신으로 잘못 알고 믿었던 신앙"[33]이라고 할 수 있다.

종교란 무한하시고 절대적이시며 초인간적이며 전지전능한 신을 숭배하고 신앙하는 것이며 어느 종교에나 내세관이 있어야 하는 것이다. 그러나 한국에는 미신적인 요소들로 구성된 사이비종교들이 무지한 불신자들을 잘못된 길로 인도하고 있다. 사이비종교를 분별할 수 네가지 방법은 다음과 같이 간단하고 쉽게 설명할 수 있다:

① 종교인들이 믿고 있는 신앙의 대상이 조물주(전지전능자)를 신앙의 대상으로 삼고 있느냐? 피조물(해, 달, 별, 식물, 동물, 사람) 등을 혼합하여 신앙의 대상으로 삼고 있느냐에 따라 사이비 종교와 바른 종교를 구별할 수 있습니다.
② 종교인들이 믿고 있는 신앙의 대상이 악령(악신) 인가? 성령(성신) 인가에 따라 사이비 종교와 바른 종교를 구별할 수 있습니다.
③ 종교의 가르침 신관(교리) 이 전래되면서 변질되었는가? 변질되지 않고 바로 전래되었는가에 따라 사이비종교와 바른 종교를 구별할 수 있습니다.
④ 종교의 가르침, 신관(교리) 이 과거, 현재, 미래 그 어느 시대에서도 가르침 신관(교리) 을 참다운 진리로 볼 수 있는가? 볼 수 없는가에 따라 사이비 종교와 바른 종교를 구별할 수 있습니다.[34]

한국에는 있는 불교가 아니라 원래 불교의 교리를 알려면, 절의 주지스님이나 고승을 찾아 가면 그들이 정직하게 솔직하게 말한다면 한국에 있는 불교는 미신불교라는 것을 분명하게 설명해 줄 것이다. 불교 본래의 신관들을 완전히 변질되어 있는데도 불교신자들이 전혀 모르고 승려들에게 속고 있음을 알아야 할 것이다. 미신불교의 허구성 때문에 이판승(수도하는 승) 사판승(살림하는 승) 이 서로 옳다 그르다 사기다 하며 다투다가 서로 치고 때리고 피를 흘리는 극심한 싸움을 하는 장면을 본 한국의 조상들이 지어낸 것이 바로 "이판사판" 라는 속담이다.

수도를 하는 승이신 청담스님이 한국의 잘못된 불교를 정확하지 못하는 이유를 다음과 같이 설명하였다:

① 불교정화에 반대하는 사판승(살림하는 중) 의 수가 많으나 불교정화에 찬성하는 이판승(수도하는 중) 의 수가 매우 적기 때문입니다.
② 미신과 우상숭배와 사기무당 불교를 신앙하여 오는 불교신자들에게 갑자기 깨달아 지혜를 찾는 수행의 불교로 개조하여 놓게 되면 불교신자 삼분의 이 이상이 불교신앙을 떠나 기독교로 개종하게 될까 염려되기 때문에 정화하지를 못하고 있는 것입니다. [35]

원래의 불교 교리와 기독교 교리를 비교하여 보면서 이러한 것들을 통하여 불교신자들에게 효과적으로 복음을 전할 수 있을 것이다:

① 불　교 : 신이 없다.
　기독교 : 신이 있다.
② 불　교 : 인간이 만든 종교
　기독교 : 신이 만든 종교
③ 불　교 : 땅의 책(인간의 말)
　기독교 : 하늘의 책(신의 말씀)
④ 불　교 : 자력 구원(자기 노력으로 구원)
　기독교 : 타력 구원(하나님의 은혜로 구원)
⑤ 불　교 : 철학적이다.
　기독교 : 종교적이다.
⑥ 불　교 : 인간의 고에서 시작
　기독교 : 인간의 죄에서 시작
⑦ 불　교 : 인생의 목적(자기 혼자 잘 되는 것)
　기독교 : 하나님께 영광 돌리는 것
⑧ 불　교 : 이기주의(자기 입장만 생각한다.)

기독교 : 이타주의(남의 입장도 생각한다).
⑨ 불　교 : 인본주의(모든 교리가 인간 중심)
　　　기독교 : 신본주의(모든 교리가 신 중심)
⑩ 불　교 : 나라가 가난해진다(불교 국가들).
　　　기독교 : 나라가 부해진다(기독교 국가들).
⑪ 불　교 : 구원이 없다(지옥행).
　　　기독교 : 구원이 있다(천국행).
⑫ 불　교 : 부활이 없다(영원히 죽는다).
　　　기독교 : 부활이 있다(영원히 산다).
⑬ 불　교 : 경전 ·· 수십만권도 넘는다. 각 시대마다 태어났던 인간들의 교훈집으로서, 계속 지어내고 있다.
　　　기독교 : 경전 ·· 단 한권이다. 하나님께서 말씀하신 영원불변의 진리로서, 다른 책이 더 필요가 없다.
⑭ 불　교 : 머리가 나쁜 사람은 부처가 될 수 없으며, 불교가 뭔지 모른다.
　　　기독교 : 머리가 나쁜 사람이라도 누구든지 쉽게 구원받을 수 있다.
⑮ 불　교 : 불교는 철학이지, 종교가 아니다.
　　　기독교 : 기독교는 종교이지, 철학이 아니다.[36]

　이와같은 비교를 통하여 기독교의 우월성을 알 수 있으나 이러한 것은 참고가 될 뿐이며 성경말씀(예를 들면, 고전 1: 18-24, 2:1-2)을 통하여 예수 그리스도의 십자가를 전하는 것이 중요하지 인간의 말과 지혜의 방법론은 주요한 전도방법이 될 수 없을 것이다(고전 2:4-5).
　자유신학이나 진보신학을 가르치는 신학대학이나 신학대학원에서 "종교 다원주의"를 주장하여 배타주의를 버리고 타종교를 인정하며 대화하고 좋은 관계를 맺는 것이 중요하다고 주장하나 비성서적인 방법이다. 더욱더 문제가 되는 것은 타종교에도 구원의 길이 있다는 비성서적인 교리를 내세우는 신학은 마귀의 역사임을 분명히 알아야 할 것이다(요 1:14, 행 4:12).

27. 이단종파신자전도

세계 삼대의 이단종파는 첫째로 몰몬교이고, 둘째는 여호와의 증인이며, 세째는 통일교이다. 그외도 많은 이단들이 마귀의 역사로 불신자들 뿐만 아니라 그리스도인들까지 유혹하여 그들이 가지고 옳바른 신앙생활에서 떨어뜨리는 무서운 전략으로 공격하고 있다. 이러한 마귀의 역사를 어떻게 분별하며 접촉할 때 조심하여 옳바른 신앙생활을 할 수 있도록 예수 그리스도를 전파할 수 있어야 할 것이다. 마귀의 능력은 어떠한 인간의 능력보다 훨씬 강하기 때문에 그들 자신의 힘으로 대항하려다가 오히려 넘어가기가 쉽고 특별히 말씀으로 대적하며 성령의 인도함을 따라 그리스도의 능력을 의지하여 싸워야 할 것이다.

1) 이단종파 분별법

말세 이단들이 마귀의 역사로 강하게 멸망의 길을 불신자들과 모든 성도들에게 대항하여 넘어뜨려고 한다. 이와같은 이단들을 성서적인 근거로 옳바르게 분별하여 물리쳐야 할 것이며 참된 영생의 길을 보여 주어야 할 것이다.[37]

(1) 가만히 들어옴

거짓 선생들이 그리스도인들의 관계 속에 들어와 예수 그리스도를 주로 부인하게 하며 멸망의 길로 인도하고 있다(벧후 2:1). 예수께서 말씀하신 것처럼 "양의 탈을 쓴 이리"로서 접근을 하며(마 7:15) 정상적인 방법인 문으로 들어오지 않는 강도와 도둑와 같이 역사하는 것이다 (요10:1).[38] 성경에 없는 다른 말씀들을 인용하여 위협하며 거짓말로 현혹하는 것이 이단이다 (갈 2:21, 벧전 5:8).

(2) 예수 그리스도를 부인함

예수 그리스도를 부인하는 어떠한 것도 용납할 수 없는 마귀의 역사임을 인식해야 할 것이다(유 1:4). 예수 그리스도가 속죄한 십자가를 통한 길이 아닌 새로운 길을 소개하며 천국의 문이 아닌 또다른 길을 인도하는 자들이다(요 10:8, 벧후 2:1).[39] 예수께서 하나님께 나아가는 유일한 길이며 참된 진리이며 영원한 생명인 것을 부인하는 자들이다(행 4:12).

(3) 불화를 만듦

예수께서 오셔서 말씀하신 것 이외에 율법시대에 있었던 할례나 다른 의식과 관습들을 강조하여 성도 간의 불화와 교회를 어지럽게 한다(딤전 4:2-4, 갈 5:12). 성경에 기록되지 않는 다른 말씀으로 현혹하며 그리스도의 복음 이외의 다른 원리나 이론을 제시한다(계 22:18, 갈 1:8). 영원한 생명은 하나님의 사랑인 십자가를 통한 속죄로 보지 않고 율법을 지키는 것으로 주장한다 (마 12:12, 마 19:6).[40]

2) 접촉시 주의사항

이단이 들어오는 것은 하나님의 교회를 어지럽히며 (갈 1:7, 5:12) 성도들간의 관계를 불화하게 하며 멸망의 길로 인도하려고 한다(고후 11:20, 요 10:10). 또한 세상의 약하고 천한 초등학문으로 모든 그리스도인들을 마귀의 종으로 만들려는 목적으로 공격함을 알아야 한다(갈 4:9, 롬 8:15). 이러한 이단의 목적을 정확하게 알고 올바르게 접촉해야 한다.[41]

디도서 3:10-11에 "이단에 속한 사람은 한 두번 훈계한 후에 멀리 하라 이러한 사람은 네가 아는 바와 같이 부패하여서 스스로 정죄한 자로서 죄를 짓느니라"고 기록되어 있다. 이단의 역사는 인간의 힘이 아닌 마귀의 역사이므로 강한 성령의 역사와 확실한 말씀의 근거가 없이는 대항하기가 힘들며 인간적인 동정심으로 그들의 도우려다 오히려 넘어가기가 쉽다. 고로, 한 두번 말씀으로 권한 후에 멀리 하며 하나님께 맡기며 계속적인 중보기도를 통하여 도와야 한다. 그들이 스스로의 문제들을 깨달아 주님 앞으로 돌아 오려고 할 때 참된 진리의 말씀과 참된 영생의 길을 전파하며 교회로 인도하여야 할 것이다. 일반적으로 다음과 같은 세가지 방법으로 거짓된 가르침을 가지고 있다.

(1) 또다른 예수를 제시함

베들레헴에서 태어나시고 나사렛에서 자라셨고 우리의 죄를 위해 십자가에 못 박혀 돌아 가셨다가 삼 일 만에 부활하사 하나님 우편에 계신 예수만을 그리스도 예수이며 어떠한 다른 구원할 자들(문선명, 박태선등)은 모두 거짓예수이다(행 1:11, 4:12, 마 28:6, 요 14:6). 이단은 예수로서는 부족함을 설명하며 다른 예수를 제시한다(고후 11:4).[42] 위에서 제시된 성경말씀들을 통하여 예수만 참된 길임을 밝혀야 한다.

(2) 또다른 성경을 제시함

계시록 22:19에 성경을 가감하는 것이 이단임을 제시하였고, 영생을 얻는 길은 성경책(구약 신약) 한 권 만으로도 부족함이 없으며 기록한 목적을 정확하게 설명하고 있다(요 20:30-31).[43] 성경말씀 만이 가장 완전한 계시임을 알고 성경 이외의 어떤 원리나 논리를 부인해야 한다(딤후 3:16). 이단은 성경말씀으로는 부족한 것이 있음을 제시하며 몰몬경과 같은 또다른 성경을 제시한다.

(3) 또다른 교회를 제시함

그리스도의 피로 사신 교회를 부인하여 또 다른 교회를 제시하며 이것이 참된 교회라고 하나 그것은 사탄의 교회임을 알아야 한다 (계 2:9, 히 9:22).[44] 모든 교회는 예수의 이름으로 구원을 받은 성도들로 구성되어 있으나 거룩하게 변화(성화) 되어 가는 과정에 있기 때문에 완전한 공동체가 아님을 인정해야 한다. 그러나, 완전하지 않는 단체라고 이단의 주장하는 교회만이 가장 완전하다고 거짓으로 주장한다(눅23:43). 주님의 이름으로 모인 곳은 언제든지 주님께서 그들과 함께 하신다(마 18:20).

그러므로, 말세에 마귀의 때가 얼마 남지 않은 것을 알고 최후의 발악을 하여 예수같지 않은 거짓예수, 성경같지 않은 거짓성경, 또한 교회같지 않은 거짓교회들을 내세우며 그릇된 견해로 공격하여 오고 있음을 바로 알아야 한다. 한 두번 권 훈계한 후에 멀리하고(딛 3:10-11) 하나님의 뜻에 맡기며 기도로서 그들을 돌아 올 수 있도록 해야 할 것이다. 지나친 접촉은 인간적인 감정에 의한 것이므로 오히려 마귀의 유혹에 빠지기 쉽다는 사실을 분명히 알아야 할 것이다. 요한서 1:10-11에는 더욱더 강력하게 멀리 할 것을 경고하고 있다: "누구든지 이 교훈을 가지지 않고 너희에게 나아가거든 그를 집에 들이지도 말고 인사도 말라. 그에게 인사하는 자는 그 악한 일에 참예하는 자임이니라."

28. 문서전도

문서전도는 많은 사람들이 혼자서 시간을 가지고 문서를 읽으면서 그리스도인이 될 것인지 시간을 두고 생각할 수 있는 기회를 줄 수 있기 때문에 유익한 점이 있다. 관심이 있는 사람이 버스 속에, 길모퉁이에서, 비행기 안에서 다시 반복해서 읽을 수 있을 것이다. 문서전도를 통하여 종교적인 논쟁을 벌이는 것보다는 개인적으로 깊이 생각할 수 있는 여유를 인하여 불신자들에게 쉽게 복음에 대해서 좋은 반응을 가져 올 수 있다.

라디오나 텔레비전 등과 같은 매스컴으로 인한 프로그램과 같이 일시적이지 않고 문서전도는 영구적으로 사용될 수 있으며 관심이 있는 사람의 조건에 따라 대충 볼 수도 있고 천천히 읽을 수 있다. 제작하는데 대한 비용도 많이 들지 않고 수백, 수천, 혹은 수백만의 사람들에게 직접 전달할 수 있다. 그러나, 한국에는 전단을 길에서 배부하는 것을 법으로 금지되어 있어 어려움이 있음을 알아야 할 것이다. 왜냐하면 전도를 위한 전단지가 거리에 많이 버려지는 것으로 인하여 환경을 어지럽히는 것 때문이다. 고로, 새로운 문서전도의 방법을 개발해야 할 것이며 한국실정에 이슬비전도방법을 통하여 효과적인 전도를 할 수 있다.

29. 프로그램전도

한국교회에서 불신자들을 복음화시키며 주님의 교회를 성장시키기 위하여 다정한 전도의 새로운 물결이 일어나고 있다. 이러한 전도를 위한 프로그램을 제시한 것을 프로그램전도라고 할 수 있는데 개인별로, 단체별로, 교회별로, 전도활동을 통하여 주님의 지상명령에 순종하여 불신자가 참된 주님의 제자가 될 때까지 기도와 관심을 가져야 할 것이다. 복음전도를 위한 여러가지 많은 프로그램들이 있으나 몇 개만 살펴 보고자 한다.

1) 연쇄전도훈련

연쇄전도훈련(Continuing Witness Training)은 미국의 남침례교단에서 계발한 전도훈련방법으로 "전도폭발 훈련"(Evangelism Explosion)에 대한 문제점들을 깨닫고 새롭고 실제적이고 효과적인 방법을 만들었다. 이러한 과정을 통하여 미국 전체의 복음화에 크게 공헌한 바 있어 한국침례회진흥원에서 번역하여 한국에서 실행하여 많은 성과를 거두고 있다. 필자의 견해로는 매우 구체적이고 합리적이며 성서적인 기초를 준 가장 효과적인 전도방법 중에 하나라고 확신한다. 복음전도를 위하여 대화하는 모범적인 질문과 대답하는 방법이 잘 되어 있고, 전도 대상자를 찾는 법과 전도할 수 있는 관계를 수립하는 법과 결산시키는 방법에 대해서 매우 효과적이고 실제적인 자료들을 제공하여 주고 있다. 연쇄전도훈련에서 제시한 "계속적으로 전도 대상을 찾는데 필요한 자료들"은 다음과 같다 :

1) 하기나 동기 성경학교 카드에서 교회에 나가지 않는 가정을 찾는다.

2) 교회내 사람 대상으로 대상자 조사를 한다.
3) 전화번호부를 통하여 새로운 대상을 찾는다.
4) 구 동네 조사 내용들을 새롭게 보강한다.
5) 주일 아침에 마당에서 어린이들이 놀고 있는 곳을 찾는다.
6) 학생들에게 자기들이 사는 지역을 조사케 한다.
7) 주일학교 명단과 교회 오락에 참가하는 명단들을 대조한다.
8) 새 교인들로부터 대상자에 대한 자료를 얻는다.
9) 전화번호부를 사용하여 한 국번을 모두 조사한다.
10) 복덕방을 통하여 새로 이사온 사람들의 주소를 입수한다.
11) 대학 기숙사생들을 조사하여 교회 다니지 않는 사람을 찾는다.
12) 아파트나 대학가에서 대학생 대상자들을 찾는다.
13) 신입생 명단을 입수하여 찾는다.
14) 기숙사 담당자들과 협의하여 학생대상자를 찾는다.
15) 유치원 선생들과 협의하여 찾는다.
16) 윤번제로 일하는 종업원들을 통하여 동료들에 대한 정보를 얻는다.
17) 병원에서 일하는 사람들을 통하여 정보를 얻는다.
18) 식품점을 통하여 정보를 얻는다.
19) 주일에 일하는 교인들의 명단을 입수한다.
20) 주일에 일하는 교인들의 동교들에 대한 정보를 구한다.
21) 군목과 협의하여 교회에 다니지 않는 부근 부대 장병들을 소개 받는다.
22) 협회나 사무실에서 일하는 사람들의 협조를 구한

다.
23) 가가 호호 방문하여 여론조사를 함으로써 교회에 나가지 않는 사람들을 발견한다.
24) 사업인들에게 자신의 사업 동료들 중에 교회에 나가지 않는 사람들을 발견한다.
25) 교인들에게 자기 이웃에 사는 교회에 다니지 않는 사람들의 명단을 제공케 한다.
26) 주일학교 기록을 통하여 교회에 나가지 않는 부모들을 발견한다.
27) 교회 유치원을 통하여 교회에 나가지 않는 부모들을 발견한다.
28) 라디오 방송 청취자들에게 편지로 호응할 것을 촉구한다.
29) 이삿짐 센타에서 이사 온 사람들의 명단을 구한다.
30) 교회 의자에 배치된 대상자 정보제공 카드를 활용한다.
31) 교회 각 부서에 "대상자 소개" 카드를 활용한다.
32) 주일학교 심방자들이 주는 정보를 사용한다.
33) 주일예배에 방문한 방문객이 제공한 정보를 통해 발견한다.
34) 교회 주일학교 명단과 교인 명단을 조사하여 성경공부 대상자를 찾는다.
35) 교인의 직장이나 오락장소나 클럽을 통해서 교회에 나가지 않는 사람을 찾는다.
36) 전도부원들이 사용할 수 있는 전도대상자 보고 카드를 늘 비치해 놓는다.
37) 교회 현관에 결혼식이나 장례식이나 기타 집회에 참석한 방문객의 방명록을 비치해 놓는다.

38) 특별 모임에 사람들을 초대하여 특별히 마련한 카드에 자신들의 인적 사항을 기록케 한다.
39) 전도 부흥회나, 부흥회에 참석한 모르는 새로운 사람들의 인적사항을 받는다.
40) 독신으로 사는 사람들에게 교회에서 특별 모임을 마련한다.
41) 경로당으로부터 노인들에 대한 인적 사항을 받는다.[45]

2) 이슬비전도편지

이슬비전도편지는 이슬비를 맞으며 길을 걷게 되면 알지 못한 사이에 겉옷 뿐만 아니라 속옷까지 촉촉히 젖게 된다는 것에 유래하여 불신자의 마음을 촉촉히 적셔서 굳게 닫혔던 마음의 문을 저절로 열게하는 전도편지를 통한 전도방법이다.[46] 불신자들은 마귀의 역사로 굳게 닫혀 있는 마음의 문을 전도편지 속에 기록된 능력있는 하나님의 말씀과 사랑의 편지를 통하여 알지 못하는 사이에 마음의 문이 열려 복음을 전파하는 방법을 말한다. 한국에는 서신을 주고 받는 문화가 아직 확실하게 정착 하지 못했기 때문에 불신자에게 효과적인 접근 방법이며 문서전도가 한국에서 제한되어 있는 상황에서 복음전도를 위한 새로운 전략이라고 볼 수 있다. 이슬비전도편지의 종류는 다음과 같다:

① 장년 남자용 전7신(은혜판)
② 장년 남자용 전7신(샬롬판)
③ 주부용 전7신(백합판, 은혜판)
④ 직장여성용 전7신(은혜판)
⑤ 청년대학부용 전7신(은혜판)

⑥ 고등부용 전7신(은혜판)
⑦ 중등부용 전7신(은혜판)
⑧ 어린이용 전4신(은혜판)[47]

3) 사람낚는 어부전도학교

예수께서 "사람을 낚는 어부가 되게 하리라"(마 4:19)고 하신 말씀을 토대로 땅끝까지 복음을 전파하며(행 1:8) 가장 효과적이고 능력있게 전도하는 것을 가르쳐 예수의 복음, 하나님의 나라를 선포하며 더 나아가서 하나님의 자녀가 되는 길을 인도하는데 목적을 두고 있다.[48] 목회자와 평신도가 함께 등록하여 전도자의 자질을 향상시킬 수 있는 방법을 배우게 된다.

4) 사랑방전도운동

옛날 한국집에 문간방에 그들의 것을 보여 주는 사랑방이 있듯이, 교회는 지역사회의 공동체성을 회복하며 이웃과의 화목한 친교를 하도록 하여 그리스도인들의 가정을 개방하여 전도하는 방법이다. 사랑방 소그룹을 통하여 불신자들에게 영생의 길을 소개하여 죽어가는 영혼들을 주님 앞으로 인도하는 방법으로 특별한 지도자가 없어도 쉽게 복음을 전할 수 있는 새로운 시도이다.[49]

5) 복음전도학교

복음전도학교는 예수께서 제자들에게 전도훈련을 시켜 천국복음을 전파하였던 것을 기초하여 타문화권목회연구원에서 본서의 저자가 계발한 전도방법이다. 예수님의 전도방법과 제자들을 훈련시킬 때에 지시하였던 말씀들을 분석하여 이것을 우리가 살고 있는 이 시대에 맞게 적용시키는 것이다. 예수님은 천국복음을 전파하는데 가장 모범을 보여 주셨고 그의 제자들도 마가의 다락방에서의 성령의 역사가 나타난 후에 죽기까지 복음을 전파하였고 바울도 로마까지 복음을 전파하였는데 이러한 것을 연구한 성서적인 전도방법이다.

결 론

복음전도를 하기 위해 여러 종류와 방법을 사용하기 전에 전도자는 영혼을 사랑하는 진정한 마음을 가지도록 기도해야 하며 문제있는 사람을 만날 수 있도록 성령의 인도하심을 받아야 한다. 복음전도의 사역은 영적인 사역이기 때문에 영적인 방법을 사용하기 위하여 기도와 성령을 의지하는 신앙적인 요소가 무엇보다도 요청된다. 하나님은 그의 나라를 확장하기 위하여 전지전능하시기 때문에 혼자서 할 수 있지만, 그의 백성과 함께 하시기를 더욱더 좋아 하신다. 복음전도자들은 하늘의 시민권을 가진 땅의 성도로서 어떠한 환경에서든지 상황에 따라 비둘기처럼 순결하며 뱀처럼 지혜롭게 복음을 전할 수 있도록 최선을 다하여야 할 것이다.

연구해야 할 과제

1. 기독교인들 중에 부모와 자녀가 예수를 믿는 경우중에 자녀들이 나중에 신앙생활을 하였을 때 자녀들은 누구에 의해 전도를 받았는가 열 가정을 조사해 보시오.

2. 가까운 친구 중에 서로 어떠한 공통점이 있었기에 친구가 되었는가 살펴 보시고 친구 중에 불신자들을 전도하는 효과적

인 방법을 말해 보시오.

3. 가정을 방문하여 전도하는 축호전도를 할 때 좋은 점이 무엇인지 말해 보시오.

4. 교회전도를 위하여 특별히 주의 해야 할 사항과 지침들이 있다면 어떠한 것을 생각할 수 있는지 말해 보시오.

5. 총동원전도주일을 다니시는 교회의 실정에 맞게 계획하여 보시고 어떠한 점이 중요한 요소들인가 말해 보시오.

6. 음악전도를 통하여 교회에서 전도 프로그램들을 만들어 보시오.

7. 부흥회전도는 어떠한 불신자들에게 효과적이며 계속적인 신앙생활을 위하여 보충해야 할 점이 무엇인지 말해 보시오.

8. 사경회전도는 어떤 계층이 불신자들이 좋아 하는 방법인지 설명하시고 미국에 있는 남침례교단이 세계에서 가장 큰 교단이 되었던 이유를 말해 보시오.

9. 지, 정, 의 신앙에 대해 말해 보시오.

10. 학교전도 중에서 특별히 중, 고등학교 학생들을 대상으로 어떠한 프로그램들을 통하여 불신자들을 효과적으로 전도 할 수 있을지 말해 보시오.

11. 대학생을 대상으로 전도하는 전도팀들에 대하여 설명하시며

개교회과의 관계를 말해 보시오.

12. 신학교에서 신학교육의 문제점이 어떠한 것이 있는가?

13. 병원전도에서 입원한 환자들을 방문할 때 주의 해야 할 사항이 무엇이 있겠으며 의사나 간호사가 전도할 경우의 효과적인 전도방법은 어떠한 것이 있겠는가?

14. 영창전도의 문제점을 말해 보시오.

15. 군인전도를 하는데 좋은 점을 말해 보시오.

16. 군인전도와 경찰전도의 차이점을 말해 보시오.

17. 산업전도를 제일 먼저 시작한 한국 교회를 제 8 장을 통하여 말해 보시고 주의해야 할 점을 말해 보시오.

18. 어린이전도에서 특별히 조심해야 할 사항이 있으면 말해 보시오.

19. 청소년들을 탈선시키는 환경적인 효소가 무엇인가 말해 보시고 그들 중에 불신자들을 위한 전도전략을 말해 보시오.

20. 아파트전도의 약점이 무엇이며 효과적인 방법이 있으면 말해 보시고 신도시를 향해 많은 목회자들이 교회를 개척하는 가장 큰 이유가 무엇이라고 생각하는가?

21. 윤락여성이 한국에 있게 된 이유를 년대 별로 말해 보시고

그들을 전도할 때 조심해야 할 점을 말해 보시오.

22. 양로원전도의 장점을 말해 보시오.

23. 장애자들의 특징이 무엇이며 접촉할 때 주의해야 할 일과 효과적인 전도방법을 말해 보시오.

24. 한국에 일하는 외국근로자들을 위한 전도전략을 말해 보시오.

25. 타종교 전도방법을 말해 보시오.

26. 불교와 기독교를 비교해 보시오.

27. 이단종파분별법에 대해서 말해 보시오.

28. 이단종파의 신도들을 접촉할 때에 주의해야 할 사항이 무엇인가?

29. 전도자들이 불신자들을 만나기 전에 준비해야 할 것들이 무엇이 있는가?

30. 문서전도의 장점과 단점을 말해 보시오.

31. 불신자인 남편을 전도하는 방법에 대해서 아는 바를 써 보시오.

32. 연쇄전도훈련에 대해 아는바를 말해 보시오.

33. 전도 대상자를 찾는 자료들에서 20 가지만 말해 보시오.

34. 이슬비전도편지에 대해 말해 보시오.

35. 사람낚는 어부전도학교에 대해서 설명하시오.

36. 사랑방전도운동에 대해서 아는 바를 설명하시오.

37. 다락방전도학교에서 어떤 일을 하는가?

주(註)

1) "개인주의의 미국과 가족주의의 한국," 광야 (Korean Harvest Mission), 1992 7월, pp. 82-83.
2) Donald A. McGavran, "*Understanding Church Growth*," 2d ed. (Grand Rapids, Mich.: William B. Eerdmans Publishing Co., 1980), p. 356. (Paper)
3) 여운학, "이동과정 이슬비전도학교 학생지침 및 강의안"(서울: 종교선교, 규장, 1993), pp. 25 26)
4) 프로이트 슈나이더 (김선일 역), "믿지 않는 친구 이런 방법으로 전도하십시오"(서울: 나침판사, 1994), pp. 25-26.
5) 임택진, 최훈, 방지일 최해일, 박수진, 김충기, 장환, 박원섭, 김순태, "전도할 수 있습니까?"(서울: 한국문서선교회, 1991), p. 191.
6) *Ibid.*, p. 260.
7) *Ibid.* pp. 265-66.
8) 이중표외 9인, "교회발전을 위한 선교개발"(서울: 쿰란출판사, 1994) p. 87. 강 문호가 쓴 "제자훈련과 교회성장"이라는 글 중에서.
9) "극동방송 애청자 청취자 청취성향 설문조사," "방송선교," 여름호 1994, p. 44.
10) p. 45.
11) *Ibid.*, p. 64.
12) 임택진, p. 211.
13) *Ibid.*, p. 206.
14) *Ibid.*, pp. 206-7.
15) *Ibid.*, p. 207.
16) *Ibid.*
17) *Ibid.*, pp. 201-2.
18) 최효섭, "현대예화사전: 교훈과 지혜가 넘치는 감동의예화 모음"(서울: 쿰란 출판사, 1995), p. 813.
19) 새뮤엘 로간 브렝글 (황성일 역), "전도의 열쇠: 능력있는 전도인이 되고 싶습니까?"(서울: 나침판사, 1991), pp. 124-25.

20) *Ibid.*, p. 134.
21) 최효섭, pp. 806-7.
22) *Ibid.*, p. 542.
23) *Ibid.*, pp. 209-10.
24) *Ibid.*
25) *Ibid.*
26) 임택진, pp. 212-13.
27) *Ibid.*, p. 213.
28) *Ibid.*, pp. 213-14.
29) 지평선, "한국일보 시카고," 1992년 9월 4일, p. 1.
30) 1980년도에 한국신체장애자협회 회장이셨던 김석재 목사님께서 한국침례신학대학에서 특강을 하신 내용을 기초로 인용하였다.
31) *Ibid.*
32) *Ibid.*
33) 김이근, p. 10.
34) *Ibid.*, p. 11.
35) *Ibid.*, pp. 26-27.
36) 지봉운, "불교전도:불교와 기독교의 비교"(서울: 한국로고스연구원, 1993),pp. 81-82.
37) 정성학, "삼백서른세개의 설교힌트 신약편 I: 성경에 감추인 333개의 비밀"(서울: 도서출판 예루살렘, 1991), p. 280.
38) *Ibid.*
39) *Ibid.*
40) *Ibid.*.
41) *Ibid.*, p. 283.
42) *Ibid.*, p. 282.
43) *Ibid.*
44) *Ibid.*
45) Home Mission Board, "Continuing Witness Training"

(Nashville, Tn.: Sunday School Borad, 1982), p.54.(번역 "연쇄 전도훈련" 한국침례회교육진흥원 1985).
46) 여운학, "이동과정 이슬비전도학교 학생지침 및 강의안"(서울: 종교선교 규장, 1993). p. 19.
47) *Ibid.*, pp. 20-21.
48) "한국교회의 전도교육 바람!" 치유선교신문 1995년 8월 15일 제12호 3면.
49) *Ibid.*
50) *Ibid.*

참고문헌
SELECTED BIBLIOGRAPHY

한국어 서적

강문석, 이주영. 개인전도학. 서울: 성광문화사, 1982.
김재헌, 박충규. 교회. 교회성장. 사랑방전도운동. 에페소서원, 1994.
나원용. 나도 이제는 전도할 수 있다. 서울: 기독교대한감리회 선교국, 1987.
_____. 전도는 어떻게. 서울: 대한기독교서회, 1991.
놀만 로러 (박영록 역). 불굴의 전도자. 서울: 한국어린이전도협회, 1988.
데이비드 왓슨 (박영호 역). 복음전도: 나는 복음전도를 믿는다. 서울: 기독교문서선교회, 1986.
데츄나오 야마모리 외 5인 (이득수 역). 직업선교. 서울: 한국기독학생회 출판부, 1991.
로버트 콜만 (홍성철 역). 주님의 전도계획. 서울: 생명의 말씀사, 1991.
로자린드 링커 (최영신 역). 당신도 자신있게 전도할 수 있다. 서울: 생 명의 말씀사, 1980.
리챠드 포스터 (권달천 역). 영적훈련과 성장. 서울: 생명의 말씀사, 1988.
머레이 다우니 (이조태 역). 개인전도 핸드북. 서울: 생명의 말씀사, 1992.

박종무. 개인전도의 이론과 실제. 서울: 성광문화사, 1979.
빌 헐 (박영철 역). 모든 신자를 제자로 삼는 교회. 서울: 요단출판사, 1993.
_____ (박경환 역). 목회자가 제자 삼아야 교회가 산다. 서울: 요단출판 사, 1994.
빌브라잍 (강영래 역). 담대히 전하라: 확신을 가지고 전도하는 방법. 서울: 순출판사, 1991.
새뮤엘 로간 브렝글 (황성일 역). 전도의 열쇠: 능력있는 전도인이 되고 싶습니까? 서울: 나침판사, 1991.
서정운. 교회와 선교. 서울: 두란노서원, 1988.
스위지 (천병욱 역). 교회전도학. 서울: 대한기독교출판사, 1981.
어트리 (정진황 역). 기본전도학. 서울: 요단출판사, 1994.
에디 팍스, 조오지 모리스 (강병훈 역). 구원받은 자들아, 증거하자! 서울: 성서연구사, 1993.
오세철, 송천호. 빌리 그램함은 이렇게 답한다. 서울: 설우사, 1973.
윌리스 (교회훈련부 역). 최선의 삶. 서울: 한국침례회진흥원, 1989.
이유빈. 전도는 쉽다. 서울: 도서출판 예목, 1992.
이중표 외 9인. 교회발전을 위한 선교개발. 서울: 쿰란출판사, 1993.
장중렬. 교회성장과 선교학. 서울: 성광문화사, 1990.
정학봉. 기독교 기본신앙. 서울: 동서남북사, 1976.
_____. 기독교 신앙의 첫걸음. 서울: 요단출판사, 1980.
_____. 성서적 청지기론. 서울: 동서남북사, 1991.
_____. 평신도 선교사론. 서울: 동서남북사, 1989.
조셉 알드리치 (오정현 역). 생활전도. 서울: 생명의 말씀사,

1993.
카이퍼 (박수준 역). 전도 신학. 서울: 소망사, 1984.
크리스티 윌슨 (김만풍 역). 현대의 자비량 선교사들. 서울: 순출판사, 1989.
톰 호플러. 타문화권 선교의 문제해결. 서울: 보이스사, 1983.
펄 리틀 (권혁봉 역). 이렇게 전한다. 서울: 생명의 말씀사, 1989.
플로이트 맥클랑 (예수전도단 역). 당신의 부르심은 무엇인가? 서울: 예수전도단, 1992.
_____. 어떻게 죄를 이길 것인가? 서울: 예수전도단, 1992.
_____. 친구관계를 통한 효과적인 전도. 서울: 예수전도단, 1992.
플로이트 슈나이더 (김선이 역). 믿지 않는 친구를 이런 방법으로 전도하십시오! 서울: 나침판사, 1994.
허버트 케인 (백인숙 역). 선교사의 생활과 사역. 서울: 두란노서원, 1986.
헌트, 캐서린 워커 (교회훈련부 역). 기도의 삶: 하나님과 교제하며 동행 하는 삶. 서울: 요단출판사, 1992.
헨리 블랙가비, 클로이드 킹 (교회훈련부 역). 하나님을 경험하는 삶. 서울: 요단출판사, 1994.
호켄다이크 (이계준 역). 흩어지는 교회. 서울: 대한기독교서회, 1971.

영어 서적

Abrecht, Paul. *The Churches and Rapid Social Change*. Garden City, N.Y.: Doubleday & Company, 1961.

Adams, Ernest R., and James E. Fitch. *Reaching People through the Sunday School*. Nashville: Convention Press, 1979. (Paper)

Aldrich, Joseph C. *Life-Style Evangelism: Crossing Traditional Boundaries To Reahc the Unbelieving World*. Portland, Oreg.: Multnomah Press, 1981. (Paper)

Allen, Roland, *The Spontaneous Expansion of the Curch and the Causes Which Hinder It*. Grand Rapids: William B. Eerdmans Publishing Company, 1984. (Paper)

Amberson, Talmadge R. *Reaching out to People*. Nashville: Broadman Press, 1980. (Paper)

Anderson, Andy, and Linda Lawson. *Effective Methods of Church Growth: Growing the Church by Growing the Sunday School*. Nashville: Broadman Press, 1985. (Paper)

Anderson, Ray S. *Minding God's Business*. Grand Rapids: William B. Eerdmans Publishing Company, 1986. (Paper)

Andrea, Fred W., ed. *Shooting the Rapids: Effective Ministry in a Changing World*. Nashville: Broadman Press, 1990 (Paper)

Annan, Nelson. *More People!: Is Church Growth Worthe It?* Wheation, Ill.: Harold Shaw Publishers, 1973. (Paper)

Appel, John J., ed. *The New Immigration*. New York: Pitman Publishing Corporation, 1971.

Appleby, Jerry L. *Missions Have Come Home to America: The Church's Cross-Cultural Ministry to Ethnics.* Kansas City, Mo.: Beacon Hill Press, 1986. (Paper)

Arbuckle, Gerald A. *Strategies for Growth in Religious Life.* New York: Alba House, 1987. (Paper)

Archdeacon, Thomas J. *Becoming American: An Ethnic History.* New York: The Free Press, 1983.

Armstrong, D. Wade. *Evangelistic Growth in Acts 1 & 2.* Nashville: Broadman Press, 1983. (Paper)

Arn, Charles, Donald A. McGavran, and Win Arn. *Growth: A New Vision for the Sunday School.* Passadena, Calif.: Church Growth Press, 1980. (Paper)

Arn, Win, and Charles Arn. *The Master's Plan for Making Disciples: How Every Christian Can Be an Effective Wit-ness through an Enabling Church.* Pasadena, Calif.: Church Growth Press, 1982. (Paper)

Arn, Win, ed. *The Pastor's Church Growth Handbook.* Pasadena, Calif.: Church Growth Press, 1979.

Augsburger, David. *Pastoral Counseling across Cultures.* Philadelphia: Westminster Press, 1986. (Paper)

Austin, Clyde N., ed. *Cross-Cultural Reentry: A Book of Readings.* Abilene, Tex.: Abilene Christian University Press, 1986. (Paper)

Bagby, Daniedl G. *Transition and Newness: Help with*

Some of the "in between" Crises of Life. Nashville: Broadman Press, 1982. (Paper)
Baker, Robert A. *The Baptist March in History.* Nashville: Convention Press, 1960. (Paper)
Bakke, Ray, and Jim Hart. *The Urban Christian: Effective Ministry in Today's Urban World.* Downers Grove, Ill.: InterVarsity, 1987. (Paper)
Bakker, Raymond J., and Samuel K. Roberts. *The Expaded Mission of 'old First' Churches.* Valley Forge, Pa.: Judson Press, 1988. (Paper)
Barker, Steve, Judy Johnson, and Rob Malone. *Good Things Come in Small Groups: the Dynamics of Good Group Life.* Downers Growve, Ill.: InterVarsity Press, 1985. (Paper)
Barna, George. *Marketing the Church: What They Never Taught You about Church Growth.* Colorado Springs, Colo.: Nav-press, 1988. (Paper)
Barnard, Floy M. *Christian Witnessing.* Nashville: Convention Press, 1959. (Paper)
Barnette, Henlee H. *Crucial Problems in Christian Perspective.* Philadelphia: Wastminster Press, N.d.
Bauss, Karl. *From the Apostolic Community to Constantine. vol. 1: History of the Church.* New York: Seabury Press, 1980.
Bayly, Joseph. *I Love To Tell the Story. Fullerton,*

Calif.: David C. Cook Publishing Co., 1978. (Paper)
Beasley-Murray, Paul, and Alan Wilkinson. *Turning the Tide: An Assessment of Baptist Church Growth in England.* London: Bible Society, 1981. (Paper)
Belew, M. Wendell. *A Mission People: The Southern Baptist Pilgrimage.* Nashville: Broadman Press, 1989. (Paper)
Benjamin, Paul. *The Growing Congregation.* Lincoln, Ill.: Lincoln Christian College Press, 1977.
Bennett, G. Willis. *Effective Urban Church Ministry: Based on a Case Study of Allen Temple Baptist Church.* Nash-ville: Broadman Press, 1983. (Paper)
Berger, Peter L. *The Precarious Vision: A Sociologist Looks at Social Fictions and christian Faith.* Garden City, N.Y.: Doubleday & company, Inc., 1961.
Bisagno, John R. *How To Build an Evangelistic Church.* Nashville: ;Broadman Press, 1971.
Blackwood, Andrew W. *Evangelism in the Home Church.* Nash ville: Abingdon Press, 1942.
Blauw, Johannes. *The Missionary Nature of the Church: A Survey of the Biblical Theology of Mission.* New York: McGraw Hill, 1962. (Paper)
Bloy, Myron B., Jr. *The Crisis of Cultural Change.*

New York: Seabury Press, 1962.
Boardman, Robert. *A Higher Honor*. Colorado Springs, Colo.: Navpress, 1986. (Paper)
Boer, Harry R. *Pentecost and Missions*. Grand Rapids: William B. Eerdmans Publishing Co., 1961. (Paper)
Bontrager, G. Edwin, and Nathan D, Showalter. *It Can Happen Today!: Principles of church Growth from the Book of Acts*. Scottdale, Pa.: Herald Press, 1986.
Bormann, Ernest G., and Nancy C. Bormann. *Effective Small Group Communication*. Minneapolis, Minn.: Burgess Publishing Company, 1980. (Paper)
Borthwick, Paul. *A Mind for Missions: 10 Ways To Build Your World Vision*. Colorado Springs, Colo.: Navpress, 1987. (Paper)
Bosch, David J. *Witness to the World*. Atlanta: John Knox Press, 1980. (Paper)
Bright, Bill. *Witnessing without Fear: How To Share Your Faith with Confidence*. San Bernardino, Calif.: Here's Life Publishers, 1987. (Paper)
Brock, Charles. *The Principles and Practice of Indigenous Church Planting*. Nashville: Broadman Press, 1981. (Paper)
Brown, Jerry W. *Church Staff Teams That Win*. Nashville: Convention Press, 1979. (Paper)
Bruce, A. B. *The Training of the Twelve*. Grand

Rapids: Kregel Publications, 1982. (Paper)
Bryant, David. *Become a World Christian and Stand in the Gap.* Ventura, Calif.: Regal Books, 1979. (Paper)
Bryne, H. W. *Christian Education for the Local Church* Grand Rapids: Zondervan Publishing House, 1975. (Paper)
Bryson, O. J. *Networking the Kingdom: A Practical Strategy for Maximum Church Growth.* Dallas: Word Publishing, 1990. (Paper)
Burroughs, P. E. B*uilding a Successful Sunday School.* New York: Fleming H. Revell Company, 1921. (Paper)
Burton, Ernes DeWitt, and Shailor Mathews. *Principles and Ideas for the Sunday School: An Essay in Religious Pedagogy.* Chicago: University of Chicago Press, 1907.
Caldwell, Max. *A Guide to Standard Sunday School Work.* Nashville: Convention Press, 1982. (Paper)
Callahan, Kennon L. *Twelve Keys to an Effective Church: Strategic Planning for Mission.* San Francisco: Harper & Row, Publishers, 1983.
Carpenter, Joel A., and Wilbert R. Shenk, eds. *Earthen Vessels: American Evangelicals and Foreign Missions, 1880-1980.* Grand Rapids: William B. Eerdmans Publishing Company, 1990. (Paper)

Carroll, Jackson W., ed. *Small Churches Are Beautiful*. San Francisco: Harper & Row, Publishers, 1977. (Paper)
Cassidy, Michael. *Bursting the Wineskins: The Holy Spirit's Transforming Work in a Peacemaker and His World*. Wheaton, Ill.: Harold Shaw Publishers, 1983. (Paper)
Cha, Yon-Keun, ed. *Children's Education in 2000s Years*. Seoul, Korea: Association of Korean Children's Education, 1990. (Paper)
Chafin, Kenneth. *Help! I'm a Layman*. Waco, Tex.: Word Books, 1966. (Paper)
Chaney, Charles, L., and Ron S. Lewis. *Design for Church Growth*. Nashville: Broadman Press, 1977. (Paper)
Chang, Joseph Jung-Yol. *Mission and Church Growth: An Introduction to Missiology*. Seoul, Korea: Sung-Kwang Publishing Co., 1978. (Paper)
Chappell, Edwin Barfield. *Evangelism in the Sunday School*. Nashville: Lamar & Whitmore Publishing House, 1927. (Paper)
Cho, Myung-Hwan. *Eight Korean-American Churches of America*. Seoul, Korea: Shin Mang Ae Press, 1989. (Paper)
Cho, Paul Yonggi. *The Fourth Dimension: The Key to Putting Your Faith to Work for a Successful Life*. With a Fore- word by Robert Schuller. Seoul, Korea: Church Growth International,

1979.

_____.*More Than Numbers*. Waco, Tex.: Word Incorporated, 1984. (Paper)

_____.*Pneumatology*. Seoul, Korea: Young San Publications, 1977.

_____.*Successful Home Cell Groups*. Plainfield, N.J.: Logos International, 1981. (Paper)

Cho, Yong-Woo, ed. *Church Growth in Practical Experiences*. Seoul, Korea: Seoul Book Publishers, 1990. (Paper)

Choy, Bong-Youn. *Koreans in America*. New York: Nelson-Hall, 1979. (Paper)

Chun, Jung-Wung, ed. *The Minister and His Sermon*. Seoul, Korea: Peuong-Man Publishers, 1987. (Paper)

Clinebell, Howard. *Growth Groups: Marriage and Family Enrichment*. Nashville: Abingdon Press, 1978. (Paper)

Cocoris, Michael G. *Evangelism: A Biblical Approach*. Chicago: Moody Press, 1959. (Paper)

Coe, Benjamin. *Christian Churches at the Crossroads!* Pasadena, Calif.: William Carey Library, 1980. (Paper)

Coffey, Stan. *Building the Greatest Churches Since Pente-Cost*. Nashville: Broadman Press, 1988. (Paper)

Coleman, Robert E. *Dry Bones Can Live Again*. Old Tappan, N.J.: Fleming H. Revill Company,

1969.

──────. *The Master Plan of Evangelism*. Tarrytown, N.Y.: Fleming H. Revell Company, 1992. (Paper)

Coleman, Robert E., ed. *Evangelism on the Cutting Edge*. Old Tappan, N.J.: Fleming H. Revel, 1986. (Paper)

Closon, Charles. *The Role of the Church in Society*. Wheaton, Ill.: Victor Books, 1986.

Conn, Harvie M., ed. *Reaching the Unreached: The Old-New Challenge*. Phillipsburg, N.J.: Presbyterian and Reformed Publishing Company, 1984. (Paper)

──────. *Theological Perspective on church Growth*. Nutley, N.J.: Presbyterian and Reformed Publishing Com-pany, 1976. (Paper)

Copeland, E. Luther. *World Mission World Survival: The Challenge and Urgency of global Missions Today*. Nash-ville: Broadman Press, 1985. (Paper)

Costas, Orlando E. *The Integrity of Mission: The Inner Life and Outreach of the Church*. San Francisco: Harper & Row, Publishers, 1979. (Paper)

Crawford, Dan R. *Church Growth Words from the Risen Lord*. Nashville: Broadman Press, 1990.

Crawley, Winston. *Global Mission, A Story To Tell: An Interpretation of Southern Baptist Foreign Missions*. Nashville: Broadman Press, 1985.

Criswell, W. A. *Criswell's Guidebook for Pastors*. Nashville: Broadman Press, 1980.

Dacey, John S. *Adolescents Today*. Glenview, Ill.: Scott, Foresman and Company, 1986.

Dale, Robert D. *Keeping the Dream Alive: Understanding and Building Congregational Morale*. Nashville: Broadman Press, 1988. (Paper)

_____. *To Dream Again: How To Help Your Church Come Alive*. Nashville: Broadman Press, 1981. (Paper)

Dallimore, Arnold. *Spurgeon*. Chicago: Moody Press, 1984. (Paper)

Dayton, Edward R. *That Everyone May Hear: Reaching the Unreached*. Monrovia, Calif.: Missions Advanced Research and Communication Center, 1983. (Paper)

Dayton, Edward R., and David A. Fraser. *Planning Strategies for World Evangelization*. Grand Rapids: William B. Eerdmans Publishing Company, 1980. (Paper)

Dibbert, Michael T. *Spiritual Leadership, Responsible Man-agement: A Guide for Leaders of the Church*. Grand Rapids: Zondervan Publishing House, 1989. (Paper)

Dong, Wonmo, and Harold Hakwon Sunoo, eds. *Whither Korea?: Views of Korean Christian Scholars in North America*. Dallas: Association

of Korean Christian Scholars in North America, 1975. (Paper)
Draper, James T., Jr. *Titus.* Wheaton, Ill.: Tyndale House Publishers, 1976. (Paper)
Drummond, Lewis A. *The People of God in Ministry.* Orlando, Fla.: Golden Rule Book Press, 1985. (Paper)
Dudley, Carl S. *Making the Small Church Effective.* Nashville: Abingdon Press, 1988. (Paper)
Dudley, Carl S., ed. *Building Effective Ministry: Theory and Practice in the Local Church.* San Francisco: Harper & Row, Publishers, 1983. (Paper)
Dudley, Carl S., and Douglas Alan Walrath. *Developing Your Small Church's Potential.* Valley forge, Pa.: Judson Press, 1988. (Paper)
Eastman, Dick. *The Hour That Changes the World: A Practical Plan for Personal Prayer.* Grand Rapids: Baker Book House, 1978. (Paper)
Edge, Findley B. *A Quest for Vitality in Religion: A theo-logical Approach to Religious Education.* Nashville: Broadman Press, 1963.
Edgemon, Roy T. *The Doctrines Baptists Believe.* Nashville: Sunday School Board of Southern Baptist Convention, 1990. (Paper)
Eims, LeRoy. *Winning Ways: The Adventure of Sharing Christ.* Wheaton, Ill.: Victor Books, 1983. (Paper)

Eklund, Bob L. *Spiritual Awakening: An Overview of Spiritual Awakenings and Their Effect on America.* Atlanta: Home Mission Board, 1989. (Paper)

Ellis, Joe S. *The Church on Target: Achieving Your Congre-gation's Highest Potential.* Cincinnati, Ohio: Standard Publishing, 1986. (Paper)

Engstrom, Ted, and James T. Draper, Jr. *The Making of a Christian Leader.* Grand Rapids: Zondervan Publishing House, 1976. (Paper)

Exman, Gary W. *Get Ready...Get Set...Grow!: Church Growth for Town and Country Congregations.* Lima, Ohio: C.S.S. Publishing Co., 1987. (Paper)

Facts about Korea. Seoul, Korea: Hollym Corporation, Publishers, 1989. (Paper)

Falwell, Jerry, and Elmer L. Towns. *Church Aflame.* Nashville: Impact Books, 1971.

Feather, R. Othal. *Outreach Evangelism through the Sunday School.* Nashville: Convention Press, 1972. (Paper)

Ferm, Robert O. *Cooperative Evangelism.* Grand Rapids: Zondervan Publishing House, 1958. (Paper)

Ferm, Robert O., and Caroline M. Whiting. *Billy Graham: Do the Conversions Last?* Minneapolis, Minn.: World Wide Publications, 1988. (Paper)

Fickett, Harold L., Jr. *Hope for Your Church: Ten*

Princi-ples of Church Growth. Gendale, Calif.: Regal Books, 1972. (Paper)

Fish, Roy J., and J. E. Conant. *Every Member Evangelism for Today.* San Francisco: Harper &Row, Publishers, 1976. (Paper)

Fiske, Alan Page. *Structures of Social Life: The Four Ele-mentary Forms of Human Relations.* New York: Free Press, 1991.

Foltz, Namcy T., ed. *Religious Education in the Small Mem-bership Church.* Birmingham, Ala.: Religious Education Press, 1990.

Ford, LeRoy. *Using the Lecture in Teaching and Training.* Nashville: Broadman Press, 1968.

Foster, Richard J. *Celebration of Discipline.* San Francisco: Harper & Row, Publishers, 1978. (Paper)

Freer, Brian. *Teaching Sunday School.* Herfordshire, England: Evangelical Press, 1968.

Gardner, John W. *The Nature of Leadership: Introductory Considerations.* Washington, D.C.: Independent Sector, 1986. (Paper)

Geisler, Norman. *Signs and Wonders: Healings, Miracles, and Unusual Events—Which Are Real? Which Are Supernormal? Which Are Counterfeit?* Wheaton, Ill.: Tyndale House Publishers, 1984. (Paper)

George, Robert A., and Robert E. Logan. *Leading & Managina Your Church.* Old Tappan, N.J.:

Fleming H. Revell Company, 1987. (Paper)
Gerber, Vergil. *God's Way To Keep a Church Going & Growing: A Manual for Evangelism and Church Growth.* Glendale, Calif.: A Division of G/L Publications, 1973. (Paper)
Getz, Gene A. *Sharpening the Focus of the Church.* Wheaton, Ill.: Victor Books, 1984. (Paper)
Gibbs, Eddie. *I Believe in Church Growth.* 2. ed. London: Hodder and Stoughton, 1981. (Paper)
Giddens, Anthony, and Jonathan H. Turner, eds. *Social Theory Today.* Stanford, Calif.: STanford University Press, 1987.
Gilliland, Dean S. *Pauline Theology & Mission Practice.* Grand Rapids: Baker Book House, 1983. (Paper)
Goerner, Henry Cornell. *"Thus It Is Written": The Missionary Motif in the Scriptures.* Nashville: Convention Press, 1976.
Gordon, Thomas. *Leader Effectiveness Training: The No-Lose Way To Release the Productive Potential of People.* New York: Wyden Books, 1977. (Paper)
Green, Thomas H. *Darkness in the Marketplace: The Christian at Prayer in the World.* Notre Dame, Ind.: Ave Maria Press, 1981. (Paper)
Greenslade, Philip. *Leadership, Greatness, and Servanthood.* Minneapolis, Minn.: Bethany House, 1984.

Greenway, Roger S., ed. *The Pastor-Evangelist: Preacher, Model, and Mobilizer for Church Growth.* Grand Rapids: Baker Book House, 1987. (Paper)
Greenway, Roger S., and Timothy M. Monsma. *Cities: Mission's New Frontier.* Grand Rapids: Baker Book House, 1989. (Paper)
Griffin, Em. *Getting Together: A Guide for Good Groups.* Downers Grove, Ill.: InterVarsity Press, 1982. (Paper)
Grubbs, Bruce. *Helping a Small church Grow.* Nashville: Convention press, 1980. (Paper)
Grunlan, Stephen A., and Marivn K. Mayer. *Cultural Anthropology: A Christian Perspective.* Grand Rapids: Zondervan Publishing House, 1981. (Paper)
Gunderson, Vivian D. *The Great Opportunity of the Sunday School.* Chicago: Moody Press, 1953. (Paper)
Hadaway, C. Kirk. *Church Growth Principles: Separating Fact from Fiction.* Nashville: Broadman Press, 1991. (Paper)
Hadaway, C. Kirk, Francis M. Dubose, and Stuart A. Wright. *Home Cell Groups and House Churches.* Nashville: Broadman Press, 1987.
Hall, Terry. How To Be the Best Sunday School Teacher. Translated bu Ok-Hyun Kim. Seoul, Korea: Nachimban Ministries, 1989. (Paper)

Hallesby, O. *Prayer: A World Famous Classic To Deepen & Enrich Your Prayer Life.* Translated by Clarence J. Carlsen. Minneapolis, Minn.: Augsburg Publishing House, 1975. (Paper)

Hamilton, Michael. *God's Plan for the Church-Growth!* Springfield, Mo.: Gospel Publishing House, 1981. (Paper)

Han, Sang-Kuk, ed. *The General Sermon Book for the Life of Immigrants.* Seoul, Korea: Christian Publishers, 1987. (Paper)

Harmon, Richard W. *Baptists and Other Denominations.* Nash-ville: Convention Press, 1984. (Paper)

Harper, Michael. *The Healings of Jesus.* Downers Grove, Ill.: InterVarsity Press, 1986. (Paper)

Havlik, John F. *The Evangelistic Church.* Nashville: Con-vention Press, 1976. (Paper)

Hemphill, Ken, and R. Wayne Jones. *Growing an Evangelistic Sunday School.* Nashville: Broadman Press, 1989. (Paper)

Hendrix, Lela. *Extended Family: Combining Ages in Church Experience.* Nashville: Broadman Press, 1979. (Paper)

Hendrix, Olan. *Management for the Christian Leader.* Grand Rapids: Baker Book House, 1981. (Paper)

Henry, Carl F. H. *The Christian Mindset in a Secular Society: Promoting Evangelical Renewal &*

National Righteousness. Portland, Oreg.: Multnomah Press, 1978.

Hensley, J. Clark. *Preacher Behave!: Ministerial Ethics— Manners and Methods*. Jackson, Miss.: Dallas Printing Company, 1978. (Paper)

Herrod, Ron. *Upon This Rock*. Orlando, Fla.: Daniels Publishing Company, 1978. (Paper)

Hersey, Paul. *Situational Selling*. Escondico, Calif.: Center for Leadership Studies, 1985. (Paper)

Hersey, Paul, and Kenneth Blanchard. *Management of Organizational Behavior*. Englewood Cliffs, N.Y.: Prentice-Hell, 1982.

Hesselgrave, David J. *Communicating Christ Cross-Culturally*. Grand Rapids: Zondervan Publishing House, 1978. (Paper)

_____. *Counseling Cross-Culturally*. Grand Rapids: Baker Book House, 1984. (Paper)

_____. *Planting Churches Cross-Culturally: A Guide for Home and Foreign Missions*. Grand Rapids: Baker Book House, 1980. (Paper)

_____. *Today's Choices for Tomorrow's Mission: An Evangelical Perspective on Trends and Issues in Missions*. Grand Rapids: Zondervan Publishing House, 1988. (Paper)

Hiebert, Paul G. *Anthropological Insight for Missionaries*. Grand Rapids: Baker Book House, 1985. (Paper)

_____. *Cultural Anthropology*. Grand Rapids: Baker

Book House, 1983. (Paper)
Hill, Monica. *How To Plant Churches.* London: MARC Europe, 1984. (Paper)
Hobbs, Herschel H. *The Baptist Faith and Message.* 3d ed. Nashville: Convention Press. 1983.
Hocking, David L. *The World's Greatest Church.* San Francisco: Sounds of Grace Ministries, 1976. (Paper)
Hodges, Melvin L. *A Guide to Church Planting.* Chicago: Moody Press, 1973. (Paper)
_____. *The Indigenous Church and the Missionary.* South Pasadena, Calif.: William Carey Library, 1978. (Paper)
Houten, Mark Van. *Profane Evangelism: Taking the Gospel into the "Unholy Places".* Grand Rapids: Zondervan Publishing House, 1989. (Paper)
Howard, David M. *What Makes a Missionary.* Chicago: Moody Press, 1987. (Paper)
Humphreys, Fisher, and Thomas A. Kinchen, eds. *Laos: All the People of God.* New Orleans, La.: Convocation on the Laity, 1984. (Paper)
Hunt, Everett Nichols, Jr. *Protestant Pioneers in Korea.* Maryknoll, N.Y.: Orbis Books, 1980. (Paper)
Hunt, T. W. *The Doctrine of Prayer.* Nashville: Convention Press, 1986. (Paper)
Hunt, T. W., and Catherine Walker. *Disciple's Prayer Life: Walking in Fellowship with God.*

Nashville: Sunday School Board of Southern Baptist Convention, 1988.

Hunter, A. M. *Interpreting the Parables.* Philadelphia: Westminster Press, 1960.

Hunter, George G. III. *To Spread the Power: Church Growth in the Wesleyan Spirit.* Nashville: Abingdon Press, 1987. (Paper)

Hurh, Won-Moo, and Kwang-Chung Kim. *Korean Immigrants in America: A Structural Analysis of Ethnic Confinement and Adhesive Adaptation.* Urbana, Ill.: University of Illinois, 1980.

Hyun, Sun-Ho. *The Report on Korean Immigrants.* Seoul, Korea: Yu-Un Press, 1988. (Paper)

Inch, Morris. *Doing Theology across Cultures.* Grand Rapids: Baker Book House, 1982. (Paper)

Jacks, Bob, Betty Jacks, and Ron Wormsers, Jr. *Your Home a Lighthouse.* Colorado Springs, Colo.: Navpress, 1990. (Paper)

Jackson, Neil E., Jr. *Motivational Ideas for Changing Lives.* Nashville: Abingdon Press, 1989.

_____. *100 Great Growth Ideas.* Nashville: Broadman Press, 1990. (Paper)

Jones, Mark S. *Reclaiming Inactive Church Members.* Nash-ville: Broadman Press, 1988. (Paper)

Jones, R. Wayne. *Overcoming Barriers to Sunday School Growth.* Nashville: Broadman Press, 1987. (Paper)

Johnson, Douglas W. *Vitality Means Church Growth.* Nash-ville: Abingdon Press, 1989. (Paper)

Johnson, Luke T. *Decision Making in the Church: A Biblical Model.* Philadelphia: Fortress Press, 1983. (Paper)

Johnson, Ron, ed. *Total Church Life: The Southern Baptist Program of Evangelism.* Atlanta: Home Mission Board, 1990. (Paper)

Joy, Donald M. *Meaningful Leaning in the Church.* Winona Lake, Ind.: Light and Life Press, 1969.

Kane, J. Herbert. *The Christian World Mission: Today and Tomorrow.* Grand Rapids: Baker Book House, 1980.

_____. *A Global View of Christian Missions: From Pentecost to the Present.* Grand Rapids: Baker Book House, 1975.

_____. *Life and Work on the Mission Field.* Grand Rapids: Baker Book House, 1980.

Kantzer, Kenneth S. *Life Application Bible: New Testament.* Wheaton, Ill.: Tyndale House Publishers, 1987.

Kelley, Dean M. *Why Conservative Church Are Growing: A Study in Sociology of Religion.* New York: Harper & Row, Pubilshers, 1972.

Kennedy, John F. *A Nation fo Immigrants.* New York: Harper & Row, Publishers, 1964.

Kim, Bok-Lim C. *The Asian-Americans: Changing Patterns. Changing Needs.* Trenton, N.J.:

Association of Korean Christian Scholars in North America, 1978.

Kim, Hyung-Chan. *The Korea Diaspora.* Santa Barbara, Calif.: ABC-Clio, 1977.

Kim, John Eu-Hwan. *The Challenged Conservative Theology.* Seoul, Korea: Word of Life Press, 1974. (Paper)

_____. *The Trends of Evangelical Mission Theology.* Seoul, Korea: Word of Life Press, 1990. (Paper)

Kin, John Yohn-Taek. *The Book of Acts and Church Growth.* Seoul, Korea: Chung-Moon Publishers, 1990. (Paper)

Kim, So-Young, ed. *Christianity in the History of Korea.* Seoul, Korea: Association of Korean Christian Churches, 1985. (Paper)

Kim, Soon-Myung. *Korean-Americans of North America.* Seoul, Korea: Peter Books, 1991. (Paper)

_____. *The Reality of Major Sects.* Los Angeles: Christian Press in North America, 1984. (Paper)

Kim, Taek-Young. *A Handbook of the Korean Churches in Americal.* Seoul, Korea: Word of Life Press, 1984. (Paper)

Kim, Yea Sun-Eum. *Korean Families and Family Therapy: Proiection of Korean Urban Middle-Class Familes.* New York: Verlag Peter Lang,

1987. (Paper)

Kim, Young-Choon. *Oriental Thought: An Introduction to the Philosophical and Religious Thought of Asia*. Savage, Md.: Littlefield, Adams Quality, 1973. (Paper)

Kitagawa, Daisuke. *Race Relations and Christian Mission*. New York: Friendship Press, 1964. (Paper)

Kouzes, James M., and Barry Z. Posner. *The Leadership Challenge: How To Get Extraordinary Things Done in Organizations*. San Francisco: Jossey-Bass Press, 1987.

Kraft, Charles H. *Christianity with Power: Your Worldview and Your Experience of the Supernatural*. Ann Arbor, Mich.: Servant Publications, 1989. (Paper)

Kraus, C. Norman. *Missions, Evangelism, and church Growth*. Scottdale, Pa.: Herald Press, 1980. (Paper)

Kyle, John E., ed. *Finishing the Task: World Evangelism in Our Generation*. Ventura, Calif.: Regal Books, 1987. (Paper)

_____. *The Unfinished Task*. Ventura, Calif.: Regal Books, 1984. (Paper)

_____. *Urban Mission: God's Concern for the City*. Downers Grove, Ill.: InterVarsity Press, 1988. (Paper)

Larkin, Willia, J., Jr. *Culture and Biblical*

Hermeneutics: Interpreting and Applying the Authoritative Word in a Relativistic Age. Grand Rapids: Baker Book House, 1988. (Paper)

Leavell, Roland Q. *Evangelism: Christ's Immperative Commission.* Nashville: Broadman Press, 1979.

Lee, Chan-Young. *The Chronological Table of Korean Christian History.* Seoul, Korea: Chang-Mi Publishers, 1979.

Lee, Chun-Soo. *Build up Your Faith and Gift.* Seoul, Korea: Jordan Press, 1985. (Paper)

_____. *Build Up Your Spiritual Life and Love.* Seoul, Korea: Jordan Press, 1987. (Paper)

Lee, Daniel Dong-Won. *The Memorial Pictorial News for the 18th Anniversary of the Foundation and New Church Building Dedication.* Silver Spring, Md.: First Korean Baptist Church, 1992. (Paper)

_____. *Personality Development for Church Growth.* Seoul, Korea: Qum-Ran Publishers, 1990. (Paper)

_____. *Spiritual Development for Church Growth.* Seoul, Korea: Qum-Ran Publishers, 1990. (Paper)

Lee, S. H. *Toward a Theology within a Korean Immigrant Contact.* Trenton, N.J.: Association of Korean Christian Scholars in North America, 1980.

Lee, Seoung-Hyong, and Tae-Hwan Kwak, eds. *Korean in North America: New Perspectives.* Seoul, Korea: Kyung-Man University Press, 1988.

Lee, Song-Rak, ed. *Sermons for Korean Immigrants Churches.* Seoul, Korea: Sam-Woo Publishers, 1989. (Paper)

Levitan, Sar A., William B. Johnston, and Robert Taggart. *Minorities in the United States: Problems, Progress, and Prospects.* Washington, D.C.: Public Affairs Press, 1975. (Paper)

Lewis, Larry L. *Organize To Evangelize: A Manual for Church Growth.* Nashville: Broadman Press, 1988. (Paper)

Lindsay, T. M. *A History of the Reformation.* New York: Charles Scribners Sons, 1941.

Litteral, Robert. *Community Partnership in Communications for Ministry.* Wheaton, Ill.: The Billy Graham Center, 1988. (Paper)

Lockerbie, Jeannie. *By Ones & by Twos: Single and Double Missionaries.* Pasadena, Calif.: William Carey Library, 1985. (Paper)

Logan, Robert E. *Beyond Church Growth: Action Plans for Developing a Dynamic Church.* Old Tappan, N.J.: Fleming H. Revell Company, 1989. (Paper)

Lynn, Robert W., and Elliott Wright. *The Big Little School: Two Hundred Years of the Sunday*

School. Birmingham, Ala.: Religious Education Press, 1980. (Paper)

MacArthur, John F., Jr. *The Charismatics*. Grand Rapids: Zondervan Publishing House, 1978. (Paper)

_____. *The Church: The Body of Christ*. Panorama City, Calif.: Word of Grace Communications, 1981. (Paper)

McDonough, Reginald M. *Keys to Effective Motivation: Consturctive Ideas for Helping Members To Get Involved in the Life and Work of the Church*. Nashville: Broadman Press, 1979. (Paper)

McGavran, Donald A. *The Bridges of God: A Study in the Strategy of Missions*. New York: Friendship Press, 1955. (Paper)

_____. *Effective Evangelism: A Theological Mandate*. Phillipsburg, N.J.: Presbyterian and Reformed Publishing Co., 1988. (Paper)

_____. *How Churches Grow: The New Frontiers of Mission*. New York: Friendship Press, 1959. (Paper)

_____. *Momentous Decisions in Missions Today*. Grand Rapids: Baker Book House, 1984. (Paper)

_____. *Understanding Church Growth*. 2d ed. Grand Rapids: William B. Eerdmans Publishing Co., 1980. (Paper)

McGavran, Donald A., and George G. Hunter III. *Church Growth: Strategies That Work*.

Nashville: Abingdon Press, 1980. (Paper)
McGavran, Donald A., and Win Arn. *How To Grow Your Church: Conversations about Church Growth.* Ventura, Calif.: Regal Books, 1973. (Paper)
McGavran, Donald A., and Winfield C. Arn. *Ten Steps for Church Growth.* New York: Harper & Row, Publishers, 1977. (Paper)
McIntosh, Gary, and Glen Martin. *Finding Them, Keeping Them: Effective Strategies for Evangelism and Assimilation in the Local Church.* Nashville: Broadman Press, 1992. (Paper)
Malherbe, Abraham J. *Social Aspects of Early Christianity.* Baton Rouge, La.: Louisiana State University Press, 1977.
Mallison, John. *Growing Christians in Smalll Groups.* London: Scripture Union, 1989. (Paper)
Malone, Tom. *The Sunday School Reaching Multitudes.* Murfreesboro, Tenn.: Swoud of the Lord Publishers, 1973.
Maner, Robert E. *Making the Small Church Grow.* Kansas City, Mo.: Beacon Hill Press, 1982. (Paper)
Martin, Gerald. *How To Be Filled with the Holy Spirit: The Inner Experience and Outward Expressions of Personal Relationship with the Holy Spirit.* Seoul, Korea: Jordan Press, N.d.

(Paper)
Martin, William. "Perspectives on the Electronic Church." In *Varieties of Southern Religious Experience*, PP. 179-91. Edited by S.Hill. Baton Rouge, La.: Louisiana State University, 1988.
Maston, T. B. *The Bible and Race*. Nashville: Broadman Press, 1959.
Mayers, marvin k. *Christianity Confronts Culture: A Strategy for Cross-Cultural Evangelism*. Grand Rapids: Zondervan Publishing House, 1974. (Paper)
Means, James E. *Leadership in Christian Ministry*. Grand Rapids: Baker Book House, 1989. (Paper)
Melville, Keith. *Immigration: What We Promised, Where To Draw the Line*. Dayton, Ohio: Domestic Policy Association, 1986. (Paper)
Merton, Robert K. *Social Theory and Social Sturcture*. New York: Free Press, 1981. (Paper)
Miles, Delos. *Church Growth: A Mighty River*. Nashville: Broadman Press, 1981. (Paper)
_____. *Evangelism and Social Involvement*. Nashville: Broadman Press, 1986. (Paper)
_____. *Introduction to Evangelism*. Nashville: Broadman Press, 1983.
Miller, Allen O., ed. *A Christian Declaration on Human Rights: Theological Studies of the*

World Alliance of Reformed Churches. Grand Rapids: William B. Eerdmans Publishing Company, 1977. (Paper)

Miller, Herb. *How To Build a Magnetic Church.* Nashville: Abingdon Press, 1989. (Paper)

Mol, Hans, ed. *Identity and Religion: International, Cross-Cultural Approaches.* Beverly Hills, Calif.: SAGE Publications, 1978.

Moon, Daniel Y. *Christian Missiology.* Seoul, Korea: Compass House Publishers, 1985. (Paper)

_____. *The Present Condition and the Prospect of the Korean-American Church in the Southern Baptist Convention.* Seoul, Korea: Letter Publisher of Paul, 1986. (Paper)

Mooney, Michael MacDonald. *The Ministry of Culture: Connectios among Art Money and Politics.* New York: Wyndham Books, 1980.

Moorhous, Carl W. *Growing New Churches: Step-by-Step Procedures in New Church Planting.* Port St. Lucie, Fla.: Carl Moorhouse, 1983.

Mosley, Ernest E. *Priorities in Ministry.* Nashville: Convention Press, 1978.

Mosley Ernest E., ed. *Leadership Profiles from Bible Personal-ities.* Nashville: Broadman Press, 1979. (Paper)

Moyer, Larry, and Cam Abell. *142 Evangelism Ideas for Your Church.* Grand Rapids: Baker Book House, 1990. (Paper)

Murray, Andrew. *Key to the Missionary Problem*. 2d ed. Fort Washington, Pa.: Christian Literature Crusade, 1979. (Paper)

Neighbour, Ralph W., Jr. *Christian Life*. Nashville: Sunday School Board of Southern Baptist Convention, 1984. (Paper)

Newman, William M. *The Social Meanings of Religion: An Integrated Anthology*. Chicago: Rand McNally College Publishing Company, 1974. (Paper)

Nida, Eugene A. *Customs and Cultures: Anthropology for Christian Missions*. Pasadena, Calif.: William Carey Library, 1983. (paper)

Nida, Eugene A. *Religion across Cultures: A Study in the Communication of Christian Faith*. New York: Harper & Row, Publishers, 1968.

Nida, Eugene A., and William D. Reyburn. *Meaning across Cultures*. Maryknoll, N.Y.: Orbis Books, 1981. (Paper)

Niebuhr, H. Richard. *Christ and Culture*. New York: Harper & Row, Publishers, 1951. (Paper)

_____. *The Purpose of the Church and Its Ministry*. New York: Harper and Brothers, 1956.

Oden, Thomas C. *Pastoral Theology: Essentials of Ministry*. San Francisco: Harper & Row, Publishers, 1983. (Paper)

Ok, John H. *Called To Awaken the Layman: Implementing Dis-cipleship Strategy in the*

Local Church. Seoul, Korea: Tyrannus Press, 1984. (Paper)

Packer, J. I. *Evangelism & the Sovereignty of God*. Downers Grove, Ill.: InterVarsity Press, 1961. (Paper)

Palmer, Bernard. *Pattern for a Total Church*. Wheaton, Ill.: Victor Books, 1976. (Paper)

Paredes, Tito. "Culture and Socio-Cultural Change." In *The Church in Response to Human Need*, PP. 97-132. Edited by Tom Sine. N.P.: Missions Advanced Research & Communication, 1983.

Parvin, Earl. *Mission U.S.A*. Chicago: Moody Press, 1985. (Paper)

Peace, Richard. *Small Group Evangelism: A Training Program for Reaching out with the Gospel*. Downers Grove, Ill.: InterVarsity Press, 1985. (Paper)

Peters, George W. *A Bibical Theology of Missions*. Chicago: Moody Press, 1982. (Paper)

Peters, Thomas, and Robert Waterman. *In Search of Excellence*. New York: Warner, 1982.

Pettman, Ralph. *State and Class: A Sociology of Internal Affairs*. New York: St. Martin's Press, 1979.

Pickett, Robert C., and Steven C. Hawthorne. "Helping Others Help Themselves: Christian Community Development." In *Perspectives on the Woirld Christian Movement*. Edited by

Ralph D. Winter and Steven C. Hawthorne. Pasadena, Calif.: William Carey Library, 1981. (Paper)

Pittenger, Norman. *The Christian Church as Social Process.* Philadelphia: Westminster Press, 1971. (Paper)

Pomerille, Paul A. *The Third Force in Missions: A Pentecostal Contribution to Contemporary Mission Theology.* Peabody, Mass.: Hendrickson Publishers, 1985. (Paper)

Powell, Paul W. *Go-Givers in a Go-Getter World.* Nashville: Broadman Press, 1986. (Paper)

_____. *The Nuts and Bolts of Church Growth.* Nashville: Broadman Press, 1982. (Paper)

Powers, Bruce P. Church Administration Handbook: Resources for Church Leaders. Nashville: Broadman Press, 1985. (Paper)

Price, J. M. *Jessus the Teacher.* Nashville: Convention Press, 1981. (Paper)

Rains, Robert A. *New Life in the Church.* New York: Harper and Row, Publishers, 1961.

Redford, Jack. *Planting New Churches: Nine Well-tested Steps for SAtarting New Churches.* Nashville: Broadman Press, 1978.

Reed, Lyman. *Preparing Misdsionaries for Intercultural Com-munication.* Pasadena, Calif.: William Carey Library, 1985. (Paper)

Reimer, Milton K. "The Study of Sociology: An

Introduction." In *Christian Perspectives on Sociology*. PP. 11-27. Edited by Stephen A. Grunlan and Milton Reimer. Grand Rapids: Zondervan Publishing House, 1982.

Reynolds, Larry T., and Janice M. Reynolds, eds. *The Sociology of Sociology: Analysis and Criticism of the Thought, Research, and Ethical Folkways of Sociology and Its Practitioners*. New York: David McKay Company, 1970.

Richards, Lawrence O. *69 Ways To Start a Study Group and Keep It Growing*. Grand Rapids: Zondervan Publishing House, 1973. (Paper)

Richards, Lawrence O., and Clyde Hoeldtke. *Church Leadership: Following the Example of Jesus Christ*. Grand Rapids: Zondervan Publishing House, 1980. (Paper)

Richardson, Don. *Peace Child*. Ventura, Calif.: Regal Books, 1974. (Paper)

Ro, Bong-Rin, and Mark C. Albert. *God in Asian Contexts: Communicating the God of the Bible in Asia*. Taichung, Taiwan: Asia Theological Association, 1988.

Ro, Bong-Rin, and Marlin L. Nelson, eds. *Korean Church Growth Explosion*. Seoul, Korea: Word of Life Press, 1983.

Ro, Bong-Rin, and Ruth Eshenaur, eds. *The Bible and the Theology in Asian Contexts*. Bangalore, India: Poonam Printery, 1984.

Robertson, Roland. *The Sociological Interpretation of Religion.* New York: Schocken Books, 1970.

Robinson, Darrell W. *People Sharing Jesus: Witness and Soul-Winning Seminar.* N.P.: Total Church Life Ministries, 1989. (Paper)

_____. *Total Chruch Life.* Nashville: Broadman Press, 1990. (Paper)

Romo, Oscar I. *America's Ethnicity: Asians.* Atlanta: Home Mission Board, 1978. (Paper)

_____. *Missions In Ethnic America.* Atlanta: Home Mission Board, 1985. (Paper)

Rose, Larry L., and C. Kirk Handaway, eds. *An Urban World: Churches Face the Future.* Nashville: Broadman Press, 1984. (Paper)

Rothwell, W. R. *Denominational Self-examination: Or the New Testament Church Order.* Baltimore, Md.: R. H. Woodward and Company, 1981. (Paper)

Rozell, Ray. *The Sunday School Teacher as Counselor.* Grand Rapids: Zondervan Publishing House, 1960.

Russell, Bob. *God's Message for a Growing Church.* Cincinnati, Ohio: Standard Publishing, 1990. (Paper)

Russell, Letty M. *Growth in Partnership.* Philadelphia: Westminster Press, 1981. (Paper)

Schaller, Lyle E. *The Small Church Is Different!* Nashville: Abingdon Press, 1989. (Paper)

Schultze, Quentin J. *American Evangelicals and the Mass Media: Perspectives on the Relationship between American Evangelicals and the Mass Media.* Grand Rapids: Zondervan Publishing House, 1990.

Schweer, G. William. *Personal Evangelism for Today.* Nashville: Broadman Press, 1984.

Scott, Jack B. *Missions: A Family Affair.* Philadelphia: Great Commission Publications, 1985. (Paper)

Seamands, John T. *Tell It Well: Communicating the Gospel across Cultures.* Robesonia, Pa.: Beacon Hill Press, 1981. (Paper)

Segal, Bernard E., ed. *Racial and Ethic Relations: Selected Readings.* New York: Thomas Y. Crowell Company, 1966.

Senior, Donald, and Carrol Stuhlmueller. *The Biblical Foundations for Mission.* Maryknoll, N.Y.: Orbis Books, 1989. (Paper)

Sennet, Richard. *Authority.* New York: Alfred A. Knopf, 1980.

Shaw, Daniel. *Transculturation: The Cultural Factor in Translation and Other Communication Tasks.* Pasadena, Calif.: William Carey Library, 1988. (Paper)

Shenk, Wilbert R., ed. *The Callenge of Church Growth: A Symposium.* Scotteale, Pa.: Herald Press, 1973. (Paper)

Shim, Il-Sup. *A Study on National Movemnets and the Historical Situation of the Acceptance of Christianity in Korea: Korean People, Church, Indigenization.* Seoul, Korea: Asia Mun-Wha Press, 1982.

Shurden, Walter B. *The Doctrine of the Priesthood of Believers.* Nashville: Convention Press, 1987. (Paper)

_____. *Not a Silent People: Controversies That Have Shaped Southern Baptists.* Nashville: Broadman Press, 1972.

Sider, Ronald J. *Evangelicals and Development: Toward a Theology of Social Change.* Philadelphia: Westminster Press, 1981. (Paper)

Sisemore, John T. *Church Growth through the Sunday School.* Nashville: Broadman Press, 1983. (Paper)

Skelton, Eugene. *The Ten Fastest Growin Soughern Baptist Sunday Schools.* Nashville: Broadman Press, 1975. (Paper)

Smith, Donald. *Clergy in the Cross-Fire.* Philadelphia: Westminster Press, 1978.

Smith, Ebbie C. *Balanced Church Growth: Church Growth Based on the Model of Servanthood.* Nashville: Broadman Press, 1984. (Paper)

Smith, James H. *You Have a Grace Gift.* Translated by Dong Won Kim. Seoul, Korea: Paul Publishing Co., 1984.

Smith, Ralph M., and Bob Edd Shotwell. *Helping Churches Grow.* Nashville: Broadman Press, 1986. (Paper)

Snyder, Howard A. *The Problem of Wine Skins: Church Structure in a Technological Age.* Downers Grove, Ill.: InterVarsity Press, 1975. (Paper)

Soltau, T. Stanley. *Missions at the Crossroads: The Indigeneous Church—A Solution for the Unfinished Task.* Grand Rapids: Baker Book House, 1954.

Song, Choan-Seung. *Tell Us Our Names.* Maryknoll, N.Y.: Orbis Books, 1984.

_____. *Theology from the Womb of Asia.* Maryknoll, N.Y.: Orbis Books, 1986.

_____. *Third Eye Theology.* Maryknoll, N.Y.: Orbis Books, 1979.

Sookhdeo, Partirick, ed. *New Frontiers in Mission.* Grand Rapids: Paternoster House, 1987. (Paper)

Stackhouse, Max L. *The Ethics of Necropolis: An Essay on the Military-Industrial Complex and the Quest for a Just Peace.* Boston, Pa.: Beacon Press, 1971.

Stafford, Tim. *The Friendship Gap: Reaching Out across Cultures.* Downers Grover, Ill.: InterVarsity Press, 1984. (Paper)

Steenson, Gary P. *Coping with Korea.* New York:

Basil Blackwell, 1987. (Paper)
Stenberg, Odin K. *A Church without Wells: Practical Help for the Problems of Today's Church.* Minneapolis, Minn.: Dimension Books, 1976. (Paper)
Steward, Charles William. *The Minister as Marriage Counselor.* Nashville: Abingdon Press, 1970.
Stewart, James Alexander. *Evangelism.* Zachary, La.: Revival Fires Publishers, 1971. (Paper)
Story, Bettie Wilson. *Seeds on Good Soil: Three Examples of Successful Church Growth.* Nashville: Abingdon Press, 1989. (Paper)
Stott, jack B. *Missions: A Family Affair.* Philadelphia: Great Commission Publications, 1985. (Paper)
Strack, Jay, and Robert G. Witty. *Do the Work of an Evangelist.* Nashville: Broadman Press, 1990. (Paper)
Stuart, George W. *A Guide to Sunday School Enlargement.* Nashville: Convention Press, 1968.
Sullivan, Bill M. *Ten Steps to Breaking the 200 Barrier: A Church Growth Strategy.* Kansas City, Mo.: Beacon Hill Press, 1988. (Paper)
Sullivan, James L. *Baptist Polity: As I See It.* Nashville: Broadman Press, 1983.
Sweazey, George E. *Preaching the Good News.* Englewood Cliffs, N.J.: Prentice-Hall, 1976.
Sweet, William Warren. *The Story of Religion in*

America. New York: Harper & Brothers Publishers, 1939.

Tahk, Myeong-Hwan. *The Research on Christian Cults*. Seoul, Korea: International Religious Research Institute, 1986.

Takenaka, Masao. *God Is Rice: Asian Culture and Christian Faith*. Geneva, Switzerland: World Council of Churches, 1989. (Paper)

Tapia, Andres. *Campus Evangelism Handbook: A Practivacal Guide for Showing & Sharing God's Love*. Downers, Grove, Ill.: InterVarsity Press, 1987. (Paper)

Taylor, Howard. *Hudson Taylor's Spiritual Secret*. Robesonia, Pa.: OMF Books, 1989. (Paper)

Taylor, Richard S. *Dimensions of Chircj Growth: The Upward, Downward, Inward Factors*. Grand Rapids: Francis Asbury Press of Zondervan Publishing House. 1989. (Paper)

Teykl, Terry. *Pray and Grow: Evangelism Prayer Ministries*. Nashville: Discipleship Resources, 1989. (Paper)

Thompson, W. Oscar, Jr. *Concentric Circles of Concern*. Nashville: Broadman Press, 1981.

Tillapaugh, Frank R. *Unleashing the Church: Getting People out of the Fortress and into Ministry*. Ventura, Callf.: Regal Books, 1982. (Paper)

Tippett, A. R. *Church Growth and the Word of God*. Grand Rapids: William B. Eerdmans Publishing

Company, 1978. (Paper)

_____.*Introduction to Missiology*. Foreword by Charles and Marguerite Kraft. Pasadena, Calif.: William Carey Library, 1987. (Paper)

Todd, G. Hall. *Culture and the Cross*. Grand Rapids: Baker Book House, 1959.

Towns, Elmer L. *America's Fastest Growing Churches: Why 10 Sunday Schools Are Growing Fast*. Nashville: Impact Books, 1972.

_____.*154 Steps To Revitalize Your Sunday School and Keep Your Church Growing*. Wheaton, Ill.: Victor Books, 1989. (Paper)

_____.*The Ten Largest Sunday Schools and What Makes Them Grow*. Grand Rapids: Baker Book House, 1969. (Paper)

_____.*Winning the Winnable: Friendship Evangelism*. Lynchburg, Va.: Church Growth Institute, 1989. (Paper)

Towns, Elmer L., John N. Vaughan, and David J. Seifert. *The Complete Book of Church Growth*. Wheaton, Ill.: Tyndale House Publishers, 1990. (Paper)

Trites, Allison A. *New Testament Withness in Today's World*. Valley Forge, Pa.: Judson Press, 1983. (Paper)

Tucker, Ruth A. *From Jerusalem to Irian Jaya: A Biorgaphical History of Christian Missions*. Grand Rapids: Zondervan Publishing House,

1983. (Paper)

Vaughan, John N. *The Large Church: A Twentieth-Century Experession of the First-Century Church.* Grand Rapids: Baker Book House, 1985. (Paper)

_____. *The World's Twnety Largest Churchs: Church Growth Principles in Action.* Grand Rapids: Baker Book House, 1986. (Paper)

Verhoogt, Jan. "Sociology and Progress: Worldview Analysis of Modern Sociology." In *Stained Glass: Worldviews and Social Sciences,* PP. 119-39. Edited by paul A. Marshall. N.P.: University Press of America, 1989. (Paper)

Verkuyl, Johannes. *Contemporary Missiology: An Introduction.* Translated by Dale Cooper. Grand Rapids: William B. Eerdmans Publishing Company, 1978. (Paper)

Vines, Jerry. *Wanted Church Growers.* Nashville: Broadman Press, 1990.

Wagner, C. Peter. *Church Growth and the Whole Gospel: A Biblical Mandate.* San Francisco: Harper and Row, Publichers, 1981.

_____. *Effective Body Building.* San Bernardino, Calif.: Here's Life Publishers, 1982. (Paper)

_____. *Frontiers in Missionary Strategy.* Chicago: Moody Press, 1971.

_____. *How To Have a Healing Ministry without Making Your Church Sick!* Ventura, Calif.:

참고문헌 441

Regal : Books, 1988. (Paper)
_____.*Leading Your Church to Growth: The Secret of Pastor/People Partnership in Dynamic Church Growth*. Ventura, Calif.: Regal Books, 1984. (Paper) ·
_____.*On the Crest of the Wave: Becoming a World Christian*. Ventura, Calif.: Regal Books, 1983. (Paper)
_____.*Our Kind of People: The Ethical Dimensions of Church Growth in America*. Atlanta: John Knox Press, 1979. (Paper)
_____.*Spiritual Power and Church Growth*. Altamonte Springs, Fla.: Strong Communications Company, 1986. (Paper)
_____.*Strategies for Church Growth: Tools for Effective Mission and Evangelism*. Ventura, Calif.: Regal Books, 1987. (Paper)
_____.*A Turned-on Church in an Uptight World: A Study Guide on First Corinthians with Questions for Discussion Groups*. Grand Rapids: Zondervan Publishing House, 1971. (Paper)
_____.*What Are We Missing?* Carol Stream, Ill.: Creation House, 1973. (Paper)
_____.*Your Church Can Be Healthy*. Hashille: Abingdon Press, 1988. (Paper)
_____.*Your Church Can Grow*. Glendale, Calif.: G/L Regal Books, 1976. (Paper)
Wagner, C. Peter. *Your Spiritual Gifts Can Help Your*

Church Grow. Ventura, Calif.: Regal Books, _____ 1979. (Paper)
Wagner, C. Peter, ed. *Signs & Wonders Today.* Altamonte Springs, Fal.: Creation House, 1987. (Paper)
Wagner, C. Peter, and Douglas Pennoyer, eds. *Wrestling with Dark Angels: Toward a Deeper Understanding of the Supernatural Forces in Spiritual Warfare.* Ventura, Calif.: Regal Books, 1990. (Paper)
Wagner, C. Perter, Win Arn, and Elmer Towns, eds. *Church Growth: State of the Art.* Wheaton, Ill.: Tyndale House Publishers, 1986. (Paper)
Ward, Charles G., ed. *The Billy Graham Christian Worker's Handbook: A Layman's Guide for Soul Winning and Personal Counseling.* Minneapolis, Minn.: World Wide Publications, 1984. (Paper)
Watkins, Morris. *Literacy, Bible Reading, and Church Growth through the Ages.* South Pasadena, Calif.: William Carey Library, 1978. (Paper)
Watson, David. *Called & Committed: World-Changing Discipleship.* Wheaton, Ill.: Harold Shaw Publishers, 1982. (Paper)
_____.*I Believe in the Church.* Grand Rapids: William B. Eerdmans Publishing Company, 1978. (Paper)Welter, Paul. *How To Help a Friend.* Wheaton, Ill.: Tyndale House

Publishers, 1978. (Paper)
Werning, Waldo J. *Vision and Strategy for Church Growth.* Chicago: Moody Press, 1977. (Paper)
White, James Emery. *Opening the Front Door: Worship and Church Growth.* Nashville: Convention Press, 1992. (Paper)
Whitessel, Faris D. *65 Ways To Give Evangelistic Invitations.* Grand Rapids: Regel Publications, 1984. (Paper)
Wiley, Robert E., ed. *Change in Big Town/Small City.* Atlanta: Home Mission Board, 1982. (Paper)
Wilke, Richard B. *Signs and Wonders: The Mighty Work of God in the Church.* Nashville: Abingdon Press, 1989. (Paper)
Willimon, William H. *The Gospel for the Person Who Has Everything.* Valley Forge, Pa.: Judson Press, 1981. (Paper)
Willis, Avery T., Jr. *The Biblical Basis of Missions.* Nashville: Convention Press, 1984. (Paper)
Willis, Wesley R. *Making Our Teaching Count.* Wheaton, Ill.: Victor Books, 1985.
Wilson, J. Christy, Jr. *Today's Tentmakers: Self-support—An Alternative Model for Worldwide Withess.* Wheaton, Ill.: Tundale House Publishers, 1989. (Paper)
Winter, Ralph D., ed. *Theological Education by Extension.* South Pasadena, Calif.: William Carey Library, 1969. (Paper)

Winter, Ralph D., and Steven C. Hawthorne, eds. *Perspectives on the World Christian Movement: A Reader.* Pasadena, Calfi.: William Carey Library, 1981. (Paper)

Wirt, Sherwood Eliot. *Evangelism: The Next Ten Years.* Waco, Tex.: Word Books, 1978.

_____. *The Social Conscience of the Evangelical.* New York: Harper & Row, Publishers, 1968.

Wold, Margaret. *The Power of Ordinary Christians: Witnessing in Jesus' Name.* Minneapolis, Minn.: Augsburg Publishing House, 1988. (Paper)

Womack, David A. *The Pyramid Principle of Church Growth.* Minneapolis, Minn.: Bethany Fellowship, 1977. (Paper)

Wood, A. Sedvington. *Evangelism: Its Theology and Practice.* Grand Rapids: Zondervan Publishing House, 1986.

Wynn, John Charles. *Family Therapy in Pastoral Ministry.* San Francisco: Harper & Row, Publishers, 1982.

Yoo, Yu-Shin. *The Making of Modern Korea.* Murray, Ky.: Golden Pond Press, 1990. (Paper)

Youssef, Michael. *The Leadership Style of Jesus: How To Develop the Leadership Qualities of the Good Shepherd.* Wheaton, Ill.: Victor Books, 1986. (Paper)

Yu, Eui-Young. *Korean Communities in America Past,*

Present, and Future. Los Angeles: California State University, 1982.

Zunkel, C. Wayne. *Church Growth under Fire.* Scottdale, Pa.: Harald Press, 1987. (Paper)

_____.*Growing the Small Church: A Guide for Church Leaders.* Elgin, Ill.: David C. Cook Publishing Company, 1982. (Paper)

성경공부교재

여운학. 이동과정 이슬비 전도학교 학생지침 및 강의안. 서울: 종합선교규장, 1993.

윌리스 (교회훈련부 역). 최선의 삶. 서울: 한국침례회진흥원, 1989.

헌트, 케서린 워커(교회훈련부 역). 하나님을 경험하는 삶. 서울: 요단출판사, 1994.

홈 미션 보드(이태웅 역). 연쇄전도훈련. 서울: 요단출판사, 1985.

축복과 저주를 숫자로 구별하는 지혜:
수신학의 비밀

신국판/17,000원/조은태지음/
타문화권목회연구원(02)735-1011

성경의 숫자를 통해 하나님의 음성을 듣는 길 제공
인생의 갈림길에서 축복의 길을 선택할 판단력 제시
물질투자, 사업경영, 취직, 승진, 자녀교육의 필독서
유대인이 숫자, 암산, 상술에 천재적 재능이 있는 이유
최고경영자 CEO를 가장 많이 배출할 지혜 연구서
성경이 결코 비과학적이 아니라는 것을 증명한 책
하나님의 영감으로 기록된 성경을 수학적으로 해석
감추어진 보화 찾듯이 흥분과 즐거움과 기쁨이 충만
평신도 지도자와 목회자를 위한 성경 지식이 풍부
성경 10번 읽은 효과를 한권의 책으로 요약가능
수신학을 가장 쉽게 해석 요약해 생활의 적용
성경에 나타난 숫자의 영적 의미를 도표로 요약
이책을 통해 이단의 횡포를 막을수 있는 지혜가 풍부

"이책을 읽기전에 숫자를 논하지 마시오"_저자

신학박사 **조은태** 목사 소개

(집회요청 연락처:서울735-1011, 010-4330-1011)

국내, 국외(미국,유럽,뉴질랜드,일본,중국,동남아시아등)에 부흥회, 세미나 1,100회 이상 인도
"3년연속 극동방송 설교테이프 최고판매기록 설교가"
"시대가 필요한 가장 적합한 메세지 전달자 조은태목사"

2011 올해의 종교인 그랑프리(대상):한국일보 주최 수상자 부흥강사 조은태 목사
2011 대한민국 사회공헌 대상:중앙일보(일간스포츠) 주최 수상자 타문화권목회연구원 조은태 원장

"풍성한교회(김성곤 목사)는 집회후 축복과 성장." 부산 목사 증언
"새순교회(마평택 목사) 설교중 성령의 역사가 강사들중 최고"
"주안장로교회(나겸일 목사) 집회 설교후 99% 헌신 결단"
"종교교회(최이우 목사) 신앙의 뿌리를 찾는 강한 성령의 역사"
"산성교회(이천수 목사) 영적 축복과 물질 축복을 동시에 체험"
"예수사랑교회(이강평 목사) 목사님 섬김과 전도를 실천하는 집회"
"제일영광교회(김건환 목사) 한가족 한교회가 실천되고 부흥하는교회"
"성령교회(엄기호 목사) 부흥집회후 30억원 헌금이 나온 축복집회"
"부흥집회(3박4일) 중 전도해 새신자가 20% 늘어나는 성장의 역사"
"첫날 저녁집회보다 다음날 새벽에 2배 참석하는 기적의 역사"
"십일조 드려도 축복을 못받던 장로, 권사 등이 축복받는 은혜"
기도응답이 없는 이유와 기도응답 지름길을 소개하는 특별집회
물질 축복을 못받는 이유를 성서적으로 해석한 특별집회
집회때 불신자들이 참석만하면 예수믿고 교회에 등록하여 성장
큰 집회에 조용기목사, 이영훈목사 대타로 설교하는 조은태목사
"집회후 미자립이 자립교회로, 성전건축의 축복 가능." 저자

미 서남침례대, 중서신학 학사, 석사, 박사
기독교TV Ch.42 "40분 스페셜" 연속강의
극동방송, 아세아방송, 기독교방송 연속강의
총신, 고신, 한세대, 아세아, 협성대 강의
타문화권목회연구원, 교회성장연구소 원장
부흥집회, 사경회, 세미나 1,100회 인도
21C지구촌복음화 부흥사협의회 총강사단장
비전 부흥사협의회 실무회장
세계복음화협회(피종진 대표총재) 공동회장
지구촌미래지도자협의회 실무총재
오산리 최자실기념 금식기도원 주강사
삼호교회 목사

저 서

"이민목회세미나" (1994)
"Korean-American and Church Growth(영문)" (1994)
"전도학 총론" (1995) ※
"한국선교총람" 중에서 "미주지역 한인선교" (1996)
"기적을 창조하는 학습법: 오를 수밖에 없는 성적?" (1997)
"물질 축복을 받는 비결: 세상에서나 천국에서 부자가 됩시다" (1998) ※
"성공과 축복을 위한 7가지 지혜: 유대인의 성공 비결과 예수" (2001) ※
"축복과 저주를 숫자로 구별하는 지혜: 수신학의 비밀" (2006) ※

※ 국립도서관, 국회도서관에서 관심도서 지정 !!!

전도학 총론

1995년 8월 30일 1판 1쇄 발행
2012년 5월 1일 2판 8쇄 발행

저　자 조은태
발행인 조은태
발행처 타문화권목회연구원
서울 은평구 갈현동 611
백련산힐스테이트 208-1203
TEL (02)735-1011 FAX (02)732-9888
E-mail : j1188@hanmail.net
등록번호 제1-1755호(1994.8.6)

값17,000원

파본은 바꿔드립니다.
저자의 허락없이는 어떤 형태로든지 일체의 복사와 복제를 금합니다.

총판/생명의 말씀사
TEL (02)3159-7979 FAX 080-022-858(수신자부담)

ISBN 89-86137-03-8